Imaginação e Saúde

COMO USAR A CRIAÇÃO ORIENTADA DE IMAGENS PARA A CURA DE SI MESMO E PARA O DESENVOLVIMENTO PESSOAL

Helen Graham

Imaginação e Saúde

COMO USAR A CRIAÇÃO ORIENTADA DE IMAGENS PARA A CURA DE SI MESMO E PARA O DESENVOLVIMENTO PESSOAL

Tradução
RODOLPHO EDUARDO KRESTAN

EDITORA CULTRIX
São Paulo

Título do original:
A Picture of Health
How to use guided imagery for self-healing and personal growth

Publicado pela primeira vez pela Judy Piatkus (Publishers) Ltd.

Edição	Ano
1-2-3-4-5-6-7-8-9	97-98-99-00

**Direitos de tradução para o Brasil
adquiridos com exclusividade pela
EDITORA CULTRIX LTDA.
Rua Dr. Mário Vicente, 374 – 04270-000 – São Paulo, SP – Fone: 272-1399
E-MAIL: pensamento@snet.com.br
http://www.pensamento-cultrix.com.br
que se reserva a propriedade literária desta tradução.**

Impressão e acabamento: Paulus Gráfica

Sumário

Introdução

Há alguns anos, fui convidada a contribuir para um curso de curta duração sobre abordagens psicológicas da cura, dado para um grupo de funcionários do Serviço Nacional de Saúde. Esse curso, que contou com participantes vindos de toda a Inglaterra, foi um sucesso; como resultado, fui convidada a organizar outro curso, mais extenso, num grande hospital regional e também para contribuir com o treinamento dos funcionários de um hospital psiquiátrico. Antes de concordar em fazer isso, resolvi "testar" o material diante de um público mais amplo e ofereci cursos abertos sobre a cura de problemas psicológicos, através do Programa de Educação Contínua e de Adultos da Keele University, onde era professora titular de psicologia.

O sucesso foi impressionante, a ponto de o curso inicial de onze semanas ter-se estendido a aulas dadas diversas noites para atender a todos os interessados. Passei então a oferecer dois ou três cursos noturnos por semana e a fazer seminários de fim de semana em três condados diferentes durante vários anos. Também tive oportunidade de dar esses seminários para grupos de profissionais em várias partes do país.

A idade dos participantes oscilava entre dezoito e 88 anos e a proporção entre mulheres e homens era de três para um. Alguns desses participantes eram pessoas doentes, muitas vezes gravemente doentes ou em estágio terminal. Muitos sofriam de dores crônicas. Havia aqueles que tinham parentes doentes, em fase terminal ou com males que os impedia de trabalhar. Outros não apresentavam problemas graves, mas problemas que os incapacitavam parcialmente, ou apenas incômodos. Muitos tinham sido informados pelos seus médicos que a medicina convencional nada mais podia fazer por eles ou que nada lhes restava além de aprender a conviver com a enfermidade.

Entre os participantes, havia também os que tinham um histórico de problemas emocionais ou psicológicos: ansiedade crônica, fobias, depressão ou distúrbios alimentares. Alguns tinham passado por "crises nervosas", ao passo que outros tinham graves problemas psiquiátricos. Vários tinham recebido tratamentos em hospitais psiquiátricos. Muitos tinham procurado a ajuda de um psicoterapeuta ou de programas de aconselhamento.

Decepcionados com o tratamento médico convencional, principalmente com relação à medicação, muitos procuravam alternativas. Alguns deles, assustados com as falhas do Serviço Nacional de Saúde ou temendo o seu cancelamento, estavam firmemente determinados a reduzir a um nível mínimo sua dependência com relação a esse serviço ou aos médicos particulares, através da auto-ajuda e de cuidados preventivos. Outros queriam compreender melhor os fatores psicológicos que acreditavam ou suspeitavam ser um componente de suas doenças ou da doença de outras pessoas. Vários tinham procurado se informar a respeito dos enfoques psicológicos no decorrer do tratamento de doenças como o câncer, em programas de combate ao *stress* ou através de livros, e queriam ampliar ou desenvolver seus conhecimentos a esse respeito.

Muitos não tinham nenhum problema de saúde, mas sofriam do que poderia ser definido como problemas da vida, incluindo o *stress* provocado por excesso de trabalho, crises matrimoniais, familiares, pessoais, interpessoais e profissionais, ou sentiam a necessidade de aprender a conviver com a perda, com o abandono, com um divórcio, com a solidão ou com outras situações traumáticas. De qualquer maneira, as pessoas que tinham problemas específicos constituíam apenas uma pequena parcela dos participantes. Alguns não tinham nenhum tipo de problema, mas apenas uma sensação de que poderiam estar aproveitando mais e melhor sua vida.

Muitos estavam interessados no assunto por questões profissionais. Eram médicos, enfermeiras, assistentes sociais e estudantes de psicologia, psiquiatria e medicina. Muitos eram praticantes da assim chamada medicina complementar, hipoterapeutas, arteterapeutas, agentes de cura espiritual e clarividentes, além de uma quantidade considerável de psicoterapeutas e conselheiros profissionais ou voluntários. Havia também consultores de programas de combate ao *stress*, organizadores e participantes de grupos de apoio e de auto-ajuda, bem como pessoas interessadas em montar grupos como esses. Além de todas essas pessoas, havia aquelas que participavam por mera curiosidade ou por se interessar pelo assunto; aqueles que só queriam modificar um pouco sua rotina, relaxar, conhecer outras pessoas e se sentir bem.

Como, muitas vezes, as pessoas faziam duas ou três vezes o mesmo curso, resolvi desenvolver seu programa, acrescentando uma série complexa de exercícios às palestras informais e aos debates a respeito dos diferentes enfoques psicológicos para a cura, ilustrados com exemplos práticos. Todos esses exercícios, que empregavam a visualização como meio de abordar e desenvolver temas relevantes para a saúde e para a doença, eram introduzidos por explicações teóricas, por pesquisas e práticas, e em seguida eram alvos de amplas e profundas discussões.

Depois de concluídos os cursos, muitas pessoas demonstravam interesse em continuar investigando com maior profundidade as circunstâncias da sua vida, pois percebiam que muitos dos seus problemas físicos eram produto de questões psicológicas subjacentes e não-resolvidas. Como observou uma jovem: "Todas as vezes que concentro minha atenção nas minhas dores físicas, percebo que são os meus sentimentos que estão feridos." Devido a esse tipo de demanda, desenvolvi outra série de exercícios de criação de imagens, direcionadas para fatores psicológicos ainda não abordados, mas de grande importância para a questão da saúde e da doença, entre eles a auto-imagem, a auto-estima, os poderes e potenciais pessoais e o diálogo interior. Cada um desses exercícios usa imagens mentais para abordar e investigar uma questão específica ou um conjunto de questões numa seqüência progressiva, organizada de tal maneira que cada um deles se baseia no exercício anterior. No entanto, mesmo assim, cada um desses exercícios pode ser feito separadamente, pois não depende da realização dos anteriores. Apresentei esses exercícios ao público em geral, durante um período de dois anos, numa série de cursos baseados em seminários e depois a grupos de profissionais e de estudantes. Com o passar do tempo, eles foram sendo modificados e aperfeiçoados. A versão final desses exercícios, apresentada neste livro, é um instrumento poderoso e confiável para a autocura e para a transformação pessoal.

O USO TERAPÊUTICO DAS IMAGENS MENTAIS

É possível que você esteja se perguntando como exercícios de criação de imagens desse tipo podem provocar tais efeitos. No decorrer dos tempos, os agentes de cura sempre provocaram ativamente a imaginação do paciente para assim estimular o processo de cura. Eles usavam a imaginação como um meio para entrar em contato com características do eu que normalmente ficam ocultas, das quais não temos consciência, e que podem fornecer importantes pistas sobre os processos inconscientes que dizem respeito à saúde e às doenças. Em tempos mais recentes, esses métodos passaram a ser empregados com eficácia no campo da psicoterapia e, mais recentemente ainda, no campo da medicina física ortodoxa, principalmente como terapia de apoio no tratamento do câncer e de outras doenças graves. Os processos da imaginação também foram profundamente investigados por psicólogos e, como resultado desses estudos, sabemos atualmente que a visualização colabora com importantes funções psicológicas, tanto cognitivas quanto emocionais.

A criação de imagens nos fornece uma maneira diferente de pensar sobre as questões, permitindo que elas sejam apresentadas de forma não-verbal. Ela possibilita, literalmente, uma nova perspectiva ou um modo diferente de olhar para as coisas. Em outras palavras, a criação de imagens aumenta a gama e a flexibilidade do funcionamento da mente, o que nos ajuda a resolver problemas, tomar decisões e a pensar de modo mais criativo. Sobretudo, ela é particularmente útil nos casos em que se precisa lidar com questões não-verbais, ou seja, com processos físicos e emocionais; com a saúde, com a doença e com o complexo do eu como um todo.

Os exercícios de visualização também cumprem uma importante função emocional, pois freqüentemente fazem surgir sentimentos que, de outra maneira, talvez nunca fossem expressos. A criação de imagens também pode ser muito eficiente quando usada para desenvolver a autoconsciência ou a intuição e para nos fornecer algumas indicações sobre nossas perspectivas ou atitudes, o que hoje em dia se considera um importante determinante da saúde. Em razão do reconhecimento cada vez maior desse fato, os métodos que usam a imaginação estão sendo cada vez mais explorados nos campos da medicina e da psicologia, principalmente desde que se compreendeu que a visualização tende a promover a concentração, fator considerado fundamental para o relaxamento. Portanto, o trabalho com a criação de imagens é muito relaxante e terapêutico. Conforme demonstram extensas pesquisas, a criação de imagens pode influenciar, direta e indiretamente, os processos psicológicos, o que permite que ela seja empregada com sucesso para essa finalidade nos tratamentos.

Por essas razões, os efeitos da criação de imagens podem não apenas provocar mudanças na vida, como também melhorá-la consideravelmente.

A CRIAÇÃO ORIENTADA DE IMAGENS

Embora a grande maioria dos terapeutas prefira trabalhar com as imagens produzidas espontaneamente pelos pacientes, é um fato reconhecido que em muitos casos seus estilos de representação ou a maneira habitual de pensar podem ser muito limitados ou inflexíveis, impedindo a abordagem de uma determinada área. A criação de imagens muitas vezes apresenta excelentes resultados quando usada para representar questões até então inexistentes ou inadequadas, ou algo que desafie o modo de representação vigente. É como se ela nos fornecesse um roteiro para uma série de imagens ou "filmes" mentais, em que podemos escalar os demais atores, representar, dirigir, produzir e criticar; como num sonho acordado no qual somos guiados por outra pessoa, criamos na nossa imaginação uma nova experiência que nos permite enfrentar os conteúdos do nosso inconsciente, relacionando-os, de forma direta e muitas vezes decisiva, com as circunstâncias da nossa vida e com os nossos problemas.

A partir da nova perspectiva obtida por meio da criação de imagens, você poderá se dar conta de que é capaz de enfrentar e superar seus medos e ansiedades, descobrir ou redescobrir aspectos reprimidos ou desassociados de si mesmo e reavaliar sua própria pessoa e sua vida. Você poderá identificar o que quer da vida ou, o que é igualmente importante, aquilo que não quer dela, sua moral e os outros códigos segundo os quais você vive e de que maneira eles determinam seus pensamentos, sentimentos e comportamento. Você poderá perceber de que forma atrapalha o seu próprio crescimento e desenvolvimento, conseguindo assim atingir suas metas e realizar seus potenciais. Com bastante freqüência, a criação de imagens também serve para pôr em foco nosso fracasso em reconhecer ou aproveitar da melhor maneira possível as oportunidades que nos são apresentadas, a tendência a nos deixar inibir pelas dúvidas, pela autodestruição, pela negatividade, pelo ceticismo, pela ansiedade e pela culpa. Ela nos permite compreender as conseqüências pouco saudáveis das atitudes de autonegação.

Portanto, a criação orientada de imagens é particularmente útil para investigar as necessidades e o potencial pessoal, muitas vezes inconscientes, ignorados ou confusos. Por meio da análise dessas imagens pessoais e dos símbolos inerentes a elas, é possível estabelecer contato com os aspectos normalmente não-reconhecidos ou dissociados do eu, conseguindo assim uma integração ou cura.

O TRABALHO COM A CRIAÇÃO DE IMAGENS

Cada detalhe das imagens mentais que você produz é criação sua e, como tal, tem um grande significado em potencial. Quase todos sabemos que essas imagens são significativas, se bem que nem sempre somos capazes de interpretar seu significado. Há uma forte tendência a se acreditar que as "soluções" para essas imagens intrigantes podem ser encontradas fora e não dentro de nós mesmos. Essa concepção acaba sendo incentivada pela grande quantidade de livros sobre interpretação dos sonhos que perpetuam a enganadora idéia, estabelecida por Sigmund Freud, de que apenas "especialistas" e "autoridades" como ele e seus seguidores são capazes de interpretar o significado das imagens produzidas em sonhos e fantasias. Isso simplesmente não é verdade. Como Hermann Hesse observou no seu famoso livro *Demian*: "Somos capazes de nos compreender uns aos outros; mas cada pessoa só é capaz de interpretar a si mesma." Em outras palavras, você é a maior autoridade no que diz respeito às imagens que você cria e é preciso que você compreenda isso.

Embora essas imagens possam apresentar determinadas características universais, elas representam uma linguagem simbólica ímpar, que você terá de aprender a traduzir e a compreender. A "interpretação" que outra pessoa faz das suas imagens, mesmo que ela seja uma "especialista" no assunto, revelará apenas as características da linguagem dessa pessoa, o que pode resultar em grandes enganos e equívocos. Ao trabalhar com as suas imagens mentais é fundamental que você estude o seu próprio vocabulário simbólico, seus significados e como você o utiliza. Isso é feito mais ou menos da mesma maneira pela qual você descobre o significado de uma palavra ou de um código incomum, ou seja, examinando o contexto, outras indicações disponíveis, palavras ou símbolos semelhantes e a maneira como costumam ser usados, fazendo associações e assim por diante. Dessa forma, você pode se tornar um perito na sua própria simbologia. Portanto, a interpretação das imagens, a tentativa de caracterizar da maneira mais clara e mais sistemática possível a natureza das imagens que criamos, "baseia-se nas nossas próprias experiências, e não em observações que possamos fazer, como meros expectadores" (Shotter, 1975, p. 42). Nos cursos que organizo, não incentivo os participantes a procurar explicações para as imagens que criam nos muitos livros que alegam fornecê-las, nem a deixar que os outros lhes imponham qualquer significado. Pelo contrário, eles são estimulados a descobrir o significado de suas imagens trabalhando com outros, em duplas ou em grupos pequenos.

As outras pessoas podem ajudá-lo a compreender as imagens que você cria de várias formas diferentes. Analisar os sentimentos que elas lhe despertam, a reação que eles provocam e as associações que vêm à sua cabeça, tudo isso pode ser de grande ajuda. Esse trabalho talvez requeira algum tipo de exteriorização como desenhar, pintar, esculpir, dançar, representar ou contar histórias. Também é possível aprofundar esse trabalho de outras formas. Pedindo às outras pessoas, por exemplo, que expressem as reações e associações que as suas imagens provocam nelas ou que revelem a você o significado de símbolos semelhantes na mitologia e em outros campos.

Você obterá uma boa dose de compreensão se se dispuser a analisar as suas próprias imagens mentais. Você pode começar essa análise identificando a associação ou as relações entre os vários componentes dessas imagens. Uma simples associação de palavras pode ser suficiente; no entanto, deve-se evitar a tendência de fazer listas de palavras. É preferível usar o método do *brain-storm* [tempestade cerebral] descrevendo ou desenhando a imagem ou suas características no centro de uma grande folha de papel ou de uma cartolina. Em seguida, faça associações — tanto verbais quanto pictóricas — com cada uma das idéias e imagens que você produzir. "Cartografe" cada uma das associações, anotando-a, assim que surgir, perto da palavra ou da imagem que a deflagrou, até que não haja mais associações a fazer ou até que todo o espaço disponível tenha sido usado. Dessa maneira, milhares de idéias podem ser associadas à "imagem-alvo". Junte essas idéias para estabelecer ligações entre elas. Invariavelmente, isso resulta num grande plano circular, semelhante a uma mandala ou a uma teia de aranha. Esse plano representa um "mapa" mental de associações múltiplas, simultâneas e multissensoriais muito diferente dos resultados obtidos por meio de uma simples lista de associações verbais ou mnemônicas, baseadas em qualquer imagem. Você também deve tomar notas das palavras ou imagens com duplo significado geradas pelas visualizações. Vale a pena fazer um exame detalhado dessas palavras ou imagens, pois elas costumam ser extremamente significativas.

Esse mapa mental, ao qual é possível acrescentar desenhos, pinturas, vários tipos de trabalhos artísticos e cores, pode ser usado não apenas para explicar as imagens, mas também para gerar idéias, planejar estudos e projetos e para estimular todas as formas de pensamento criativo. No entanto, como quase todos nós fomos educados e treinados para organizar nossos pensamentos em listas e esquemas, você talvez precise praticar bastante para se acostumar com esse procedimento incomum e para poder usá-lo de maneira eficiente.

As imagens podem ser trabalhadas de muitas outras formas. Uma das ilustrações mais impressionantes é apresentada no filme *Contatos Imediatos do Terceiro Grau*, dirigido por Steven Spielberg, em que o personagem tenta definir melhor a vaga impressão mental que formou de uma paisagem desenhando, modelando em argila, em batata amassada e em terra e fazendo outras construções. Dessa maneira, ele vai aprimorando sua imagem até conseguir reconhecer seu equivalente na vida real quando aparece rapidamente na tela do televisor — um exemplo clássico de como a coincidência muitas vezes serve para ampliar, esclarecer e desvendar imagens intrigantes. Cenas imaginárias podem ser dramatizadas usando-se figuras de desenhos animados, marionetes, bonecos, brinquedos, outras pessoas. Você também pode interpretar ou falar a respeito de cada um dos vários "papéis" sugeridos pela visualização. Jogos de RPG [*Role-play games*] podem ser elaborados em torno dos temas ou dos personagens das imagens criadas, e vários jogos de tabuleiro podem servir a esse propósito.

O REGISTRO DAS IMAGENS CRIADAS

No entanto, para que você consiga um progresso significativo na compreensão das imagens que você cria, você terá de descrevê-las por escrito. Também é preciso tomar nota das reações aos exercícios, sempre que os fizer. É aconselhável repetir os exercícios, pois as revelações que eles fazem mudam de acordo com as situações da sua vida. Muitas vezes acredita-se — erradamente — que um exercício sempre produz as mesmas imagens e idéias, não importando quantas vezes ele for repetido.

Isso raramente acontece e, quando ocorre, é preciso considerar a possibilidade de que isso represente uma resistência ao surgimento de novas compreensões e experiências. Quando imagens semelhantes são evocadas em tentativas sucessivas, geralmente acabam levando a descobertas novas e/ou complementares. Por esse motivo, e também pelo fato de que essas imagens, tanto as que provêm de sonhos quanto as que são fruto de fantasias, por mais nítidas ou significativas que sejam, são apenas passageiras e tão fáceis de esquecer quanto as imagens dos sonhos, é recomendável que você registre suas reações em relação a qualquer exercício. Esses registros podem ser em forma de gravações em fita ou de um diário escrito. Mesmo com a vantagem de ser mais rápida e de permitir o registro das reações mais imediatas e de mais detalhes, a gravação em fita fica restrita ao conteúdo verbal, ao passo que, em termos ideais, o trabalho com imagens criadas tem como meta integrar os modos verbais e não-verbais da consciência, melhorando assim a comunicação entre eles. Um comentário feito por escrito sempre acaba produzindo resultados muito melhores.

Um registro verbal e visual das experiências, que inclua texto e imagens, incluindo desenhos e esboços, acaba sendo o mais apropriado para essa tarefa. Também pode ser de grande utilidade desenvolver um "glossário de imagens", no qual você anota suas interpretações de imagens específicas, de tal maneira que comece a desenvolver um vocabulário simbólico e a reconhecer o significado de um determinado símbolo quando ele aparecer em sonhos ou em outros lugares.

No decorrer do trabalho de criação de imagens, algumas características tendem a reaparecer em contextos e com detalhes diferentes; e aquilo que inicialmente pode ter dado a impressão de ser obscuro, trivial ou sem significado torna-se cada vez mais claro, compreensível, importante e significativo. Por esse motivo, sempre se deve anotar ocorrências secundárias ou coincidências; ou seja, experiências e revelações que ocorrem *como resultado* dos exercícios e durante sua prática; quando, por exemplo, uma característica ou o tema de um exercício reaparece, de maneira mais ampla ou não, num sonho, numa fantasia ou numa situação da vida real. As "coincidências" desse tipo, embora sempre muito significativas, geralmente passam despercebidas, chegando até a ser ignoradas. As anotações servem para ajudar a memória e para tornar mais claros os pensamentos a respeito das imagens mentais.

As imagens podem produzir "efeitos colaterais" na medida em que tendem a estimular uma boa dose de pensamentos, e outros processos inconscientes, como sonhos, muito tempo depois de o exercício ter terminado. Portanto, não é raro encontrar-se os mesmos símbolos ou temas em sonhos ou fantasias subseqüentes, que podem elucidar ou explicar melhor uma imagem antes incompreensível, assim como uma imagem criada feita em estado desperto pode ajudar a esclarecer o conteúdo de um sonho. De fato, tem-se a impressão de que, depois de se ter entrado em contato com aspectos até então inconscientes do eu, tudo isso passa a ocorrer com mais freqüência. Em geral, os sonhos se tornam mais freqüentes e mais nítidos, e mesmo as pessoas que nunca haviam tido sonhos coloridos podem passar a tê-los. Aliás, todo o sistema de imagens parece desenvolver-se, tornando-se mais elaborado.

O significado de determinadas imagens pode ser revelado durante a prática de outras atividades, em *flashbacks* repentinos ou em lampejos intuitivos, às vezes bastante surpreendentes. No entanto, apesar desse efeito "Eureka" muitas vezes provocar uma mudança repentina na consciência, na compreensão e na percepção, as imagens podem reaparecer sem que isso traga qualquer esclarecimento a respeito delas. Mesmo assim, não devemos ignorar esse reaparecimento, nem deixá-lo de lado. Pelo contrário, é aconselhável registrá-lo cuidadosamente. Embora o significado dessas imagens costume vir à tona de maneira bastante espontânea, você talvez precise procurar ajuda externa, caso essas imagens preocupantes persistam durante muito tempo.

As anotações o ajudarão a identificar os diversos padrões na sua vida e nas suas experiências, destacando os aspectos ou temas mais importantes e estimulando o processo de autoconhecimento. O registro das visualizações também contribui de maneira importante para que façamos essa auto-análise de forma disciplinada. No entanto, esse registro é, essencialmente, um *aide-mémoire*, e de grande valor, pois os efeitos da visualização são sempre progressivos e cumulativos. Assim, ele permite que você retorne a imagens anteriores e mantenha uma visão geral do processo e do seu progresso. O que é mais importante, no entanto, é o fato de que as anotações o ajudarão a compreender melhor o que está acontecendo agora.

Por essa razão, é uma boa idéia anotar imagens que você cria e também as reações que elas provocaram em você, usando sempre os verbos na primeira pessoa do presente do indicativo. A personalização que se obtém dessa forma não apenas serve para situar a experiência no presente imediato, como também ajuda a eliminar qualquer tendência para fazer projeções, isto é, para atribuir a causas externas a responsabilidade por criações ou produtos pessoais (imagens, pensamentos, sentimentos, dores, ações ou doenças). É de extrema ajuda o fato de você reconhecer a sua responsabilidade pessoal e o seu próprio controle, ou seja, a sensação de ter poder no mundo e não de ser uma simples vítima das circunstâncias, e a consciência das maneiras pelas quais você contribui para os seus problemas e doenças.

Essa tática verbal também ajuda a pôr em relevo o possível significado das visualizações. Às vezes, as pessoas tendem a negar que as imagens tenham algum significado, argumentando que elas correspondem a alguma característica do mundo "real". Embora as visualizações possam de fato incluir características do mundo exterior, elas são um produto da sua imaginação, e seus possíveis significados estão nos motivos pelos quais você optou por uma determinada imagem entre todas as características e detalhes do mundo que você poderia ter inventado ou escolhido. Usar a primeira pessoa e colocar os verbos no presente, ao descrever suas imagens, também o ajudará a reconhecê-la como um produto pessoal específico ou como uma criação pela qual você é responsável e que, por esse motivo, certamente se mostrará significativa quando examinada com mais atenção.

Caso você não consiga ver facilmente a importância de uma imagem, ao considerá-la objetivamente, é possível que mude de idéia se você a personalizar dessa maneira. Por exemplo, a frase "imagino uma lagoa fria e serena com profundezas sombrias" se transforma em "sou uma lagoa fria e serena com profundezas sombrias", o que, no mínimo, oferece mais material para reflexão.

COMO USAR ESTE LIVRO

Os exercícios deste livro são apresentados numa seqüência progressiva, de modo que cada um se baseia no anterior, embora todos eles sejam independentes e completos quando considerados isoladamente. As instruções para alguns desses exercícios são bastante longas, de maneira que, pelo menos na fase inicial, recomenda-se que alguém as leia para você ou que você as grave numa fita, deixando pausas suficientes para as respostas quando necessário, até ter memorizado tudo e não precisar mais de ajuda externa. Lembre-se de que as instruções foram escritas exatamente com essa finalidade.

Os exercícios de criação de imagens costuma absorver a atenção e a provocar um profundo relaxamento. No entanto, no início, é possível que você encontre dificuldades em fazê-los em virtude de pensamentos importunos ou persistentes, de preocupações e das tensões físicas gerada nessas situações. Caso você depare com esse problema, faça o exercício de relaxamento progressivo do Apêndice I. Mesmo que, a princípio, ele pareça longo, você dificilmente precisará de mais de vinte minutos para completá-lo. Você pode fazê-lo antes de qualquer um dos exercícios, que devem levar de vinte a trinta minutos, como alternativa para os métodos recomendados.

É possível que você sinta dificuldade para gerar imagens visuais com o olho da sua mente. Isso é bastante comum e, com a prática, você irá constatar que as imagens se tornam cada vez mais claras e nítidas. No entanto, algumas pessoas são muito mais visuais do que outras, e é possível que você seja um daqueles para os quais os sons, os aromas e outras sensações são captados com mais intensidade. Neste caso, você deve procurar trabalhar com a forma de imaginação que lhe seja mais fácil e ter a consciência de que todos os tipos de impressões e sensações são igualmente importantes e valiosos.

Antes de cada exercício, há uma explicação sobre as suas metas, sobre sua finalidade e sua importância para a saúde em geral. Preferências e sugestões de leituras complementares são fornecidas no final do livro. Depois do exercício, há um comentário sobre os temas que ele em geral enfatiza, ilustrado por observações de casos reais, extraídos da minha experiência de trabalho com grupos e indivíduos. Caso você ache que o fato de conhecer as reações das outras pessoas pode afetar sua experiência pessoal, aconselho que não leia essas observações antes de terminar cada um dos exercícios e anotar todos os detalhes.

A leitura desses comentários deixará claro que muitas das reações dos participantes dos cursos foram examinadas e discutidas e que vários participantes, generosamente, permitiram que eu examinasse suas anotações pessoais, citando trechos delas. Outros me forneceram pessoalmente detalhes de suas experiências ou contribuíram espontaneamente com ilustrações de vários tipos. Algumas delas foram incluídas no texto com a permissão do autor. Eu gostaria de manifestar aqui a minha gratidão para com as centenas de pessoas que, através de sua participação nestes cursos, forneceram o rico e fascinante material no qual este livro se baseia.

CAPÍTULO UM

Como Tornar-se uma Imagem de Saúde

Eu me senti como um quebra-cabeça sendo montado, e quando colocaram a última peça, minha mente se modificou e enxergou a imagem total e perfeita.

Evy McDonald (*citada em Siegel, 1990*)

Quantas vezes você já ouviu alguém dizendo que seu mundo se desfez em pedaços? Isso pode ter sido decorrência de algum trauma — desastre, morte, divórcio, decepção, desilusão, doença ou invalidez. Um exame mais atento revela que todas essas situações trazem em si algum tipo de perda. Pode ser a perda de um membro da família, de um amigo, de um animal de estimação, de algum objeto de que você goste; ou a perda da pessoa amada, da casa, de posses, do emprego, de sonhos, da ambição, da fé, dos ideais; da juventude, da vitalidade, da saúde; ou ainda a perda da reputação, da identidade, da dignidade, da confiança, do respeito, do *status* ou prestígio social.

Quando o mundo de uma pessoa se despedaça em virtude de perdas como essas, não é raro a própria pessoa também se desfazer em pedaços. Dizemos que ela desmoronou, ficou um caco ou entrou em pane. Em muitos casos, essa reação é imediata e evidente, ao passo que em outros é demorada e não se nota imediatamente, levando às vezes meses ou até anos para se manifestar. As maneiras como ela se manifesta também podem ser bastante diferentes. Em algumas pessoas, ela surge em forma de uma doença física; em outras, em forma de distúrbios emocionais ou psicológicos. Qualquer que seja o tipo de doença, ela sempre representa um colapso no fluxo harmonioso normal ou no padrão de funcionamento que corresponde à saúde no seu verdadeiro sentido.

Muitas pesquisas confirmam a antiga observação de que, invariavelmente, algum trauma sempre precede uma doença grave. Há muito tempo se reconhece que a perda é uma condição prévia para o desenvolvimento do câncer, e nos últimos anos as pesquisas confirmaram que os portadores dessa doença quase sempre sofreram algum tipo de perda traumática num período de dezoito meses a dois anos antes de a doença se manifestar.

A perda também já foi identificada como um aspecto altamente significativo da depressão. De fato, talvez as doenças emocionais ou psicológicas sejam o meio pelo qual mais nos conscientizamos de um colapso. Dizemos que as pessoas sofreram de um "colapso nervoso" — o que é uma denominação errada, pois os nervos não são afetados. No entanto, "freqüentemente prefere-se usar essa expressão porque ela sugere uma doença quase física em vez de uma fraqueza mental" (Coward, 1992, p. 56). O que realmente entrou em colapso foi o desempenho normal da pessoa no âmbito social — ou seja, sua capacidade de desempenhar de maneira adequada papéis sociais e de cumprir suas responsabilidades e deveres. Entretanto, independentemente de quanto esse desempenho social tenha sido afetado (e pode ter sido muito afetado), tendemos a sentir menos simpatia pelas pessoas cujos colapsos se manifestam no nível psicológico do que com as que sofrem de doenças físicas. Às vezes nós lhes dizemos (e não necessariamente de maneira educada) que elas precisam se controlar, deixando implícito nessa admoestação que é o desempenho social delas que está afetado, mais do que qualquer outro aspecto de sua *performance*. Com bastante freqüência, nós as aconselhamos a manter as coisas sob controle e a dominar seus sentimentos, com base na crença popular de que fazendo isso a vida delas entrará nos eixos automaticamente. Essa sabedoria está expressa no adágio segundo o qual, quando tudo está bem com o eu, tudo está bem com o mundo, e na seguinte história:

> Um empresário recebia um cliente em casa num domingo chuvoso e tinha de ouvir as reclamações do seu entediado filho de cinco anos, que não podia sair para brincar. Depois de a criança ter brincado com todos os objetos que havia sobre a sua mesa de trabalho, o pai encontrou um mapa-múndi, o rasgou em cem pedaços e disse ao garoto para só voltar depois de ter montado o mundo inteiro. Para seu grande espanto, o menino voltou cinco minutos depois com o mapa restaurado. Quando o pai quis saber como ele conseguira fazer tudo tão depressa, o filho respondeu: "Eu já tinha desenhado um retrato meu no verso do mapa e, quando montei a minha figura, o mundo também se encaixou nos seus devidos lugares."
>
> Caduceus, 1990, 10, p. 6

Esta deliciosa história ilustra uma idéia que remonta aos tempos mais antigos e que está por trás de todas as práticas tradicionais de cura do mundo inteiro. Nesses sistemas de cura, está implícita a idéia de que a humanidade é um microcosmo do macrocosmo; sua natureza fundamental é idêntica à do mundo ou à do cosmos. Dessa maneira, ao nos curarmos, estamos também curando o mundo e vice-versa. Por esse motivo, podemos, assim como fez o garoto, colocar o mundo em ordem, colocando nossa própria pessoa em ordem. É esse ato de "reintegrar" a si mesmo que constitui a saúde. De fato, no inglês, as palavras *health* e *healing* [saúde e cura] são derivadas de uma expressão que significa *whole* [completo]; no mundo moderno, esse antigo conceito de saúde como algo completo e plano se refletiu na definição de saúde aceita pela Organização Mundial de Saúde, que é o estado de completo bem-estar físico, mental e social, e não apenas a ausência de doenças ou de deficiências.

Portanto, a advertência que fazemos às pessoas para que se controlem é um conselho sensato. Infelizmente, na prática, é quase impossível segui-lo, pois a maioria das pessoas não está suficientemente em contato consigo mesma para poder fazê-lo. Isso não chega a surpreender, pois, apesar de estarmos acostumados a considerar o eu como uma entidade unitária, o poeta Walt Whitman observou que ele "contém multidões".

Mesmo assim, o simples fato de existirem muitos aposentos na mansão do eu não significa que ela não seja uma casa, uma residência; e, para que se possa viver confortavelmente dentro dela, precisamos levar em consideração tanto sua natureza compósita como as características que a compõem. Isso implica reconhecer ou identificar cada um dos seus elementos e a maneira como eles se encaixam para formar um todo pleno e unificado. Nesse sentido, tudo se parece muito com um quebra-cabeça, uma imagem formada por diversas peças irregulares, que precisa ser montada da mesma maneira.

OS INTRIGANTES PRINCÍPIOS DA CURA

Os mais competentes montadores de quebra-cabeças geralmente começam a montar a imagem completa identificando e juntando as peças com o mesmo contorno — reto ou curvo — e alinhando-as de modo a estabelecer os limites da imagem completa. No caso dos quebra-cabeças retangulares, eles emolduram a imagem posicionando, em primeiro lugar, as peças de canto. Em seguida, continuam a colocar as peças próximas às bordas, avançando em direção ao centro e vão juntando as peças mais complexas e de formato mais irregular, que têm mais ligações do que as peças periféricas, continuando a fazer isso até que todas as peças sejam encaixadas e o quadro fique completo. Quando o quebra-cabeça inclui várias constelações de quadros, estes podem ser montados separadamente e depois reunidos.

A psicologia da saúde e da cura segue os mesmos princípios básicos na medida em que, para que uma pessoa se torne ou permaneça íntegra ou saudável, ela precisa formar e manter uma imagem bastante clara e coerente de si mesma. Porém, isso é bem mais difícil do que encaixar as peças de madeira de um quebra-cabeça, pois o eu que está sendo abordado não é estático, mas dinâmico; seus contornos e componentes vão mudando em reação aos acontecimentos sempre mutáveis da vida. Portanto, uma pessoa bastante "completa" ou plena está em meio a um processo contínuo e em andamento, tentando preencher as lacunas no conhecimento que tem de si mesma, trabalhando para resolver dificuldades e reagindo instantaneamente às mudanças no seu padrão de vida.

No caso das pessoas que entraram em colapso ou em "parafuso", ou que estão caminhando para isso, a imagem geralmente está despedaçada, muitas vezes porque as peças que elas tentam encaixar já não forma mais a imagem que querem montar, ou pelo simples fato de terem desistido de tentar. Na melhor das hipóteses, a imagem está completa ou quase completa apenas nas bordas, onde o eu entra em contato com os outros e com o ambiente. Essas pessoas, que "vivem no limite das suas forças", que "já chegaram no seu limite", correm o risco de perder todo e qualquer controle sobre si mesmas e, compreensivelmente, tendem a se irritar facilmente. Elas não estão em contato com o próprio centro; estão separadas do próprio núcleo; elas perderam o contato com o que e com quem são. Elas não estão preenchidas, pois a imagem que deveria estar completa apresenta muitas falhas, deixando-as vazias. Para evitar um colapso total, essas pessoas precisam começar a trabalhar para se redefinir, montando o quebra-cabeça de quem e do que são, restabelecendo assim a ligação com seu eu interior, o que acaba fazendo com que uma nova imagem venha à tona.

PADRÕES DE SAÚDE

Esses princípios estão presentes em várias correntes da psicologia, principalmente na terapia da gestalt, criada pelo psiquiatra alemão Frederick (Fritz) Perls. *Gestalt* é uma palavra alemã para a qual não existe uma tradução exata; o sentido mais aproximado é o de configuração ou padrão. Mais precisamente, uma gestalt é um todo impossível de ser descrito simplesmente como a soma de suas partes. Ele não pode ser reduzido e é destruído quando se tenta dividi-lo. O termo foi aplicado a vários princípios de percepção descobertos em experiências realizadas no início do século XX pela Escola da Gestalt, um grupo de psicólogos alemães que descobriram o seguinte: nós não percebemos as coisas como elementos isolados e não relacionados; nós os organizamos, no processo de percepção, de modo a formarem um todo pleno e significativo. Portanto, o que define e confere significado a um fenômeno não são os elementos que o compõem, mas a sua organização. Como conseqüência disso, vemos qualquer situação como um padrão unificado que constitui uma gestalt significativa. Quando entramos numa sala cheia de gente, por exemplo, não vemos apenas cores e movimentos, rostos, corpos e objetos. Percebemos o local, as pessoas e os objetos nele contidos como uma unidade, um todo, que na sua totalidade pode significar "uma recepção de casamento", por exemplo. No entanto, se prestarmos atenção em determinados aspectos do local, podemos impor padrões significativos que se destacam de um fundo difuso como elementos unificados, enquanto os outros elementos recuam para em segundo plano.

Terapia da Gestalt

Segundo a premissa básica da terapia da gestalt, a natureza humana também está organizada em padrões ou todos; ela é vivida pelo indivíduo nesses termos, e só pode ser compreendida como uma função dos padrões ou das totalidades que a formam. Além disso, o indivíduo só pode existir no campo ambiental. Inevitavelmente, a cada momento, o indivíduo faz parte de algum campo, e seu comportamento é uma função do campo como um todo, incluindo tanto a pessoa quanto o ambiente no qual ela se encontra. No entanto, o limite entre os dois é de grande importância, porque é isso que define o indivíduo, e é justamente nessa fronteira de contato que os eventos psicológicos ocorrem. "Nossos pensamentos, nossas ações e nossas emoções representam a nossa maneira de viver e encontrar esses eventos fronteiriços" (Perls, 1976a, p. 17). Portanto, a natureza da relação entre uma pessoa e seu ambiente é de importância fundamental, pois determina o seu modo de ser no mundo. É o que estabelece a diferença entre o eu e os outros. Conseqüentemente, ao tentar compreender a si mesmo, é preciso primeiro examinar como você se comporta quando está nesse limite ou fronteira.

Perls considerava o "tornar-se o que se é" como uma meta inata de todos os seres humanos, das plantas e dos animais, sendo portanto uma necessidade fundamental de todas as coisas vivas. Ele dizia que isso só pode ocorrer por meio da integração das várias partes do eu, pois "a verdadeira natureza do ser humano, como a natureza de qualquer outro animal, é a integridade" (1976, p. 49), e é através da integração que o eu emerge como uma figura unificada, destacando-se do seu campo ambiental. Quando o eu está claramente definido e localizado em relação aos outros e ao mundo, a pessoa é capaz de distinguir suas necessidades das exigências do ambiente. Só quando isso acontece é que ela tem a possibilidade de agir com eficiência, pois esse eu integrado, como qualquer campo unificado, é capaz de utilizar melhor todo o seu potencial. Esse processo requer um monitoramento constante do eu, uma vez que os padrões ou *gestalten* do campo ambiental são dinâmicos, alterando-se constantemente, assim como as exigências do eu, dos outros e do mundo exterior também se alteram. A satisfação das várias necessidades, o equivalente à saúde, é uma espécie de "equilibração", mantida por um tipo de homeostase ou de auto-regulagem, cujo requisito fundamental é a consciência da situação imediata. Dessa maneira, o indivíduo consciente pode perceber mudanças nas *gestalten* existentes e agir de acordo com elas para criar novos padrões, restaurando o equilíbrio entre o eu e aquilo que o cerca.

Sem essa consciência, podemos encontrar dificuldades para estabelecer limites entre o eu, os outros e o mundo exterior. Ficamos então confusos, não sabendo onde termina o eu e onde começa o outro; tornamo-nos incapazes de satisfazer nossas necessidades, pois não temos consciência de quais elas possam ser. Em última análise, uma autonegação como essa pode levar a uma desintegração completa, a um colapso de natureza física ou psicológica ou às duas coisas. Perls considerava muitas doenças de caráter psicológico como a incapacidade de se perceber claramente os limites. Como resultado disso, reagimos de maneira característica, com medo, ansiedade, fuga e sofisticadas defesas, sempre com a finalidade de evitar a intromissão do mundo. Além disso, devido à incapacidade de definir seus próprios limites, essa pessoa geralmente manipula o ambiente para conseguir apoio sob várias formas, em vez de usar seu próprio potencial. Ela passa a ser incapaz de satisfazer suas necessidades e permanece num estado que pode, justificavelmente, ser definido como "desequilibrado".

Muitas vezes, a doença física é uma das maneiras pelas quais as pessoas tentam manipular os outros, e também o mundo, em busca de apoio, se bem que isso não ocorra necessariamente de maneira consciente. Para muitos, a doença é a única maneira pela qual podem suprir importantes necessidades, definir o próprio eu ou impedir que os outros ou o mundo circundante os atropelem. Ela pode lhes dar a oportunidade de dizer "não" a responsabilidades indesejadas e de evitar atividades ou situações desagradáveis e causadoras de *stress*; ou ainda, permitir que façam coisas que sempre quiseram fazer, como pintar, escrever ou estudar. Esta pode ser a única maneira à disposição delas para pedirem amor, cuidados e atenção; ou pode lhes servir como desculpa pelos seus fracassos. Quando doente, uma pessoa pode se excluir de uma situação sem sentir culpa, ansiedade ou a necessidade de apresentar explicações e justificativas. Para alguns, a incapacidade permanente pode ser muito mais atraente que a saúde, mas os benefícios ou "ganhos secundários" da doença podem não ser conscientemente reconhecidos pelas pessoas que sofrem, de modo que seus significados muitas vezes acabam sendo ignorados. No entanto, um exame atento invariavelmente acaba revelando que as doenças de todos os tipos sempre são uma manifestação externa de algum caso interior de tumulto ou de desintegração.

A meta da terapia da gestalt é a integração ou a síntese, não a análise. A finalidade do tratamento é "atingir aquela quantidade de integração que facilite o seu desenvolvimento... Um pequeno buraco feito num acúmulo de neve muitas vezes é suficiente para provocar o escoamento da água. Depois de o escoamento ter começado, a própria água se encarrega de alargar o caminho; ela facilita o seu próprio desenvolvimento" (Perls, 1977, p. 52). Isto se explica pelo fato de que a pessoa desintegrada ou disassociada está inibida ou até degenerando no seu desenvolvimento, tornando-se necessário restaurar a auto-regulação ou homeostase, que tem uma importância crucial para a realização pessoal.

Terapia concentrada na pessoa

As metas da terapia da gestalt têm muito em comum com a terapia concentrada na pessoa, desenvolvida pelo psicólogo americano Carl Rogers, considerado o fundador do movimento de aconselhamento. Rogers achava que existe certa tendência de atualização inerente em todas as formas de vida, de modo que essas formas se movem em direção ao crescimento e à realização de sua verdadeira natureza ou ser. No entanto, ele também reconhecia que essa tendência é facilmente frustrada, suprimida e dominada, dando origem a doenças físicas e psicológicas; que ela pode ser bloqueada ou até mesmo interrompida; e que, por vezes, só consegue vir à tona em "manifestações estranhas, bizarras ou anormais" (Rogers & Stanford, 1989, p. 1492). Ele observou que, durante a terapia, muitas pessoas expressam uma profunda insatisfação com elas mesmas quanto à capacidade que têm de se expressar, freqüentemente fazendo comentários do tipo "Eu sinto que não posso ser eu mesmo", "Eu não sei quem realmente eu sou" ou ainda "Se os outros realmente me conhecessem, certamente não gostariam de mim".

Rogers observou que a visão que a pessoa tem de si mesma também varia, por vezes de maneira dramática e repentina. Num instante, ela pode estar se sentindo segura, confiante e bem-sucedida, e no momento seguinte achar que é insegura, incapaz e fracassada. Aliás, isso pode ser resultado de um simples encontro ou de uma pequena observação por parte de outra pessoa. Como Perls, Rogers concluiu que essas mudanças indicam um eu que não é uma entidade fixa, mas uma gestalt fluida e em constante modificação; o produto das reações da pessoa à experiência. Ele é composto de percepções sobre o "eu", percepções de como essas características se relacionam com os outros e com vários aspectos da vida, junto com os valores associados a essas percepções. Para Rogers, o grau de concordância entre o conceito que uma pessoa tem de si mesma e sua experiência, por um lado, e suas interpretações dos estímulos ambientais, por outro, determina até que ponto ela é capaz de ter realizações pessoais ou saúde. Se as duas coisas apresentam relativa harmonia, então o indivíduo permanece unificado, realizado e saudável; mas, se estão em discordância, a tendência para a realização pessoal se reduz e a integridade ou saúde da pessoa entra em colapso. Portanto, o conceito que o indivíduo tem de si mesmo e do seu mundo depende de inúmeras experiências e aprendizados do passado, mas também de fatos imprevisíveis e de ações conjuntas que podem ocorrer de momento a momento. Os obstáculos à realização pessoal também podem se originar de subpartes do eu que tenham sido adversamente afetadas por toda uma gama de circunstâncias ambientais, sejam elas físicas ou psicológicas. Considerando a complexidade da vida e da experiência humana, não admira que, para muitas pessoas, o processo da realização pessoal seja repleto de dificuldades, freqüentemente levando ao colapso. No entanto, Rogers acreditava que o indivíduo tem a capacidade de reorganizar o campo de percepções, mudando a visão que tem de si mesmo e do seu mundo, de maneira a provocar uma concordância entre eles, efetuando, assim, sua integração ou cura.

Como tornar-se saudável

O psiquiatra Carl Gustav Jung indicou que existem aspectos do eu que permanecem inconscientes para a pessoa, facetas que foram negligenciadas, dissociadas ou que nunca chegaram a ser reconhecidas. Ele achava que esses aspectos precisam ser abordados simultaneamente com os elementos conscientes do eu para que possam ser redescobertos e reintegrados. Além disso, ele reconhecia que, como o eu apresentou um aspecto duplo e pode ser orientado para dentro ou para fora, as realidades desse *dois* mundos, o interior e o exterior, também precisam ser reconciliadas. Ele definiu como individuação o processo através do qual todos os aspectos, conscientes e inconscientes, interiores e exteriores, são integrados, resultando na experiência de um novo centro da personalidade ou do eu.

> Individuação significa tornar-se um ser único e homogêneo e, na medida em que a "individualidade" envolve nosso caráter singular mais íntimo, interior e incomparável, também implica tornar-se o próprio eu. Por esse motivo, poderíamos traduzir a individuação como "voltar a si" ou "auto-realização".
>
> 1953, par. 405

Ele considerava isso como sinônimo de saúde perfeita e, como tal, um ideal impossível de ser atingido. Portanto, o processo da individuação resulta numa "integração ou numa plenitude, numa *completitude* do indivíduo, que, dessa maneira, se aproxima da *totalidade*, mas não da *perfeição*" (1955, par. 616). Implicitamente, portanto, ele chamava a atenção para um princípio da maior importância, ou seja, que a saúde não deve ser considerada um estado, mas o processo da cura ou de se tornar saudável.

Esse processo é bastante semelhante ao envolvido na resolução dos jogos de quebra-cabeça. A percepção visual — a visão — é fundamental para eles no sentido de que a pessoa precisa ser capaz de enxergar tanto as peças como a imagem formada por elas. Seria extremamente difícil completar um tal quebra-cabeça se tivéssemos de contar apenas com a visão de uma outra pessoa e usar apenas suas descrições verbais como guia. No entanto, como observou o psiquiatra R. D. Laing (1976), é exatamente dessa maneira que os seres humanos tendem a viver sua vida:

> Vivemos dentro — ou podemos facilmente passar a viver dentro — de uma confusa mistura de palavras, a tal ponto que vemos as descrições que outras pessoas fazem do mundo, em vez de descrever o que vemos. E com muita freqüência as outras pessoas também não estão "vendo" o mundo. O mapa não é o território, da mesma forma que o cardápio não é a refeição.

Mesmo assim, nós nos rendemos a essa influência, e, como conseqüência, tendemos a perder a visão de nós mesmos e de nossas metas.

A cura para problemas psicológicos, essencialmente, é um processo de revisão que nos ajuda a nos realizarmos, ao nos lembrar de quem somos e de quais são as nossas finalidades. Essa consciência fundamental é atingida principalmente ao se facilitar a percepção dos nossos mundos interior e exterior; ou seja, do que está ocorrendo *aqui* e *agora*, tanto dentro quanto fora de nós. O exercício seguinte aborda essas questões. Recomenda-se que, depois de tê-lo feito, você o repita, precedendo-o com o relaxamento progressivo descrito no Apêndice I.

EXERCÍCIO UM

Encontre um local tranqüilo e adote uma posição confortável, sentado ou deitado (de preferência a primeira opção, de vez que na segunda você pode ficar com sono).

Feche os olhos, ou concentre o olhar num ponto fixo ou num objeto qualquer. Agora, imagine um lugar onde você realmente possa ser você mesmo, na medida em que isso é possível. Imagine que está nesse lugar. Conscientize-se de todos os aspectos visuais, dos sons, dos cheiros e das sensações que experimentar, anotando-os com todos os pormenores que conseguir. Repare em como você se sente, e em quaisquer detalhes do seu "eu" real que possam lhe parecer particularmente significativos ou estranhos.

Usufrua essa experiência da maneira mais completa possível.

Conscientize-se também de qualquer dificuldade que possa encontrar para se imaginar nesse lugar; bem como de quaisquer pensamentos, sentimentos, lembranças ou sensações que possam surgir e desviar a sua atenção.

Não se entregue de todo a eles, tampouco tente reprimi-los. Simplesmente tome consciência deles e deixe que passem.

Pergunte a si mesmo o que existe nessa situação que faz com que você seja real; e também o que o impede, na sua vida do dia-a-dia, de ser real. Depois de ter respondido a essas perguntas, volte aos poucos à consciência normal. Em seguida, prepare um relatório verbal ou escrito da sua experiência, sempre na primeira pessoa do presente do indicativo, incluindo todas as características das imagens e as suas respostas às perguntas com a maior quantidade possível de pormenores.

Comentário

A identificação com a visualização

São poucas as pessoas que realmente relatam sua experiência na primeira pessoa do presente do indicativo, como foi sugerido acima. Inicialmente, quase todas acham difícil ou estranho quando os outros pedem a elas que façam isso. No entanto, existem vários motivos para que isso seja feito. Um deles é o fato de que, fazendo isso, o modo de representação verbal é reafirmado e pode discorrer sobre os temas visualmente representados, desenvolvendo assim a mente e promovendo um funcionamento eficiente, que envolve a pessoa como um todo e não apenas uma parte ou partes específicas. O uso da primeira pessoa do presente do indicativo também serve para personalizar a experiência, situando-a no aqui e agora. Para muitas pessoas, falta a "presença", ou seja, a capacidade de estar aqui e agora, e a adoção desse estilo verbal permite que as pessoas se identifiquem com suas experiências do presente. E também existe certa tendência nas pessoas a negar a responsabilidade pessoal pelas suas próprias criações ou produtos, pouco importando se são visualizações, pensamentos, sentimentos, dores, ações ou doenças, que são atribuídos a causas exteriores e não interiores. Com bastante freqüência, as pessoas negam o significado pessoal das imagens mentais que têm, argumentando que tudo o que imaginaram tem uma existência "real", fora de sua imaginação. No entanto, apesar de ser possível que essas coisas correspondam a alguma característica do mundo exterior, elas não deixam de ser produto da imaginação, e seu significado pessoal está nos motivos pelos quais, dentre todas as imagens que poderiam ter inventado ou trazido à mente, as pessoas optaram por imaginar exatamente aquelas. Essas características não são simplesmente aleatórias, mas são criações ou produtos pessoais específicos pelos quais os indivíduos são responsáveis e que, por esse mesmo motivo, com quase toda a certeza, se revelam significativos quando examinados com mais atenção. As pessoas que não conseguem reconhecer facilmente o significado pessoal de uma imagem quando a examinam de maneira objetiva, podem mudar de opinião quando a personalizam ou quando fazem uma experiência com ela.

A projeção de características do eu sobre os outros e sobre o mundo exterior dá origem à idéia de que essas forças exteriores são responsáveis por essas características ou as causam. Por esse motivo, as pessoas tipicamente dizem "Aquilo me deixou ansioso" em vez de usar a frase "Eu fiz com que eu mesmo me tornasse ansioso", ou irritado ou doente, como reação a seja lá o que for. Essa atribuição de características pessoais a fatores externos necessariamente leva à confusão entre o mundo interior e o exterior da pessoa e à incapacidade de estabelecer limites definidos entre eles. A personalização e o imediatismo da experiência provocados pelo uso da primeira pessoa e do tempo presente invertem essa tendência, ajudando no reconhecimento da responsabilidade pessoal e do próprio poder de controle; ou seja, a sensação de ser eficiente no mundo e não uma vítima passiva das circunstâncias; e a percepção do nosso papel ativo. Como Perls explica:

> O "eu" é a figura de primeiro plano da experiência. É a soma de todas as necessidades que vêm à tona, a carteira de compensação para suas satisfações. É o fator de constância no caráter relativo das exigências interiores e exteriores. É o agente de responsabilidade para qualquer coisa com a qual se identifique: responsável, no sentido de que reage à situação, não no sentido moralista de assumir obrigações impostas pelo dever.
>
> 1972, p. 115

Portanto, a criação orientada de imagens se preocupa com as imagens produzidas pelas pessoas e pela sua reação segundo o modo como essas pessoas se identificam com elas e segundo o momento em que isso acontece.

Liberdade de ser

A grande maioria das pessoas relata que se imagina ao ar livre, em praias, montanhas ou florestas, no litoral, à beira de rios e lagos, ou simplesmente em jardins. Estar em contato com a natureza evidentemente é uma condição muito importante para o senso de realidade ou de autenticidade delas. A sensação de liberdade é soberana, e parece depender da eliminação das condições e restrições criadas pelos seres humanos; a libertação das exigências e pressões da civilização e da sociedade moderna, principalmente do barulho, e da necessidade de ganhar dinheiro; prédios, coisas cinzentas — e outras pessoas.

Com bastante freqüência, essa sensação de liberdade é acentuada por atividades como correr, dançar, cavalgar, nadar; e, em alguns casos, voar com asa-delta. Uma jovem disse que quando estava voando numa asa-delta, "tinha apenas a si mesma como medida", ao passo que normalmente tem consciência da maneira como os demais a enxergam e se preocupa com isso. Muitas pessoas mencionam especificamente a sensação do vento no rosto ou nos cabelos como representação dessa forte sensação de liberdade. A descrição de uma mulher, de que sentia certo calor interior apesar do vento frio no rosto, serve para enfatizar a sensação de se manter em contato ao mesmo tempo com os aspectos interiores e exteriores do eu.

A grande maioria das pessoas descreve que está só ou, no máximo, na companhia de um gato, de um cachorro ou de um cavalo. Quando se lhes pede que expliquem a presença do animal, elas invariavelmente dizem que ele lhes proporciona um companheirismo sem os problemas e as exigências típicas na comunicação entre as pessoas e uma relação de aceitação totalmente livre de qualquer avaliação. Os benefícios terapêuticos dos animais de companhia já são bastante reconhecidos, e eles estão sendo usados numa ampla variedade de contextos institucionais (Scarlett, 1987; Whyte, 1989). Não deixa de ser irônico, considerando-se a importância dos animais e dos ambientes naturais para esta sensação do eu, que ambos estejam sofrendo ameaças crescentes e inflexíveis por parte dos seres humanos.

É muito raro que as pessoas se descrevam sentindo a própria realidade na presença de crianças. As que o fazem invariavelmente são mulheres, e as crianças descritas comumente são bebês ou criancinhas de colo, que parecem oferecer desafios limitados à autenticidade antes de conseguir expressar completamente suas necessidades e comunicá-las aos outros. Independentemente da idade, as crianças claramente comprometem o sentido do eu e da realidade de algumas pessoas. Uma mulher recordou nos mínimos detalhes, incluindo o disco que estava tocando na vitrola e o perfume que usava, seu "único momento como pessoa real — o último momento de paz em minha vida — sentada na companhia do cachorro, diante da lareira acesa, antes da chegada dos filhos, antes da minha vida ter começado a entrar num processo de aceleração constante". No entanto, uma jovem, solteira e sem filhos, que se imaginou com uma criança no colo que ela sabia que era sua, reconheceu tudo isso como um símbolo de sua necessidade de romper com os princípios do movimento feminista para poder, assim, realizar seu eu autêntico.

Na verdade, apenas uma pequena minoria de pessoas relata que se sente real na presença de outros. Quando isso ocorre, as outras pessoas geralmente se encontram um pouco distantes, e sempre adotam atitudes de não-avaliação e de não-intromissão. Elas podem ser descritas como "gente que cuida de sua própria vida, permitindo que os outros façam o mesmo". Por vezes, as pessoas descrevem que estão na companhia de uma outra pessoa, com a qual têm grande intimidade e na qual podem confiar que serão aceitas como "elas mesmas". Elas podem estar fisicamente próximas ou mais distantes. Uma jovem, por exemplo, descreveu que se sentia real numa sala sem janelas, onde ninguém a podia ver, e sua mãe, a única pessoa na qual acreditava poder confiar, estava na sala ao lado.

Quase todas as pessoas só se sentem reais quando estão sozinhas. Elas descrevem as condições dessa realidade de formas diferentes, como "deixar tudo e todos para trás", "deixar de servir os outros e de atender às necessidades deles", ou "deixar de ter a necessidade de ficar constantemente controlando o próprio comportamento para agradar aos demais". Um homem descreveu sua necessidade de se afastar "das pessoas superficiais e contestadoras". Uma mulher, depois de ter descrito sua sensação de realidade como ter controle sobre si mesma, constatou que seria totalmente impossível para ela ter algum tipo de controle na presença de outros.

Certas pessoas se sentem sobrecarregadas de exigências dos outros e encontram dificuldades para impor sua própria personalidade na presença deles. Um exemplo extremo desse desafio ao eu é dado por um homem que relatou o fato de ele absorver os sentimentos de desaprovação dos outros, afirmando que "é como se essas coisas pulassem ou saltassem para dentro de mim". Esse homem, evidentemente, estava muito confuso quanto aos limites entre ele e os outros, porque projetava sobre os outros os sentimentos de desaprovação e de raiva que em seguida sentia como vindos deles e não de si mesmo. Ele não tinha domínio sobre seus próprios sentimentos, acreditando que emanavam de fora dele e não os reconhecendo como seus; ele era incapaz de assumir qualquer responsabilidade sobre esses sentimentos.

Algumas pessoas descrevem que se sentem reais em situações nas quais outras pessoas estão presentes e numa proximidade razoavelmente pequena — quando dançam numa discoteca ou tocam um instrumento numa banda, por exemplo; mas, para todos os efeitos, todas essas pessoas se encontram num mundo próprio, inconscientes e não afetadas pela presença dos demais e não numa situação realmente social.

As pessoas freqüentemente ficam surpresas com o aparecimento do seu eu "real". Muitas mulheres se descrevem usando vestidos leves de algodão que, aparentemente, representam para elas a juventude, a liberdade, a simplicidade, a ausência de regras, de formalidade, de estilo e fingimento. Uma mulher, que se descreveu como sentindo-se real ao escalar uma montanha "vestindo um traje de algodão totalmente inadequado para esse tipo de empreendimento", reconheceu nisso o seu desejo de não ser sensata, de ir contra as convenções e de retornar à infância. Para outros, a infância parece estar representada na possibilidade de andar descalço. De fato, tanto homens como mulheres freqüentemente se imaginam como crianças. Para alguns, a infância representa um tempo — talvez o único período — em que foram realmente felizes. Essa sensação de felicidade ou contentamento geralmente caracteriza a experiência de ser real, junto com sentimentos de poder ou de potência. Uma mulher descreveu-se como sendo real aos quatro anos de idade, pois essa foi a única época de sua vida em que ela lembrava ter sido aceita como ela mesma. Para outros, esse retorno à infância representa o desejo de se afastar da vida adulta e de suas responsabilidades — relacionamentos, família e circunstâncias domésticas, "ganhar o pão", cozinhar e tarefas dentro de casa. São poucas as pessoas que se sentem "reais" no trabalho. Infelizmente, o único homem que admitiu isso não se viu no emprego atual, do qual queria se afastar o mais depressa possível.

Conseqüentemente, são muitas as pessoas que querem escapar das responsabilidades que adquiriram com a idade ou em decorrência da passagem do tempo. De fato, o próprio tempo é sentido por muitas pessoas como uma pressão. Um homem chegou a declarar que "na verdade, o tempo vai contra a realidade e não a favor dela". Algumas pessoas acham que estão sempre "correndo contra o tempo" e "numa correria", jamais conseguindo encontrar tempo para elas mesmas. Uma mulher explicou que "na vida do dia-a-dia estou sempre muito consciente do que preciso fazer em seguida, e com bastante freqüência me sinto pressionada por isso". Portanto, para muitas pessoas, a experiência da realidade envolve uma perda do sentido do tempo, uma atemporalidade, descrita por uma mulher como "sair fora do tempo", e por outra como "um momento dourado fora do tempo".

Freqüentemente, tanto homens como mulheres relatam que estão nus, e o alívio que sentem por não ter a obrigação de se vestirem bem para alguma ocasião, seja ela qual for. Um rapaz ficou espantado pelo fato de se imaginar nu por causa dos seus excessos de pudor, atribuídos por ele ao fato de ter sido criado numa família em que a nudez era um tabu absoluto, e todos tinham a obrigação de estar com o corpo totalmente coberto. As mulheres muitas vezes ficam surpresas com a nudez porque normalmente não gostam do próprio corpo ou estão insatisfeitas com ele. Uma mencionou o alívio por não ter de murchar a barriga nem ajeitar os cabelos. Várias descreveram que estavam nuas num lugar sem espelhos, portanto, livres de qualquer tipo de auto-avaliação. Só em tais circunstâncias elas parecem capazes de entrar em contato com seu próprio corpo e de aceitá-lo.

Minha experiência enfatiza muitas dessas características. Numa ocasião em que estive hospedada num hotel austríaco com fama de proporcionar muito conforto aos hóspedes, tive pela primeira vez a oportunidade de usar um solário. Achei que a experiência era estranha e fascinante e a repeti várias vezes durante minha estada. Pouco pensei sobre tudo aquilo, achando que se tratava apenas de mais um detalhe num período agradável e descontraído de férias; mas fiquei muito surpresa ao fazer o exercício acima descrito e descobrir que meu eu real estava nesse solário. Examinando a situação mais atentamente, compreendi que ela representava um afastamento total da realidade comum: um ambiente silencioso, revestido de madeira escura, trancado por dentro e distante de todas as solicitações e exigências do mundo. Eu não podia ser perturbada por outras pessoas, nem pelo telefone, e não precisava levar em consideração nenhum público, tampouco a mim mesma, pois não existiam espelhos. Eu tinha a oportunidade de me proporcionar satisfação, e a aproveitei, sendo apenas eu mesma.

Não sou a única pessoa a ficar surpresa com as situações nas quais elas passam pela experiência de se sentir reais. Uma mulher se imaginou no seu próprio jardim, "olhando para um monte de lixo e me sentindo satisfeita com tudo". Fazendo isso, ela reconheceu que ser real, para ela, envolvia aceitar os aspectos mais "sujos" de si mesma. Outra mulher, que se imaginou observando, de um depósito imundo de carvão, a passagem de trens lotados, foi capaz de reconhecer que realmente conseguia ser objetiva e aceitar as coisas ruins do seu passado.

Em alguns casos, a situação na qual a pessoa percebe seu eu real chega a ser quase surreal e sem muitas ligações com experiências do passado ou do presente. Uma jovem relatou que "entrou em sintonia" com uma cena intrigante, na qual estava sentada, bordando diante de uma lareira, tendo à volta o marido, os filhos e um gato. Em si, nada existe de excepcional nessa cena "doméstica e tranqüila", a não ser o fato de que a moça, além de não ter marido nem filhos, nunca teve um verdadeiro lar, mas foi criada numa série de orfanatos depois de perder os pais quando muito pequena. Até participar desse exercício, o único significado que a palavra "lar" tinha para ela era a possibilidade de estar na companhia de pessoas amigas. No entanto, ela depois constatou que o simples fato de ter sido capaz de imaginar esse quadro era muito útil, permitindo que relaxasse e se aliviasse de situações de tensão. Como ela mesma explicou, "Agora não tenho mais a necessidade de fugir das coisas, de correr para casa, porque eu mesma sou meu lar".

Algumas pessoas constatam que não conseguem imaginar uma situação na qual possam ser reais e que essa consciência pode dar origem a emoções muito fortes. Uma jovem fez diversas tentativas em vários lugares e com várias pessoas, incluindo a irmã, a pessoa que segundo ela é quem melhor a conhece, mas foi incapaz de se sentir real. Dessa maneira, ela reconheceu quantas máscaras usa diante dos outros, e que até mesmo quando está com pessoas amigas não age como quer, mas como os outros esperam que aja. Uma senhora de mais idade disse que era incapaz de encontrar um lugar onde pudesse escapar das exigências decorrentes de ser mulher e filha; uma outra descreveu-se como estando numa praia, cercada por silhuetas de pessoas a cujas necessidades ela achava que precisava atender. Várias outras mulheres disseram que eram incapazes de encontrar alguma situação nas quais não sentissem a necessidade de agradar aos demais. Um exemplo extremado disso foi dado por uma mulher que afirmou que só era capaz de escapar das demandas e exigências dos outros quando estava dormindo. Para algumas mulheres, a ansiedade quanto ao que se espera delas ou a possibilidade de estarem sendo observadas durante o exercício impedem que elas relaxem o suficiente para fazê-lo. Como explicou uma jovem, ela teve "aquele pensamento pavoroso" de ser a única pessoa fazendo o exercício de olhos fechados, e de que todos os outros estavam rindo dela.

Podem existir outras explicações quanto aos motivos pelos quais uma pessoa é incapaz de se sentir real. Uma mulher que encontrou seu campo visual dividido em duas metades, cada qual mostrando cenas contraditórias, disse que não sabia qual ela realmente era. Outra procurou explicar sua incapacidade de encontrar um lugar onde pudesse ser real com o fato de estar resfriada. Quando lhe perguntaram quantas vezes ela usava resfriados e doenças como desculpa para não fazer coisas, ela respondeu: "O tempo todo."

Os homens parecem menos comprometidos com as expectativas e exigências dos demais, mas com bastante freqüência apresentam reações emocionais bastante fortes quando reconhecem as restrições à sua realidade. Um homem sentiu uma grande angústia ao constatar que a única situação em que podia ser real e a única pessoa com a qual podia ser real estavam ambas irremediavelmente perdidas para ele. Outro homem ficou ansioso quando começou a questionar sua capacidade de ser real e a validade e sinceridade dos seus sentimentos e pensamentos, preocupando-se com a possibilidade de retratar uma imagem inverídica de si mesmo para os outros por não se conhecer como pessoa.

Como se sentir "realmente" relaxado

Um relaxamento anterior pode ser necessário caso a ansiedade impeça uma pessoa de realizar ou de completar esse exercício. Independentemente de existir ou não essa necessidade, a experiência do relaxamento profundo sempre gera introvisões valiosas. Quando se pede que as pessoas descrevam um lugar onde possam ficar completamente relaxadas, elas sempre descrevem o lugar onde podem se sentir reais. Isso se explica pelo fato de o relaxamento ser, basicamente, um libertar-se das tensões físicas e psicológicas habituais, que, quando examinadas com atenção, invariavelmente são geradas pelas exigências que os outros impõem a uma pessoa. O relaxamento pode ser considerado uma forma de cultivar uma consciência muscular ou corporal, mas é muito mais do que isso. Pesquisas demonstraram que o relaxamento físico completo só é possível quando todos os processos mentais são suspensos. Isso se deve ao fato de que as tensões físicas são geradas em reação a atitudes mentais, a preocupações e às resultantes tensões emocionais, conflitos, medos e ansiedades. Quando essas tensões psicológicas não diminuem, o relaxamento físico invariavelmente é difícil e, no melhor dos casos, limitado. Conseqüentemente, os procedimentos de relaxamento devem ser direcionados para a totalidade da pessoa e não apenas ao corpo; por esse motivo, eles constituem um importante elemento do treinamento de consciência de si mesmo. O exercício de relaxamento progressivo descrito com detalhes no Apêndice I foi desenvolvido com essa finalidade e muitas vezes produz valiosas constatações quanto ao eu. Essas podem ser de natureza genérica ou mais específicas, como fica ilustrado pelos exemplos seguintes.

Com bastante freqüência, as pessoas não percebem como habitualmente são tensas, mesmo quando o grau de tensão é extremo. Um homem hipertenso ficou horrorizado ao perceber como era pouco o que precisava fazer para chegar a um estado de tensão máxima em todos os seus músculos. Quando perguntaram a uma jovem, enquanto ela estava concentrada em suas costas, se alguma coisa "a eriçava", ela percebeu que *realmente* era bastante agressiva, com sentimentos de hostilidade em relação a muitas pessoas, sentimentos que só podiam se expressar através das dores e da tensão na parte inferior da coluna dorsal. Outra mulher respondeu mais ou menos da mesma maneira, reconhecendo que, apesar de se irritar com as exigências egoístas dos outros, ela normalmente permite "que os outros pisem em mim" sem nenhuma manifestação de protesto. Como resultado disso, ela resolveu impor o seu eu real e acabou notando um alívio considerável nas dores crônicas que sentia na coluna.

Outra mulher, que se sentiu incapaz de obedecer ao conselho de que esquecesse a moedinha de ouro criada pela sua imaginação e que ela acreditava segurar na mão simplesmente fez de conta que obedeceu. Depois compreendeu que estava apavorada com a possibilidade de perder algo que lhe era precioso, tal como ocorrera na infância, quando o pai abandonara o lar; e compreendeu que o medo de perder o namorado impedia que ela revelasse seus verdadeiros sentimentos para com ele, e isso colocava em perigo o futuro da relação. Essa constatação fez com que ela assumisse o risco de se libertar do medo e se tornar mais real diante dele, agindo como queria e não como julgava precisar fazê-lo.

Concentrando a atenção nos próprios ombros e perguntando-se se não era uma pessoa irritadiça,* um homem lembrou da raiva que sentira quando seu irmão lhe dissera isso. Ele compreendeu que não se preocupara com a possibilidade de ser uma pessoa irritadiça, mas apenas com o fato de os outros poderem pensar que ele se preocupava com isso. Em cada um desses exemplos, as pessoas foram capazes de identificar tensões dentro de si mesmas, geradas por dificuldades das quais antes não tinham consciência; dificuldades em ser verdadeiras com os demais.

A imagem da borboleta, usada no exercício de relaxamento, é um grande símbolo do eu real, verdadeiro ou autêntico. Isso é intrigante, porque o termo grego para

* Essa referência aos "ombros" resulta da expressão inglesa *Has a chip on his shoulder* ["tem um farpa no ombro"] usada para designar a pessoa que se irrita facilmente.

borboleta, *psyche,* também significa pessoa ou alma, e a borboleta representa universalmente qualidades espirituais, transformação, metamorfose, mudanças e liberdade. A atenção a este aspecto da visualização invariavelmente revela detalhes importantes. Uma mulher ficou muito alarmada com sua borboleta, que estendia as asas cobrindo todo o seu peito. No entanto, cada vez que ela tentava voar, a mulher se esforçava por agarrá-la até que acabou amassando completamente suas asas. Depois, ela reconheceu que sempre tivera dificuldades para conservar as coisas em sua vida, e que perdera muitas coisas que desejava por se esforçar demais. Assim, exagerando nas suas tentativas de relaxar, ela estava gerando tensão e ansiedade. Reconheceu também que a cor de sua borboleta — malva pálido com bordas pretas — era significativa, uma vez que usava uma roupa na mesma tonalidade. Ela associava a cor púrpura com o luto e com a tristeza, por ser uma "perdedora"; e compreendeu que o tom malva, um púrpura diluído, representava sua tentativa de ocultar essa tristeza dos outros para poder ser mais aceita por eles. Só as bordas negras das asas da borboleta revelavam seus verdadeiros sentimentos. No entanto, no exercício com a imaginação, ela finalmente relaxou, permitindo que sua borboleta batesse as asas, e ela a seguiu nesta trajetória, tornando-se real quando "se afastou de todos".

Muitas outras pessoas constatam que seguem sua borboleta de maneira espontânea, e descobrem coisas a seu próprio respeito quando fazem isso. Uma mulher descreveu que seguia uma borboleta cujas asas eram formadas por conchas de cor coral de um tipo encontrado no Caribe, onde nascera, o que a levou de volta às próprias raízes e ao seu eu real. Um homem que queria se afastar das exigências da vida moderna seguiu sua borboleta até um *kibutz* onde fora feliz muitos anos antes. Uma outra mulher, cuja borboleta permaneceu no casulo, só foi capaz de encontrar seu eu real na infância. Em outro caso, a borboleta abriu as asas e caiu do peito de uma mulher a seus pés, e ela ficou com medo de pisoteá-la. Mais tarde, ela descobriu o significado disso, quando encontrou seu eu real no jardim de sua própria casa, depois de não ter conseguido ser verdadeira em nenhum dos locais exóticos de veraneio nos quais se imaginou; fazendo isso, ela constatou que não precisava viajar para se encontrar. Sua tomada de consciência lembra um ensinamento do sábio chinês Lao Tzu:

> Não é preciso correr lá fora para ver mais,
> Nem espiar por uma janela;
> Continue no centro do seu ser;
> Pois, quanto mais sair de si, menos aprenderá.
>
> *O Caminho da Vida*

A dificuldade para ter uma sensação de realidade também se reflete muitas vezes na imagem da borboleta. Inúmeras pessoas dizem que são incapazes de insuflar vida na borboleta, que continua sendo bidimensional — uma tatuagem, uma silhueta, um molde, um simples ornato ou um recorte de papel. Muitas borboletas têm aspecto extremamente frágil e delicado. Algumas balançam as asas, mas são incapazes de abri-las de todo ou de voar. Algumas — geralmente borboletas grandes — se esfacelam na primeira tentativa; outras permanecem com as asas abertas, mas são incapazes de voar. As borboletas menores parecem mais ágeis, apesar de em muitos casos apenas mexerem as asas e fazerem preparativos para o vôo sem sair do lugar. Essas imagens são sugestivas de pessoas que querem ser livres, mas que se sentem presas de alguma maneira e entram em colapso diante de sua própria autenticidade. Isso parece gerar tristeza naqueles que descrevem borboletas grandes, o que talvez reflita a reação deles diante dessa perda considerável de potencial. Uma mulher sentiu inveja de sua grande borboleta amarela e queria ser como ela, indicando assim que não conseguia se identificar com a imagem que ela própria criara.

Muitas pessoas impõem restrições à borboleta por temer a possibilidade de perdê-la, e algumas a amassam nessa tentativa. Outras constatam que, apesar de todos os seus esforços, elas não voam. Uma mulher observou que sua borboleta continuava com uma parte do casulo presa às asas, o que acabou interpretando como um sinal de que precisava se livrar de alguma coisa antes de poder ser ela mesma.

Muitas vezes, a cor da borboleta é muito significativa; talvez uma indicação das "verdadeiras cores" de uma pessoa (ver Capítulos 9 e 10). Um homem disse que segurava sua borboleta perto do peito, tendo assim consciência de suas "verdadeiras cores", mas não as revelando aos demais. As cores escuras parecem associadas ao negativismo, e as cores diluídas a potenciais que não são utilizados nem expressos de maneira adequada. Uma mulher, por exemplo, achou que sua borboleta, extremamente pálida, refletia o fato de ela nunca expressar seu verdadeiro eu.

Surpreendentemente, poucas pessoas se sentem realmente satisfeitas com suas borboletas. Quase todas acham que ela "não está fazendo o que deveria fazer", ou seja, que não está estendendo as asas, secando-as, preparando-se para o vôo e depois voando. Suas reações provocam uma reação semelhante à expressa por John Collee (1991, p. 58):

> Algumas crianças, expostas a uma quantidade excessiva de estímulos, perdem a capacidade de se concentrar nas coisas realmente importantes. Eu tenho a impressão de que muitos adultos sofrem de um distúrbio semelhante.

CAPÍTULO DOIS

Como Desempenhar Bem o seu Papel

Portanto, há quem diga... que apenas formei um ramalhete com as flores dos outros, e que a única coisa que forneci foi o barbante para amarrá-las.

Montaigne

O exercício anterior serve para ressaltar um paradoxo intrigante; o fato de que o ser humano, um animal social, precisa se afastar dos outros seres humanos para poder ser verdadeiro ou autêntico. De fato, sua identidade depende disso. A idéia da pessoa como separada e distinta dos outros implica uma capacidade de perceber os limites entre eles e a própria pessoa. Isso resulta de várias experiências feitas no decorrer dos primeiros anos de vida, sendo, portanto, o "resultado de uma dissociação gradual e progressiva, e não de uma intuição primitiva" (Piaget, 1930, p. 128).

TORNAR-SE ALGUÉM

As crianças muito pequenas provavelmente não têm consciência de um limite claro entre elas e o ambiente no qual vivem, mas, por meio do tato e de movimentos físicos voluntários, acabam desenvolvendo certa consciência dos limites do corpo e de si mesmas como sujeitos de ações e de intenções. A auto-identidade também se desenvolve à medida que a linguagem é adquirida, com o uso de nomes e dos pronomes pessoais eu, mim e meu. Com o conhecimento do próprio nome e de outras propriedades pessoais, certo senso do eu, ou de individualidade, começa a surgir — à proporção que as crianças passam a compreender mais detalhes de sua existência como entidades independentes e à medida que adquirem uma idéia de quem e do que são. O que era pouco mais do que um simples conjunto mal organizado de rótulos aplicados aos outros passa então a englobar a soma de tudo o que elas sabem a respeito de si mesmas. O autoconceito não é uma entidade unitária, mas uma série de representações cognitivas, nem todas iguais, sendo que algumas são mais periféricas do que outras. Esses elementos, quer sejam positivos, negativos, reais ou ideais, não são estáticos, modificando-se constantemente com o passar do tempo e das circunstâncias.

Uma característica universal da interação social humana é uma diferença na reação aos homens e às mulheres. Isso surge quando a criança é classificada segundo uma ou outra categoria sexual, com base nos seus órgãos genitais no momento do nascimento. O processo foi comparado a uma receita (Adams & Laurikietis, 1976) que funciona da seguinte maneira: pegue um bebê recém-nascido, de qualquer raça ou cor, atribua a ele este ou aquele sexo, e depois vista-o de cor-de-rosa, dê-lhe uma boneca, encoraje sua passividade, não espere demais dele, proteja-o; ensine-lhe coisas relacionadas com a "feminilidade", encoraje sua incompetência, desencoraje sua independência, instrua-o nas coisas domésticas e na subserviência. Isso, afirma-se, irá produzir uma mulher "real". Quando se quer um homem "real", o bebê deve ser vestido com roupas azuis, ganhar um revólver de brinquedo, ser encorajado em suas atividades e em sua independência, saber que se espera muito dele, ser obrigado a cuidar de si mesmo, estimulado a ter confiança e um comportamento incisivo e ser treinado para ganhar a própria vida. Essa receita funciona, não por ser uma coisa natural, inata e inviolável, como muitas vezes se pensa, mas porque é algo conhecido por todos, tendo sido transmitido de geração para geração, garantindo que todos aprendam os limites dos comportamentos apropriados e permissíveis para indivíduos categorizados como membros de determinado sexo.

No entanto, considerando que esses limites ou fronteiras definem o que geralmente é conhecido como "papéis" sexuais, talvez seja mais apropriado categorizar o processo pelo qual a identidade sexual é aprendida em termos teatrais.

A ESCOLHA DO ELENCO

No teatro, os papéis geralmente são distribuídos tomando-se por base os atributos físicos dos atores e a *performance* exigida dos escolhidos para determinados papéis previamente elaborados; pouco se faz em termos de improvisação. A escolha dos atores para os papéis dá origem a determinadas reações na equipe de produção e em outros membros do elenco, que têm idéias e expectativas quanto à maneira como qualquer determinado papel deverá ser interpretado. Do mesmo modo, no momento do nascimento, quando se determina o papel sexual de certo indivíduo, isso enseja reações nos pais e nas demais pessoas. De fato, a determinação do sexo fornece a primeira pista real, indicando como os demais devem se comportar com relação à criança. Portanto, apesar das diferenças mínimas entre eles no instante do nascimento, os bebês passam a ser tratados de forma bastante diferente em função do sexo (Seavey, 1975; Meyer & Sobieszek, 1972; Will *et al.*, 1976). As mães vigiam e conversam muito mais com as filhas do que com os filhos (Lewis, 1972). No entanto, durante seus três primeiros meses de vida, os meninos são mais tocados, beijados e acariciados do que as meninas, e depois dos seis meses de idade, as meninas são encorajadas a permanecer mais perto de suas mães do que os meninos, que são incentivados a brincar em locais mais distantes, a ter mais atividade e curiosidade em suas brincadeiras.

A interpretação de papéis

Existe também uma clara diferença entre os brinquedos oferecidos aos meninos e às meninas; os meninos recebem quantidades significativamente maiores de veículos, como automóveis e aviões, ao passo que as meninas recebem quantidades maiores de bonecas femininas. Os meninos também são equipados com objetos que encorajam atividades fora de casa, ao passo que as meninas recebem coisas que incentivam atividades dentro de casa. A decoração dos quartos das crianças e dos locais onde brincam também reflete, com bastante freqüência, essas diferenças (Rheingold & Cook, 1975). As escolhas feitas pelos pais não refletem necessariamente as preferências da criança. Estudos realizados com grupos de crianças brincando revelaram que quando lhes são oferecidos brinquedos tradicionalmente identificados como sendo "de meninas" ou "de meninos", quase todas as crianças optam pelos brinquedos "de menino", porque são mais interessantes e versáteis. Afinal de contas, pensando bem, são relativamente poucas as coisas que se podem fazer com uma versão em miniatura de uma tábua de passar roupa.

A leitura nas entrelinhas

Depois de escalados para um papel, os atores recebem uma cópia escrita da peça ou do roteiro. As crianças também recebem um roteiro no qual a linguagem do dia-a-dia está repleta de estereótipos ou de imagens padronizadas e premissas quanto ao comportamento tradicional de homens e mulheres. O psicólogo Geoffrey Beattie (1979, 1980) sublinhou este grande preconceito sexual e chamou a atenção para seu significado psicológico e social, argumentando que sua força tem origem na ubiqüidade. Ele exemplifica sua argumentação com referências aos termos "homens", "mulheres", "menino" e "menina". Como observa, o termo "homens" é de longe o mais comum em relação aos machos, ao passo que o termo "menino" é usado quase exclusivamente para a criança masculina, significando imaturidade e falta de *status*, com conotação pejorativa. O termo "menina", porém, freqüentemente substitui o termo "mulher", em contextos em que jamais "menino" seria utilizado em vez de "homem". Adolescentes do sexo masculino invariavelmente são descritos na mídia como sendo homens, ao passo que as adolescentes da mesma idade ou mais velhas costumam ser descritas como meninas.

No entanto, essas convenções lingüísticas podem ter implicações bem mais sérias. Já foi demonstrado que em praticamente todos os idiomas do mundo a palavra "menina" é percebida como tendo uma avaliação mais positiva do que "mulher", apesar de ser bem menos forte, passando a estereótipo predominante com relação a atributos físicos como tamanho pequeno, beleza e simpatia, mas incluindo também características como fraqueza e dependência. Por outro lado, o termo "mulher" provoca imagens de maturidade e de falta de atrativos. Portanto, enquanto um menino aumenta consideravelmente de *status* quando se torna um homem, uma menina perde *status* ao se tornar mulher. Conseqüentemente, chamar uma pessoa do sexo feminino de "mulher" pode deixar subentendido um desafio ao conceito que ela tem de si mesma. O termo "cavalheiro" raramente é usado, a não ser em portas de banheiros, mas o termo "dama" [*lady*] ou "senhora" é comumente aplicado às mulheres. Já se disse (Lakoff, 1975) que isso se deve ao fato de que o conceito "mulher" não tem dignidade suficiente, exigindo um termo mais nobre. Demonstrou-se com toda certeza que, quanto menos *status* e dignidade uma mulher tem, tanto mais seu *status* tende a ser melhorado com o recurso do palavra *lady* [dama] daí "cleaning lady" [faxineira] e "serving lady" [copeira] (Hancock, 1963). Ainda mais difundido é o uso de pronomes masculinos para representar a totalidade da humanidade e — novamente em inglês — do sufixo "man" para indicar papéis de valor na sociedade. Poucas coisas se modificaram com o movimento em direção à assim chamada igualdade dos sexos e a adoção dos termos politicamente corretos. Não falamos mais de "firemen" [bombeiros], mas sim de "firefighters" [combatentes do fogo], substituindo, desse modo, um sufixo masculino por um termo que sugere uma qualidade estereotipicamente masculina.

Como aprender o papel

As crianças deparam, portanto, com um roteiro explícita e implicitamente sexista, que é aprendido de maneira semelhante à que ocorre no teatro. O roteiro, como observou o ator Jonathan Pryce, tende a ser "absorvido" em vez de estudado. Os indivíduos sempre são muito sensíveis a informações referentes aos seus papéis e aos seus comportamentos apropriados, e absorvem as dicas de maneira consciente e também inconsciente. Geralmente, eles nem percebem que estão aprendendo o roteiro, e os demais não são necessariamente conscientes de que o estão ensinando ou indicando, de forma que acreditam que as *performances* decorrentes são naturais e não estudadas. No entanto, essas maneiras de representar são aprendidas com os pais, os professores e a sociedade como um todo, e também a partir dos livros infantis, dos textos, revistas em quadrinhos, programas de televisão, filmes e materiais de propaganda.

Não é só a existência desses estereótipos que pode ser demonstrada, mas também o fato de que as crianças são influenciadas por eles (Deutsch, 1975; Jennings, 1975). De fato, existem muitos indícios de que as crianças em idade pré-escolar aprendem detalhes sobre seus papéis na sociedade junto à mídia e à televisão em particular (DeFleur, 1964). Muitos estudos realizados a respeito da programação televisiva para a criança confirmam o poder dos estereótipos dos papéis sexuais no comportamento e nas atitudes das crianças, tendo-se constatado que as crianças aceitam e imitam o que vêem. Análises dos retratos de papéis sexuais numa grande variedade de programas indicam que, enfatizando a domesticidade das mulheres e a independência dos homens, a televisão fornece modelos de papéis que reforçam definições estereotipadas da feminilidade como passiva e dependente e da masculinidade como ativa e impositiva, o que serve para exaltar a imagem masculina e rebaixar a feminina. Relativamente poucas coisas se modificaram durante os vinte anos que se passaram desde que essas observações foram feitas pela primeira vez. As mulheres continuam retratadas principalmente em situações domésticas, como dependentes dos homens, como objetos sexuais ou funcionárias domésticas. Os homens têm oportunidades muito maiores de ter vida exterior, ao ar livre ou em ambientes de trabalho fora de casa, e os homens com mais de cinqüenta anos de idade superam a quantidade de mulheres da mesma faixa etária numa proporção de dois para um. Do mesmo modo, a maioria dos materiais publicitários, dos documentários, dos programas esportivos e de assuntos modernos empregam comentaristas masculinos de grande força de convicção. No entanto, sabe-se que uma coisa mudou: a idade na qual as crianças desenvolvem seu senso de identidade. Reconhece-se atualmente que a mídia é tão bem-sucedida em moldar a identidade das crianças, que isso passa a acontecer entre os dois e três anos de idade, bem mais cedo do que ocorria há vinte anos (BBC, 1991).

Se bem que existam muitas maneiras pelas quais um ator possa interpretar um papel qualquer, mesmo dentro do teatro há restrições impostas ao indivíduo quanto a determinados tipos de interpretação. Interpretações que recebem amplo reconhecimento dos críticos, como o Hamlet de Olivier ou o Ricardo III de Sher, tendem a ser rotuladas de "clássicas", consideradas como padrões para o julgamento de outros que se aventurem nos mesmo textos. Atores jovens e nem tão jovens tendem a imitar esses modelos. Do mesmo modo, as crianças aprendem inicialmente a interpretar seus papéis sexuais através da imitação; o desempenho é mantido fazendo-se com que as crianças sejam recompensadas por manifestar as características e comportamentos apropriados ao sexo e punidas quando estes são considerados pouco apropriados. Geralmente, acredita-se que a imitação do papel sexual envolve dois processos — a identificação com membros do mesmo sexo e a complementação com membros do sexo oposto. Portanto, teoricamente, a unidade familiar tradicional fornece os dois modelos necessários para um desenvolvimento normal do papel sexual. Por esse motivo, as anomalias no desenvolvimento sexual freqüentemente são atribuídas aos modelos não adequados decorrentes do colapso do núcleo familiar ou de casos de aprendizado não apropriado.

O figurino

Para que uma criança se identifique com os membros do mesmo sexo e para que complemente os do sexo oposto, é essencial que ela seja capaz de discriminá-los. Uma das primeiras formas pelas quais ela aprende a fazer isso é através das roupas ou do estilo de vestir. De fato, essa discriminação é considerada tão fundamental para o desenvolvimento cognitivo e social, que itens de discriminação desse tipo invariavelmente fazem parte dos testes padronizados de inteligência.

Os trajes ou roupas têm uma função dupla, como qualquer ator sabe. São uma ajuda para o público identificar melhor o papel de quem os usa, e podem ser extremamente precisos e exatos. Da mesma maneira, o traje do dia-a-dia ajuda a identificar os papéis sociais e determina em larga escala como os outros reagem a uma pessoa. O outro aspecto das roupas é o fato de elas conferirem um senso de identidade a quem as usa. Muitos atores afirmam que só conseguem aprender seus papéis "de fora para dentro", derivando a "sensação" dos seus papéis dos trajes usados. Conseqüentemente, as roupas têm um importante significado social e psicológico. Nos casos em que os papéis sexuais são definidos de modo tal que deles são esperados vários padrões de comportamento, isso se reflete em variadas formas de se vestir. Tradicionalmente, as roupas femininas tendem a enfatizar a falta de utilidade da pessoa que as usa, sua dependência e vulnerabilidade, ao passo que os trajes masculinos enfatizam a força, o dinamismo e a atividade do usuário. Essas características muitas vezes se refletem nos nomes dados a itens do vestuário pelos fabricantes. E assim, da mesma maneira como não é fácil trocar um pneu usando um vestido de noite e sapatos de salto alto, quando um homem está de botas, *jeans* "Wrangler", camiseta [*sweat shirt*, "camisa de suar", em inglês] e jaqueta de aviador, é difícil para ele expressar os aspectos mais estéticos e delicados de sua natureza.

Os estilos no que respeita ao vestuário não transmitem apenas valores, mas também *status*. Isso tem menos a ver com os materiais com os quais as peças são fabricadas do que com seu estilo, muitas vezes sinônimo da etiqueta do estilista ou de uma marca registrada. Dessa forma, torna-se possível vestir-se "para mais" ou "para menos", adotando determinado estilo e exibindo abertamente várias etiquetas e motivos. O "aspecto" apropriado é essencial quando alguém quer "se vestir para o papel", e é preciso procurá-lo. Como observou Shawn Stussy (1992), estilista norte-americana: "Todos estão sempre à procura de uma identidade." Isso não é apenas uma autojustificativa criada pelo mundo da moda, mas um fato psicológico. "A identificação é o contrário da alienação. Alienação significa 'isso não sou eu, isso é algo diferente, algo estranho, que não me pertence'" (Perls, 1976a). A identificação é de importância crucial para o desenvolvimento da identidade sexual e social. A indústria da moda simplesmente explora esta necessidade de identidade fornecendo-a, na maior parte das vezes, pronta para vestir, em vários tamanhos e grandes quantidades.

Equipados, portanto, com um roteiro detalhado, com modelos para os papéis, com os figurinos e os "pontos" que lhes assopram o texto dos bastidores, as crianças aprendem a interpretar seus papéis mais importantes na sociedade, dos quais dependem praticamente todos os outros papéis.

Como interpretar o papel

A característica principal da boa interpretação é a versatilidade ou flexibilidade, a capacidade de se adaptar a muitos papéis e de ser convincente neles. Isso requer a capacidade de realizar a interpretação dos papéis e de encontrar novos significados nos roteiros que os acompanham. Por esse motivo, a capacidade de improvisar é altamente desejável. Para os indivíduos mais capacitados existem muitas recompensas. A curto e a longo prazo, essas recompensas podem proporcionar uma boa dose de satisfação e de segurança, oportunidades de autodesenvolvimento e de descoberta, realização de numerosos potenciais, sucesso e aclamação, mobilidade social e muito mais. No entanto, esses papéis são muito desgastantes. Eles requerem tempo, energia e aplicação na sua execução, bem como um considerável grau de determinação, além de sensibilidade e inteligência na interpretação. Essas demandas constituem desafios para um ator talentoso, mas, para os menos capazes, podem representar verdadeiros pesadelos.

Alguns atores não possuem esses traços desejados. Eles "sobrevivem" simplesmente decorando seus roteiros, obedecendo a um modelo prescrito de interpretação e pouco contribuindo em termos de criatividade ou originalidade para seus papéis. No entanto, em alguns casos, o que cria problemas é justamente a capacidade deles de desempenhar um papel, e não a falta de capacidade. As pessoas têm tanto sucesso no desempenho de um papel que passam a ser escaladas constantemente para personagens semelhantes; ou seja, sempre lhes são oferecidos papéis muito parecidos, o que lhes permite pouco campo para explorar todos os aspectos do seu talento, ou os leva a constatar que as platéias se recusam a aceitá-los em papéis diferentes. Por outras palavras, uma caracterização bem-sucedida pode se transformar numa armadilha. Às vezes, os papéis que os atores precisam desempenhar não lhes permitem um campo suficientemente grande para que expressem ou explorem todos os seus potenciais. O mesmo também ocorre na vida.

Caracterização da personagem

É através da interpretação de vários papéis que emerge a personalidade de um indivíduo. O termo personalidade tem origem teatral, sendo derivado das *personae* ou máscaras usadas no antigo teatro grego para indicar determinadas características da personagem. Personalidade é a somatória de todas as características através das quais um indivíduo é reconhecido como sendo único. Tal como ocorre com alguns atores, certas pessoas se expressam de maneira distintiva, individual e espontânea. Elas têm a qualidade da singularidade e são descritas como "detentoras de personalidade". Outras pessoas são descritas como sem personalidade ou "sem graça"; destituídas de quaisquer características interessantes ou distintivas. Tais pessoas não conseguem se expressar. Falta-lhes a espontaneidade; elas são conformistas e enfadonhas.

No entanto, em muitos casos, tal como no teatro, as características distintivas de uma pessoa se tornam fixas e ela desenvolve uma "personagem".

> Quando você caracterizou uma personagem, você desenvolveu um sistema inflexível. Seu comportamento fica petrificado, previsível, e você perde a capacidade de lidar livremente com o mundo usando todos os seus recursos. Você fica predeterminado a lidar com os acontecimentos sempre apenas de uma única maneira, que lhe é receitada pela personagem que você caracterizou. Por isso, parece paradoxal quando digo que a pessoa mais rica, a mais produtiva, a mais criativa, é uma pessoa que *não* tem caráter.
>
> Perls, 1976, p. 7

No entanto, como Perls observa, na nossa sociedade *exigimos* que uma pessoa tenha caráter, principalmente um *bom* caráter, "porque aí você se torna previsível e pode ser rotulado e arquivado" (1976, p. 7).

Independentemente da nacionalidade, da raça ou do credo com os quais uma criança nasce — e são coisas que lhes impõem exigências de interpretação — e da assim chamada "igualdade de oportunidade", diversos padrões de vida tendem a ser receitados para homens e mulheres. O casamento continua sendo o principal padrão universal para a avaliação das mulheres; no caso dos homens, o parâmetro principal passa a ser o trabalho e a carreira. Desde a infância, os homens são informados de que precisam trabalhar para se sentir realizados, da mesma maneira como as mulheres são informadas de que necessitam de um casamento e de uma família. Conseqüentemente, espera-se que os homens sejam os que "ganham o pão", que atuem e conquistem o mundo fora da casa. Fomenta-se neles a crença de que, para conseguir isso, eles precisam ser competitivos e incisivos, agressivos e fortes, e precisam reprimir a emoção, a vulnerabilidade e todos os sinais de fraqueza. Essas tendências de expressão/repressão são encorajadas desde a mais tenra infância e reforçadas no desenvolvimento posterior, de maneira que os meninos rapidamente aprendem a confiar em si mesmos e a ser mais controlados. Suas aptidões e interesses são canalizados para empreendimentos científicos e tecnológicos, para trabalhos "duros" e másculos, para bem longe dos interesses artísticos, estéticos e domésticos.

Por outro lado, a "opção suave" é obrigatória para as meninas. Ainda hoje, continua-se esperando que as mulheres não façam conquistas fora de casa, que fiquem voluntariamente confinadas à esfera doméstica e que dependam ou cuidem dos outros. Quando bebês e quando crianças, a sensibilidade interpessoal, a expressividade emocional e as qualidades criativas são mais encorajadas do que as atividades físicas, o comportamento explorador e a curiosidade. Não se espera que elas dêem demonstrações de inteligência, iniciativa, independência, impulsos e ambição; e as experiências escolares geralmente reforçam essas expectativas, formando as meninas para as "ciências" domésticas, a "economia" do lar, os idiomas e as artes criativas.

Papéis trágicos

Atualmente, as implicações desses estereótipos sexuais para a saúde e a doença são amplamente reconhecidas: "O homem moderno vive num estado de baixa vitalidade. Apesar de geralmente não sofrer de maneira profunda, ele conhece pouco uma vida realmente criativa" (Perls, 1976, p. XI). No entanto, muitos sofrem. Essas pessoas literalmente "se matam" para construir sobre si mesmas conceitos que se enquadrem nos seus papéis sociais. Elas vivem exclusivamente em função de suas imagens. Perls observou que muitas pessoas dedicam a vida à realização de um conceito do que deveriam ser, em vez de procurar se realizar a si mesmas. Essa diferença entre a realização *de si mesmo* e a realização da *imagem* de si mesmo é extremamente importante. No melhor dos casos, o conflito entre essas duas atitudes cria tensões e *stress*. No pior, ele se manifesta num colapso, em doenças físicas ou psicológicas. Jung adotava uma visão semelhante à de Perls, afirmando que quando o eu natural é reprimido e não expresso, ele se manifesta em sintomas de doenças físicas ou mentais.

Os homens tendem a ter determinados tipos de doenças físicas, como problemas cardíacos e coronários, úlcera gástrica e câncer pulmonar; e a expectativa cultural de que os homens sejam autoconfiantes, independentes e fortes muitas vezes faz com que justamente os que correm maior risco de causar *stress* acabam não dando atenção a isso e deixam de procurar ajuda. Não é incomum que os homens procurem alívio nas bebidas alcoólicas, que são uma das poucas maneiras socialmente aceitáveis pelas quais podem expressar emoções como tristeza, culpa, ansiedade e medo. Muitas vezes, o hábito de beber leva à agressão e à violência, reforçando, assim, os padrões socialmente esperados do comportamento másculo, bem como as doenças físicas e psicológicas.

As mulheres são encorajadas a expressar emoções e fraquezas, a serem impotentes e dependentes com relação aos demais, e essas características muitas vezes se refletem nas doenças que as atingem (Greer & Morris, 1975; Derogatis, 1979; Meares, 1977; Simonton *et al.*, 1975; Moos, 1964; Moos & Solomon, 1965) e nas drogas tranqüilizantes que procuram como alívio e que aumentam ainda mais a passividade e a dependência (Hewitt, 1986).

Tradicionalmente, a saúde mental tem sido vista como dependente, em larga escala, da adoção bem-sucedida dos comportamentos e das características de personalidade apropriados ao sexo do indivíduo. Essa visão deve muito a Sigmund Freud, segundo o qual a passividade, a dependência e a criação dos filhos são saudáveis atributos femininos, e que o caráter de afirmação nas mulheres é um sinal de neurose. Apesar de haver indícios de que as pessoas de identificação sexual inflexível reagem mais aos eventos estressantes da vida e se mostram menos bem equilibradas que indivíduos mais flexíveis (Roos & Cohen, 1987; Bancom & Danker-Brown, 1979; Shaw, 1982), essa visão continua prevalecendo entre os profissionais da saúde, com a inevitável conseqüência de que os padrões de saúde mental diferem para homens e mulheres (Llewelyn, 1981). Enquanto é relativamente saudável para um homem adotar as características associadas ao sexo dele, uma relação inversa é constatada no caso das mulheres, porque as características femininas normais da dependência, da passividade e da irracionalidade não são correlatos positivos na saúde mental (Broverman *et al.*, 1970). Constata-se que a feminilidade está muito relacionada com características pouco saudáveis, como a ansiedade e a negatividade, e que ela tem muito pouco em comum com índices positivos de saúde, tais como a adaptação, a autonomia e a afirmação. Por esse motivo, não chega a ser surpreendente que as mulheres tenham duas vezes mais probabilidades que os homens de procurar ajuda ou tratamento por distúrbios mentais, e que o dobro de mulheres sejam tratadas em clínicas psiquiátricas ou enfermarias hospitalares. Além disso, os distúrbios de que sofrem homens e mulheres revelam diferenças bastante consistentes. Os homens tendem mais para distúrbios caracterizados pela hostilidade destrutiva, o comodismo, a impulsividade e a violência, ao passo que as mulheres costumam demonstrar níveis mais elevados de nervosismo, ansiedade, confusão e depressão.

Os tipos de tratamentos oferecidos também tendem a refletir premissas a respeito dos homens e das mulheres, aceitas pela cultura como um todo. As mulheres em geral, e as "donas-de-casa" em particular, tendem a receber receitas de drogas psicoativas, como tranqüilizantes, ao passo que, na maioria dos casos, os homens são aconselhados a não levar as coisas tão a sério ou a buscar o lazer. Essa tendência se reflete claramente na publicidade dos remédios, em que as drogas psicoativas invariavelmente são associadas às mulheres. Isso deixa implícito que as mulheres têm doenças emocionais ou mentais, ao passo que os homens sofrem de doenças físicas ou "reais". Os distúrbios masculinos tendem a ser atribuídos a causas "reais" como o trabalho, e os distúrbios femininos, mesmo quando notadamente físicos, são explicados como neuroses. Portanto, a queixa de uma mulher tem mais probabilidade de ser rotulada como neurótica do que a de um homem, conforme ficou claro em estudos recentes a respeito da síndrome da fadiga, conhecida como T.A.T. [*Tired All the Time*, Cansaço o Tempo Todo]. Foram constatadas impressionantes diferenças sexuais (Popay, 1992) na ocorrência desse distúrbio — que é mais preponderante entre as mulheres — e nas reações a ele. A experiência masculina do cansaço é mais legitimizada pelas parceiras do que ocorre entre as mulheres. O cansaço masculino é visto como estando relacionado com o trabalho, ao passo que nas mulheres ele é considerado "irreal", apesar do fato de que quase todas continuam trabalhando, até que os sintomas se tornem totalmente debilitantes. Os homens também se mostram relutantes quando precisam se afastar dos seus ambientes de trabalho; mas, tipicamente, eles não demonstram nenhuma relutância desse tipo em casa, onde esperam que suas companheiras cuidem deles.

Os médicos também podem refletir de outras maneiras, expectativas culturais em relação aos sexos, sugerindo, por exemplo, que uma mulher se "anime" adotando um novo penteado — um conselho muito improvável no caso de um paciente do sexo masculino. Muitos terapeutas (homens) assumem o lugar dos maridos ou dos companheiros, controlando e aconselhando as pacientes mulheres (Chesler, 1974), e muitas terapias aceitam como base a idéia de que é importante que um homem recupere o controle sobre sua mulher e sua família (Levine *et al.*, 1974).

Por todos esses motivos, é bastante fácil presumir que os papeis desempenhados pelos homens e pelas mulheres na sociedade os deixam predispostos a determinados tipos de doenças ou de perturbações. O casamento já foi identificado como sendo particularmente "não-saudável" para as mulheres. O próprio Freud observou que as mulheres precisam ser muito saudáveis para poderem tolerar o casamento. De fato, existem indícios bastante concretos de que os índices de doenças mentais e físicas são mais elevados entre as mulheres casadas do que entre as solteiras, e também de que o índice de doenças mentais é maior entre as mulheres casadas do que entre os homens casados. Portanto, em termos de saúde, o casamento é considerado mais vantajoso para os homens do que para as mulheres, ao passo que não se casar é ligeiramente desvantajoso para os homens (Brown & Harris, 1978; Gove & Tudor, 1972). De maneira geral, há indícios de que a submissão e a complacência são características dos que sucumbem a sérias doenças físicas e psicológicas (Greer & Watson, 1985; Schmale & Iker, 1966, 1971; Bahnson & Bahnson, 1966).

Expressividade

No entanto, é possível argumentar que não existe nada nesses papéis que necessariamente deixe uma pessoa predisposta a algum tipo de doença. É bem mais provável que as dificuldades tenham sua origem naqueles aspectos do eu considerados incoerentes com esses papéis, e que não são expressos, mas sim reprimidos, suprimidos e negados. Além do mais, as necessidades apropriadas a estas características negadas não são reconhecidas, não podendo ser satisfeitas, resultando em doenças. Muitas pesquisas apóiam essa premissa, dando a entender que as pessoas que sucumbem a sérias doenças físicas ou mentais caracteristicamente não têm consciência de si mesmas nem de suas necessidades, sendo inflexíveis nos seus raciocínios, atitudes, crenças e comportamentos; sendo autoritárias, socialmente conformistas e resistentes a qualquer tipo de mudança (Le Shan, 1966; Solomon, 1969; Achterberg *et al.*, 1977). Elas também tendem para o auto-sacrifício, a culpa e a autonegação (Abse *et al.*, 1974). Além disto, a relação entre as doenças sérias e as emoções reprimidas já foi muito bem estabelecida. Constatou-se que pacientes com câncer se reprimem na expressão da ansiedade que sentem (Temoshok, 1985), nas suas emoções negativas (Temoshok & Heller, 1981) e na reação diante de eventos da vida que normalmente provocariam fortes reações emocionais de medo ou de raiva (Eysenck, 1988). Eles negam e reprimem emoções num grau muito maior que as outras pessoas, e isso leva a um tipo de auto-alienação. Essa falta de relação com partes importantes do eu interior delas cria um verniz de personalidade que, apesar de geralmente ser agradável e adorável, é incapaz de se mobilizar defensivamente, fazendo com que essas pessoas se tornem vulneráveis. Caracteristicamente, os pacientes com câncer evitam discussões e tentam criar situações de harmonia (Grossarth-Maticek *et al.*, 1985). O autoconceito de indivíduos com essa "personalidade incomumente agradável" (Greer, 1975) talvez tenha sido expresso da maneira mais suscinta possível no comentário feito pela minha sobrinha de sete anos: "Se eu não fosse tão boazinha, eu quebraria a cara dela." As pessoas "boazinhas" como estas podem ser enjoativas e irritantes e deixar as outras pessoas literalmente doentes. Elas já foram descritas como sofrendo da síndrome da bondade patológica (Renneker *et al.*, 1983).

A descoberta desses fatores deu origem à idéia de um tipo de personalidade "C", propenso ao câncer, que reprime as emoções e se mostra submisso à autoridade exterior (Temoshok, 1985). Certamente seria de se pensar que o crescimento dos tumores está fortemente associado a esses padrões de comportamento, ao passo que a regressão dos tumores está positivamente associada a uma maior expressão emocional. Portanto, a expressividade, principalmente da tristeza e da raiva, vem à luz como uma reação de adaptação com fortes implicações para o sistema imunológico (Levy, 1984). No entanto, talvez as características mais significativas comuns às pessoas que sucumbem às doenças graves sejam a falta de autoconsciência e a "inflexibilidade".

Por comparação, pessoas saudáveis, sobreviventes (prisioneiros de guerra ou que ficaram como reféns durante períodos prolongados) e pacientes incomuns, que sobrevivem durante muito tempo aos prognósticos médicos em casos de doenças graves como câncer e Aids, ou que invertem seu *status* de HIV positivo para negativo, caracteristicamente demonstram tanto uma consciência das situações e das suas necessidades interiores, quanto uma flexibilidade de reação para atender a essas necessidades (Siegel, 1990; Newton, 1980; Achterberg, 1975). Portanto, todos os indícios levam a crer que é a maneira como as pessoas se comportam, ou seja, a maneira como representam seus papéis sociais e não os papéis *per se* que as predispõe para a saúde ou a doença.

Não resta a menor dúvida de que muitas doenças podem ser atribuídas à autonegação resultante de uma conformidade *inflexível* a papéis sociais estabelecidos. Esta conformidade exige a repressão: o banimento da consciência de todos os aspectos do eu que entram em conflito com os padrões convencionais de conduta. Muitas pessoas admitiriam que a conformidade a estes papéis é uma "segunda natureza" para elas. A grande dificuldade que elas têm é a de se conscientizar, entrar em contato e reagir à *primeira natureza* delas. Perls defendia a idéia de que todos os controles externos, incluindo os controles externos interiorizados — os "faça" e "não faça" ditados pelas convenções — interferem com o funcionamento saudável do organismo, e que é apenas através do autocontrole que o eu autêntico pode se realizar. Ao contrário da crença popular, isso significa *expressar* e não reprimir a própria pessoa, e equivale a seguir as próprias intuições, sentimentos e interesses: em tornar dominante a própria autoridade, em vez de se submeter à autoridade dos outros. Ele encorajava a exploração e a expressão dessas características do eu através do uso ativo da imaginação na fantasia e da interpretação de papéis. Jung também defendia a imaginação ativa ou criativa como meio para permitir que as pessoas fizessem experiências com sua própria natureza, em vez de permanecer num estado fixo.

Improvisação

O desejo de ficar livre das definições, dos controles e restrições impostas pelos outros ficou claramente evidente no exercício anterior. Na tentativa de encontrar situações nas quais possam ser elas mesmas, as pessoas se distanciam dos seus semelhantes. Elas querem se afastar de características da interação humana, tais como ruídos, comunicação, avaliação, conformidade, restrições, pressões por parte dos companheiros, e também das convenções das roupas, da aparência, da etiqueta e do comportamento.

No entanto, o distanciamento físico em relação à sociedade não garante a liberdade com relação às suas preocupações ou imposições, que, em sua grande maioria, foram interiorizadas mentalmente. Portanto, criar uma situação ou um espaço no qual a pessoa seja ela mesma não é uma mera questão de se afastar fisicamente dos demais, mas de conseguir um distanciamento psicológico com relação a eles. Tradicionalmente, tanto nas sociedades orientais como nas ocidentais, o distanciamento desse tipo tem sido cultivado através da meditação.

Basicamente, a meditação envolve um relaxamento completo ou um esquecimento de todas as idéias referentes ao eu e ao mundo, de todas as crenças e ideais, das expectativas sociais, das exigências, definições e tensões por elas geradas. O que emerge nesse espaço "vazio" é uma qualidade extremamente difícil de ser compreendida, porque é difícil imaginar que se está completamente independente das expectativas, exigências e definições das outras pessoas. Apesar de, com bastante freqüência, ser descrito como um estado de ser puro, é algo que está além de qualquer possibilidade de descrição, e só pode ser vivenciado. O exercício seguinte combina a visualização orientada com um procedimento de relaxamento derivado da prática da meditação tradicional.

EXERCÍCIO DOIS

Encontre um lugar calmo e instale-se confortavelmente, sentado ou deitado. (É preferível ficar sentado, pois a outra opção pode provocar sonolência).

Feche os olhos, ou fixe-os num ponto ou num objeto. Atente para a respiração, inspirando pelo nariz e soltando o ar pela boca.

Cada vez que soltar o ar, diga silenciosamente "Um", e continue repetindo essa fórmula, inspirando e soltando o ar enquanto conta "um". Não se preocupe em conseguir o relaxamento, simplesmente permita que isto ocorra no seu próprio ritmo.

Não dê importância a pensamentos perturbadores, lembranças ou preocupações que possam surgir, nem tente reprimi-los. Limite-se a fazer uma anotação mental quanto a eles e deixe que sumam. Em seguida, volte a atenção para a respiração e para a repetição da palavra "um" e continue fazendo isso durante dez a vinte minutos.

Agora, imagine que um escultor famoso acabou de completar uma escultura sua e que você recebeu a chave do *atelier* dele para poder ver a obra sozinho antes de ela ser mostrada ao grande público.

Imagine que está parado diante da porta do *atelier* com a chave na mão. Imagine que olha para a chave, observando as características dela e também refletindo sobre o que você mesmo sente. Você está interessado ou relutante em entrar no *atelier*? Quais são os seus pensamentos?

Depois de tê-los identificado completamente, abra a porta e entre no *atelier*, onde irá encontrar a escultura coberta por um pano para protegê-la da poeira. Enquanto se aproxima dela, examine seus pensamentos e sentimentos e remova o pano. O que você sente ao fazer isso? Remova o pano completamente e dê um ou dois passos para trás para examinar melhor a estátua. Qual é sua primeira impressão? O que você sente com relação ao que está vendo? Quais são as características que mais se destacam na escultura? Observe o tamanho, a cor e o material com o qual foi feita. Toque na obra e registre a sensação.

Observe a estátua de todos os ângulos possíveis e faça uma avaliação da pessoa que ela representa. Se lhe pedissem que fizesse uma observação a respeito dela, quais seriam as suas palavras? Como você se sente sabendo que o público irá vê-la? Há aspectos que você gostaria de modificar? Quais? Como essas mudanças poderiam ser feitas?

Antes de lhe entregar a chave para o *atelier*, o escultor pediu que você

fornecesse um nome para o trabalho dele. Que nome você julga ser apropriado?

Depois de ter imaginado um nome, resolva se vai ou não cobrir a estátua com o pano e deixe o *atelier*.

Agora, pergunte a si mesmo o que essa experiência pode lhe revelar a seu próprio respeito e o que pode aprender com ela. Quando tiver respondido a essas perguntas, faça aos poucos a sua consciência voltar ao ambiente no qual se encontra e abra os olhos. Em seguida, faça um relatório verbal ou escrito de suas respostas, junto com um relato da experiência na primeira pessoa do presente do indicativo.

Comentário

> No nosso interior se encontra o mundo inteiro; se você souber olhar e aprender, então a porta estará presente e a chave estará na sua mão. No mundo inteiro, ninguém pode lhe dar a chave ou a porta para abrir; só você pode fazer isto.
>
> Krishnamurti, 1972

Apesar de este exercício se concentrar numa imagem basicamente estática, a de uma escultura, o eu representado é dinâmico e muda constantemente. Portanto, ela revela o que pode ser considerado um congelamento do indivíduo, tal como você mesmo se vê num determinado ponto no tempo. À medida que você se modifica com o passar do tempo, a imagem também vai se modificando, de modo que vale a pena repetir o exercício a intervalos regulares.

Características contextuais

O exercício da escultura é muito proveitoso no que diz respeito às visualizações provocadas e, conseqüentemente, também às emoções despertadas. Com bastante freqüência, estas revelam as atitudes do indivíduo com relação à consciência e à exploração de si mesmo; e também os sentimentos que tem com relação a si próprio. Muitas pessoas relatam animação, expectativa, curiosidade e impaciência, a tal ponto que muitas vezes acabam "entrando" no *atelier* antes de receber instruções nesse sentido. Alguns relatam uma mistura de ansiedade e euforia ou apreensão, ao passo que outros simplesmente se sentem muito ansiosos. Às vezes, dizem que sentiram "horror" diante da possibilidade de se verem retratados numa escultura. Uma jovem esperava que a estátua fosse horrível, porque não acreditava que fosse fotogênica. De fato, muitas pessoas têm quase certeza de que não irão gostar da escultura. Os comentários feitos por uma mulher talvez expressem um medo bastante comum: "Eu sei que vou odiar o trabalho e vou me sentir embaraçada ao pensar que outras pessoas o irão ver e emitir opiniões." Outra mulher, que contava com a pior visão possível de si mesma na esperança de ficar agradavelmente surpresa, constatou, para seu grande horror, que a estátua era ainda mais feia.

A ansiedade com relação à aparência do corpo é refletida em várias preocupações, como a da mulher cujo primeiro pensamento a respeito da escultura foi: "Espero que o nariz esteja bem." Alguns procuram prever sua aparência antes de entrar no *atelier*. Eles afirmam que sabem o que irão encontrar e freqüentemente ficam surpresos ao constatar que a obra é bastante diferente. Algumas pessoas revelam uma visão fixa de si mesmas ou uma certeza que acaba sendo destruída pela experiência seguinte. Invariavelmente, a visão que têm de si mesmas é negativa. Muitos dos que expressam ansiedade diante da perspectiva de deparar com a escultura, o fazem por ter medo de eventuais decepções, o que também reflete uma péssima auto-imagem. Ocasionalmente, uma pessoa pode sentir raiva ou ressentimento com relação ao escultor que "invadiu sua privacidade" ou que a "usou" como modelo. Essa reação, que constatei apenas em mulheres, é curiosa se considerarmos que nesse exercício o escultor, a estátua e o modelo são todos a mesma pessoa. Isso evidencia certa dose de raiva ou de ressentimento direcionado contra o próprio eu. Uma mulher atribuiu seu ressentimento ao fato de "não ter nenhuma capacidade artística", dando a entender que os esforços do escultor deixariam algo a desejar.

É intrigante constatar que praticamente todos sempre partem da premissa de que a escultura foi feita por um homem. Apenas uma única pessoa, em todas as minhas experiências, mencionou especificamente que a escultura tinha sido criada por uma mulher, o que pode servir para enfatizar até que ponto a imagem que temos de nós mesmos é moldada pelas exigências e expectativas masculinas. Uma minoria de pessoas se descreve como tendo sido esculpida por artistas conhecidos, como Henry Moore ou Jacob Epstein, indicando assim que a escultura é valiosa, individualista e que merece atenção, apesar desta poder vir de um campo completamente diferente. Uma pessoa identificou o escultor como o psicoterapeuta Carl Rogers, sugerindo que sua auto-imagem foi moldada pela influência de Rogers.

Essas características "incidentais" podem se revelar tão significativas quanto a própria escultura, ou mais. O contexto também pode ser significativo e importante. Freqüentemente, trata-se de uma situação conhecida da pessoa, apesar de ela poder não ter pensado conscientemente nisso durante muitos anos, como um berçário ou uma classe escolar. Uma mulher imaginou que sua escultura, colocada sobre a usual mesa de tampo de plástico encontrada nas escolas ginasiais, ficaria muito melhor ao ar livre, como um parque, por exemplo. Ele achava que isso era mais importante do que a própria escultura, indicando assim sua necessidade de deixar a artificialidade de um ambiente acadêmico e mergulhar na "vastidão do mundo". Outra mulher imaginou sua escultura num lugar sem atrativos, em que ela "brilhava" em contraste com o ambiente sem graça e sombrio. Ela reconheceu nisso sua baixa auto-estima e, particularmente, sua preocupação de que, como estudante madura, poderia não ser "brilhante" o suficiente para enfrentar as exigências do curso universitário que estava fazendo. Outra jovem estudante, que relatou dificuldades para ver a escultura porque as luzes do *atelier* eram fortes e brilhantes demais, considerou isso uma indicação de suas dificuldades para se imaginar na universidade. Quase todas as pessoas descrevem a situação na qual imaginam a escultura como sendo "comum", "ordinária", mas há exceções. Uma mulher, que teve de percorrer uma praia repleta de pedras e pedregulhos, enfrentando ventos fortes para chegar à sua escultura, ficou intrigada com o fato de ter criado uma tal "tempestade" para ver-se. Outra mulher, cuja estátua estava instalada numa estrutura piramidal de vidro, semelhante à entrada do Louvre em Paris, considerava-se uma "obra de arte".

Para muitas pessoas, a porta do *atelier* parece ter significados especiais. As portas aparecem em todos os formatos, tamanhos e cores, muitas vezes sendo sólidas e muito antigas ou, na mesma freqüência, nova e sem nada de especial. Um homem, que se imaginou parado diante das enormes e pesadas portas do Museu Britânico, compreendeu que se sentia diminuído diante da autoridade e da formalidade. Uma jovem achou que a porta negra que imaginou era um sinal de sua sensação de males futuros. Outra mulher descreveu uma porta de vidro, que ela considerou uma indicação de sua "transparência". Muitas pessoas reconhecem a porta como a representação do acesso ao próprio eu interior, e reconhecem que as características da porta refletem algo da atitude que têm em relação a si mesmas. Uma jovem a descreveu como a proteção que impedia os demais de destruí-la. Um homem enfatizou essa função da porta imaginando que, depois de entrar no *atelier*, ele voltava a trancá-la para que ninguém mais pudesse entrar nele. Portas sólidas, como as encontradas em prisões, frigoríficos e navios, podem indicar uma atitude defensiva. Muitas refletem claramente a natureza do conteúdo interior; as descritas como portas "seguras" ou como as de cofres bancários ou de caixas de depósito, sugerem algo de valor, algum tesouro, ao passo que as portas descritas como "baratas", fracas, que não oferecem resistência, transmitem certa sensação de que nada de muito valor existe atrás delas. Portas de prisão sugerem que talvez características menos desejáveis, possivelmente perigosas, estejam "trancadas", ao passo que portas de navios sugerem características submersas e, ao contrário das portas contra incêndios, as de um frigorífico sugerem certa frieza interior. Uma mulher descreveu uma porta estofada, sugerindo assim conteúdos à prova de som, isolados e possivelmente reprimidos, uma vez que as celas estofadas normalmente se associam a pessoas cujos comportamentos são inaceitáveis para os demais. A porta também pode ser alguma outra forma de entrada ou de acesso, como um portão de ferro levando a um campo ou a uma paisagem, o que sugere uma grande abertura.

Com bastante freqüência, há uma disparidade óbvia entre o tipo de porta, a fechadura e a chave usada para abri-la. Portas de castelos medievais são abertas com pequenas chaves do tipo Yale, ao passo que chaves enormes e muito ornamentadas abrem portas simples e modernas. Em alguns casos a porta se abre facilmente; noutros se abrem com muita dificuldade. Não é incomum que a pessoa se sinta ansiosa com a possibilidade de a chave não se encaixar na fechadura, apelando para socos e pontapés apenas para descobrir que a porta não está fechada, podendo ser aberta com um simples toque. Em muitos casos, o contato físico nem chega a ser necessário. Um homem disse que a porta se abriu automaticamente quando ele se aproximou dela. A maneira como a porta se abre também pode ser significativa, como no caso de uma mulher que descreveu uma porta hidráulica, "que se abre apenas sob pressão". Em contraste com estas pessoas, aqueles cujas portas se abrem com facilidade consideram isso uma indicação de sua própria "abertura".

Se a porta é o caminho para o próprio eu, então a chave "destranca" suas características ocultas. Muitas pessoas dão significados a ela. A mulher que descreveu uma porta de vidro transparente via sua chave como uma combinação de números anotados na palma da mão e que abriam uma fechadura circular, semelhante à encontrada em cofres-fortes. Ela reconheceu que isso era um tanto paradoxal, pois, apesar de acreditar que os outros "conseguem enxergar através de mim", ela também reconheceu que eles não têm acesso ao seu interior, e que somente ela tem a combinação "na mão" para fazer isso. Portanto, sua suposta transparência é uma defesa que permite aos demais conhecer algo sobre ela, ao mesmo tempo que são mantidos a distância.

Alguns consideram a natureza do material de que a chave é feita como uma indicação do valor que associam a ela. Por esse motivo, algumas chaves são descritas como sendo feitas de metais preciosos, ouro e prata; ou como tendo "jóias incrustadas". Outros acham que suas chaves são grandes e pesadas. Algumas chaves enferrujadas transmitem a impressão de não ter sido usadas recentemente ou com freqüência. Muitos relatam ter tido dificuldade para enfiar a chave na fechadura, às vezes porque as duas nada pareciam ter em comum. Uma mulher achou que o pequeno tamanho de sua chave com relação ao tamanho enorme da porta seria um sinal de sua própria idéia de insuficiência. Outra mulher relatou grande dificuldade para fazer girar uma chave minúscula numa fechadura enorme, ao passo que um homem encontrou dificuldade em lidar com sua chave porque ela constantemente mudava de formato quando ele tentava usá-la.

Algumas pessoas identificam suas chaves com determinadas experiências de infância ou com características de suas vidas que ficaram ocultas ou escondidas. Uma mulher viu sua chave como a de um armário pertencente aos seus avós e lembrou-se de um vestido que usara aos seis anos de idade. Ela afirmou sentir que algum aspecto de sua infância (associado aos avós que ela raramente visita, sentindo-se culpada por isso) estaria trancado no *atelier*. Do mesmo modo, um homem que acabou abrindo a porta com uma espécie de saca-rolhas, do tipo usado para abrir garrafas fechadas por pressão, interpretou isso como uma indicação de que seu eu interior se encontrava sob forte pressão, podendo facilmente "explodir" caso fosse "chacoalhado". Ele também lembrou que seu pai, que não via desde os oito anos de idade, depois da separação quando ele tinha cinco anos, era o dono desse saca-rolhas. Refletindo sobre o significado dessa chave há muito esquecida, ele concluiu que sua visão de si mesmo foi influenciada por eventos relacionados ao pai, e que esses seriam a chave para que ele descobrisse seu verdadeiro eu.

Uma vez que as chaves lhes foram entregues, quase todas as pessoas parecem querer ficar com elas; a exceção foi apenas uma mulher, que informou que queria devolver a chave ao escultor e, não tendo conseguido localizá-lo, deixou-a na porta quando foi embora.

A escultura

Outra característica incidental que se pode revelar altamente significativa é o pano com o qual a escultura está coberta. Não chega a ser incomum que esse pano seja descrito como um "sudário", o que sugere que esteja cobrindo uma coisa morta, sem vida. Um homem descreveu uma escultura moderna e multicolorida sob um sudário, algo que não reconhecia como sendo ele mesmo e "com o que não me importei". Mais tarde, ele reconheceu que isso reflete com exatidão sua falta de autoconhecimento, o fato de não gostar de si mesmo e de não se preocupar com a própria pessoa, afirmando: "Eu estou tão confuso justamente porque não me conheço." Outros podem descrever o pano como um véu, que é mais ou menos transparente. Para algumas pessoas, a cor desse tecido de cobertura é importante. O preto e outras cores escuras parecem estar associadas a atitudes negativas, e o branco a opiniões bastante positivas. As mulheres às vezes especificam que o pano de cobertura é cor-de-rosa, uma cor que elas associam à sensação de segurança e proteção. De fato, sabe-se que a tonalidade rosa acalma a pessoa, sendo usada com essa finalidade em prisões e reformatórios dos Estados Unidos, o que pode levantar questões quanto à sua tradicional associação com mulheres, meninas e bebês do sexo feminino.

A maneira como a escultura é desvelada também pode ser significativa. Alguns dizem que a "expõem", como se estivessem chamando a atenção para um escândalo ou um crime; outros a revelam de maneira mais gradativa, quase hesitante. Alguns erguem uma ponta do pano ou uma única dobra e só mostram a escultura completa quando se convencem de que ela não é tão pavorosa quanto temiam. Outros simplesmente se recusam a remover o pano que cobre a estátua, preferindo mantê-la (e a si mesmos) "no escuro".

As primeiras impressões da escultura podem ser reveladoras em vários sentidos. Elas invariavelmente se referem às características físicas, e muitas pessoas se vêem nuas. Várias mulheres nessa situação relatam que ficaram ruborizadas ao se verem nessa situação. Muitas delas, cujas expectativas iniciais eram bastante negativas, ficaram surpresas e várias vezes contentes por descobrir características físicas positivas enfatizadas na escultura. Algumas ficam surpresas e até mesmo embaraçadas ao descobrir que a estátua é muito mais atraente e bonita do que elas se consideram na vida real. Isso não é necessariamente uma visão idealizada, mas algo resultante de uma perspectiva mais objetiva. A preocupação com detalhes tais como quadris exagerados, falta de altura, excessos no estômago e nas coxas — que muitas mulheres admitem ter — se tornam relativamente insignificantes quando vistos no contexto do todo, apesar de isso nem sempre acontecer. Tendências obsessivas também podem ser intensificadas. Uma jovem relatou que só concordou em olhar para o rosto da escultura que a representava por saber que seu rosto é bonito e porque, ao fazer isso, era incapaz de ver as nádegas, em relação às quais tem um complexo, procurando sempre impedir que sejam "examinadas" pelos outros, usando o estratagema de olhar nos olhos dos seus interlocutores. Uma mulher, chocada e embaraçada por um nu de generosas proporções, digno de uma obra de Rubens, sem nenhuma relação com seu corpo esguio, depois revelou que o fato dela detestar o formato natural de seu corpo a levou a um hábito alimentar desequilibrado, conhecido como bulimia nervosa. A insatisfação das mulheres com sua forma física muitas vezes fica evidente já nas primeiras descrições que fazem da estátua, mas talvez o mais surpreendente seja o grau de aceitação e de aprovação que emerge depois de estas características superficiais serem relativizadas, assumindo seu lugar próprio num contexto maior.

É bastante raro que as esculturas masculinas sejam nus, e os homens geralmente se chocam ou se surpreendem quando vêem essas esculturas. É possível que isso reflita convenções sociais quanto à nudez masculina, mas também pode revelar outros fatores, como a falta de confiança deles e o fato de não gostarem do próprio corpo. Com toda a certeza, os homens ficam tão surpresos quanto as mulheres quando constatam que não têm defeitos físicos. Um homem chegou à conclusão de que a estátua de um imperador romano não poderia ser ele mesmo, porque estava sem óculos! Outro compreendeu que a grande atenção dada à cabeça da estátua representava o descontentamento com relação ao resto do corpo. Vários homens se mostraram preocupados com a magreza dos corpos esculpidos, e um ficou assustado com o que descreveu como sua "magreza excessiva". Em si, essas reações refletem preocupações estereotipadas a respeito da aparência masculina.

Algumas primeiras impressões são muito significativas. Uma mulher, ao se ver de costas, correndo, perguntou: "Do que é que estou fugindo?", e depois conseguiu encontrar respostas satisfatórias. Outra mulher, cuja escultura a mostrava correndo com um bastão na mão, como se estivesse participando de uma corrida de revezamento, compreendeu que, "mesmo nesse estágio da vida" — na meia-idade — ela estava sempre em movimento, sem conseguir chegar a lugar nenhum. Uma mulher, perguntada sobre qual poderia ser o significado dela não ver escultura nenhuma depois de retirar o pano, respondeu: "Medo", acrescentando que queria se ver, mas tinha medo de fazê-lo. No entanto, às vezes a pessoa tem consciência de que as características superficiais revelam uma realidade muito mais profunda, como no caso de uma mulher que se viu como uma "pavorosa confusão" e que quis trancar a porta do *atelier* para que ninguém a visse.

Por vezes, a escultura representa uma visão do eu que a própria pessoa identifica como sendo idealista. Uma jovem, que inicialmente ficou deliciada com sua escultura, compreendeu que ela era "perfeita demais", uma estátua superficial e oca, nada revelando sobre o seu eu real. Outra jovem muito bonita descreveu a escultura como representando o estado ideal que gostaria de atingir e que nunca conseguiria. Depois, admitiu que passava o "dia inteiro" se preocupando com a aparência e também sofrendo com a consciência de sua "superficialidade". A obsessão com a aparência a levou a fazer diversas vezes o exercício. Ela constatou que cada vez estava mudando mais detalhes da obra, polindo partes dela, até compreender finalmente que estava "se desgastando" demais com essa preocupação constante com a aparência e com a tentativa de ser totalmente perfeita.

Para algumas pessoas, a primeira impressão da escultura fornece dados quanto à maneira como elas se apresentam, funcionando como um impulso para mudanças; foi o caso de um homem que reconheceu seu rosto sorridente como falso e insincero, e da mulher que se viu a si mesma com ar de tristeza e abandono, apesar de não se considerar assim.

As esculturas são tão diferentes quanto as pessoas que representam. A altura muitas vezes é uma característica que chama a atenção, com muitas pessoas descrevendo-as como "maiores que na vida real". Um homem, depois de negar inicialmente que a impressionante e enorme figura de aço seria ele mesmo, admitiu que considerava seu potencial enorme e assustador. Algumas pessoas ficam espantadas ao descobrir que são obrigadas a olhar para cima para se ver, o que, num exame mais acurado, invariavelmente revela que no dia-a-dia elas têm a tendência de se diminuir ou de pensar negativamente a respeito delas mesmas.

Outras esculturas são pequenas, e isso pode ser um reflexo da maneira como uma pessoa diminui a si mesma. Um exemplo deste tipo foi o caso de uma ex-bailarina, cuja escultura era uma réplica de si mesma em miniatura usando trajes de balé. Ela admitiu que sempre sonhara com a oportunidade de dançar o papel principal em *O Lago dos Cisnes*, mas que isso nunca aconteceu e que a pequena escultura representava a visão que tinha de si mesma como um fracasso. Ela achava que se tivesse utilizado todo o seu potencial, a escultura seria em tamanho real. Muitas mulheres descrevem esculturas pequenas ou de tamanho médio, ou que ainda diminuem de tamanho quando a cobertura é retirada. Isso indica que elas talvez se vejam como não tendo aproveitado todo o seu potencial, o que pode ser um reflexo dos papéis femininos tradicionais com os quais se ocupam. Para algumas, a baixa estatura indica seu baixo nível de auto-estima. Uma mulher só teve uma idéia mais precisa de como esse nível era baixo quando constatou que sua estátua tinha apenas meio metro de altura.

Não resta dúvida de que certas pessoas equacionam a altura com uma visão positiva de si mesmas. Uma mulher, que constatou que sua escultura era tão grande, que dela só podia ver a base, a qual mostrava a bainha do vestido, imaginou-se plantada no lugar, olhando para cima, o pescoço dolorido, enquanto tentava ver mais. Ela interpretou isso como a possibilidade de existirem nela muito mais coisas do que via superficialmente, e identificou sua frustração por não ser capaz de ver tudo. No entanto, apesar de reconhecer a escultura como sendo ela mesma, deu-lhe o nome de "Mãe". Ao fazer isso, reconheceu que as dores na nuca — um mal que a afligia havia muito — diminuíam sempre que conseguia uma maior independência com relação à mãe; nessas mesmas ocasiões, ela também se sentia mais satisfeita com ela mesma como mulher. Ela chegou à conclusão de que "a fantasia da escultura indica que isso pode não ser uma mera coincidência". É possível que a identificação com a mãe impeça que ela se conscientize totalmente de si mesma, de sua feminilidade e do seu potencial. A escultura de outra mulher era apenas um enorme pedaço de concreto quebrado e desgastado. Ela interpretou isso como sinal não apenas do seu enorme potencial — que só reconheceu depois de muita relutância — como também da enorme quantidade de trabalho que precisa empreender para "fazer alguma coisa" com ela mesma. Essa mulher afirmou que, como o escultor foi incapaz de trabalhar com o material dela, o resultado representava o fracasso numa escala monumental; mas, quando se sugeriu a ela que isso parecia mais uma desculpa para não tentar, ela respondeu: "De jeito nenhum; simplesmente, é muito difícil", e depois revelou que jamais conseguira terminar qualquer coisa que se propusera a fazer por morrer de medo do fracasso. Para ela, tentar e fracassar seria muito pior do que não fazer nenhuma tentativa.

Outra mulher interpretou a colocação de sua escultura sobre um pedestal como indicação do seu desejo de sempre chamar a atenção dos outros, ao passo que um jovem rapaz viu essa característica da sua estátua como uma indicação do seu *status* elevado. No entanto, um homem que viu sua própria representação sobre uma elevação de três degraus no centro de uma sala interpretou isso como um reflexo do seu "convencimento", que o levara para o isolamento e a alienação com relação aos demais. Curiosamente, uma das maneiras pelas quais as pessoas tentam alterar o aspecto de suas esculturas não envolve mudar-lhes as dimensões nem a estrutura básica, mas mudar o estilo dos trajes. Um bom caso, por exemplo, é o de um homem que, após achar que o imperador romano que imaginara não podia ser ele, mudou a toga, os trajes cerimoniais e as sandálias, vestindo a estátua com *jeans* e tênis.

Para algumas pessoas, apenas parte da escultura é visível. Isso pode ser uma indicação de que elas não se vêem com muita clareza, ou que não têm uma visão completa de si mesmas. Uma escultura mostrando os membros de uma mulher sem tronco foi interpretada por ela como indicação de que não estava em contato com o "âmago" dela mesma; e uma mulher que imaginou a escultura sem braços, como a Vênus de Milo, reconheceu isso como um sinal da sua falta de contato com a Itália, onde nasceu, e para onde gostaria de voltar. Algumas pessoas que vêem apenas uma cabeça ou um busto acreditam que isso pode refletir certa tendência a serem excessivamente cerebrais e intelectuais, sem contato com os próprios sentimentos. Algumas são incapazes de "colocar um rosto" na escultura, ou constatam que o rosto está em constante transformação. Isso pode ser uma indicação de que elas têm dificuldade para se encarar ou certa tendência para "assumir um rosto para enfrentar os rostos que encontram", na maneira escrita pelo poeta T. S. Eliot. Outras acham que o rosto é vazio, impassível, sem expressão, sem traços precisos. Outras ainda comentam a rigidez da estátua e a maneira como isso impõe restrições à expressão. Para algumas pessoas, o fato de a escultura não estar terminada sugere seus potenciais não-realizados.

Nem todas as esculturas são realistas na representação dos seus modelos. Uma mulher ficou deliciada com uma escultura composta de parafusos, molas e parte de um velho relógio de seu avô, não apenas por ser um estilo novo e interessante, mas também porque poderia ser exibida em público sem ser identificada com ela. Disso tudo, ela concluiu que não queria que outras pessoas conhecessem seu eu real, e também que o avô tinha sido mais influente e importante para a formação de sua personalidade do que ela aceitara anteriormente. Outra mulher ficou menos satisfeita com sua escultura futurista e de aspecto não humano, que ela descreveu como "fria, dura e fechada, tal como eu sou". Como esse caso indica, muitas vezes existe um profundo realismo nessas imagens aparentemente não-realistas. Uma mulher, que imaginou sua escultura como uma forma moderna abstrata, sem cabeça, sem membros e sem tronco, achou que isso era um importante reflexo de sua crença de que todas as coisas importantes se encontravam dentro dela e que a maior ênfase deveria ser dada ao seu coração e não à sua cabeça. Para ela, essa forma sem braços parecia completa. A escultura surrealista de um homem despido, equilibrando-se nas mãos, com uma cadeira apoiada nos pés, foi considerada por ele como uma representação bastante exata do seu eu privado, indicando que reconquistara a capacidade de rir de uma maneira saudável diante dos absurdos do mundo e de si mesmo. Outro homem viu na representação de si mesmo como um "velho", no estilo dos *Burgueses de Calais* de Auguste Rodin, uma representação bastante exata da maneira como ele parece mais velho e mais maduro do que sua idade. Por outro lado, uma mulher de meia-idade, que esperava ver uma figura de formas rotundas no estilo do pintor Rubens, ficou satisfeita ao se ver retratada como uma obra abstrata de Henry Moore, com um buraco na altura do estômago e uma cabeça no estilo clássico, mostrando-a tal como era duas décadas antes. Ela interpretou tudo isso como o reflexo de suas preocupações com o excesso de peso e com a idade superior aos 40 anos de idade. Outra mulher gostou do aspecto amorfo de sua estátua porque podia vê-la de diferentes maneiras, dependendo dos seus pontos de vista, considerando isso como uma indicação de que era bastante independente das percepções e das idéias dos outros a seu respeito, e também como constatação de que foi capaz de ser quem e o que sempre quis ser, sem ser moldada nem influenciada pelos demais.

Para algumas pessoas, a postura da estátua é reveladora. Elas percebem a resignação dos ombros caídos; a atitude de defesa e de falta de confiança nos braços e pernas cruzados. Muitas se descrevem como "totalmente confusas". Uma jovem descreveu sua escultura como estando "toda enrolada em si mesma", o que ela julgou ser bom porque, assim, ninguém a reconheceria. No entanto, ela ficou chocada ao admitir que a estátua fora feita assim porque sua aparência era por demais repulsiva para ser mostrada de uma forma normal. Até então, ela nunca reconhecera até que ponto a imagem de si mesma deixava a desejar. Ela revelou que fora estuprada seis anos antes e que, desde então, perdera toda a confiança e a auto-estima. A visualização lhe mostrou que ainda não se recuperara totalmente da experiência e também lhe permitiu compreender quão importante eram para ela as opiniões das demais pessoas quanto à sua aparência. Outra mulher, que se viu reclinada num sofá, achou que isso mostrava que ela não tinha os pés plantados no chão e que necessitava do sofá como apoio, ao passo que outra, ao ver sua estátua firme e ereta, achou que isso era uma indicação de que ela sempre cuidava pessoalmente de todos os detalhes de sua vida. Algumas pessoas apresentam expressão natural e postura descontraída, pelo fato de parecerem espontâneas e sem "poses". Muitas percebem que a impressão que transmitem é enganadora e pode não representar aquilo que sabem ser ou que gostariam de ser.

Os materiais usados na criação das esculturas, é claro, são igualmente importantes. Muitas pessoas vêem suas estátuas feitas em mármore, em alabastro, em jade; em pedras valiosas ou semipreciosas como o quartzo, ou em pedras menos valiosas. O mármore branco aparece com bastante freqüência e suas características ambivalentes são comentadas por muita gente pois, apesar de sugerir valor, qualidade e substância, o material também é frio, duro, um bocado severo e muitas vezes "sem personalidade". Por esse motivo, alguns, que inicialmente o admiram, depois passam a achar que representa "falta de calor", "distância" ou "dureza", características das quais não gostam. De maneira semelhante, alguns comentam que o caráter dessas esculturas está "preso na pedra", sendo excessivamente inflexível, e não gostam da rigidez nem das restrições implícitas. Alguns gostariam de ser fisicamente mais expressivos do que o permitido por essa "expressão pétrea" e, principalmente, gostariam de ter "um rosto menos petrificado". Um homem ficou assustado com a falta de expressão na sua escultura. Ele queria sorrir, apesar de reconhecer que tinha dificuldades para isso no dia-a-dia. Não resta a menor dúvida de que, como escreveu a autora Judith Guest, "As pessoas 'duronas' têm grande dificuldade para sorrir".

Para outros, a escultura é feita de concreto ou cimento, que tanto pode ser duro quanto mole, áspero ou liso, um material consideravelmente menos valioso que o mármore ou a pedra. Outras são feitas de metais de densidade e dureza variáveis. O aço, como o mármore, tem qualidades de dureza e de solidez, mas também pode ser brilhante e chamar mais a atenção. De qualquer forma, um "aspecto férreo" pode não ser considerado particularmente atraente ou desejável. Muito ocasionalmente, o material é ouro. Alguns metais são descritos como sendo ocos, não tendo substância verdadeira, apesar das aparências; outros objetos metálicos são especificamente descritos como sólidos e maciços. Assim, o bronze, mencionado com bastante freqüência, tem diferenças quanto à qualidade, dependendo de ter sido "fundido a frio" ou não. As esculturas também podem ser feitas de madeira, o que lhes confere um aspecto natural, ou seja, não fabricado, forjado, moldado ou prensado; a madeira também pode ser lisa ou áspera. Uma vez ou outra, são mencionados materiais artificiais, como o plástico. Muitas esculturas são formadas de substâncias moles, como o gesso, que é frágil e pode ser facilmente danificado. Um homem descreveu uma escultura feita com cascas de ovo. Algumas pessoas têm consciência de que, como suas esculturas, são frágeis, sendo facilmente desgastadas quando em contato com os demais e o meio ambiente; ou, como no caso de uma mulher já mencionada anteriormente, por pressões que elas mesmas criam, como uma obsessão pela perfeição. Algumas esculturas tendem a se desfazer facilmente, sugerindo um material quebradiço, ou a soltar poeira quando tocadas, de tal maneira que "se desfazem nos outros".

A argila é um material mencionado com bastante freqüência, sugerindo maleabilidade quando úmida e também a possibilidade de mudança. De fato, algumas pessoas, como o homem cuja cabeça estava "secando", descrevem a própria escultura como não estando terminada. Uma mulher observou que a argila leva muito tempo para secar, sendo por isso preferível à terracota que, segundo ela, "pode ser despedaçada ao mínimo abalo". Isso significa que substâncias mais moles e mais flexíveis têm menos tendência de sofrer danos irreparáveis do que os materiais duros e rígidos. Algumas pessoas descrevem estátuas feitas de cera, um material que sugere maleabilidade, mas também sensibilidade ao calor. Outros descrevem materiais semelhantes à carne humana; uma jovem indicou que sua carne aparentemente perfeita tinha um "estofo", apesar de não saber do quê. Em alguns casos, a escultura é formada por várias substâncias diferentes, de maneira que uma figura de pedra pode ostentar cabelos de verdade. Um homem conseguia enxergar apenas pedaços de si mesmo, alguns feitos de mármore, dos quais não gostava, por serem frios, duros e lisos. Ele se sentia mais confortável com as partes de madeira, que lhe transmitiam uma maior sensação de calor.

Os materiais usados na criação da escultura não determinam apenas sua aparência, mas também sua sensação ao tato e, em grande medida, os sentimentos das pessoas em relação a ela. Essas coisas podem ser coerentes ou não. Por outras palavras, as aparências podem enganar. Às vezes, as pessoas dizem que tocam peças de mármore e descobrem que a sensação é idêntica à da carne humana. Uma mulher, que viu uma estátua aparentemente feita de pedra fria, ficou agradavelmente surpresa ao descobrir que a sensação de toque era semelhante à de um *marshmallow*. Ela ainda foi mais específica, dizendo que parecia ser um *marshmallow* rosa. Essa sinestesia — o reconhecimento de cores pelo toque — não chega a ser incomum, e no seu caso o rosa estava associado à sensibilidade e aos sentimentos. Por isso, ficou bastante desconcertada ao se conscientizar que sua natureza delicada e sensível poderia estar escondida por um aspecto exterior duro e aparentemente frio.

Do mesmo modo, algumas pessoas se sentem incomodadas ao perceber que, apesar de suas esculturas serem lisas, são ásperas ou desagradáveis ao toque. Muitas pessoas, principalmente homens, acham que o aspecto exterior duro sugerido pelas suas esculturas reflete com exatidão seu eu atual, apesar de isso nem sempre equivaler à maneira como sentem "de dentro para fora"; e, de fato, suas esculturas muitas vezes são suaves e cálidas ao toque. Para muitos, a consciência de que os outros precisam se aproximar bastante para poderem apreciar essas qualidades chega a ser alarmante. Por outro lado, uma mulher descreveu uma estátua de ouro que emitia uma luz tão cálida, que podia ser sentida a uma distância de uns trinta centímetros. Outros percebem a qualidade do frio no material, suas bordas ásperas ou agudas, como representações exatas de sua própria personalidade. Um jovem relatou que "não conseguia descobrir" a identidade da estátua branca que imaginava. Depois de se aproximar bastante, ele descobriu que era de bronze recoberto por alabastro, algo que ele comparou às pirâmides de Gizé, cuja superfície aparentemente lisa oculta reentrâncias e bordas cortantes. Ele interpretou essas características como podendo significar que ele realmente é frio e insensível, como outros já lhe tinham dito, algo que ele sempre negara. Uma mulher, que não gostou da constatação de que apenas os ombros eram "quentes" numa estátua totalmente fria, reconheceu isso como indicação de que era fria e distante nos seus relacionamentos. Uma outra mulher, que descreveu sua escultura como sendo uma "chama de alabastro", a considerou simbólica das características contrastantes dela mesma, sendo ao mesmo tempo fria e quente, dura e suave, rígida e móvel.

Para a maioria das pessoas, os "sentimentos" emocionais provocados pelas suas esculturas representam a característica mais importante desse exercício. Alguns dos "sentimentos" expressos são, na verdade, avaliações intelectuais das reações de cada um, o que serve, inclusive, para sublinhar a grande confusão que as pessoas muitas vezes sentem ao tentar discriminar entre os pensamentos e as emoções. Algumas pessoas indicam que o exercício revela a confusão que sentem quanto a si mesmas. Para outros, os sentimentos traem sua péssima auto-imagem. Uma mulher simplesmente não conseguia aceitar que um escultor a escolhesse como modelo. Ela não acreditava ser suficientemente importante para merecer uma tal atenção; e o fato de ela acreditar que seria a única pessoa interessada em ver a tal estátua revelava sua falta de auto-estima e de respeito por si mesma. Outra mulher sentiu-se insatisfeita com a escultura que a retratava, querendo torná-la maior de maneira a ampliar seu campo de visão, melhorando assim sua própria visão estreita e cheia de restrições. A escultura geralmente representa a pessoa tal como ela se sente no momento presente. No entanto, em alguns casos, a escultura representa uma imagem de como a pessoa foi no passado e que continua sendo importante no presente. Uma mulher concebeu uma escultura como uma imagem bastante exata de como ela fora oito anos antes, quando optara conscientemente por uma importante mudança de direção de sua vida. Ela via essa escultura como um lembrete do que fora e do que não queria voltar a ser.

As reações perante a escultura variam enormemente. Quase todas as pessoas se identificam com ela e a aceitam como sendo elas, pouco importando se gostam ou não da obra. Algumas, porém, não se identificam com ela e não a aceitam. Outras compreendem que, apesar de não conseguir se identificar facilmente com a escultura, ela é uma criação delas e, como conseqüência, revela algo a seu respeito. No entanto, de início elas rejeitam determinadas características da escultura, como no caso de uma mulher que descreveu sua estátua com exatidão em todos os detalhes, com exceção dos olhos que, alegava ela, eram de alguma outra pessoa. Ela queria evitar olhar para esses olhos estranhos, mas era incapaz de fazê-lo porque a escultura girava em torno de um eixo, de maneira que seus olhos ficavam sempre no mesmo nível dos olhos dela, quando ela a examinava. Ela ficou fascinada por esses olhos, sentindo uma grande necessidade de fechá-los. Depois, ao examinar essa situação, concluiu que os olhos da escultura refletiam o "desespero" dela quanto a saber o que os outros pensavam a seu respeito, se gostavam ou não dela, e isso com bastante freqüência a levava a "atos estranhos à sua personalidade". Ela interpretou essa preocupação com a opinião e a visão dos outros como uma incapacidade de confiar em si mesma e de procurar respostas no seu próprio interior. Ela achava que, fechando os olhos da escultura, ela estaria dando um passo em direção a uma maior confiança em si mesma.

As reações às esculturas e as avaliações delas freqüentemente se refletem nos nomes escolhidos para as mesmas. Epítetos como "enrolada", "confusa", "violeta murchando", "capacho", "machão", "homem de aço", "mãe terra", "alegria", "êxtase", são muito descritivos. Alguns são claramente negativos e geralmente condizem com as pessoas que não gostam do que vêem e prefeririam impor modificações, ao passo que outros são extremamente positivos. Certos nomes resumem as características flutuantes do eu: "quente/frio", "ôi/adeus", "chega-dia/passa-dia"; e outros, tais como "correndo assustado" ou "à toa", transmitem reações características. O significado de alguns dos epítetos, como "uma mentira", não é claro, nem mesmo para quem os escolheu, e eles precisam ser explorados e examinados da mesma maneira que as imagens mentais a que foram aplicados. Inicialmente, o título "Peixes" dado a uma figura numa cadeira de balanço não fazia o menor sentido para a pessoa até que alguém lhe sugeriu que poderia ser o símbolo de alguma coisa nadando contra a corrente, o que resumia suas atitudes nada convencionais. As pessoas que se sentem bastante satisfeitas com suas esculturas e que se identificam facilmente com elas geralmente lhes dão seus próprios nomes ou um pronome simples como "eu".

A decisão de deixar a escultura coberta ou não também é de grande interesse. Algumas pessoas nunca pensam que outros irão ver a escultura; elas simplesmente não se consideram suficientemente significativas, interessantes, importantes ou apreciáveis. Quando lhes é perguntado que reação teriam se suas esculturas fossem expostas publicamente, elas geralmente não gostam da idéia. Como já se observou, alguns querem cobrir a escultura e trancar a porta do *atelier* para que ninguém a veja. Outros não querem que ela seja vista pelos demais e a cobrem, mas não trancam o *atelier* quando vão embora. Alguns se mostram ambivalentes quanto a isso, não querendo muito que os outros vejam a escultura, mas compreendendo que os traços retratados são válidos e significativos. Um homem achou que as qualidades de força e de riqueza da escultura eram atenuadas por ela ser de alguém curvado, e pelas restrições ao seu campo de visão. Apesar de não querer que outras pessoas percebessem essas características, ele achava que, para ele, era importante ser lembrado delas. O homem que descreveu sua escultura da cabeça para baixo, equilibrando uma cadeira com os pés achou que isso refletia uma brincadeira particular sua, uma parte do seu eu interior que ele pretendia manter oculta aos demais, e por esse motivo decidiu cobri-la. Esse impulso de cobrir ou de velar a escultura pode sugerir certa relutância em revelar o eu aos outros ou permitir que ele seja detalhadamente examinado.

No entanto, podem haver motivações bastante diferentes para cobrir a escultura. A mulher que achou sua estátua fria com exceção dos ombros, que pareciam cálidos ao serem tocados, deixou um véu transparente sobre os ombros, para que não perdessem o calor. Um jovem, que depois se descreveu como uma pessoa enfadonha, cobriu a escultura porque, como explicou, "sempre se deve deixar as coisas exatamente tal como foram encontradas", o que parece ser um princípio muito louvável, a não ser na medida em que sugere uma atitude bastante rígida e cheia de regras em relação à vida, não permitindo qualquer modificação no *status quo*.

As introvisões a respeito do eu proporcionadas por esse exercício muitas vezes são espantosas e reveladoras. As novas perspectivas que isso permite desafiam inevitavelmente opiniões e definições existentes quanto ao eu, e muitas vezes fornecem um impulso para a mudança, à medida que os indivíduos começam a se preocupar com algumas das questões implícitas na pergunta de T. S. Eliot: "Será que, afinal de contas, preciso ser aquilo em que você gostaria de me transformar?"

CAPÍTULO TRÊS

Passos para a Saúde

O homem é como duas pombas sentadas num ramo de cerejeira.
Um pássaro come a fruta, enquanto o outro observa em silêncio.

Upanishad indiano

Apesar de sentirmos a necessidade de nos distanciarmos das outras pessoas para sermos autênticos ou reais, o contato com outros seres humanos nos é tão necessário quanto comer e beber. De fato, a identificação com o grupo provavelmente é o impulso psicológico primário de sobrevivência humana. Para falar de maneira bem simples, os seres humanos só necessitam uns dos outros para sobreviver. Quando ficamos entregues apenas a nós mesmos, nossas oportunidades de sobrevivência física são poucas, e de sobrevivência psicológica e emocional são ainda menores. Portanto, individualmente, não somos auto-suficientes. No entanto, cuidamos da auto-organização.

A abordagem da psicologia da Gestalt, que considera o indivíduo como uma função do campo total organismo/ambiente, e seu comportamento como um reflexo de seus relacionamentos nesse campo, representa a visão do ser humano como indivíduo e como criatura social. Perls (1976a) observou que, a cada momento, o indivíduo é parte de algum campo que inclui a ele e ao seu ambiente e que seu comportamento é uma função desse todo. Portanto, é a natureza da relação entre o indivíduo e o ambiente que determina o comportamento dele. Se a relação for mutuamente satisfatória, o comportamento do indivíduo é considerado "normal", mas se a relação for de conflito, ele é considerado "anormal". No entanto, "o ambiente não cria o indivíduo nem o indivíduo o ambiente. Cada um é o que é, cada qual possui seu caráter particular por causa de sua relação com o outro e com o todo" (pp. 16 e 17). O organismo de cada um e o ambiente são assim mutuamente interdependentes, e "nenhum é vítima do outro" (Perls, 1976a, p. 18). A relação entre o indivíduo e os outros é como a que existe entre um ator e a platéia. Ambos necessitam um do outro, e cada um deles perde todo tipo de significado sem o outro. Dessa maneira, retornaremos à analogia com o teatro, ao considerarmos os processos que influenciam o desenvolvimento do conceito que a pessoa tem de si mesma.

A REAÇÃO DA PLATÉIA

Os ensaios durante a infância preparam o indivíduo para os papéis que irá interpretar no drama da vida, fornecendo informação quanto à aceitabilidade ou não de sua *performance*. Depois, a platéia acrescenta seus aplausos ou suas vaias, rotulando como "estranhos" ou "peculiares" aqueles que não conseguem interpretar seus papéis de forma aceitável e aplaudindo os que conquistam a aprovação. Através dessas experiências, a pessoa desenvolve uma identidade ou ego, que pode ser bastante prestigioso, levando a uma visão positiva de si mesmo e do seu valor, ou ao contrário. Em muitos casos, nos quais os elogios e as críticas foram recebidas em doses iguais, o indivíduo tende a ter uma visão confusa de si mesmo. Portanto, a auto-estima, o componente afetivo do conceito de si mesmo, ou como ele se sente com relação a si mesmo, é influenciada pela reação do público e pela sua avaliação de como os outros se sentem com relação a ele. Caso a avaliação seja favorável em linhas gerais, a pessoa se sentirá bem quanto a si mesma e desenvolverá confiança em sua *performance*, fortalecendo-a e tornando-a mais clara e persuasiva. No entanto, quando achar que sua *performance* está sendo mal recebida, provavelmente se sentirá mal e tentará adaptar esse desempenho às exigências dos outros, suprimindo os aspectos que não são favorecidos e expressando os que são. Se bem que isso possa servir para não atrair manifestações de hostilidade, é provável que resulte numa *performance* fraca, sem destaque e superficial. Além disso, as tentativas para conquistar a aprovação de várias platéias diferentes provavelmente provocarão o surgimento de situações de conflito e de confusão. Por conseguinte, enquanto a pessoa com sentimentos positivos no que concerne ao próprio valor provavelmente se sente com domínio sobre a sua *performance* e sobre o bem-estar dentro dela, o contrário ocorre no caso da pessoa com um fraco sentido do seu próprio valor e que, na verdade, abriu mão do controle de sua *performance*, entregando isso nas mãos do público.

COMO REPRESENTAR PARA O PÚBLICO

Como as pessoas tendem a se avaliar tal como são avaliadas pelos demais, a aprovação ou apoio social normalmente servem para aumentar a auto-estima, sendo, portanto, bastante saudáveis. De fato, constatou-se que o apoio social melhora a saúde, reduzindo ou impedindo as conseqüências negativas do *stress*, que pode levar a uma redução na auto-estima, um sintoma bastante reconhecido de doenças depressivas, o que, por sua vez, pode levar a uma maior suscetibilidade perante as doenças físicas. O apoio social, portanto, pode funcionar como um "pára-choques" contra o *stress*. Já se demonstrou, por exemplo, que uma relação íntima e de confiança com um parceiro reduz significativamente o risco feminino de desenvolver depressões depois de uma grande perda ou de uma decepção muito grande (Brown & Harris, 1978). Inversamente, a falta do apoio social tende a ser associada a um baixo nível de auto-estima e relacionada com conseqüências negativas para a saúde, incluindo doenças mentais, morbidez, mortalidade, suicídios, depressão clínica, ansiedade e reações adversas provocadas pelo *stress* (Ganster & Victor, 1988).

No entanto, confiar exclusivamente no apoio social para manter a auto-estima é algo potencialmente pouco saudável. Storr (1990) indica que a maioria das pessoas consegue tolerar decepções numa esfera de sua existência sem ficar profundamente deprimidas, desde que as outras esferas não sejam prejudicadas. Portanto, apesar de as pessoas poderem chorar de luto ou ficar decepcionadas, quando existe uma fonte interior de auto-estima elas normalmente não ficam nem permanecem fortemente deprimidas por longo tempo. Para fazer uma comparação, os que dependem de fontes externas de auto-estima são muito mais vulneráveis, tendendo mais ao desespero e à depressão quando alguma coisa não dá certo na vida. "Se, num nível interior profundo, uma pessoa sente que é predominantemente ruim ou que não merece ser amada, uma verdadeira rejeição no mundo exterior trará à tona essa crença depressiva e, por mais que pessoas bem-intencionadas procurem lhe dar confiança, não conseguirão, por muito tempo, convencê-la do seu verdadeiro valor" (p. 19). Mesmo assim, a retroalimentação negativa, que parece mais coerente com o que uma tal pessoa já sente com relação a si mesma, provavelmente merecerá uma dose maior de crédito. De fato, como observa Hamachek (1982), a dependência de fontes exteriores para a auto-estima sempre acaba, em última análise, sendo auto/destrutiva:

> Só podemos acreditar no que os outros dizem a nosso respeito — principalmente se essas coisas forem positivas — quando acreditamos que os outros nos vêem como realmente somos. Ironicamente, quanto mais conseguimos obter uma auto-aceitação indireta, maiores são as dificuldades para dar crédito a qualquer retroalimentação favorável que possamos receber. Interiormente, compreendemos que o aplauso é apenas a conseqüência de uma *performance* bem-sucedida; a atitude amistosa que transmitimos, mas que apenas representamos; a "mãozinha" que oferecemos, mas sem uma participação verdadeira e sincera; o sorriso que ostentamos sem nenhuma sinceridade; os momentos em que concordamos, mas sem convicção nenhuma.
>
> p. 7

Inevitavelmente, um excesso de dependência em relação à aprovação dos outros gera uma preocupação exagerada com a aparência exterior e uma ausência de autenticidade. "Isso leva a um conformismo ansioso e a um tenso esforço pelo reconhecimento... Leva a uma falsidade, a um modo de existência, que, tal como um cenário de Hollywood, é apenas uma fachada elaborada, sustentada por meia dúzia de andaimes" (Putney e Putney, 1974, p. 74).

Essas pessoas, que tendem mais a se reprimir do que a se expressar de maneira autêntica, normalmente percebem o centro de controle das suas ações e dos eventos específicos como estando fora, na situação, e não dentro de si mesmas. Essas pessoas têm muito maior probabilidade de se preocuparem em compreender o que os outros querem que elas façam e também de não ter a sensação de estar controlando as coisas. De fato, como observa Coopersmith (1967), há razões para se concluir que as pessoas com altos e baixos níveis de auto-estima vivem em mundos acentuadamente diferentes. As pessoas com baixa auto-estima provavelmente são menos capazes de resistir às pressões que levam ao conformismo; menos independentes; menos criativas; menos tendentes a ter bom desempenho quando sabem que estão sendo observadas; mais tendentes a se esforçar por algum indivíduo que percebem como sendo relativamente destituído de rigor e senso crítico; mais inclinadas a se sentirem ameaçadas quando atuam em companhia de pessoas investidas de autoridade ou que elas consideram de alguma maneira superiores; e têm mais probabilidade de ser influenciadas pela comunicação persuasiva, tal como argumentações fortes, apelos que provocam temor, endossos de celebridades. Elas tendem menos a influenciar os demais e se mostram mais preocupadas com a adequação pessoal; também tendem a pensar negativamente sobre si mesmas; de uma maneira geral, são menos confiantes e menos felizes. As que têm baixos níveis de auto-estima, apesar de tenderem menos a expressar emoções do que as com elevada auto-estima, têm mais probabilidade de apresentar níveis mais elevados de ansiedade e também sintomas psicossomáticos e sentimentos mais freqüentes de depressão (Coopersmith, 1967; Hamachek, 1982).

De fato, existem provas concretas de que as percepções que temos da nossa capacidade de controlar os eventos são de importância capital para a saúde mental. Os que não têm um senso de controle pessoal geralmente reagem de maneira menos favorável a situações de *stress* (Watson *et al.*, 1990). De fato, os eventos estressantes implicam um desafio tanto à auto-estima quanto ao controle pessoal. Os sentimentos de maestria e de eficiência pessoal são fatores muito significativos para o sucesso da adaptação (Bandura, 1977; Calhoun *et al.*, 1974, Wallston & Wallston, 1982), influenciando a tendência das pessoas de adotar comportamentos positivos ou desejáveis com relação à saúde e de se associar umas às outras com resultados psicológicos positivos. Portanto, apesar de a atitude de moldar a própria *performance* às exigências dos outros nos ajudar a evitar a condenação por parte deles, isso tem um preço.

O quanto esse preço pode ser elevado foi demonstrado por recentes pesquisas realizadas na Universidade Johns Hopkins, quando se constatou que pessoas meigas, pálidas, emocionalmente inexpressivas têm dezesseis vezes mais probabilidade de desenvolver câncer do que outras que sentem e expressam intensamente suas emoções. De fato, a personalidade estóica e que vive se negando é o fator mais freqüentemente citado no desenvolvimento de câncer (Bahnson, 1975). Estas pessoas tendem a dizer que tudo está bem quando isso não é verdade. A vasta literatura a respeito das características psicológicas dos pacientes com câncer mostra a personalidade deles em termos de traços correlatos: negação, repressão, intenso compromisso com as normas sociais; e identifica as sensações de perda e de depressão como antecedentes para a doença.

As pessoas que se reprimem, se deprimem ou se anulam podem, de quando em quando, se impor, muitas vezes em acessos de agressividade contra aqueles a quem mais tentam se adaptar; mas, como indica Storr, depois dessas "explosões", elas voltam à sua "habitual adaptação excessiva com relação aos outros". Dessa maneira, a supressão da raiva tende a ser significativamente associada com sensações de impotência.

Conforme já vimos, os que constantemente se adaptam às exigências e demandas dos outros invariavelmente negam suas próprias necessidades e não as expressam; além disso, não tendo consciência de suas necessidades, não são capazes de satisfazê-las. O psicólogo americano Abraham Maslow (1968) chamou a atenção para as conseqüências pouco saudáveis de uma tal autonegação. Ele considerou a saúde no sentido etimológico como sinônimo de totalidade ou de plenitude — como a realização de todas as necessidades pessoais, físicas, psicológicas e espirituais — e a doença como uma indicação de que importantes necessidades não estão sendo supridas. Como conseqüência disso, o fracasso em suprir as necessidades pessoais pode resultar em doenças que se manifestam no nível físico como distúrbios psicossomáticos, ou, no nível psicológico, como neuroses ou psicoses. Além disso, a doença não é meramente uma conseqüência de necessidades não atendidas, mas também pode ser uma maneira — para algumas pessoas talvez a única maneira — de atendê-las.

A doença física freqüentemente é uma das maneiras pelas quais as pessoas tentam manipular os outros e o ambiente, em busca de apoio, se bem que isto não ocorre necessariamente de modo consciente. Para muitas pessoas, a doença é a única maneira pela qual podem suprir importantes necessidades, para se definir ou impedir que os outros e o mundo exterior as sufoquem. As pessoas com baixo nível de auto-estima têm mais probabilidade de adoecer do que as de nível elevado, porque as doenças lhes fornecem uma desculpa para o mau desempenho, sendo assim uma maneira para lidar com o fracasso ou para evitar situações de avaliação (Shuvall *et al.*, 1973). Além disso, como a doença fornece uma desculpa aceitável e aparentemente válida, as pessoas podem exagerar nos seus relatos de doença e podem realmente se sentir mais doentes quando enfrentam situações que representem ameaças à auto-estima (Snyder & Smith, 1982). De fato, uma doença aparente que evoque a simpatia pode aumentar o nível de auto-estima. Duck e Silver (1992) exemplificam essa afirmação com o caso de uma mulher que foi encaminhada para um tratamento psicoterapêutico antes da amputação de uma das pernas, que aparentemente apresentava paralisia; por duas vezes, a mulher não reagira a cirurgias, mas voltou a caminhar normalmente depois que ficou evidente na terapia que ela apresentava um nível extremamente baixo de auto-estima, a ponto de acreditar que a amputação lhe daria uma desculpa para poder deixar de fazer determinadas coisas.

Desse ponto de vista, muitas doenças podem ser consideradas uma estratégia de autoproteção e de sobrevivência; uma maneira de defender a pessoa com relação a ameaças à auto-estima que, como o caso acima indica, podem ter um efeito mais incapacitante que o próprio problema físico. Portanto, a doença pode representar um alívio temporário útil e prático, mas também pode ser uma armadilha muito prejudicial para os que a consideram como a única maneira possível de suprir suas necessidades. Para essas pessoas, uma incapacidade permanente pode ser mais atraente do que a saúde, apesar de elas poderem não ter consciência disto. No entanto, um exame mais atento invariavelmente revela uma insidiosa doença ou desintegração interior, e também que a doença em si representa uma tentativa inconsciente para restaurar uma situação de equilíbrio e de integridade.

MOVIMENTOS DE EQUILÍBRIO

Fritz Perls conceituava a saúde em função da satisfação das necessidades, e via a homeostase como o processo pelo qual o organismo mantém sua saúde ou equilíbrio em condições que variam. Quando uma pessoa é incapaz de mudar e se mostra inflexível numa maneira antiquada de agir, ela é menos capaz de suprir suas próprias necessidades de sobrevivência, incluindo as necessidades sociais, e então as doenças psicológicas vêm à tona. Como Maslow, Perls reconheceu que os seres humanos têm milhares de necessidades, mas parecem funcionar dentro de uma hierarquia de valores, atendendo à necessidade dominante de sobrevivência antes de todas as demais. Em termos de *gestalt*, a necessidade dominante do organismo, a qualquer instante, se torna a figura de primeiro plano e todas as demais ficam no fundo, pelo menos durante algum tempo. O primeiro plano é aquela necessidade que mais pede para ser satisfeita; e, para que o indivíduo seja capaz de satisfazê-la, ele precisa ser capaz de perceber o que necessita e saber como manipular a si mesmo e às coisas que o rodeiam, porque até mesmo as necessidades puramente psicológicas só podem ser satisfeitas através de uma ação conjunta com o ambiente.

Perls observa que o ser humano parece nascer com um senso de equilíbrio social e psicológico tão aguçado quanto o seu senso de equilíbrio físico, de maneira que qualquer movimento feito no nível social ou psicológico está direcionado para encontrar este equilíbrio ou para estabelecer um equilíbrio entre as necessidades pessoais e as da sociedade. Para Perls, a pessoa capaz de viver em contato com a sociedade, não sendo esmagada por ela nem se afastando dela, é bem integrada e tem uma identidade bem estabelecida. Nesse sentido, a pessoa é auto-suficiente, porque compreende a relação e a fronteira de contato existente entre ela mesma e a sociedade. Numa formulação diferente, "ela dá a César o que é de César e conserva para si as coisas que são suas" (1976a, p. 26). Portanto, na opinião de Fritz Perls, um firme senso da própria identidade autônoma depende da capacidade de reconhecer e conservar as fronteiras, e estabelecer um equilíbrio entre as necessidades pessoais e as exigências da sociedade. Ele afirma que as dificuldades se originam não de um desejo de rejeitar tal equilíbrio, mas de movimentos equivocados para encontrá-lo e mantê-lo.

Esses movimentos colocam a pessoa em sério conflito com a sociedade quando, devido à sua falta de capacidade para reconhecer as necessidades dos outros, ela passa a exigir demais deles. Ela tende a se ver maior do que realmente é, e a sociedade como menor, e geralmente é descrita como um criminoso. No entanto, quando permite que a sociedade a sufoque com um peso excessivo, a esmague com um excesso de exigências, pressionando-a e moldando-a, essa pessoa passa a ser definida como neurótica. Ela deixa de reconhecer claramente as próprias necessidades e não pode satisfazê-las. Não consegue estabelecer uma distinção clara entre ela mesma e o resto do mundo e, como conseqüência, tende a ver a sociedade como maior do que realmente é e a si mesma como menor, percepção que se reflete no seu baixo nível de auto-estima. De fato, quando descrevem a si mesmos, os neuróticos tendem a se lembrar muito mais de características negativas e autodepreciativas do que os que não são neuróticos; além disso, estas coisas negativas são lembradas antes das informações mais positivas (Young & Martin, 1981).

Perls afirma que todas as perturbações neuróticas têm origem na incapacidade que a pessoa tem de encontrar e manter o equilíbrio apropriado entre ela mesma e o restante do mundo, e que, em todas, a pessoa sente que o limite social e ambiental o pressiona demais. A sociedade exerce demasiada pressão sobre o neurótico, e a neurose dele é uma manobra defensiva e protetora contra a ameaça de ser esmagado pelo mundo. Ela é sua técnica mais eficiente para manter o equilíbrio e seu senso de auto-regulação numa situação em que sente que as chances não lhe são favoráveis. A neurose pode se manifestar psicológica ou fisicamente como doença psicossomática. No entanto, do ponto de vista da psicologia da Gestalt, todas as neuroses, no fundo, são perturbações de limites.

Os distúrbios mentais mais sérios, como a esquizofrenia, também têm origem na incapacidade de estabelecer a distinção entre o eu e o não-eu (Laing, 1960; Mahler, 1968). Além disso, no nível físico, essa dificuldade se manifesta na natureza da célula cancerígena, que, "na verdade, age como se fosse esquizofrênica" (Goldberg, 1983, p. 23). No processo de crescimento, uma célula normal será impedida e bloqueada pelo contato com outras células e as membranas de separação funcionam como barreiras, impedindo a intrusão de uma célula em outras. Dessa forma, as células podem crescer normalmente e, ao mesmo tempo, manter a integridade de forma e função. A célula cancerígena, porém, não respeita esses limites e continua crescendo, apesar da inibição pelo contato celular (Lowenstein, 1966), ajudada pelo conluio das células vizinhas que permitem às suas membranas (barreiras) ceder a essa intrusão. No que diz respeito à qualidade, as células cancerosas no início não são diferentes das células normais. As células normais, quando jovens, se dividem mas continuam indiferenciadas, exatamente como as células cancerígenas; mas, depois desse ponto, as células cancerígenas começam a manifestar sua patologia. Em vez de amadurecer e se transformar em células especializadas com funções claras e determinadas, as células cancerígenas permanecem num estado de indiferenciação. Por outras palavras, elas "encalham" numa fase imatura. "E agora, como células cancerígenas, elas desafiam as leis que lhes indicariam o lugar correto e ordenado na economia do organismo"(Goldberg, p. 24), e os mecanismos de defesa entram em ação para proteger o corpo contra esse desenvolvimento indesejado. Portanto, a discriminação inadequada dos limites parece ser a característica comum aos distúrbios psicológicos (ou doenças mentais) e às doenças físicas; ambas as coisas parecem funcionar paralelamente.

A PERTURBAÇÃO DOS LIMITES

Segundo Perls, as perturbações dos limites ocorrem quando o indivíduo e o grupo sentem necessidades diferentes, e quando o indivíduo é incapaz de distinguir qual é a necessidade predominante. Quando usa o termo "grupo", Perls se refere à família, ao estado, ao círculo social, aos colegas de trabalho, a todo conjunto de pessoas que tenham uma relação funcional particular com um certo indivíduo num determinado momento. O indivíduo que faz parte do grupo percebe o contato com os outros como uma de suas necessidades primárias, mas os problemas podem surgir quando, ao mesmo tempo, ele sente uma necessidade pessoal cuja satisfação exige um afastamento em relação ao grupo. Numa situação de necessidades conflitantes, o indivíduo precisa ser capaz de tomar uma decisão clara, para continuar em contato com o grupo ou não. Caso ele decida se afastar do grupo, estará temporariamente sacrificando sua necessidade secundária em favor de outra, mais premente, e nem ele nem o ambiente sofrem conseqüências sérias. No entanto, quando ele não consegue discriminar, não consegue tomar uma decisão nem se sentir satisfeito com a decisão feita, tanto ele como o ambiente são afetados, porque ele é incapaz de se afastar ou de manter um bom contato. Sua concentração fica dividida e a integração se perde — o que significa que o desempenho sofre um colapso.

MECANISMOS NEURÓTICOS

A psicologia da gestalt distingue quatro mecanismos primários para lidar com os distúrbios de limites: a introjeção, a projeção, a confluência e a retroflexão. Ela não parte da premissa de que qualquer confusão a respeito dos limites, ou seja, qualquer distúrbio do equilíbrio entre o indivíduo e o ambiente, produza neuroses ou seja evidência de um padrão neurótico, apesar de reconhecer que uma intrusão repentina (ou aterrorizante) do ambiente na esfera do indivíduo pode dar origem a padrões defensivos ou neuroses traumáticas. As perturbações de limites por trás da maior parte das neuroses são muito menos dramáticas. "São perturbações importunas, crônicas, diárias, em relação aos processos de crescimento e auto-reconhecimento através dos quais atingimos a maturidade e a auto-suficiência. E, qualquer que seja a forma que estas interferências e interrupções do crescimento possam assumir, elas resultam no desenvolvimento de uma contínua confusão entre o eu e o outro" (Perls, 1976a, p. 32).

Introjeção

Perls observa que as pessoas se desenvolvem por meio do exercício da capacidade de discriminar, que, por sua vez, é uma função do limite entre o eu e o outro. Elas recebem coisas do ambiente e lhe devolvem coisas, aceitando ou rejeitando o que lhes é oferecido. Entretanto, elas só podem crescer se, no ato de receber, elas digerirem completamente e assimilarem a totalidade das coisas. Algo devidamente assimilado do ambiente passa a pertencer a elas, e as pessoas podem fazer com isso o que quiserem. Essa coisa pode ser conservada ou devolvida numa nova forma, depois de ter passado por um processo de destilação. No entanto, algo que tenha sido engolido inteiro, aceito de maneira indiscriminada, ingerido mas não digerido, continua sendo um corpo estranho. Esse algo não faz parte do corpo que o aceitou, apesar das aparências. Este algo continua fazendo parte do ambiente.

> Os alimentos engolidos inteiros, que forçamos goela abaixo, não porque os queremos, mas porque precisamos comê-los, ficam pesando no estômago. Eles nos causam mal-estar, temos vontade de vomitá-los, de eliminá-los do nosso sistema. E se não fazemos isso, se reprimimos o mal-estar, a náusea e a vontade de nos livrarmos deles, finalmente conseguimos digeri-los de maneira dolorosa ou acabamos sendo envenenados por eles.
>
> Perls, 1976a, pp. 32 e 33

O processo psicológico da assimilação é bastante semelhante ao seu equivalente físico.

Segundo Perls, são dois os perigos da introjeção. A pessoa que faz isso nunca tem a oportunidade de desenvolver a própria personalidade, porque está ocupada conservando corpos estranhos no seu sistema; e, quanto mais faz isso, menos condições tem de descobrir ou expressar o que ela é realmente. A introjeção também contribui para a desintegração da personalidade, porque, "se você assimilar inteiramente dois conceitos incompatíveis, poderá constatar uma grande divisão interior no decorrer do processo de tentar conciliá-los" (1976a, página 34). Portanto, a introjeção é um mecanismo neurótico pelo qual a pessoa incorpora em si mesma padrões, atitudes, modos de agir e de pensar que não são realmente seus, numa tendência para tornar o eu responsável por coisas que, na verdade, fazem parte do ambiente. Ou seja, o limite entre o eu e o restante do mundo é deslocado tão para dentro da pessoa, que nada resta dela.

Projeção

A projeção é o inverso da introjeção. É a tendência de tornar o ambiente responsável pelo que tem origem no eu. Na projeção, o limite entre o eu e o resto do mundo se desloca demais a favor do eu, de maneira a possibilitar a negação ou o repúdio de aspectos da personalidade considerados difíceis, ofensivos ou pouco atraentes. O indivíduo que projeta usa esse mecanismo tanto quando lida consigo mesmo como quando lida com o mundo, tentando negar aquelas partes suas que nascem de impulsos indesejados. Ele lhes confere uma existência objetiva fora de si mesmo, de maneira que elas possam ser responsabilizadas pelos problemas dele sem que ele tenha de enfrentar o fato de que, na verdade, essas partes fazem parte dele mesmo. Portanto, em vez de ser um participante ativo de sua própria vida, esse indivíduo torna-se um objeto passivo, a vítima das circunstâncias. Quando ele diz "aquilo" ou "eles", esses pronomes normalmente significam "eu". Essa tendência é evidente em muitas doenças nas quais a pessoa projeta a doença e, freqüentemente, também as partes do corpo onde ela surge, para fora de si, pensando nelas e falando delas com se fossem entidades exteriores. De fato, embora para a grande maioria das pessoas o senso de identidade esteja enraizado no próprio corpo, isso nem sempre acontece. "Alguns sentem o corpo como uma espécie de apêndice ao seu verdadeiro eu; quase como um objeto no mundo exterior, com o qual estão ligados mas com o qual não se identificam. Essas pessoas não gostam do próprio corpo e o desprezam ativamente" (Storr, 1990, p. 45).

Com bastante freqüência, a introjeção e a projeção ocorrem de maneira simultânea. Perls diz que a introjeção leva a sensações de desprezo por si mesmo e de alienação em relação ao próprio eu, sensações que produzem a projeção. A introjeção da idéia de que as boas maneiras são mais importantes do que a satisfação de necessidades pessoais prementes obriga a pessoa a projetar ou expelir essas necessidades para fora de si. Ela passa a considerar esses impulsos como atividades externas. "Tal como no caso da introjeção, o indivíduo é incapaz de distinguir entre as facetas de sua personalidade como um todo, que são realmente suas, e as que lhe são impostas de fora para dentro. Ele vê suas introjeções como sendo ele mesmo e vê as partes suas das quais gostaria de se livrar como introjeções não-digeridas e impossíveis de digerir. Por meio da projeção, ele tem esperança de se livrar de introjeções imaginárias que, na verdade, não são introjeções, mas aspectos dele" (1976, p. 37).

Confluência

A confluência ocorre quando um indivíduo não percebe nenhuma espécie de limite entre si mesmo e seu ambiente, achando que ambos formam um todo único. Essa é a condição normal dos bebês recém-nascidos, e pode ocorrer em momentos de êxtase, de orgasmo ou quando a pessoa está totalmente absorvida por uma atividade. Nessas circunstâncias, a pessoa pode sentir uma identificação total com o ambiente; uma sensação de que transcendeu os limites e as fronteiras pessoais, fundindo-se com a totalidade das coisas. Este sentimento de "totalidade" [*wholeness*] ou "santidade" [*holiness*] geralmente é transitório e passageiro, podendo ser considerado como um sinal de saúde no seu sentido etimológico (Maslow, 1968). No entanto, trata-se de um sinal de doença quando se torna crônico e o indivíduo passa a ser incapaz de diferenciar-se do resto do mundo. Essa pessoa, evidentemente, perdeu todo o senso de limites e de si mesma. Como não sabe onde ela termina e os outros começam, é incapaz de fazer contato com os outros ou de se afastar deles. Portanto, quando uma tal pessoa diz "nós", ela não sabe determinar se está se referindo a si mesma ou ao resto do mundo.

Retroflexão

Enquanto a pessoa em confluência perdeu a capacidade de estabelecer uma linha divisória entre si mesma e os demais, no caso da retroflexão ela não sabe como traçar essa linha mas o faz de maneira que ela passe por si mesma, dividindo-se em dois. O indivíduo deixa de direcionar suas energias para fora, em tentativas de agir sobre o ambiente de maneira a satisfazer suas necessidades. Ao contrário, ele redireciona sua energia para dentro e coloca a si mesmo no lugar do ambiente como alvo de seu comportamento. Em conseqüência, ele dá a si mesmo o tratamento que gostaria de dar às outras pessoas ou objetos, dividindo-se na prática em duas partes, descritas por Perls como "aquele que faz e aquele ao qual é feito", tornando-se assim, de maneira bastante literal, seu próprio pior inimigo. Tomando por base a idéia de ser duas pessoas diferentes, o retroflexor faz declarações do tipo "Preciso me controlar".

Os quatro estilos neuróticos podem ser assim resumidos:

> O introjetor faz o que os outros gostariam que ele fizesse; o projetor faz aos outros o que ele os acusa de fazerem com ele; o homem em confluência patológica não sabe quem está fazendo o quê, nem para quem está fazendo; e o retroflexor faz para si mesmo o que gostaria de fazer aos outros.
>
> Perls, 1976, p. 40

Esses mecanismos se refletem no uso dos pronomes pessoais. A introjeção se mostra no uso do "eu" quando o significado é "eles"; na projeção, usa-se "aquilo" ou "eles" quando o significado é "eu"; na confluência, usa-se o "nós", quando o verdadeiro significado está em dúvida; e na retroflexão, usa-se o pronome reflexivo "mim" [*myself*]. Por esses motivos, o diálogo é uma boa indicação da maneira como um papel está sendo interpretado.

DIÁLOGO

Numa peça teatral, o diálogo geralmente é escrito de antemão e é aprendido pelo ator antes dos ensaios e durante os mesmos. De maneira geral assume-se que, quando o texto for apresentado em público, o ator saberá sua parte, tendo memorizado e interiorizado o roteiro; e que esse diálogo interior informa e dirige sua *performance*. Apesar de geralmente ser isso o que acontece, também é verdade que, durante os ensaios, muitos atores negociam seus textos de várias maneiras, recusando-se a dizer determinadas frases, rejeitando algumas das palavras colocadas em sua boca, considerando-as incoerentes ou impróprias para a personagem retratada; improvisando sobre o texto escrito ou fazendo outros comentários, que acabam sendo incorporados ao diálogo da peça. Dessa maneira, os atores imprimem sua própria marca distintiva sobre o papel. No entanto, numa análise final, por mais que seja modificado, o roteiro sempre determina a *performance*.

Do mesmo modo, a criança e o adolescente em desenvolvimento interiorizam o que poderíamos chamar de uma série de roteiros de vida, quase todos conseqüências do roteiro sexual que lhes é característico, e que orientam sua *performance* ao longo da vida. Ao ser interiorizados, esses roteiros não são questionados e praticamente não chegam a ser modificados. Uma compilação dos roteiros de vida de um indivíduo equivale ao que Roet (1986) chama de *O Livro do que se Deve Fazer*, e qualquer indivíduo é capaz de fazer citações intermináveis dele e do seu volume complementar, *O Livro do que não se Deve Fazer*. Essas diretrizes surgem automaticamente na mente assim que determinadas situações ocorrem e servem como regras de conduta. "Eu devo fazer isso", "Eu não devo fazer aquilo", "Os homens não devem chorar, eles devem ser fortes", "As mulheres não devem mostrar raiva, devem ser sempre calmas", "Eu deveria ser mais alto", "Eu deveria perder peso", "Eu não devo permitir que ninguém me veja neste estado". As advertências desse tipo, que foram instiladas no passado e foram se acumulando em quantidade cada vez maior, geralmente têm pouca ou nenhuma importância para o presente, mas permanecem firmemente instaladas na mente, sem serem examinadas, como lembretes de como as coisas devem ser ditas, feitas e sentidas. Quando obedecidas, essas diretrizes antiquadas impõem sérias restrições ao indivíduo, impedindo as mudanças e, como conseqüência, fixando o caráter dele como se tivesse sido esculpido em mármore.

O exercício anterior enfatiza aspectos do caráter e, ao fazer isso, fornece informações a respeito de vários fatores relacionados com o autoconceito, a auto-estima e as atitudes em relação ao eu à medida que a expressão do indivíduo é condicionada à aprovação dos outros e à medida que o eu está oculto e escondido. Ele também indica, de maneira implícita ou explícita, algumas das diretrizes dos roteiros de vida de um indivíduo e as restrições por elas impostas. Pode também indicar a uma pessoa não apenas a necessidade, mas também a possibilidade de mudança. Para muitos, porém, a dificuldade é que estão tão presos às suas maneiras, que não sabem como mudar, podendo até mesmo duvidar da capacidade que têm de fazer isso.

As pesquisas e observações clínicas, principalmente de pacientes aidéticos (Solomon & Temoshok, 1987), deixaram claro que as pessoas podem melhorar a própria vida, e o fazem, através de mudanças em si mesmas. Isso equivale a se libertar das restrições e limitações impostas pela representação de papéis sociais e a deixar de interpretá-los constantemente para uma platéia, dando expressão aos aspectos do eu que foram reprimidos no decorrer do tempo. Isso envolve dar voz aos aspectos do eu que normalmente não são ouvidos e dos quais a pessoa é bastante inconsciente, colocando esta voz no lugar dos roteiros impostos pelos outros.

A hipnose é um meio eficiente para se estabelecer um diálogo com o eu inconsciente. Apesar de ser amplamente incompreendida e descrita de maneira errada, a hipnose atinge seus efeitos principalmente através do relaxamento profundo e da visualização; ou seja, ajudando as pessoas a relaxar ou a se libertar das restrições que normalmente são impostas à mente e ao corpo por processos mentais racionais e conscientes — os roteiros que foram interiorizados no decorrer da vida. Paradoxalmente, o processo da hipnose explora um dos dogmas fundamentais desses roteiros, que é a crença da pessoa na autoridade e na experiência dos outros — no caso, o hipnotizador — e também a disposição da pessoa em obedecer às sugestões apresentadas pelo hipnotizador. No entanto, esses efeitos não são direcionados para a perda de controle por parte do indivíduo, mas para um relaxamento do rígido controle que a mente consciente normalmente exerce sobre o estilo dos seus roteiros. Portanto, a pessoa não está, em nenhum sentido, entregando o controle para o hipnotizador, mas sim adquirindo um controle maior sobre suas próprias funções. Como conseqüência, seria mais correto pensar na hipnose como uma auto-hipnose orientada; e, como tal, ela é muito benéfica para o processo de realização pessoal. No exercício seguinte, o relaxamento e a visualização são provocados por meio de uma técnica de auto-hipnose.

EXERCÍCIO TRÊS

Sentado ou deitado numa posição confortável, feche os olhos e tente focalizá-los num ponto entre as sobrancelhas. É aconselhável tirar as lentes de contato antes de fazer isso. Se isso não for possível por algum motivo, mantenha os olhos abertos e fixe-os num ponto ou num objeto qualquer. Depois de fazer isso, comece a contar silenciosamente, em ordem decrescente, a partir do número 300. Não se concentre em nenhum pensamento dispersivo, simplesmente deixe que eles passem, e volte sua atenção à contagem regressiva, adaptando a respiração a essa contagem.

Imagine que está descendo uma escadaria, e que a cada degrau você vai se livrando mais e mais da tensão no seu corpo, de maneira a ficar cada vez mais relaxado e descontraído. Quando chegar ao final da escadaria, imagine que está numa estação subterrânea do metrô, de pé no topo de uma longa escada rolante parada; para descer, você precisa caminhar. Você começa a descer lentamente, porque os degraus são íngremes; e, em silêncio, você continua contando cada um deles. Depois de algum tempo, você pára de contar, quando percebe que está se sentindo cansado e pesado.

Ao parar por um instante, você percebe que uma escada rolante próxima está se movimentando para baixo; e, quando olha para ela, percebe uma figura que está se aproximando no nível em que você se encontra. Quando ela chega ao seu lado, ela olha para você e você a reconhece como sendo você mesmo. Qual é sua reação? Observe seus sentimentos e seus pensamentos ao se ver e também todos os detalhes relacionados com sua aparência, suas roupas, sua expressão facial e sua atitude. Em seguida, siga essa figura, observando seu comportamento e aproveitando a oportunidade para falar com ela. Note como esse *alter ego* reage quando você tenta envolvê-lo numa conversa, e também todas as suas impressões e sentimentos. Se for possível, combine um encontro futuro e então afaste-se. Depois disso, vá para uma escada rolante que esteja subindo e que o levará rapidamente à superfície, onde você pode abrir os olhos e voltar à consciência normal.

Reserve o tempo que for necessário para notar essa experiência e todas as informações e entendimentos obtidos dela, usando sempre a primeira pessoa do presente do indicativo. Preste muita atenção a qualquer diálogo entre você e o seu duplo, observando todas as mensagens, as informações ou os conselhos transmitidos por ele e também todas as suas reações.

Comentário

Muitas pessoas se sentem atraídas pela hipnose na crença equivocada de que assim elas não terão de fazer nada, já que estarão sob o controle do hipnotizador. Por esse motivo, com bastante freqüência, as atitudes com relação à hipnose são uma boa indicação do sentimento e percepções do indivíduo quanto ao autocontrole. Quando ficam sabendo que na hipnose não se está sob o controle de outro indivíduo, muitas pessoas ficam decepcionadas. Depois do exercício acima indicado, uma mulher disse sentir uma grande decepção, indicando que queria ser hipnotizada porque achava que só teria resistência emocional para lidar com um processo "no qual alguém abrisse meu consciente num estado em que eu estivesse totalmente inconsciente, sem todas as mágoas, sem amargura e pensamentos sombrios" e por meio do qual pudesse se livrar dos traumas sem de novo passar pelo sofrimento. Outra mulher expressou decepção porque queria fazer algo que "chocasse" as pessoas e porque queria transferir toda a responsabilidade das suas ações para outra pessoa. Algumas pessoas ficam igualmente decepcionadas por esperar que a hipnose "faça" com que elas se sintam diferentes.

Alguns elementos desse exercício também enfatizam questões relacionadas com o autocontrole. Algumas mulheres relatam que se sentem ansiosas diante da necessidade de descer pela escada rolante, admitindo que não conseguem se controlar na escada rolante da vida "real", pois têm medo de, nessas escadas, cair repentinamente para a frente ou de descer num ângulo muito íngreme. Isso mostra até que ponto o medo e a ansiedade, que fazem parte dos nossos "roteiros" normais do dia-a-dia, influenciam e até mesmo restringem o comportamento no nível da fantasia. Os homens também podem sentir o mesmo medo; mas, como ele não faz parte do "roteiro" masculino, é pouco provável que o expressem. Se bem que eu nunca tenha visto um caso em que a ansiedade tivesse impedido a pessoa de terminar o exercício, ela, mesmo assim, e sem dúvida alguma, influencia as atitudes com relação à tarefa. De maneira parecida, uma mulher, que admitiu ter preocupações quanto à possibilidade de atingir o zero durante a contagem regressiva, "por causa das coisas que então poderiam acontecer", revelou uma visão de si mesma como vítima passiva do destino e não como um agente determinante. Outra mulher relatou que não queria descer a escada porque se sentia "muito bem" onde estava. Esse tipo de reação sugere a complacência, que freqüentemente é uma defesa contra a mudança; e, quando a análise é mais profunda, muitas vezes revela um temor de que a mudança esteja além do controle da pessoa, sendo imposta de fora para dentro e não dirigida a partir do interior. Um homem admitiu que continuou contando os degraus como forma de ignorar as outras instruções, apesar de se sentir tolo e infantil. Ao fazer isso, ele compreendeu que o medo e a dúvida com relação ao que poderia ter de enfrentar o dominavam completamente, não lhe deixando "nenhuma opção a não ser essa maneira de escapar". Uma mulher que inicialmente gostou do exercício, já que descer escadas rolantes tinha sido um dos seus passatempos prediletos na infância, foi ficando cada vez mais contrariada à medida que avançava e os degraus pareciam se tornar mais e mais íngremes. Depois, ela explicou que não gosta de dificuldades na vida, principalmente quando são inesperadas, porque pode não ter aprendido a lidar com elas.

A reação inicial ao exercício também pode indicar o baixo nível do conceito que a pessoa tem de si mesma e do amor-próprio da pessoa. Uma mulher afirmou que era incapaz de imaginar a si mesma na escada rolante, apesar de ser capaz de ver a figura de uma jovem loira na escada rolante ao lado. Quando reconheceu, finalmente, que era ela mesma, como fora vinte anos antes, a figura já tinha passado e ela conseguia enxergar apenas a parte posterior da cabeça. Ela a seguiu, chamando-a pelo nome; e, quando a figura se voltou, ela ficou espantada por sua beleza, pelo sorriso e também pelo fato de estar sem expressão e de não dar mostras de reconhecimento. A mulher concluiu que aquela loira era "burra, estúpida, sem cérebro e de cabeça totalmente vazia", apesar de não ser agressiva; ela sentiu vontade de acenar com as mãos na frente do rosto dela e de gritar "Você não vê que sou eu?", numa tentativa de chamar sua atenção. Depois, quando descreveu sua experiência, alguém disse que ela talvez estivesse sendo injusta com a loira; que, como não se imaginara na escada rolante, ela talvez não "estivesse" lá, ou fosse invisível, podendo ser apenas ouvida mas não vista, o que explicaria a reação de sua versão mais jovem. Isso despertou a atenção da mulher para o fato de que, no exercício anterior, não imaginara uma escultura de si mesma, mas apenas um grande bloco de cimento com uma chanfradura cortante. Ela interpretara isso como uma indicação de que tinha muito trabalho a fazer, não dispondo de tempo para si mesma, e mais tarde admitiu que nunca terminava nada do que começava por ter verdadeiro pavor da possibilidade de um eventual fracasso. O último exercício a levou a concluir que fora incapaz de se imaginar na escada rolante porque ainda não começara a se definir, sendo portanto, para todos os efeitos, invisível. Várias outras mulheres disseram que não haviam visto "nenhuma figura" ou "coisa" na escada rolante vizinha, revelando depois que tinham visto apenas o seu eu "comum", descartando-o por não julgar que merecesse nenhum tipo de menção especial. Muitas vezes, tiveram essa reação por acreditar que *precisavam* imaginar alguma coisa muito mais interessante.

Enquanto uma jovem descia as escadas, as escadas iam ficando cada vez mais íngremes e ela própria encolhia. Diminuindo-se dessa maneira, ela não só era incapaz de se ver na escada rolante adjacente como também, na medida em que os degraus se tornavam mais semelhantes a falésias e barrancos em relação à sua pessoa cada vez menor, ela começou a ter medo de "despencar da borda". Esse conjunto de imagens indica que a mulher (que no exercício anterior fugira ao ver a "confusão" não definida de sua escultura) corre perigo de se ver sobrepujada pelas situações que enfrenta, e de sofrer um colapso caso seja incapaz de manter sua posição no limite ou fronteira entre ela mesma e o mundo. Outra mulher, que afirmou-se incapaz de enxergar seu *alter ego*, mesmo assim teve uma conversa muito útil com ele, no decorrer da qual ficou sabendo de algumas coisas muito importantes. Quando lhe perguntaram se sua relutância em ver seu duplo poderia indicar uma relutância para encarar a si mesma, ela concordou sinceramente, indicando que apesar de estar preparada a aceitar o *status quo* e os aspectos de sua personalidade com os quais se sente à vontade, ela não quer encarar a possibilidade de mudança ou a necessidade de enfrentar aspectos pouco familiares de si mesma.

Outra mulher, entretanto, interpretou a falta de um rosto no seu *alter ego* como sinal de que não queria conhecer a si mesma. Uma intrigante variação desse tema foi apresentada por uma mulher que viu o rosto de seu *alter ego* totalmente envolto em faixas e ataduras, sendo capaz de se reconhecer apenas por causa das botas de um colorido especial usadas pela figura. Observando que a aparência era semelhante "à de uma múmia", ela disse que talvez os aspectos dela mesma personificados na figura fossem obrigados a permanecer "mumificados", sendo capaz de ver e de ouvir, mas não de falar. Ela concluiu que talvez tivesse chegado o momento ideal para "tirar as ataduras" desses traços e permitir que eles se expressassem. Várias outras pessoas, incluindo certo número de homens, relataram a incapacidade de ver o rosto da figura na escada rolante adjacente, e compreenderam isso como indicação de que são incapazes de enfrentar a si mesmas. Aliás, a maioria das pessoas afirma que é incapaz de se "encarar", o que dá a entender que o eu comum ou "atual" é, de alguma maneira, inferior. De fato, um homem enxergou um ser muito superior — o piloto de uma nave espacial extraterrestre — que ele sabia ser dotado de muita sabedoria, incluindo o conhecimento de todos os seus problemas e também das melhores soluções para eles. Ele ficou alarmado e entristecido pela velocidade na qual essa figura se afastava, porque queria manter contato com ela. Apesar de este ser não falar, ele se comunicou por telepatia, transmitindo a mensagem "continue se esforçando", o que lhe sugeriu que ele não desistisse de tentar contato com a figura e se beneficiar dos conhecimentos dela.

As reações ao outro eu, ou *alter ego*, são muito variadas. É possível observar que muitas pessoas sorriem durante o exercício e depois discorrem sobre as surpresas com o eu que encontraram e com tudo o que aprenderam dele. Cerca de dois terços das reações são favoráveis. Muitas pessoas se admiram com a energia e a vitalidade do *alter ego*. Alguns se vêem como figuras cheias de energia e vivacidade, muito determinadas e mais jovens, até infantis. Depois de se ver como era uns vinte anos antes, com cerca de vinte anos de idade, usando roupas casuais e carregando uma mochila, uma mulher sentiu inveja desta figura cheia de energia, que tinha a liberdade de ir para lugares que ela julgava não poder visitar. De fato, quando a imagem a convidou para acompanhá-la, ela recusou, dizendo que era velha demais; depois disso, a versão mais jovem simplesmente a agarrou pela mão e a puxou para junto de si. A mulher disse que se sentiu libertada por essa experiência e muito melhor do que se sentia antes do exercício. Uma jovem, que se viu mais jovem ainda, usando "roupas engraçadas", pediu conselhos a essa figura risonha e cheia de vivacidade, que lhe disse que deveria "viver a vida" sem levá-la excessivamente a sério. De maneira semelhante, um jovem que, no exercício anterior, interpretara sua estátua como uma indicação de que "não fizera muita coisa" de si mesmo, recebeu o seguinte conselho do seu *alter ego*: "Saia daqui e agarre a vida. Faça algo consigo mesmo. Você pode fazer isso." Outro jovem, ao ver seu *alter ego* descendo pela escada rolante em funcionamento, constatou que estava pensando: "Lá vem ele com velocidade, avançando depressa, enquanto eu estou aqui me esforçando"; nesse exato momento, seu outro eu acenou-lhe com simpatia. Depois de o encontrar no final da escada e de ter expressado seus pensamentos anteriores, o outro lhe disse: "Se você tivesse parado para ler os cartazes no topo da escada rolante, teria visto que uma estava desligada e que a outra estava em funcionamento, e poderia ter avançado de forma muito mais rápida." Ele compreendeu que, com sua mania de mergulhar nas coisas sem pensar muito e sem prestar muita atenção, ele muitas vezes dificultava as coisas para si mesmo, e que o conselho implícito no comentário do seu *alter ego* — "menos pressa, mais velocidade" — era extremamente apropriado.

Uma jovem descreveu sua descida pela escada rolante como se fosse Alice no País das Maravilhas, sentindo-se irritada quando percebeu estar numa escada que não funcionava, ao passo que seu *alter ego* estava na escada certa; ela chegou a pensar: "Estas coisas sempre acontecem comigo." Depois de alcançar seu duplo no pé da escada, ela iniciou uma conversa perguntando que horas eram, e de início não ficou impressionada pela resposta ("Relaxe"), apesar de isto lhe ter sido dito de maneira calma e simpática. Foi só muito mais tarde que ela reconheceu o verdadeiro significado e escreveu: "Eu sei que, se eu não diminuir minha velocidade, vou acabar me desgastando, mas às vezes é difícil fazer isso na prática. Eu me pergunto se era mesmo Alice, ou aquele Coelho Branco, sempre atrasado para todos os compromissos." Outra mulher, ao ver seu *alter ego* descendo rapidamente pela outra escada rolante, resolveu utilizá-la também e compreendeu que, fazendo isso, estava sempre tentando se "manter em dia", mas não conseguindo cumprir os prazos difíceis que impunha a si mesma. Para fazer uma comparação, um homem, cujo *alter ego* o convidou para passar à outra escada rolante, recusou a sugestão, explicando mais tarde que tende a atrasar seus trabalhos, mas se recusa a permitir que o apressem. Outro homem, que estava descendo tão depressa quanto possível pela escada rolante, foi aconselhado pelo *alter ego* a "diminuir o passo e encarar as coisas com mais tranqüilidade", mas ignorou essas palavras e continuou exatamente com o mesmo ritmo. Depois, admitiu que, por acreditar que deve ter sucessos e conquistas, está sempre "em movimento" e tem o costume de exigir demais de si mesmo na corrida contra o tempo. Essa pressão para "avançar" na vida é evidente nos relatos de muitos homens e reflete a crença de que eles *devem* ter sucesso, ao passo que, em muitos casos, os relatos femininos refletem a crença contrária de que as mulheres não devem ter sucesso, que são velhas demais ou simplesmente incapazes disso. É bastante comum que as mulheres acreditem que, apesar de não precisar necessariamente *fazer* alguma coisa, elas têm a obrigação de *ser* perfeitas.

Uma jovem atribuiu os elementos vagos na figura do seu *alter ego* ao fato de que ela, propositalmente, não o examinou com atenção, temendo que não fosse perfeito e que ela pudesse enxergar defeitos que acabariam com as ilusões que tem a respeito de si mesma. Do mesmo modo, ela não tentou estabelecer nenhuma conversa, por não querer ouvir certas "verdades" que, aliás, ela já conhecia muito bem. Outra mulher descreveu o horror que sentiu diante da perspectiva de ver a si mesma porque tendia a comparar seu eu atual com um eu ideal ou perfeito que acreditava ser seu *alter ego*. Ao vê-lo, ela sentiu raiva, mas decidiu reprimir isso e se mostrar simpática, de modo que estendeu a mão e o tocou no braço. Ela ficou deliciada quando o *alter ego* reagiu positivamente com a mensagem: "Você é legal." Isso a levou a compreender que poderia encontrar menos dificuldades na relação consigo mesma, desde que não fosse tão crítica em relação a si mesma e não fizesse sempre tantos julgamentos; como resultado, ela escreveu outro roteiro de vida para si mesma: "Você é legal", em lugar do texto habitual, "Você não é legal". Depois, ela descobriu que, não esperando perfeição de si mesma, conseguia se mostrar mais descontraída e acessível.

Outra mulher descobriu que, aceitando partes suas que antes odiava, ela conseguiu a cura. Esta mulher viu seu *alter ego* como uma criança de sete ou oito anos de idade, usando uma camisola branca. Quando conversou com a criança, ela se limitou a lhe dizer "Você é legal" e recebeu um sorriso como resposta. Isso foi muito significativo para essa mulher, que entre os sete e os nove anos de idade fora submetida a abusos sexuais por parte do irmão mais velho, que era agressivo e que a ameaçara de morte caso contasse os incidentes a alguém. Isso, junto com a crença de que ninguém acreditaria nela, a fizera calar sobre esses abusos até os dezesseis anos, quando contou tudo à mãe; mas ninguém acreditou nela durante dois anos, até que o irmão finalmente resolveu admitir. Antes de participar deste exercício, ela odiava a parte de sua personalidade que "não contava as coisas às pessoas e que deixava tudo acontecer", a parte que ela costumava responsabilizar por tudo o que fosse ruim. Ela ficou satisfeitíssima ao ver sua porção infantil sorrindo como reação à sua afirmação, usando uma camisola branca, que ela interpretou como sendo um sinal de inocência, em lugar da sordidez que atribuía a si mesma.

Algumas pessoas ficam surpresas com a confiança óbvia demonstrada pelo *alter ego*, ou pelas suas outras características positivas. Uma mulher, cuja estátua no exercício anterior tinha um aspecto geral de depressão, ficou agradavelmente surpresa ao ver uma figura "encantadora e alegre", de roupas claras, na escada rolante contígua. Ela reconheceu a figura como sendo o que fora em outros tempos e como o que gostaria de voltar a ser outra vez. Juntas, elas fizeram um longo passeio de um dia de duração, o que a deixou se sentindo "maravilhosamente bem" e muito feliz. Mais tarde, porém, ela duvidou da validade de sua imagem, questionando a possibilidade de estar se iludindo para pensar que "ser ela mesma poderia ser uma tarefa fácil." Quando lhe perguntaram o que tornava tão difícil a tarefa de ser ela mesma, a mulher compreendeu que normalmente provoca uma interrupção na sensação de estar "maravilhosamente bem", encontrando defeitos em si mesma. Uma jovem que imaginou seu *alter ego* como uma figura maior do que ela realmente é, mais brilhante, luminosa, alegre e com uma qualidade angelical, resumiu sua reação com uma exclamação: "Puxa!", mas sentiu inveja desse ser que parecia ter muita autoconfiança sem ser arrogante, muito feliz, em paz consigo e livre de todas as pressões.

Algumas pessoas não gostam da figura que vêem na escada rolante adjacente, ou sentem medo dela, o que pode ser reflexo da aversão ou do medo quanto aos aspectos delas que normalmente ficam reprimidos. Muitos acreditam que esses aspectos ocultos de suas personalidades são indesejáveis e que seria melhor evitá-los. Uma jovem, que descreveu sentir medo de descer pela escada rolante no escuro, indicou que a explicação disso pode ser o fato de ela se sentir "incapaz de iluminar" sua própria vida. Apesar de não conseguir enxergar seu *alter ego*, ela o sentiu nas proximidades, descrevendo-o como "uma esfera negra e sem características debaixo do capuz de um monge", com a qual não conseguiu conversar, preferindo se manter no escuro a respeito desse aspecto desconhecido e assustador de sua personalidade.

Outra mulher, que viu uma pequena figura feminina vestida de preto, reagiu inicialmente com medo diante dessa imagem sua, achando que ela poderia significar a morte. No entanto, isso foi substituído pela forte sensação da presença de sua falecida mãe. Então o *alter ego* lhe recomendou que ela olhasse para si mesma; ela obedeceu e constatou que era uma criança. O *alter ego* observou que ela já passara da infância e que era, como ele, uma pessoa adulta, e que chegara o tempo para as duas figuras se fundirem. A fusão ocorreu e a mulher, depois, afirmou que se sentira "maravilhosamente bem", sabendo que uma verdadeira cura ocorrera no momento em que conseguira integrar esses aspectos até então separados de sua personalidade. Outra mulher relatou que inicialmente ficou apavorada em relação ao seu *alter ego*, alegando que ele estava "louco", ultrapassando-a e correndo na distância. Mesmo assim, apesar do medo que sentia, ela acabou gritando para ele: "Espere um instante. Para onde você está indo?", numa voz de desafio. E quando fez isso, constatou que sua voz não parecia medrosa nem tímida, apesar de sempre pensar em si mesma nesses termos; constatou também que a voz não parecia ser muito convidativa. Essa surpreendente conscientização a levou a reconhecer que reprimia determinados aspectos de si mesma por causa da sua "personalidade autoritária".

Alguns ficaram decepcionados com o aparecimento do *alter ego.* Uma mulher, que se viu usando suas roupas normais do dia-a-dia, reagiu à aura de monotonia, tédio e falta de criatividade que a envolvia com uma exclamação de nojo. Durante o exercício, ela começou a se aceitar apesar do aspecto sem graça que tinha, e passou a se sentir à vontade na companhia do *alter ego.* No entanto, mais tarde, quando comparou seu *alter ego* com os dos outros durante uma discussão em grupo, ela voltou à avaliação anterior de si mesma, revelando suas crenças a respeito do que "deveria" ser, em vez de se aceitar como realmente era.

Algumas pessoas reagem a este exercício com lágrimas, se bem que não necessariamente com emoção. Perplexa pelo fato de ter caído no choro, apesar de não ter percebido nenhum sentimento de tristeza, uma mulher repetiu este exercício antes de ir para a cama certa noite. Ela adormeceu antes de chegar ao final, mas, no sonho seguinte, foi informada por alguém que não conseguiu identificar de que estava necessitando de um aconselhamento por mágoas e injustiças, e não de um aconselhamento por perdas e privações. Ao acordar, ela percebeu que isso era verdade e que ela precisava se livrar da raiva que sentia, e não das lágrimas depois da morte do seu companheiro. Esse incidente enfatiza uma experiência bastante comum: a de que as pessoas muitas vezes não têm consciência da verdadeira natureza de suas necessidades e são, equivocadamente, levadas por outros a achar que precisam de coisas totalmente diferentes. A crença instilada pelos outros de que uma pessoa deve sentir tristeza depois de uma perda, principalmente depois de uma morte, geralmente impede que os verdadeiros sentimentos presentes sejam examinados. No entanto, se fossem articulados, eles poderiam ser expressos, mais ou menos, da seguinte maneira: "Se ele ainda estivesse vivo, eu o mataria agora de tanta raiva que sinto", refletindo a raiva que uma pessoa pode sentir por causa da dor causada pela morte de um ser amado; as dificuldades provocadas por essa morte, como a responsabilidade quanto a dependentes; ou a maneira como a perda ocorreu, em conseqüência, digamos, de um comportamento impensado, perigoso ou egoísta, ou até de um suicídio. A experiência dessa mulher também nos mostra que nossos verdadeiros sentimentos e necessidades muitas vezes nos são comunicados nos sonhos, outro veículo de imagens mentais e que, quando uma pessoa começa a estimular a própria imaginação através de exercícios como estes, o resultado muitas vezes se reflete nos sonhos, que podem se tornar mais ricos em imagens, mais intensos, freqüentes e memoráveis. Se você estiver interessado e comprometido com descobrir-se a si mesmo de uma maneira mais completa, é possível trabalhar com os sonhos de modo tão produtivo como com os exercícios de imaginação, e isso pode ser feito mais ou menos da mesma forma (ver mais detalhes no Capítulo Onze).

Muitas pessoas percebem que agem impulsivamente com relação ao *alter ego*, sentindo muitas vezes a necessidade de pedir conselhos específicos ou genéricos. Uma mulher, que se sentiu impelida a abraçar um duplo idêntico, descobriu que, ao fazer isso, a figura se transformou numa mulher mais velha, que parecia ser forte, serena e sábia, e que a aconselhou "a aproveitar da melhor maneira o que você tem agora". Na maior parte das vezes, tais conselhos são considerados altamente significativos e apropriados, mas há ocasiões em que podem parecer ser sem importância e até mesmo triviais. Certo homem achou que, no início, a conversa com seu duplo era bastante banal. Ele começou perguntando: "Como está você?" e recebeu como resposta "Estou realmente bem". Não lhe ocorreu que talvez pudesse estar necessitando dessa informação, apesar de admitir ficar freqüentemente preocupado com a possibilidade de "não estar bem". Alguns recebem conselhos e informações do *alter ego,* mas não lhes dão importância, como no caso do homem que não diminuiu seu ritmo de vida quando o *alter ego* lhe recomendou isso. Um jovem se viu entretido com a leitura de um livro enquanto descia pelos degraus da escada rolante e, ressentindo-se com o aparecimento do *alter ego* na escada rolante contígua, recusou-se a manter qualquer tipo de conversa. Mesmo assim, o *alter ego* conversou com ele, dizendo que lhe faltava energia porque não a estava utilizando de maneira correta e apropriada. O rapaz preferiu ignorá-lo e continuou com sua leitura, e mais tarde se perguntou se a leitura e os estudos não representavam uma forma de fuga para ele; também se questionou se esta seria ou não a forma mais apropriada para usar suas energias.

Várias pessoas acham que suas tentativas de conversar com o *alter ego* fracassam. Em alguns casos, conforme já se observou, isso se deve ao fato de ele dar a impressão de estar se afastando do estilo autoritário ou didático da pessoa. Alguns ficam bastante alarmados quando conseguem se enxergar de maneira apenas passageira e rápida. Muito excitada, uma mulher descreveu que correra atrás da figura "como se não a tivesse visto por muitos anos". Muitos relatam uma sensação de perda ou de tristeza, o que os incentiva a seguir a figura e a estabelecer contato com ela. No entanto, é possível que levem bastante tempo para isso. Uma mulher imaginou que estava seguindo a si mesma, com algumas dificuldades, no meio da multidão de uma grande estação subterrânea do metrô e pelas ruas de Londres, até finalmente conseguir se alcançar num café situado em Covent Garden, onde ficou agradavelmente surpresa com a demonstração de simpatia que recebeu; por outro lado, um rapaz foi obrigado a correr vários quilômetros em terreno acidentado para depois ouvir comentários enigmáticos da figura que perseguira. Alguns preferem seguir o *alter ego*, observando atentamente seu comportamento antes de tentar qualquer tipo de contato. Uma mulher relatou que ficou observando seu duplo numa livraria, notando os livros que ela selecionava antes de lhe dirigir uma palavra. Outros, porém, sentem certo alívio quando se perdem nas multidões ou na distância. Para sua grande surpresa, uma mulher começou a chorar quando viu a si mesma desaparecendo dessa maneira, mas não sentiu nenhuma tristeza. Intrigada por essa situação, pediu comentários dos demais membros do grupo, os quais opinaram que, enquanto conscientemente ela poderia estar se distanciando da possibilidade de sentir emoções, inconscientemente ela poderia estar reagindo à perda de algum aspecto de sua personalidade. Mais tarde, ela compreendeu que nunca expressara completamente a dor sentida por ocasião da morte do pai, na infância, dizendo a si mesma o que outros lhe tinham dito, que acabaria se conformando com a situação.

Alguns não conseguem pensar em nada para ser dito e constatam certa sensação de pânico quando compreendem que podem estar perdendo uma importante oportunidade para estabelecer contato com eles mesmos. Um homem afirmou ter-se sentido muito embaraçado quando, depois de cumprimentar seu *alter ego*, percebeu que não tinha a menor idéia do que dizer porque, afinal de contas, eles não se conheciam. Isso o deixou preocupado porque compreendeu que, se estivesse em contato consigo mesmo, a comunicação e a compreensão seriam mais fáceis. Da mesma maneira que a ansiedade pode impedir o diálogo interior, a negação também ocorre, como no caso do homem que fez questão de afirmar que a figura imaginada na escada rolante adjacente não era um aspecto dele mesmo, mas sim alguém que lhe estava sendo imposto de fora para dentro; ou a mulher que negou enfaticamente que a pessoa idêntica na outra escada rolante fosse ela, porque não conseguia se ver como uma pessoa tão "sofisticada".

Às vezes, acontece de a conversa ser iniciada pelo *alter ego*, como no caso de uma mulher que ouviu uma pergunta bastante agressiva: "Por que você não quer continuar tocando?" Em vez de expressar surpresa, ela se viu prometendo fazer aquilo e conscientizando-se de que estava com raiva de si mesma por não ter tocado saxofone por um ano e meio. Ela percebeu que desde o início dos estudos musicais, tocar o instrumento deixara de ser um prazer para se tornar uma pressão, e que a ênfase dada ao estilo e à técnica — ao que deveria ou não fazer — a impediam de se expressar. Antes, tocar saxofone era algo que permitia que ela colocasse para fora emoções que tinha dificuldade de expressar verbalmente, e a retomada do instrumento depois desse exercício a ajudou muito a lidar com a tristeza e com a depressão. Outra mulher, que se descreveu como inflexível e fria, incapaz de falar, mas querendo desesperadamente ouvir seu *alter ego* quando este estendeu a mão e a tocou, sentiu uma decepção total quando a escada rolante voltou a funcionar depois de ficar parada por breve período de tempo. Enquanto se afastavam, ela ouviu seu *alter ego* dizendo: "Limite-se a ouvir a si mesma"; depois disso, desceu correndo pelos degraus para alcançar a figura e passou algum tempo discutindo seu hábito preocupante de fumar demais e também a necessidade de autocontrole. Depois, ela constatou que, sem ter feito nenhuma tentativa consciente, conseguira reduzir consideravelmente a quantidade de cigarros diários.

Algumas pessoas relatam que o *alter ego* lhes fornece informações quanto à maneira como aparecem aos demais, refletindo as maneiras e comportamentos usuais.

Dessa forma, elas reconhecem sua falta de envolvimento, os rostos impassíveis, a frieza, a "economia de palavras" e a "agressividade" em relação aos demais; características que invariavelmente reforçam a impressão transmitida pela escultura no exercício do Capítulo Dois. Essas características precisam ser superadas para que essas pessoas consigam estabelecer o contato e o diálogo com elas mesmas, e às vezes são indícios de conflitos e hostilidade. Uma jovem relatou estar "cortejando" seu *alter ego*, que parecia "estar se fazendo de difícil". Evidentemente, algumas pessoas não estão à vontade com elas mesmas e não querem ter de reconciliar seus diferentes aspectos. Outras ficam surpresas ao constatar que gostam de si mesmas e que conseguem se dar bem com o *alter ego*. Como explicou uma mulher: "É quase como se tivesse encontrado uma boa amiga dentro de mim mesma." Outras se sentem abandonadas quando, depois de ter estabelecido contato com o *alter ego*, recebem instruções para se afastar. Algumas simplesmente se recusam a fazer isso. Outras combinam encontros futuros e fazem planos para manter-se em contato. Muitas resolvem que se tornarão amigas íntimas de si mesmas. Algumas, porém, preferem não se envolver e manter a distância, talvez acreditando que:

> A aproximação de um estranho sempre é um convite para o inesperado. Isso equivale a iniciar uma seqüência de acontecimentos sobre os quais não temos controle nenhum.
>
> T. S. Eliot

CAPÍTULO QUATRO

Para Compreender a Doença

> A vida só pode ser compreendida olhando-se para trás, mas precisa ser vivida olhando-se para a frente.
>
> Kierkegaard

Os amigos são pessoas que se conhecem bem e que têm afeto e lealdade uns para com os outros. Eles são:

> pessoas das quais se gosta, cuja companhia é apreciada, pessoas que partilham de interesses e atividades, que se mostram prestativas e compreensivas, que merecem confiança, com as quais nos sentimos à vontade e que estão dispostas a nos dar apoio emocional.
>
> Argyle e Henderson, 1985, p. 64

De maneira geral, admite-se que as amizades se fundam sobre uma base de estima e afeto mútuo. No entanto, a amizade é determinada por vários outros fatores, tanto pessoais quanto situacionais, principalmente a proximidade, a familiaridade e a similaridade. As pessoas que estão "próximas" ou que têm semelhanças físicas, sociais e psicológicas, sendo assim bastante parecidas quanto à aparência, aos interesses, às atitudes e à personalidade, tendem a ser amigas, o mesmo ocorrendo com pessoas que estão próximas no espaço e que se vêm com bastante freqüência. Por esse motivo, você tende a travar laços de amizade com as pessoas que moram ou trabalham perto. A proximidade aumenta a familiaridade que, em vez de dar origem ao desprezo, como seríamos levados a esperar, aumenta o afeto (Zajonc, 1968). Tendemos a gostar do que conhecemos, e muitas amizades não sobrevivem a distância.

Outro equívoco bastante difundido afirma que os opostos se atraem. Isso não acontece. Os amigos tendem a se assemelhar uns aos outros e gostam da companhia mútua, provavelmente porque, validando e apoiando as opiniões, crenças, atitudes, preferências, opções e sentimentos um do outro, eles fortalecem a auto-estima um do outro.

Outro fator no desenvolvimento da amizade é a revelação de si mesmo; expor a alma — fazer com que nosso verdadeiro eu se torne conhecido ou visível para outra pessoa (Jourard, 1971). A revelação mútua, por meio da qual permitimos que outra pessoa nos conheça rapidamente, é uma característica das amizades e dos casamentos bem-sucedidos. Como conseqüência disso, as pessoas que se conhecem, que se identificam e que se aceitam tendem a tornar-se amigas. Isso também é verdade com relação às pessoas que estão em termos amigáveis com elas mesmas. Estas tendem a ser familiares e a manter contato com elas mesmas; elas se aceitam; têm boa auto-estima e opiniões positivas sobre si mesmas.

SINTOMAS ESTRANHOS

Ficou claro, entretanto, no exercício do Capítulo Três, que muitas pessoas não possuem essas características. Elas não estão em contato com elas mesmas e não se aceitam; têm uma péssima opinião sobre si mesmas e dão pouco valor às próprias qualidades. Como resultado, muitas pessoas estão alienadas com relação a si mesmas; são estranhas para elas próprias. Além disso, muitas nem querem se conhecer. Talvez se possa dizer que as pessoas, na grande maioria dos casos, não têm consigo mesmas a melhor das relações. De fato, como observou o psicólogo Sidney Jourard (1971), a auto-alienação está tão difundida que ninguém a reconhece.

Carl Jung chamava o "estranho" que existe dentro de nós de "sombra", descrevendo-a como a personificação de tudo o que nos recusamos a reconhecer a respeito de nós mesmos: "a parte inferior da personalidade, a soma de todos os elementos psíquicos pessoais e coletivos aos quais, por causa de sua incompatibilidade com a atitude consciente escolhida, é negada a expressão na vida; e que, por esse motivo, aglutinam-se numa 'personalidade dissidente' relativamente autônoma, com tendências contrárias no inconsciente" (1972, p. 417).

Jung observou que as pessoas têm a tendência de considerar a sombra como sendo má ou pecaminosa, e tendem a querer se livrar dela, na maior parte das vezes projetando suas falhas nos outros. No entanto, como ele indicou, a sombra tem muitas características positivas, como instintos normais, reações apropriadas, avaliações e constatações realistas, além de impulsos criativos.

Mesmo assim, com medo de seus aspectos aparentemente estranhos e ameaçadores, as pessoas tendem a se defender contra ela de muitas maneiras diferentes. Uma reação defensiva é a repressão, através da qual pensamentos e desejos potencialmente dolorosos ou perigosos são excluídos da consciência. Isso é muito bem exemplificado pelo relato feito por Laing de uma experiência muito embaraçosa que ele teve aos treze anos de idade.

> Cerca de dois minutos depois de aquilo ter acontecido, vi-me em meio ao processo de expulsar o fato de minha mente. Eu já tinha conseguido esquecer mais da metade. Para ser exato, eu estava em meio ao processo de selar toda a operação, esquecendo que a esquecera. Não sei dizer quantas vezes eu já tinha feito aquilo antes. É possível que aquilo tenha ocorrido muitas vezes porque não consigo me lembrar de muitas experiências embaraçosas antes dessa, e não tenho

nenhuma lembrança de um tal ato de esquecer o esquecimento antes dos treze anos de idade. Tenho certeza de que não foi a primeira vez que me vali desse truque e também não foi a última, mas creio que a maior parte dessas ocasiões continuam tão eficientemente reprimidas que eu ainda me esqueço de tê-las esquecido.

1978, p. 87

Portanto, para todos os efeitos, esses aspectos do eu se perdem ou são conservados longe da consciência. De fato, Jung achava que a repressão do eu leva a um desenvolvimento unilateral e, por fim, à dissociação neurótica. Por esse motivo, Jung achava que a psicoterapia se preocupava em ajudar a pessoa a explorar a interlândia de sua própria mente e a crescer através do confronto e do contato com os aspectos dissociados de si mesma. Ele afirmava que a assimilação da sombra "dá corpo ao homem", tornando-o mais substancial, mais completo e, portanto, mais saudável também, e que, para que a sombra seja confrontada, ela precisa ser trazida para o consciente, onde possa ser conhecida. Por outras palavras, o estranho precisa ser exposto à luz. Caso contrário, "se essa redescoberta da... totalidade continuar no campo privado, ela apenas irá restaurar a condição anterior da qual se originou a neurose, ou seja, o complexo da divisão" (1954, vol. 13, p. 238).

Portanto, a meta da psicoterapia junguiana "não é um mero reconhecimento intelectual dos fatos na cabeça, mas a confirmação pelo coração e a libertação atual da emoção" (vol. 16). No entanto, como observa Hamachek (1972, p. 18), "usamos mecanismos de defesa para modificar os assim chamados 'fatos', protegendo, dessa forma, o eu". Esses mecanismos de defesa precisam ser superados para que a emoção abafada seja libertada.

DEFESAS CONTRA A DOENÇA

Acredita-se que vários mecanismos funcionem dentro da psique para defender a pessoa da ameaça que o estranho interior ou sombra representa para sua integridade, para seu senso de valor pessoal. Esses mecanismos de defesa, ou "esquemas para evitar se tornar conhecido" (Jourard, 1971, p. 32), incluem a repressão, a confluência, a introjeção, a projeção e a retroflexão, que já foram examinados acima (ver Capítulo Três); além de vários outros estratagemas, alguns dos quais são relativamente simples, ao passo que outros são mais complexos, envolvendo duas ou mais operações.

TORNAR-SE UM INVÁLIDO

Laing acreditava que a principal função de todas essas operações é a produção e a manutenção de experiências que, no melhor dos casos, são desejadas e, no pior, toleradas pelos outros, principalmente dentro da família. Essas operações, que invariavelmente levam à auto-alienação, são, portanto, realizadas por uma pessoa em si mesma, reagindo aos outros. Segundo Laing, isso se deve ao fato de que qualquer relacionamento implica a definição do eu pelo outro e a definição do outro pelo eu. Isso se consegue por meio da atribuição de características a uma pessoa; quando lhe dizem que ela é, por exemplo, "boa" ou "má", isso a define. Portanto, a identidade de uma pessoa não pode ser completamente abstraída da identidade dos demais.

Indicando o que uma pessoa é, essas atribuições são, "na verdade, o *script* para um drama: um roteiro" (Laing, 1978, p. 71), que a escalam para um determinado papel. Uma criança, por exemplo, pode ser escalada para ser a "desobediente" num determinado drama familiar. Como Laing indica, um drama assim é uma produção contínua, de maneira que motivos, atuações, intenções e experiências são constantes e continuamente atribuídos à criança. Dessa maneira, as atribuições facilitam o desenvolvimento de um senso de eu ou de identidade, porque aquilo que os outros lhe atribuem, implícita e explicitamente, necessariamente desempenha um papel decisivo na formação, por parte da criança, de suas próprias atuações, percepções, motivos e intenções. No entanto, os outros também podem prejudicar o desenvolvimento de um senso de eu quando transmitem identidades contraditórias ou paradoxais, porque "é difícil estabelecer uma identidade coerente para si mesmo, ou seja, é difícil ver-se de maneira coerente, se as definições que outros apresentam a nosso respeito são incoerentes ou mutuamente exclusivas" (1972, p. 87). Pode ser impossível "encaixar" ou repudiar todas elas, e, assim, o conflito e a confusão se tornam inevitáveis.

Algumas das atribuições podem ser confirmadas ou não pela pessoa. Você pode rejeitar a afirmação de outro, segundo a qual você estaria mentindo, afirmando que não está, mas existem algumas atribuições que você não pode confirmar ou negar pessoalmente, como, por exemplo, a de que você "não vale nada"; e a validade de afirmações deste tipo só pode ser testada procurando o consenso dos demais.

Laing observou que a confirmação total de uma pessoa por outra é uma possibilidade ideal raramente conseguida, mas todas as interações são, mais ou menos, e de diferentes maneiras, confirmatórias ou não. A confirmação ou a não-confirmação podem ocorrer pelo modo de falar, por um olhar ou uma expressão facial, um toque ou um gesto, conscientemente ou não; e também pode variar quanto à intensidade, extensão, qualidade e quantidade. Desse modo, a demonstração de frivolidade, de desinteresse, de imperiosidade ou de desprezo endossam determinados aspectos de uma pessoa, mas não outros.

As qualidades e capacidades confirmadas ou não pelos pais, irmãos, amigos e outros conhecidos importantes podem variar consideravelmente, de maneira que um aspecto de sua personalidade negado por uma pessoa pode ser endossado por outra. Além disso, podem existir diferentes períodos na vida, nos quais você perceberá mais confirmações ou não-confirmações do que em outros. De fato, "em diversos períodos de vida, variam a necessidade prática de confirmação e de não-confirmação, a necessidade que delas se sente e o modo pelo qual elas ocorrem, tanto no que diz respeito aos aspectos do ser da pessoa em questão quanto aos modos de confirmar ou não determinados aspectos" (Laing, 1972, p. 100). Como conseqüência disso, as reações apropriadas a um bebê não serão apropriadas a uma criança mais velha ou a um adulto.

Se o nosso eu não recebe confirmação através dos contatos com os outros, ou se as atribuições que os outros lhe conferem são contraditórias, ele se torna insustentável e pode entrar em colapso. Portanto, em última análise, os aspectos do eu que não são endossados ou confirmados pelos outros se tornam inválidos e a pessoa se transforma num ser inválido, e não numa criatura autônoma que funciona totalmente.

Jourard (1971, pp. 183 e 184) descreve o processo com as seguintes palavras:

> Quando os papéis e/ou os conceitos que se tem de si mesmo excluem uma parte grande demais do "eu real", a pessoa logo passa a apresentar determinados sintomas, tais como uma vaga ansiedade, depressão e enfado, e se a pessoa passou a negligenciar as necessidades e os sentimentos do corpo, então sintomas físicos como fadiga sem causa aparente, dores de cabeça e distúrbios digestivos vão surgir. Resumindo, o fracasso ou a incapacidade de conhecer e de ser o eu real podem nos deixar doentes. Naqueles casos extremos, em que o eu real foi intensamente estrangulado, pode ocorrer um "rompimento" e a pessoa sofre de um "colapso nervoso".

Como conseqüência, a auto-alienação ou o mal-estar com o eu acabam sendo as causas da invalidez e da má saúde. Com toda a certeza, essa é a opinião da psicoterapeuta e agente de cura Barbara Brennan, que observa (1987, p. 110): "A doença fundamental que encontrei em todas as pessoas com as quais já trabalhei é o ódio por si mesmas. Na minha opinião, o ódio com relação a si mesmo é a doença interior fundamental em todos nós."

Algumas pessoas se mostram mais sensíveis do que outras ao não serem confirmadas pelos colegas, amigos e familiares. Laing (1972, p. 106) observou que se alguém for *muito* sensível nesse sentido, existem boas chances de o diagnóstico ser de "esquizofrenia". Ele disse que em muitas famílias existem poucas confirmações genuínas dos pais, um em relação ao outro, e da criança por parte dos pais, juntos ou separados, e as ações conjuntas são caracterizadas por pseudoconfirmações; por atos que imitam uma confirmação mas não são sinceros. Confirma-se assim um eu falso, não o eu real. Características ou aspectos "falsos" de uma criança podem ser confirmados ativa e persistentemente por um dos pais ou pelos dois, ou até mesmo por todas as pessoas significativas ao mesmo tempo. Portanto, confirmam-se coisas na criança que são falsas, que não são autênticas, que não são genuínas e verdadeiras. Assim, como opina Jourard, o "rompimento" crucial na esquizofrenia é com a *sinceridade*, não com a realidade. O padrão familiar característico dos esquizofrênicos

> ... não envolve tanto uma criança sujeita a negligência ou até mesmo a traumas óbvios, mas sim uma criança que foi sujeita a uma não-confirmação sutil mas persistente, geralmente sem que houvesse nenhuma intenção nesse sentido. Pois muitos anos de falta de confirmação genuína e verdadeira equivalem a confirmar ativamente um eu falso, de maneira que a pessoa cujo eu falso é confirmado e cujo eu real não é confirmado acaba sendo colocada numa posição falsa. A pessoa

que está numa posição falsa *sente culpa, vergonha ou ansiedade quando não está sendo falsa*. A confirmação do eu falso continua sem que ninguém na família se conscientize do que realmente está acontecendo.

Laing, 1972, p. 100

De fato, como observa Jourard, "Todos os dias, durante anos a fio, os membros da família vão dormir com seus dramas familiares padronizados de determinada maneira, uma maneira que talvez não satisfaça a nenhum deles — por ser próximo demais, distante demais, enfadonho, sufocante; e, quando acordam na manhã seguinte, todos voltam a reinventar os mesmos papéis, os mesmos relacionamentos, o mesmo enredo, o mesmo cenário, as mesmas vítimas" (p. 104).

Qualquer tentativa de conseguir uma mudança dentro de uma constelação tão sólida provavelmente será muito difícil, como explica Jourard (1971, p. 105):

> Sinto-me estranho se começo a mudar minhas maneiras de ser eu mesmo; sinto que não sou eu mesmo. As diferentes maneiras de ser podem fazer com que eu me sinta ansioso ou culpado. E por esse motivo, retorno às maneiras familiares, mas estranhas e absurdas, de ser eu mesmo. Se persisto nos esforços para me reinventar, os outros podem ficar irritados ou amedrontados. Eles não me reconhecem. E podem me punir por ter mudado uma parte do mundo deles — ou seja, eu mesmo — sem primeiro "combinar" isso com eles. Muitos desenvolvimentos e mudanças de valor incalculável nas pessoas foram invalidados e destruídos pelas reações desfavoráveis e pouco receptivas de outras pessoas bem-intencionadas.

A RECONQUISTA DO AUTOCONTROLE

Sempre entregamos aos outros a autoridade sobre nós mesmos na medida em que dependemos deles para confirmar, endossar ou dar validade aos nossos pensamentos, sentimentos, ações, crenças e opiniões. Isso significa, em outras palavras, que os outros têm autoridade e poder sobre nós e também que não detemos o controle total sobre nós mesmos e nossa vida.

Caroline Myss (1991) insiste em que a maior parte das pessoas entrega a autoridade aos outros de forma compulsória, sempre procurando aprovação, conselhos e orientação junto a eles; segundo ela, isso ocorre porque as pessoas não gostam e não confiam em si mesmas, e também pelo fato de não estarem acostumadas a ouvir com respeito o que elas mesmas têm a dizer. Como conseqüência disso, elas ouvem os outros e confiam neles, pessoas que muitas vezes não se encontram em posição muito melhor. Ironicamente, portanto, elas dão ouvidos "a dados de pessoas que não estão ouvindo seus próprios dados".

Myss observa que as pessoas, na sua maioria, não se consideram dignas de serem ouvidas por causa de uma falta de auto-estima. Por esse motivo, ela define a auto-estima como a capacidade de ouvir a si mesmo e reconhecer a autoridade do eu.

Mais fundamentalmente, talvez, a auto-estima consiste em achar que vale a pena ouvir o que você mesmo tem a dizer. Ela determina a medida na qual você controla sua vida e tem autoridade sobre ela. A incapacidade de ouvir os próprios dados ou conhecimentos e de seguir seus próprios conselhos e instruções — as intuições — leva a um cancelamento do poder e ao mal-estar, ou seja, à doença.

Jourard indicou a maneira pela qual a incapacidade de ouvir a si mesmo leva a certa negligência das necessidades físicas, e, portanto, às doenças, tanto mentais quanto físicas. Observações semelhantes foram feitas por pesquisadores de saúde, cujas experiências os levaram a concluir que pessoas que sofrem de sérios problemas físicos, tais como doenças cardíaco-coronárias, tipicamente ignoram ou desvalorizam suas intuições, e que os pacientes com câncer podem ficar totalmente separados dos seus recursos interiores. Certamente, muitos dos que conseguiram se recuperar dessas enfermidades consideram suas doenças, em parte, como uma mensagem para prestar mais atenção ao eu inconsciente e às suas necessidades, e menos às exigências feitas pelos outros (Simonton *et al.*, 1978).

Conseqüentemente, assumir o controle sobre a própria vida e a própria saúde envolve adquirir auto-estima, o que equivale a voltar a assumir o poder que se encontra fora da sua pessoa, transferindo assim o seu centro de controle do mundo exterior para o interior. Com a finalidade de recuperar o autocontrole, é preciso enfrentar e abordar cada uma das circunstâncias e das situações que o deixam — ou deixaram — incapacitado. Portanto, a reconquista do autocontrole exige um confronto com o mundo que exerce poder sobre a sua pessoa para estabelecer claramente quando e por que você perde o controle; e também a maneira como você o entrega aos outros. Myss descreve esse processo como a identificação das vozes que têm controle sobre você e a permissão para que a sua própria voz se faça ouvir. Berne (1974, p. 26) indicou que essas vozes, ou roteiros, como ele as chamava, geralmente têm como base ilusões infantis que podem persistir durante a vida toda. Ele observou que, em algumas pessoas, elas vão se dissolvendo, uma a uma, levando a várias crises, incluindo a reavaliação dos pais na adolescência, os protestos muitas vezes bizarros observados na meia-idade e o surgimento de filosofias pessoais depois dessa etapa da vida. Em outras pessoas, entretanto, tentativas demasiado desesperadas para manter as ilusões numa fase posterior da vida levam à depressão, ao passo que o abandono de todas as ilusões pode levar ao desespero. Portanto, para conquistar o controle sobre a vida é preciso acabar com essas ilusões, enfrentando-as diariamente.

O primeiro passo na campanha para recuperar o autocontrole consiste em transferir dos outros para você a sua necessidade de aprovação, de maneira tal que a única aprovação de que você necessite seja a sua. Myss indica que, para fazer isso, você precisa identificar os aspectos de sua personalidade que procuram uma confirmação ou uma aprovação no mundo exterior e, portanto, as características do mundo que exercem um controle sobre você. Pais, parentes, vizinhos, amigos, companheiros, professores, conhecidos, colegas de profissão e outros, todas as pessoas às quais você tenta agradar ou das quais tem queixas, têm autoridade sobre você, não apenas no passado, mas também no presente.

De fato, é preciso identificar quanto poder o passado continua tendo sobre você no presente e quanto do seu poder ou da sua energia é usado para manter o passado — suas lembranças, experiências, relacionamentos, problemas não resolvidos, tristezas, mágoas, arrependimentos e ressentimentos — e quanto continua em atividade no presente, tendo influência sobre o seu estado de espírito, a saúde e as coisas que você cria. Quanto mais autoridade o passado continuar exercendo sobre você, tanto menos controle ou poder estará à sua disposição no presente. Myss observa que, quando 80% de suas energias são gastas alimentando o passado, restam apenas 20% para serem utilizadas no presente. Portanto, a fim de aumentar o poder no presente, você deve transformar o passado numa história passiva, de maneira que ele deixe de ter qualquer poder sobre você. Dessa maneira, os acontecimentos do passado se transformam em meros fatos, deixando de ser fatos com carga emocional. Ela descreve esse processo como um "desligamento do passado", afirmando que ele fornece um grande aumento de poder porque libera todo o poder e a energia presos ao passado, trazendo-os para o presente. Diz ela que, na prática, isso requer um renascimento do eu, um retorno à própria fonte, ao que se é realmente. E isso envolve uma viagem para dentro de si, tentando iluminar e, portanto, redescobrir os aspectos que foram reprimidos ou escondidos, numa tentativa de se defender contra os ataques à sua auto-estima; ou seja, contra os sentimentos de que você vale menos do que os outros.

O exercício seguinte serve para facilitar essa viagem.

EXERCÍCIO QUATRO

Reserve alguns momentos para adotar uma posição confortável e desviar a atenção das coisas que o cercam, voltando-a para seu eu interior. Feche os olhos enquanto faz isso.

Imagine-se na tarde de um dia quente de verão, que passou com muito prazer num parque de diversões. Você experimentou quase todas as modalidades de divertimento e está se sentindo bem cansado, mas continua disposto a novas experiências, de maneira que fica muito contente ao ver o cartaz de uma modalidade que você ainda não experimentou e que se chama ***De Volta ao Futuro: uma viagem pelo rio do tempo.***

Não há ninguém esperando na fila, e logo em seguida você está entrando num pequeno barco que começa a descer por um canal subterrâneo, passando por uma série de cavernas. Momentos depois, você chega a um recanto iluminado na parede da caverna, onde você se vê no parque de diversões e repassa tudo o que aconteceu durante o dia. Ao seguir por ali, você se observa tal como está agora, observando todos os detalhes da situação e suas reações em relação a eles.

Avançando mais, você chega a outro recanto iluminado, que mostra uma cena de sua vida recente, em todos os detalhes, que você observa, anotando suas reações diante das coisas que estão acontecendo.

Passando para outro recanto iluminado, você vê uma cena no passado distante, antes de prosseguir a um outro recanto iluminado, onde observa

uma cena da infância. Observe as duas cenas nos seus mínimos detalhes e reflita sobre suas reações em relação a elas.

Ao se afastar da última cena, o barco continua avançando e você dispõe de certo tempo para pensar no impacto que os fatos apresentados tiveram sobre o seu desenvolvimento. Você está agora chegando ao fim do canal, onde existe um cartaz com os dizeres *A Fonte do Seu Eu*, e que, por ser mais largo, faz com que a embarcação lentamente realize uma manobra para se colocar no sentido contrário. Você observa todos os detalhes e características dessa manobra e também toma consciência dos sentimentos e pensamentos despertados por ela.

Depois de dar meia-volta, o barco retorna pelo mesmo caminho já percorrido, permitindo que você reveja as cenas de sua vida e os seus sentimentos em relação a elas.

Quando o barco passa pela última delas, o canal se alarga sob um cartaz com os dizeres *As Cavernas do Agora*. Olhando em torno, observando todos os seus sentimentos e reações, você vê, partindo das cavernas do agora, um canal diretamente na sua frente, com um cartaz dizendo *As Cavernas do Futuro*, do qual o barco se aproxima. No entanto, a embarcação não entra por ele, desviando-se no último instante para uma plataforma de desembarque, onde você deixa o barco e sai do prédio, voltando ao local onde se encontra no momento e abrindo os olhos.

Depois disso tudo, reserve alguns momentos para refletir sobre sua experiência com todos os detalhes possíveis, lembrando-se de usar sempre a primeira pessoa do presente do indicativo.

Comentário

Poucas pessoas têm dificuldade para se imaginar num parque de diversões, que tanto pode ser um daqueles antigos estabelecimentos com carrosséis e montanhas-russas, como um moderno parque temático no estilo da Disneyworld. Uma pequena minoria expressa ansiedade ou mal-estar por se encontrar num lugar assim, por ter medo das atividades oferecidas ou por não gostar desse tipo de amenidade. Uma jovem afirmou que não era capaz de imaginar um tal lugar por nunca ter visitado um parque de diversões, o que inclusive serve para enfatizar os limites da imaginação ou da criatividade de alguns indivíduos. Einstein nunca esteve no espaço cósmico, o que não impediu que ele o imaginasse, e isso muito beneficiou a ciência moderna.

Quase todos ficam bastante animados com a perspectiva de uma viagem pelo rio do tempo, mas alguns pressentem perigos, sentindo-se ansiosos e ameaçados, comparando tudo a um "trem-fantasma" ou a alguma outra modalidade de diversão especializada em "horror" e, num caso, associando a possibilidade a um grande pesadelo. Uma jovem sentiu tal pavor do desconhecido, que reconheceu que era o seu próprio eu que não quis subir no barco; outra teve uma crise de enjôo.

Atitudes e expectativas negativas também aparecem em vários detalhes da viagem imaginativa de certas pessoas, como cheiros desagradáveis, tetos baixos e escuros, paredes frias e lodosas. Um homem imaginou que o local era muito pobre, parecia abandonado e quase em ruínas. Outro descreveu uma porta de madeira maciça na entrada do equipamento; quando ela se abriu, revelou um túnel escuro, frio e úmido, de teto muito rebaixado. Uma mulher descreveu o local como totalmente negro e deprimente; um canal malcheiroso que, admitiu, "parecia o prenúncio de algo que eu não estava preparada para descobrir". Um homem descreveu o barulho ensurdecedor da água que o envolveu totalmente.

As características do barco também podem ser significativas. As pessoas descrevem todos os tipos imagináveis de embarcações; algumas dessas embarcações são botes a remo, outras, veículos motorizados ou mecânicos; num caso, o barco rolava sobre trilhos. Os barcos podem ser barcaças, gôndolas, jangadas, canoas, "pedalinhos", simples pranchas; eles também variam quanto à construção, sendo alguns de madeira, outros de metal e até de plástico. Podem ser personalizados, ostentando o nome da pessoa — e, de fato, por mais que a pessoa inicialmente imagine estar na companhia de outros, todos parecem fazer essa viagem sozinhos, apesar de alguns relatarem uma vaga noção de que o barco é conduzido por uma figura não-identificada, da qual tiveram apenas uma visão passageira. Várias pessoas descreveram gôndolas conduzidas por gondoleiros encapuzados ou sem rosto. Outros descreveram a necessidade de manejar eles mesmos os remos. Isso pode ser interpretado como uma reação de defesa contra a falta de controle, como no caso de um homem que enfatizou ter começado a remar por achar que assim teria controle sobre o que acabaria descobrindo, e de uma mulher que integrou sua insistência em se manter no leme da embarcação como uma indicação da necessidade de manter sempre um controle total sobre sua vida.

A aparência e a representação do barco também são potencialmente significativas. Um homem descreveu uma gôndola enorme e "assustadora", negra e vermelha com almofadas escarlate, o que lhe pareceu "meio pecaminoso", sugerindo talvez que a experiência fosse excitante e satisfizesse os seus desejos; ou, numa interpretação mais literal, ruim, prejudicial e potencialmente nociva. Outros afirmaram que os bancos de madeira da embarcação tornaram o passeio "duro" para eles.

Alguns dos barcos pareciam não ter segurança ou não serem dignos de confiança. Uma mulher, depois de embarcar, constatou que a canoa estava furada, deixando entrar muita água. Em determinado momento, ela chegou a descrever que estava "sendo sugada", como se aquele buraco fosse um ralo, e só foi capaz de completar o percurso transferindo-se para outro barco. Alguns disseram que caíram na água e descobriram, para grande espanto e surpresa, que ela tinha apenas alguns centímetros ou palmos de profundidade; aparentemente, elas tinham partido da premissa de que navegariam em "águas realmente profundas". Um homem que caiu várias vezes do barco disse que ele balançava violentamente. Com toda a certeza, para muitas pessoas, esse exercício é do tipo perturbador, lançando um desafio implícito ao *status quo*. Além disso, o barco começa a balançar já no início do percurso, dando a entender que o motivo da perturbação embarca com elas no início da viagem de autodescoberta. Muitos constatam que o barco balança, oscila ou ondula quando sobem nele, deixando-os com a sensação de ansiedade e insegurança. No entanto, uma jovem, cujo antiquado barco a remo não afundou, apesar de ser feito de madeira nova, sem verniz nem impermeabilização, interpretou isso com um sinal de sua recente determinação de "avançar" pelas coisas sem se deixar atrapalhar pelo sentimento de vulnerabilidade e pela falta de experiência.

Para muitos, a instabilidade inicial do barco é decorrência das suas tentativas de encontrar um bom assento. Se bem que quase todos sempre se sentam com o rosto voltado para a frente, outros preferem pensar que olham para trás, parecendo pouco dispostos a encarar o que aparecer, e isso pode fornecer indicações quanto ao modo como abordam a vida. Algumas pessoas fazem o barco balançar mudando de posição, muitas vezes preferindo "sentar-se mais para trás" e não "na primeira fileira"; ou virando o corpo quando percebem que não são capazes de ver para onde estão indo. Os que tentam manter o controle sobre o que vêem e o que descobrem manejando pessoalmente os remos, obviamente ficam sentados olhando para trás, para lugares que já conhecem e onde já estiveram; por outro lado, os que usam uma vara para impelir a embarcação estão com o rosto voltado na direção do que irão descobrir.

Enquanto alguns assumem que a água é profunda, outros a vêem como muito rasa e podem colocar os dedos ou até os pés dentro dela. Os que fazem isso geralmente descrevem a água como clara ou de cores brilhantes e fortes. Para fazer uma comparação, outros revelam atitudes bastante negativas com relação à água, descrevendo-a como negra, suja, turva, malcheirosa; em um caso, até uma serpente foi vista nadando no canal. Ocasionalmente, a água é descrita como turbulenta e o barco como "fazendo ondas" ou "deixando uma esteira" por onde passa. Uma mulher, porém, não viu água nenhuma; seu barco estava envolto em chamas.

A facilidade da passagem do barco pelo canal é muito variável. Na maioria dos casos, o barco avança sem grande dificuldade, movimentando-se de maneira suave e constante; mas, por vezes, o canal é tão estreito e o teto tão baixo que o progresso é difícil, causando sensação de ansiedade no passageiro. Uma mulher disse que se juntou a uma longa fila de barcos que atrapalhavam o progresso uns dos outros; sua vívida sensação era a de estar no caminho dos que queriam passar. Isso não apenas sugere um baixo nível de auto-estima, como também uma tendência para bloquear a autoconsciência.

A maneira como as imagens são vistas também varia. Algumas pessoas "vêem" imagens estáticas ou em movimento, que parecem projetadas sobre telas ou paredes de pedra; outras as descrevem pontadas ou com desenhos como trabalhos encontrados em cavernas pré-históricas. Alguns vêem os fatos ocorrendo através da substância das rochas, ao passo que para outros são "*tableaux*", modelos em miniatura ou dramas de vida real, encenados dentro de grutas, ou até simples fotografias. Alguns enxergam apenas uma única cena de determinado período de vida, ao passo que outros reconhecem uma série completa de episódios em retrospectiva.

A mulher descrita acima concluiu que, como não vira coisa nenhuma, nas várias cavernas, nada existia para ser visto e que ela fora enganada. A possibilidade de ela mesma estar se enganando, tal como estava se bloqueando até então, nem sequer lhe ocorreu. Outros, porém, se mostram bastante conscientes de que se defenderam deliberadamente contra experiências dolorosas do passado, não se permitindo enxergá-las.

É bastante comum que as pessoas descrevam um "desligamento", como se estivessem desativando um projetor ou apagando a iluminação que poderiam lançar sobre si mesmas. Depois de ter feito isso, uma mulher disse que se sentiu amargurada e cheia de ressentimentos contra si mesma por não estar disposta a abordar as questões de sua vida interior. Outros descrevem um "apagamento" de todas ou de algumas cenas. Com bastante freqüência, isso está relacionado com questões que uma pessoa julgava resolvidas mas que, na verdade, continuam à espera de uma solução. Uma mulher, por exemplo, achava que superara a morte do pai na infância, mas percebeu durante o exercício que isso não era verdade e começou a chorar copiosamente. Depois, ela disse que sentia que um grande peso fora retirado de suas costas, permitindo que entrasse em contato com uma área do seu eu até então bloqueada. Várias pessoas reconheceram "bloquear" períodos de sua vida, como um homem que se dizia incapaz de "enxergar" qualquer coisa ocorrida antes dos sete anos de idade; outro homem pôs a culpa num "resfriado" por uma falta de visão semelhante, ignorando o fato de que o mal-estar da gripe não o impediu de imaginar cenas ocorridas até quarenta anos antes.

A tendência mais freqüente é a de as pessoas "apagarem" ou "bloquearem" as imagens mais remotas do passado, e não as de um passado recente ou do presente. Isso pode ser explicado pelo fato de que as mágoas antigas estão mais profundamente enraizadas e são mais dolorosas, de modo que existe mais probabilidade de serem defendidas e reprimidas. As constatações fornecidas pelos acontecimentos mais recentes, entretanto, podem ser muito esclarecedoras.

Acontecimentos do dia

A visão que muitos têm de si revela a péssima imagem que fazem de si mesmos e seu baixo nível de auto-estima; as incertezas e dúvidas quanto a si próprios. Um jovem se via muito pequeno e distante, numa roda-gigante, sem que fosse possível chegar a ele. Ele interpretou isso como uma indicação de sua tendência para se diminuir na vida; e, também, como uma constatação de que não tinha contato com ele mesmo e que ficava o tempo todo "andando em círculos". Uma jovem se reconheceu numa montanha-russa, gritando, o que ela achou que representava a sua vida atual, "voando feito louca" e totalmente descontrolada. Para outra mulher, os acontecimentos do dia eram como um circo. Ela viu um leão num quiosque e, ao procurar a si mesma na cena, constatou que estava com a cabeça na bocarra aberta da fera. Ela não sabia dizer se era ou não uma domadora de leões; mesmo assim, achou inicialmente que o animal estava no controle da situação, o que ela interpretou como indicação de que não conseguia controlar muito bem os acontecimentos do presente. Depois, ela lembrou-se da possibilidade de que aquele poderia ser um número ensaiado; nesse caso, ela estaria controlando a situação e podia lidar perfeitamente com ela. Sua incerteza — não sabendo se estava perigosamente sem controle ou apenas fazendo de conta que isso acontecia — lhe forneceu bastante material para reflexões.

Uma jovem se viu imóvel e isolada no meio do parque de diversões, enquanto tudo girava ao seu redor. Numa criação de imagens análoga, um jovem se viu sentado sozinho num banco, chupando sorvete e observando um grupo que jogava alguma versão de minigolfe. Eles pareciam estar se divertindo muito e ele gostaria de se juntar a eles, mas não se acreditava capaz de fazer isso. Ele percebeu que o sorvete lhe dava uma boa desculpa para observar as pessoas que, se ele não tivesse essa explicação, poderiam ficar intrigadas com o que ele estava querendo e se ofender com a presença dele no local. Na verdade, a sua presença estava sendo legitimada por um simples sorvete. Por outro lado, uma mulher se viu presente como uma criança repreendida (ou seja, anulada) por alguém a distância. Outra mulher, ao se observar no presente, viu uma figura irreconhecível por estar com o corpo totalmente coberto de queimaduras.

No entanto, nem todos imaginam o presente como sendo tão sombrio assim. Uma mulher de quarenta e tantos anos se viu saindo de um casulo. Ela interpretou isso como indicação de estar numa idade em que pode se esquecer dos filhos e do casamento, deixando para trás todas as ansiedades e condicionamentos sociais de sua vida anterior. Isso fez com que ela se sentisse feliz e positiva, pois percebeu que "agora é o momento certo para voar".

Acontecimentos recentes

Depois de ter visto uma "primeira" cena agradável, algumas pessoas "desligam" quando a próxima é menos simpática. Uma mulher imaginou que saiu do barco e entrou na escuridão para não ter de assistir ao estupro que ela sabia "estava acontecendo lá", e que isso seria uma experiência extremamente dolorosa e perturbadora para ela. Outros não quiseram reviver discussões dolorosas e "pesadelos", situações em que foram magoados e perturbados, mas não conseguiram fazer isso. Uma mulher, ao se ver cercada de água por todos os lados, reconheceu isso como uma indicação de que esteve "à deriva" durante muito tempo e que a confusão emocional precedera em muito o recente rompimento com seu namorado. Além disso, ela reconheceu que sua incapacidade de se ver claramente na cena ao lado dele refletia a atual imagem que fazia de si mesma. Outra mulher se viu, agitada e ansiosa, dizendo ao namorado que era incapaz de lidar com os acontecimentos da vida dela e, ao fazer isso, compreendeu até que ponto dependia dele e não de si mesma para ter o apoio necessário.

Acontecimentos distantes

Quanto mais as pessoas voltam no tempo, tanto mais fortes são as emoções evocadas pelas cenas imaginadas. Uma mulher descreveu essas cenas como retratando "pontos sensíveis" — aspectos da vida que causavam dor e que não tinham cicatrizado completamente. Elas geralmente são sentimentos de mágoa ou de dor, profundamente enraizados, reações e fatos que durante anos podem ter permanecido esquecidos ou que não foram motivo de qualquer pensamento consciente. Com bastante freqüência, são mágoas que a pessoa há muito julgava superadas, e essa descoberta pode causar surpresa. De maneira quase invariável, a mágoa inicial foi encoberta, freqüentemente de maneira muito rápida, em vez de ser expressa e examinada; e, como no caso de uma atadura aplicada às pressas, elementos que contribuem para a contaminação podem estar presentes na mesma. E assim, apesar de, superficialmente, se ter a impressão de que a questão foi resolvida, a cura verdadeira não ocorreu. Em muitos casos, o ferimento continuou com um processo de inflamação por baixo da pele, criando por vezes problemas de magnitude desproporcional à mágoa original. Esses problemas podem vir à tona somente muito mais tarde, sem que se reconheça a ligação entre eles e o trauma original; ou então, podem simplesmente prejudicar o sistema como um todo. Inevitavelmente, o ferimento não cicatrizado dará origem a uma sensibilidade maior, localizada ou generalizada, contra a qual as pessoas têm poucos meios de se proteger de maneira consciente ou inconsciente.

Foi o caso de uma mulher que quis sair de determinada situação quando, em vez de se sentir animada, como vinha se sentindo, passou a se sentir magoada, com medo, cheia de ódio, só e perdida, período em que imagens do seu passado distante começaram a ocorrer-lhe como *flashes* que ela não queria ver, sobretudo a imagem dela sendo estuprada pelo irmão no chão frio do banheiro; enquanto isso acontecia, essa mulher, paralisada e sufocada, pensando "ninguém se importa", tentou esquecer o irmão, olhando fixamente para o desenho no piso do banheiro.

Outra mulher, lembrando uma situação na qual ficou notadamente apavorada e sem palavras, sentiu que queria ser tragada pela cadeira no consultório do psiquiatra ao qual fora encaminhada. Uma mulher ficou muito perturbada por um acontecimento do qual já se esquecera completamente; aos oito anos, ela discutira com uma irmã mais nova para determinar quem deveria dar os toques finais num boneco de neve que tinham feito com a ajuda do pai. Ela ficou chocada com a intensidade da mágoa e do ressentimento que ainda nutria pela irmã, que acabara sendo pega no colo pelo pai para poder colocar o nariz de cenoura no boneco. Ela sentia que "elevando" a irmã dessa maneira, ele, na verdade, a tinha "colocado lá embaixo".

De modo análogo, um homem sentiu mágoa e raiva ao se ver, quando criança, levando uma surra de outro garoto; uma mulher registrou mágoa e ressentimento em relação a uma professora que a humilhara diante da classe. Outra mulher se sentiu magoada quando sua mãe lhe comunicou a intenção que os pais tinham de se divorciar. Todas as pessoas que reviveram esses incidentes os interpretaram como deixando implícito seu menor valor em relação aos demais.

Acontecimentos da infância

Por mais intensas que essas imagens de um passado distante possam ser, para a maioria das pessoas a intensidade costuma ser maior ainda com relação a fatos ocorridos na infância. De maneira geral, eles ocorreram antes dos sete anos de idade e, quer pareçam ser felizes, quer não, todos parecem ter relação com as questões atuais da vida. Dessa forma, cenas felizes parecem enfatizar o que faltou ou falta na vida posterior — calor emocional, proximidade, divertimento, proteção, segurança, aceitação.

É bastante comum que sentimentos de perda, rejeição ou abandono sejam despertados de novo por esses incidentes. Dores fortes podem ter ocorrido, se bem que de maneira passageira, por ocasião da perda, de modo que ela parece ter sido assimilada, mas a raiva e a culpa com relação à situação talvez não tenham sido totalmente extravasadas. Depois, essas emoções não-expressas podem passar por um processo análogo ao da inflamação, resultando em ressentimentos com relação aos outros ou contra o eu. Portanto, para muitas pessoas, os ressentimentos se desenvolvem, em primeiro lugar, porque elas nunca expressaram o que sentiam de forma apropriada, geralmente por terem aprendido que "não deviam" expressar emoções, ou que fazer isso não é uma conduta apropriada. Elas interiorizaram frases do tipo "meninos e homens não choram" ou "meninas e senhoras jamais expressam sentimentos de raiva".

Muitos compreendem que reprimiram uma dor profunda na primeira infância por ocasião da morte de um dos pais, dos avós ou de irmãos, e que continuam sentindo grande falta dessas pessoas. Os que demonstram ter o que descrevem com "um bom acesso de choro" dizem que se sentem muito melhor depois disso e invariavelmente admitem que não choraram ou choraram muito pouco quando a morte ocorreu. Com bastante freqüência, isso também é verdade em casos nos quais a pessoa não morreu, mas ficou longe da criança, como no divórcio ou na separação. Uma mulher, que imaginou o pai saindo de casa, se viu logo em seguida procurando-o muito nervosa por todos os aposentos, e continuou sendo "bombardeada" durante vários dias seguintes pela imagem de acontecimentos na infância nos quais não pensava havia anos, e por emoções reprimidas. Entre estas havia sentimentos de culpa por causa da possibilidade de ela ter causado a partida dele. Esse reaparecimento no consciente de elementos anteriormente reprimidos é bastante comum, e sua intensidade pode indicar o grau de intensidade da sua repressão inicial.

Como já se disse, a mágoa sentida por um indivíduo pode parecer desproporcional ao trauma vivido no início do processo. Isso significa que as emoções originadas por uma perda temporária ou por um incidente aparentemente trivial foram reprimidas. Um homem, por exemplo, teve uma grande sensação de perda quando sua mãe foi à maternidade ter outro filho, e muito ressentimento com relação ao pai que o impediu de acompanhá-la. De fato, como opinou Simonton, para algumas pessoas, dolorosas experiências precoces de dor como essas podem tornar-se uma espécie de molde ou padrão para experiências semelhantes no decorrer da vida; tem-se quase a impressão de que esse incidente isolado definiu as experiências posteriores. Dessa forma, pessoas que sofreram uma perda na primeira infância podem passar a se considerar "perdedoras", apesar de ter reprimido todas as lembranças do incidente que deu origem a essa convicção ou dos incidentes seguintes que, aparentemente, serviram para confirmá-la.

Dessa maneira, vários tipos de emoção e de comportamento podem se estabelecer firmemente. Por esse motivo, muitas pessoas são capazes de identificar uma clara semelhança ou tendência nas cenas que imaginam e que enfatizam questões não-resolvidas que remontam aos primeiros anos de vida. Assim, por exemplo, uma mulher que se imaginou como uma criança vagando perdida numa praia com ar de despreocupação e de felicidade, até ser encontrada pela mãe, momento em que esta se pôs a gritar e a lhe dar uma surra — essa mulher que se imaginou assim se viu como alvo de reprimendas em várias outras fases de sua vida. A experiência de alienação de outra mulher se originou aparentemente da sensação na primeira infância de que, sendo a caçula de uma família de pessoas bem mais velhas, estava automaticamente excluída das atividades dos demais, sendo, portanto, uma *outsider*, título que incorporou em várias outras fases de sua vida posterior. Uma jovem que, quando criança, precisava fugir do controle dos pais para brincar quando quisesse, compreendeu que em todas as fases seguintes de sua vida se entregava a atitudes "escapistas", notadamente desequilibradas, e a atividades como descer "loucamente" as encostas com seus esquis, dançar freneticamente sob a ação de drogas e gritar "feito doida" numa montanha-russa.

Outros sentimentos reprimidos que podem vir à tona com relação a fatos da infância incluem o de ser controlado pelos outros ou tolhido por eles, sendo, portanto, incapaz de agir independentemente. Um homem expressou a frustração que sentia pelo fato de sua mãe passear com ele preso a uma espécie de "arreio"; e uma mulher relatou seus sentimentos de tristeza por ter-se identificado, aos sete anos de idade, com um burro atrelado a um mecanismo que o obriga a andar sempre em círculos. Uma jovem se ressentia com o fato de o seu pai lhe ter dito que precisava escalar uma montanha até o topo, e de ter sido subornada com a promessa de chocolates. Outros se ressentem por terem sido castigados ou obrigados a usar estratagemas para evitar o castigo.

O exemplo mais pungente dos efeitos a longo prazo de um tipo de emoção reprimida veio de uma mulher que foi criada apenas pela mãe durante a Segunda Guerra Mundial, quando seu pai servia à pátria no exterior. Ela se lembrou de que, com três ou quatro anos, recusou-se a obedecer quando a mãe lhe disse que fosse dormir. Depois de algum tempo, a mãe apelou para ameaças, vestindo o casaco para assustá-la e dizendo: "Agora vou embora e vou deixar você aqui sozinha", e saindo em seguida para o jardim. A mulher lembrou o terror e o pânico que sentiu, gritando em direção ao jardim: "Volte, por favor, volte!" Ela compreendeu que essa ansiedade infantil com relação à possibilidade de perder a mãe foi a tônica de toda a sua vida desde então, o que explicava sua ansiedade aparentemente sem razão com respeito a atividades familiares agradáveis, e também o medo de perder as pessoas que amava. De fato, um dos seus piores medos era a possibilidade de que seus filhos fossem ao jardim e não voltassem mais. Ironicamente, ela morou e trabalhou num viveiro, criando, num ambiente fechado, plantas para serem comercializadas. Ela não apenas sofria com uma ansiedade aparentemente inexplicável e que a deixava incapacitada, como também apresentava uma forte sensação de culpa, sempre se considerando "errada". Ela entendeu que se julgava responsável por esse incidente da infância e que também se sentia culpada da falta de lealdade em relação à mãe ao revelar o caso, do qual ela não tinha nenhuma lembrança consciente.

A fonte do eu

Pouco importando o que tenha ocorrido antes, quase todas as pessoas têm sensações muito positivas com relação à própria "fonte", e isso se reflete na criação de imagens; as imagens incluem auroras, estrelas brilhantes, outros corpos celestes e música celestial, pedras preciosas de espantosa beleza, magníficas grutas de cristal, enormes flores coloridas, arco-íris brilhantes, uma resplandecente cortina dourada, perfumes inebriantes. Essas imagens foram associadas à sensação de muito calor, de segurança, de paz, tranqüilidade, satisfação, calma, felicidade e leveza. Muitas pessoas admitem que querem permanecer na sua fonte e conservar os sentimentos e sensações vividos naquele ponto. Com bastante freqüência, as imagens transmitem grande energia, potencial ou impulso, como nos casos em que se tem a imagem do coração da pessoa batendo forte, de espermatozóides em seu movimento dinâmico, de casulos se abrindo, de cachoeiras, água corrente e relâmpagos constantes. É bastante comum que imagens do parto ou do período anterior a ele sejam relatadas, com as pessoas se vendo como embriões ou fetos. Uma mulher disse que ficou assustada com a sensação de um ruído retumbante na cabeça, até perceber que isso era uma das sensações que acompanham o nascimento. Muitos têm a sensação de que o futuro os levará de volta à fonte e descrevem a sensação de totalidades, de continuidade e de coisa completa como extremamente positivas e agradáveis. A experiência delas nos faz lembrar estes três versos do *Quatro Quartetos* de T. S. Eliot:

O fim de todas as nossas explorações
Será chegar ao lugar de onde partimos
E conhecê-lo pela primeira vez.

No entanto, nem todos têm imagens positivas. Uma mulher que via chamas e labaredas em todas as imagens chegou a portas corrediças de metal como a de alguns elevadores; quando as portas foram abertas à força, elas também revelaram a visão de chamas. Sem perceber claramente o sentido dessas imagens fortes e assustadoras, ela se pôs a considerar várias possibilidades — que alguma coisa, talvez até ela mesma, teria sido consumida, envolvida, "queimada" nas chamas; a presença de desejos fortes, ou a sensação de ser uma espécie de terra calcinada pelo fogo. Outra mulher, ao ver apenas uma funda escuridão, e sentindo que não sabia para o quê estava olhando, reconheceu que isso poderia estar ocorrendo em virtude de não ter muita consciência de si mesma e nenhuma idéia de onde vinha.

Raramente a pessoa se sente incapaz de tolerar a sensação provocada pelo fato de estar na sua própria fonte, como no caso de uma mulher que, depois de se ver dentro do útero materno, se sentiu presa e tão desesperada querendo sair, que "se mandou" de lá e se integrou no presente, sem prestar nenhuma atenção às cenas ao longo do caminho, todas as quais, como reconheceu, a mostravam presa ou encurralada de alguma maneira.

Por vezes, entretanto, as pessoas se mostram afoitas, querendo "voltar" ao presente para começar a implementar algumas das coisas que recuperaram com o retorno à fonte. Não deixa de ser irônico que isto tenha ocorrido com um homem que, apesar de reconhecer que as dificuldades no seu passado tinham origem, principalmente, na sua impetuosidade, mal podia esperar para agir em função de sua nova consciência para melhorar os relacionamentos existentes na sua vida atual.

A viagem de volta

Depois de encontrar a fonte, quase todas as pessoas parecem modificar suas reações em relação aos eventos testemunhados anteriormente. Dessa maneira, a viagem de retorno muitas vezes fornece a elas uma perspectiva bastante diferente quanto aos eventos da vida, principalmente no que diz respeito aos que foram compreendidos como negativos ou traumáticos. Para muitas pessoas, a revisão desses eventos é muito menos traumática. Um homem observou que isso permitiu que ele sentisse que a vida, afinal de contas, não era tão ruim assim; e uma mulher afirmou que "o maior benefício desse exercício foi o fato de me ajudar a encarar tudo pelo que já passei". Várias pessoas reconhecem características, muitas vezes positivas, que passaram despercebidas da primeira vez. Um homem admitiu ter sentido ressentimento durante toda a sua vida em relação às pessoas por causa de suas atitudes de censura diante de ações dele que ele mesmo considerava divertidas. No entanto, tendo reexaminado algumas dessas ações, ele conseguia entender que elas eram altamente irritantes ou amedrontadoras para os demais. De maneira análoga, reavaliando seu encontro com um psiquiatra, a mulher que anteriormente ficara emudecida de terror, se viu conversando com ele de maneira inteligente, confiante e animada. Na verdade, essa tinha sido uma situação na qual ela assumira o controle, e não uma em que o perdera, como chegou a pensar no início.

Algumas pessoas, porém, acham que na revisão as cenas chegam a ser ainda mais dolorosas que na primeira versão. Uma mulher descreveu que ficou chocada com coisas que não a tinham comovido muito no início da tarefa. Do mesmo modo, outros admitiram sensações de desconforto ao rever cenas que antes não pareciam ameaçadoras. Um jovem estudante, que inicialmente viu uma série de agradáveis cenas familiares, constatou na revisão que elas pertenciam à história de alguma outra pessoa. Ele concluiu que havia uma necessidade muito grande dele se distanciar de sua própria família para poder se tornar autônomo e para encontrar seu próprio caminho no mundo. Achou também que, se voltasse à casa confortável mostrada nas suas cenas iniciais, ele nunca a deixaria, continuando eternamente a manter uma relação de dependência para com a família.

Uma mulher que, na viagem de ida, tinha visto uma série de cenas razoavelmente agradáveis, percebeu na revisão que eram "cenas baratas, hipócritas, montadas no estilo de comerciais; imagens públicas, posadas; meras fachadas, sem um pingo de realidade" — tudo enfatizando o caráter superficial e a falta de autenticidade. Até mesmo sua fonte era, na verdade, uma mentira — um lugar onde certa vez tinha sido capaz de se sentir descontraída e à vontade, até quando, algumas horas depois de ter saído de lá, foi cenário de um horrível assassinato, e ela jamais voltou a conseguir se sentir bem lá. Essa visualização sugere, talvez, que seu eu real escapara por pouco de ser morto nos primeiros estágios da vida, o que explicaria os "faz-de-conta" posteriores ou suas defesas contra a realidade. Esta idéia é ainda mais enfatizada pela avaliação que ela fez de sua visualização: "ela parece dizer que, apesar de eu achar que meu eu interior está bem, ele não é um lugar onde eu possa me refugiar sem registrar sentimentos de intimidação." Depois, ela se disse mais capaz de gostar mais de si mesma e de deixar que os outros gostassem dela.

Em alguns casos, a pessoa não consegue suportar a visão das cenas durante a viagem de volta. Isso aconteceu com a mulher que ficou perturbada pelo incidente, há muito esquecido, do boneco de neve. Ela disse que voltou rapidamente pelas cavernas, sentindo-se fisicamente mal, com tonturas e pânico. Apesar de se sentir inicialmente aliviada por sair do barco, depois ela ficou mal-humorada e contrariada pela constatação de que, numa família na qual a inteligência era mais exaltada do que qualquer outro atributo, ela tinha se sentido inferior e profundamente invejosa da irmã caçula, mais inteligente, com a qual jamais se reconciliou, adotando em relação a ela uma atitude de perpétuo ressentimento.

As cavernas do agora

Os que consideram a viagem de volta perturbadora, geralmente ficam aliviados quando voltam às "cavernas do agora", freqüentemente descritas como um lugar seguro, familiar e confortador. Trata-se de um lugar que muitos não querem abandonar. No entanto, nem sempre as coisas são assim. Alguns acham que elas são desagradavelmente frias, escuras ou indefinidas e querem escapar para o futuro, como foi feito pelo homem que descreveu o agora como "vazio mas repleto de solidão". Uma jovem atribuiu seu desejo de escapar do presente a "todas essa coisas que atualmente estão acontecendo na minha vida", e outra afirmou que o motivo seria a grande confusão de sua vida atual. Outros se descrevem como entediados, querem prosseguir e freqüentemente se sentem decepcionados, frustrados e irritados, até mesmo furiosos, quando constatam a impossibilidade de fazer isso.

As cavernas do futuro

Alguns dos que se mostram ansiosos, querendo passar para o futuro, assumem a opinião de que nada poderá ser pior que o presente, devendo ser necessariamente melhor. Outros, como a mulher que antes se vira saindo de um casulo, ficam excitados com a perspectiva do futuro. De fato, seu barco já estava deslizando nessa direção e foi obrigado a voltar, o que a deixou desapontada. Algumas pessoas descrevem uma grande vontade de mergulhar no futuro, "remando feito loucos" e até mesmo, em alguns dos casos, saindo do barco e nadando em direção a ele. Outros, que normalmente vêm o futuro com uma dose de ansiedade, ficam surpresos ao constatar que estão animados ou excitados com a possibilidade. Com bastante freqüência, essas são as pessoas que compreendem que este canal as levará a um lugar onde já estiveram, sua fonte de origem, e que, portanto, nada têm a temer.

Existem, é claro, também, os que têm medo das perspectivas do futuro. Uma mulher declarou que este era o único aspecto do exercício que a deixou amedrontada.

Como muitos outros, ela nada queria saber sobre o futuro, achando que ele deveria reservar muitos terrores ainda desconhecidos, refletindo assim uma perspectiva bastante negativa e também uma idéia de que o futuro é criado para as pessoas e não por elas, conseqüentemente não implicando nenhuma participação pessoal dela. Uma mulher afirmou que era capaz de reconhecer "uma luz no fim do túnel", mas disse que não queria ir até lá. Outra mulher viu o canal na sua frente estreitando-se até sumir, e concluiu que não havia um futuro para onde pudesse ir caso quisesse fazê-lo, o que decididamente era contra a sua vontade. Ela queria que tudo continuasse "exatamente como é agora", aparentemente sem perceber que nada permanece o mesmo. Portanto, nunca é possível entrar duas vezes no mesmo rio:

> Descemos duas vezes pelo mesmo rio, mas são sempre rios diferentes.
>
> Heráclito

CAPÍTULO CINCO

O Combate à Doença

Cultive tudo o que o público desaprovar em você — é isso que você é.
Jean Cocteau

Edward Bach, o famoso médico de Harley Street, definiu saúde como o ato de ouvir a própria voz interior. Ele acreditava que, dando atenção aos ensinamentos dessa voz, uma pessoa ouve o que é necessário para ser saudável. No entanto, a maioria de nós não ouve suas próprias intuições. Preferimos dar ouvidos aos outros, e o que ouvimos, de maneira geral, não é o que necessitamos, mas, sim, o que os outros querem de nós e para nós. Realmente, somos todos condicionados a acreditar que precisamos daquilo que os outros querem para nós e, como resultado, tendemos a confundir nossas necessidades com os desejos manifestados por eles.

Esses desejos dos outros nos são impostos durante toda a vida e, em alguns casos, até mesmo antes do nascimento. O psiquiatra Eric Berne (1974) observou que, em muitos casos, o nome e o apelido pelo qual somos chamados indica o que nossos pais desejam e o rumo que eles querem que a nossa vida tome. Nesse sentido, os nomes podem ser indicadores de roteiro, identificando o papel que se espera de nós.

Pais que escolhem o nome do filho por causa de um astro do cinema, da música ou do esporte — e, em alguns casos, usando o nome da banda toda ou da equipe esportiva — identificam a criança de uma forma muito específica, assim como os que escolhem para seus rebentos nomes de personagens históricas ou políticas, de reis e imperadores. Berne afirma que dar à criança o nome da mãe ou do pai também costuma ser um ato voluntário e de imposição por parte de quem faz a escolha, impondo à criança obrigações que ela poderá ou não ser capaz de satisfazer. A pessoa pode se rebelar fortemente contra as obrigações que assim são impostas à sua vida, conservando para sempre uma ligeira amargura ou um ressentimento profundo. Isso também pode acontecer quando o nome da criança é o mesmo do genitor do sexo oposto ou quando é um diminutivo, implicando uma preferência por uma criança do sexo oposto ou de sexo ambíguo. Berne observa que os nomes, como indicadores de roteiros, tendem a se firmar na escola, quando ficamos sabendo das façanhas de nossos xarás nos mitos e na história, e onde os colegas nos revelam, com maior ou menor brutalidade, o significado oculto dos nomes que assinamos. Isso explica, por exemplo, os traumas e tormentos que moldaram o destino de "um garoto chamado Sue", do modo como foi retratado pelo cantor *country* Johnny Cash, podendo, também, ter influenciado a vida de muitas crianças chamadas Nigella, Edwina, Martina e Evelyn. Por esse motivo, talvez seja mais apropriado considerar os "desejos contidos num nome" do que a questão, bem mais freqüente, "do que existe num nome".

Depois de recebermos um indicador de roteiro mais ou menos sutil por meio do nome escolhido para nós, nosso roteiro de vida começa a se desenvolver à medida que os outros, com maior ou menor sutileza, passam a nos informar o que querem de nós. Antes mesmo de uma criança começar a entender a linguagem, a família começa a transmitir mensagens da sociedade, porque "é função da família transmitir aos pequenos os valores aconselhados, permitidos e proibidos da sociedade, e os meios aceitáveis e não aceitáveis para atingir as metas" (Lidz, 1975, p. 22). Essas são as "premissas" da existência de uma pessoa, estabelecidas pelos outros e pela sociedade, independentemente de elas atenderem ou não às necessidades dessa pessoa. De fato, essa nem é a finalidade delas, que, na verdade, é de suprir as necessidades dos outros. Portanto, não chega a ser surpreendente que a grande maioria das pessoas tenha dificuldade para diferenciar entre suas próprias necessidades e as necessidades e desejos dos outros, ou para perceber a enorme quantidade de tempo e de energia que é despendida para atender a esses desejos e necessidades dos outros. Como resultado do hábito de prestar atenção às mensagens dos outros, deixamos de ouvir a nossa própria voz e ainda menos damos ouvidos ao que ela tem a nos transmitir de importante quanto às nossas próprias necessidades. Por todos esses motivos, não admira que uma grande parte das doenças sejam inevitáveis.

Dar atenção constante ao que os outros querem pode provocar doenças e até enlouquecer. Theodore Lidz, professor de psiquiatria, observa que um padrão bastante comum entre os esquizofrênicos é que a sua transformação em indivíduos independentes é prejudicada ou perturbada pelas necessidades dos pais. Tipicamente, não se estabelecem limites entre os pais e a criança, de maneira que os sentimentos e as necessidades dos pais não são diferenciados dos da criança. Por esse motivo, a energia e a atenção da criança são direcionadas principalmente a atender as necessidades dos pais e não às suas próprias. E, assim, o mundo que a criança passa a perceber é negado e invalidado na medida em que os acontecimentos são distorcidos para se enquadrarem no padrão exigido pelos pais, que não levam em consideração as necessidades da criança, prejudicando-a consideravelmente.

RECEITAS PARA A SAÚDE

Nos casos em que a pessoa é incapaz de distinguir entre as próprias necessidades e os desejos dos outros, os juízos tendem a ser feitos pelos políticos e por observadores profissionais, e não pelos indivíduos cujas necessidades estão sendo avaliadas. Infelizmente, esses profissionais geralmente não estão numa posição melhor do que a dos próprios indivíduos, porque eles também, invariavelmente, fazem suposições acerca das necessidades de uma pessoa, com base no que a sociedade e eles mesmos querem para o indivíduo, e não o que seria mais apropriado.

Quais são, então, as necessidades "reais" de um indivíduo? Maslow identificou duas classes bastante amplas de necessidade: as *necessidades de deficiência* — coisas extrínsecas que a pessoa não possui e que precisam ser fornecidas a ela para que o desenvolvimento possa ocorrer: e *necessidades de desenvolvimento*, que precisam ser atendidas para que o desenvolvimento seja alcançado. As primeiras incluem as necessidades físicas de ar, água, alimento, abrigo e sono, bem como necessidades emocionais de segurança, apoio, participação, amor, afeto, apreciação, estima, respeito e reconhecimento. As necessidades de desenvolvimento são as que precisam ser atendidas para que o potencial e a capacidade intrínseca da pessoa possam ser concretizados ou realizados. Estas podem ser consideradas necessidades espirituais, na medida em que dão significado e finalidade à vida e são essenciais para o princípio de ativação da pessoa.

Maslow acredita que essas necessidades estão organizadas numa hierarquia baseada nas necessidades físicas, que precisam ser atendidas antes das psicológicas; estas, por sua vez, precisam ser atendidas antes das necessidades espirituais. Portanto, segundo Maslow, cada necessidade só pode ser suprida depois de a anterior ter sido resolvida, e quanto mais básicas, mais vital é a necessidade de supri-las. Ele considerava o desenvolvimento saudável como uma progressão ao longo dessa hierarquia até se chegar a se atender a todas as necessidades ou à realização pessoal. De certo modo, trata-se de um movimento rumo à autonomia ou ao autocontrole, e de distanciamento da dependência com relação aos outros.

Quando nasce, e durante os primeiros anos de vida, a criança depende totalmente dos outros para a satisfação de suas necessidades. Obviamente, se as necessidades físicas de ar, água, alimentação, sono, higiene e abrigo não forem atendidas, é improvável que a criança progrida e há grande possibilidade de surgimento de doenças. Felizmente, na maioria dos casos, essas necessidades são satisfeitas, nem que seja apenas de maneira acidental, para atender aos desejos dos outros. Os pais dizem às crianças que elas *precisam* de sono porque querem ter algumas horas livres para eles mesmos; que elas *precisam* se alimentar bem às refeições porque eles não querem jogar comida fora; que elas *precisam* de ar puro porque eles as querem fora de casa nas tardes de domingo.

No entanto, essas "necessidades" podem ser traduzidas para outras crianças como um determinado tipo de berço, cama ou carrinho de bebê; dietas, acomodações de moradia, com um jardim e assim por diante. Dessa maneira, as verdadeiras necessidades de uma criança podem ser sacrificadas em benefício dos desejos dos pais, porque, trabalhando muitas horas para financiar essas "necessidades", podem ser raras as oportunidades que eles têm para ver os filhos e muito menos ainda para se dedicar realmente a eles.

Essas "necessidades" são reforçadas e exploradas pela publicidade e pelos meios de comunicação de massa e, como conseqüência, uma vasta indústria surgiu em torno das necessidades dos bebês. A mensagem principal afirma que os pais que não suprem com propriedade as necessidades de sua prole (ou seja, do modo como a indústria quer que eles façam) não os amam e não cuidam direito deles. Como os pais *querem* ser vistos como figuras amorosas e preocupadas, cabe-lhes alimentar, vestir e preparar os filhos da maneira apropriada, e também enviá-los às escolas, acampamentos e entretenimentos apropriados.

Receitas como essas são norma numa sociedade materialista cuja atenção está voltada para todas as coisas físicas e, portanto, para os serviços e instalações, e não para os fatores psicológicos, emocionais e espirituais. Como conseqüência disso, não é fácil reconhecer que a não-satisfação das necessidades que não são de natureza física pode resultar num mal-estar, numa doença, que pode se manifestar como moléstia física ou psicológica.

O CULTIVO DOS LAÇOS

Durante a década de 50, o psicólogo John Bowlby chamou a atenção para esses dois resultados. Ele afirmou que uma das necessidades fundamentais da criança é ter uma relação amorosa com a mãe, explicando isso em termos do que ele via como a tendência da criança de formar laços principal e primariamente com essa figura; e também sua crença de que esse laço é qualitativamente diferente de todos os outros. Ele via o amor materno como sendo absolutamente essencial para o desenvolvimento normal e saudável da criança, afirmando que qualquer separação da mãe, principalmente durante os cinco primeiros anos de vida, causa uma deficiência de amor, resultando em distúrbios como autismo infantil, nanismo, retardamento intelectual, doenças mentais e delinqüência. Ele baseava suas afirmações com referência a uma reação depressiva observada em bebês que foram separados das mães e em fatos constatados nos anos 40: baixo nível de saúde, elevados índices de mortalidade, pouca inteligência e retardamento mental nos orfanatos que funcionavam na época.

Nos anos do pós-guerra, as opiniões de Bowlby a respeito da "privação materna" foram exploradas politicamente quando, na tentativa de recolocar as mulheres no seu devido lugar — dentro de casa e não nas fábricas —, o fechamento de creches e berçários foi justificado em termos das conseqüências negativas para os filhos de mães que trabalhavam fora e que acabaram sendo estigmatizados. Isso levou algumas pessoas a dar uma importância excessiva e quase mística à mãe e a considerar o amor materno como o único elemento de importância na criação das crianças. O laço da criança com o pai foi ignorado, o mesmo ocorrendo com a possibilidade da "privação paterna", e a participação dele no processo da educação dos filhos foi desencorajada. De fato, foi apenas em época relativamente recente que os laços da criança com o pai, e suas implicações para o desenvolvimento, começaram a merecer uma consideração mais séria. Nesse meio-tempo, todos os males sociais, da delinqüência às doenças mentais, foram explicados com base na ausência materna.

Depois, entretanto, a teoria de Bowlby a respeito dos laços foi submetida a sérias críticas, e outras pesquisas mostraram que ela estava equivocada. Maslow observou que, além da dificuldade óbvia de definir o que significa o amor em termos operacionais, a lógica de Bowlby apresentava falhas. Ele se referia ao amor de tal maneira que chegava a sugerir que se ele não estivesse constantemente à disposição, a criança sofreria de uma deficiência que, inevitavelmente, teria conseqüências adversas. Essa visão era muito forte numa época em que tinha sido então recentemente provado que o raquitismo, doença predominantemente infantil, caracterizada pelo amolecimento e pela curvatura dos ossos em desenvolvimento e pelo crescimento excessivo do fígado, era resultante de uma deficiência de vitamina D. No entanto, como disse Maslow, apesar de a vitamina D prevenir o raquitismo, isso não significa que a criança precisa receber doses constantes para evitar a doença. Pelo contrário, doses excessivas dessa vitamina podem causar tantos problemas quanto sua ausência. Uma década depois, as feministas assumiram essa argumentação, afirmando que uma relação exclusivista entre a mãe e o filho pode ser sufocante para a criança, privando-a de estímulos necessários, o que, por sua vez, pode levar a deficiências emocionais e intelectuais; e que outras pessoas, principalmente o pai, têm um papel igualmente importante na criação dos filhos.

Pesquisas posteriores apoiaram essas afirmações (Rutter, 1981). Ficou provado que ocorre uma síndrome de angústia depois que uma criança é separada da mãe, e que essa síndrome é mais acentuada em crianças com menos de cinco anos. No entanto, cerca de um terço de todas as crianças com menos de cinco anos se separam de suas mães durante períodos de uma semana ou mais, sem que isso resulte em efeitos negativos. E também ficou claro que crianças de todas as faixas etárias diferem consideravelmente nas suas reações à separação, que tendem a ser mais intensas nos meninos do que nas meninas, e menores ainda em crianças que permanecem no ambiente familiar depois da separação. No que diz respeito aos efeitos a longo prazo, entretanto, a separação não provoca inevitavelmente o surgimento de uma psicopatologia, constatação que Bowlby foi obrigado a aceitar, apesar de continuar afirmando que uma separação prolongada da mãe, antes dos cinco anos, é prejudicial para a criança e que o laço que existe entre a criança e a mãe é de máxima importância.

Pesquisas realizadas a partir dos anos 50 não apóiam nenhuma dessas posições. Elas revelam que a expressão "privação materna" é, na verdade, um termo errado e que a angústia que ocorre depois da separação da mãe não é um efeito da perda *per se*, mas, sim, de perturbações no processo dos cuidados dados à criança; e que, se essas perturbações puderem ser diminuídas, o mesmo também pode ocorrer com os traumas resultantes.

A consciência cada vez maior de que o importante não é a perda da mãe, mas sim a perda das coisas que a mãe faz, concentrou a atenção no que realmente é o papel materno. Isso foi muito facilitado pelo desenvolvimento das técnicas de gravação audiovisual, que permitem que as interações entre a mãe e a criança sejam detalhadamente analisadas. Como resultado desses estudos, ficou claro que as atividades do bebê recém-nascido não são aleatórias, mas sim cuidadosamente articuladas para servir às necessidades de sobrevivência dele. Logo após o nascimento, o bebê é muito ativo, examinando seu ambiente e emitindo claros sinais de necessidade que são reconhecíveis pelos que os compreendem como tentativas de comunicação. A tentativa de reagir a esses sinais é o primeiro estágio do estabelecimento de laços. Ela também representa a característica fundamental nos cuidados com a criança, uma vez que, se os sinais não provocarem respostas, as necessidades não serão atendidas. Não resta a menor dúvida de que a pessoa que não reconhece esses sinais, não importando o motivo, é incapaz de reagir ou de cuidar da criança, e uma criança cujas necessidades não são atendidas por não serem acompanhadas deixará de se desenvolver, o que explica muitas das conseqüências, como o nanismo, atribuídas por Bowlby à privação materna.

As mães geralmente têm uma vantagem sobre os outros no estabelecimento de uma relação precoce com a criança, por serem as pessoas cuja presença é garantida no momento do parto. Mesmo assim, apesar de presentes, muitas mães podem não estar conscientes, por exemplo, depois de uma cesariana, ou podem estar conscientes mas incapazes de se relacionar com um bebê que foi levado a uma unidade especial de tratamento, como no caso de partos prematuros. Nos dois casos, o estabelecimento de uma relação precoce entre mãe e filho é perturbado, e acredita-se que este seja um fator que contribui para a depressão pós-natal na mãe e para uma maior tendência a rejeitar o bebê (Klaus *et al.*, 1972). Mães separadas dos filhos dessa maneira tendem a mantê-los sempre a uma distância maior, raramente olhando-os nos olhos e, com freqüência, tocando neles muito menos do que outras mães que não passaram por uma separação dessas. Além disso, essas diferenças são perceptíveis doze meses mais tarde; as mães que foram separadas dos seus bebês logo depois do parto também tendem a castigá-los fisicamente. Isso é considerado particularmente significativo: certas estatísticas nos dizem que os bebês prematuros representam de trinta a quarenta por cento das crianças que sofrem abusos físicos, apesar de constituírem apenas 8% do total de crianças que sobrevivem (Kempe & Kempe, 1978).

No entanto, qualquer pessoa capaz de perceber os sinais do bebê e capaz de reagir a eles está estabelecendo uma relação ou um laço com a criança. Os pais, tradicionalmente excluídos do momento do parto e dos primeiros cuidados com o bebê, eram, portanto, privados da possibilidade de formar esses laços. Mesmo assim, a criança pode e vai formar relações múltiplas com todas as pessoas que reagem aos seus sinais de necessidade e, desde que essas necessidades sejam devidamente satisfeitas, nenhum efeito negativo irá resultar, independentemente de quantas pessoas cuidam do bebê, a que sexo pertençam e de quais sejam suas relações biológicas com a criança.

O reconhecimento desses fatores resultou na visão de que o comportamento materno, longe de ser algo místico, é, na verdade, uma capacidade — a de reconhecer as tentativas do bebê para comunicar suas necessidades e a de reagir a elas. Os cuidados maternos, portanto, são um tipo de monitoramento e, como ocorre com todas as demais capacidades, podem ser aprendidos. Como conseqüência dessa constatação, os psicólogos atualmente se referem à privação de cuidados em vez de privação materna e aos laços da criança com os que cuidam dela, e não apenas com a mãe. Além disso, aceita-se que o laço entre quem cuida e a criança não é algo imediato e instintivo, mas sim algo que se desenvolve lentamente, como qualquer outro relacionamento, e que depende, na maior parte dos casos, do tempo despendido, da proximidade física e do encorajamento necessário.

De fato, um dos aspectos mais infelizes das idéias de Bowlby a respeito dos laços foi o de que a importância da formação precoce dos laços entre mãe e bebê se transformou numa espécie de dogma irrefutável entre muitos profissionais da área da saúde. Dessa forma, idéias equivocadas a respeito do que constitui um bom cuidado materno acarretaram, em muitos casos, sérios problemas para mães que encontram dificuldade para se relacionar com o bebê nos primeiros estágios da maternidade e demonstraram ser contraproducentes, já que os conseqüentes sentimentos de culpa, de ansiedade, de depressão e de falta de adequação não funcionam como base sólida para o desenvolvimento de um bom relacionamento entre mães e filhos (Sluckin *et al.*, 1983).

As mães e as outras pessoas encarregadas dos cuidados com o bebê aprendem a dar certas respostas aos sinais de necessidade da criança, e a quantidade de cuidados que têm depende em grande parte das oportunidades para esse aprendizado e do fato de ele ser oportuno ou não. Se uma mãe deixa de reagir às necessidades de um bebê, com o passar do tempo a criança desiste de comunicá-las, e isso pode servir de explicação para o subseqüente empobrecimento do desenvolvimento social e emocional observado por Bowlby em bebês que não receberam cuidados suficientes, e também como explicação para casos de autismo e de outros comportamentos patológicos. Análises audiovisuais do comportamento de crianças muito jovens mostraram que elas são muito sensíveis à atenção alheia e reagem à interrupção dessa atenção, tornando-se mais ativas na tentativa de reconquistá-la. No entanto, caso essa tentativa fracasse e a atenção anterior não seja restaurada, a criança desiste de tentar chamar a atenção e torna-se cada vez mais passiva, inerte e sem reações — as características típicas das crianças autistas e deprimidas observadas por Bowlby.

Além disso, como conseqüência da atenção perturbada, a criança provavelmente recebe pouco estímulo social, perceptivo e físico que, como se sabe, representam um fator de importância crucial para se estimular o desenvolvimento intelectual da criança. De fato, atualmente se reconhece que o retardamento mental freqüentemente observado em crianças de orfanato nos anos 40, erroneamente atribuído por Bowlby à falta do amor materno, resultou da ausência de estímulo do ambiente e interpessoal; esses bebês geralmente eram deixados durante o dia inteiro no berço, olhando para as paredes. Por esse motivo, aceita-se, atualmente, que os laços múltiplos são muito vantajosos para as crianças, porque aumentam a quantidade e a diversidade dos estímulos, o que provoca um aumento do desenvolvimento emocional e intelectual; e que uma relação exclusiva entre mãe e filho pode, na verdade, representar uma fonte de privações para a criança.

Apesar de muitas das afirmações de Bowlby terem sido desacreditadas, sua atenção à relação entre mãe e filho serviu para enfatizar a importância de outras necessidades psicológicas e emocionais, além do amor. Mais exatamente, isso lançou luzes sobre quais são os componentes do amor: atenção, cuidados, estimulação, contato, toque, segurança e comunicação; isto, por sua vez, forneceu um amplo apoio empírico para as necessidades básicas identificadas por Maslow. No entanto, surgiram dúvidas sobre a idéia maslowiana de uma hierarquia de necessidades, uma vez que a satisfação das necessidades físicas da criança depende da medida em que suas necessidades psicológicas e emocionais são satisfeitas, e não o contrário; as duas são intrínsecas à relação entre a criança e quem cuida dela, e também são interdependentes. Essa constatação encontra apoio adicional num estudo feito por Siegel (1990), dando a entender que a sobrevivência envolve a satisfação simultânea de necessidades físicas e psicológicas.

O CULTIVO DO DISTANCIAMENTO

Toda a questão dos laços é um tanto paradoxal, porque é por meio da interação com os que cuidam dela que a criança adquire sua primeira experiência daquilo que é diferente dela; e essa capacidade de distinguir entre si mesma e os demais, conforme já vimos (Capítulo Dois), é de importância fundamental para sua futura saúde mental. Além disso, a capacidade da criança de discriminar e se distanciar dos que cuidam dela é determinada, em grande parte, pela intensidade do laço inicial.

Vários estudos já indicaram que a segurança dos primeiros laços tem um importante efeito sobre o desenvolvimento posterior e sobre a saúde. Constatou-se que meninos identificados como sendo inseguros no que diz respeito ao seus laços quando têm um ano de vida, demonstram mais patologia aos seis anos do que os identificados como possuindo laços seguros. É intrigante o fato de que, no caso das meninas, não se tenha observado nenhuma relação entre os laços iniciais e a patologia posterior (Lewis *et al.*, 1984). O tipo de apego também parece exercer uma grande influência sobre os relacionamentos das pessoas com os outros, bem como sobre seu amor-próprio (Feeny & Noller, 1990), além de estar associado com a orientação delas quanto ao trabalho. As pessoas com laços seguros encaram seu trabalho com confiança, relativamente livres do sentimento de fracasso, e não deixam que as relações entre as pessoas interfiram no trabalho ou vice-versa, ao passo que os indivíduos com laços inseguros são mais influenciados pelos elogios e pelo medo da rejeição no trabalho, além de permitir que preocupações amorosas interfiram com seu desempenho profissional (Hazan & Shaver, 1990).

Como se observou no Capítulo Dois, inicialmente o bebê aprende a se diferenciar dos outros e do ambiente através do toque. Dessa maneira, ele estabelece os limites do seu corpo e desenvolve uma imagem física rudimentar que forma a base para seu conceito de eu. Depois, esse processo é elaborado por meio de várias interações com outras pessoas, principalmente com elas indicando e dando nomes a objetos no mundo, e com o aprendizado por parte da criança do uso dos pronomes pessoais.

No seu nível mais simples, a teoria freudiana do desenvolvimento da personalidade encara essa discriminação fundamental entre o eu e o outro num nível físico e destaca a interação entre o desenvolvimento físico e o psicológico. Freud chamou a atenção para os orifícios — boca, ânus e genitais — através dos quais o mundo externo e os outros podem se impor sobre o indivíduo, e vice-versa. Conseqüentemente, uma grande parte da socialização precoce da criança diz respeito a mensagens relacionadas com esses limites. A criança aprende que suas necessidades básicas e seus prazeres estão associados com essas áreas, e que elas podem ser controladas e manipuladas, além de controlar e manipular os outros através dessas mesmas áreas.

Segundo Freud, durante as diferentes fases do desenvolvimento, a criança acumula tensão nos diversos orifícios do corpo e precisa descarregá-la. A descarga apropriada dessas tensões é gratificante ou prazerosa, ao passo que um fracasso nesse sentido dá origem à frustração. Quando isso ocorre, a criança passa a adotar várias estratégias com a finalidade de lidar com a crise. Essas estratégias podem persistir quando a criança se fixa num estágio do seu desenvolvimento, manifestando-se mais tarde no comportamento adulto. Portanto, na sua interação física com os outros e com o ambiente, a criança está aprendendo estratégias para enfrentar necessidades básicas que poderão ser generalizadas durante a vida em outras situações. Em outras palavras, o que uma criança aprende com relação a essas áreas transforma-se numa espécie de molde ou matriz para comportamentos posteriores, que passam a caracterizá-la e a formar a identidade dela. Segundo Freud, a identidade pessoal ou personalidade depende da maneira como foram enfrentadas as crises de desenvolvimento.

De fato, para lidar de maneira eficiente com suas necessidades, a criança em desenvolvimento precisa ter um senso de quem é e do que é, em oposição a quem e ao que os outros são. Portanto, ela precisa definir seus próprios limites — o que Freud chamava de fronteiras do ego, e que são estabelecidas e testadas em cada contato que a criança tem com seu ambiente social. Para Freud, o eu ou ego que emerge no decorrer desse processo constitui um equilíbrio entre os impulsos primitivos, inatos e instintivos de busca do prazer do que é conhecido como id, que está sempre tentando conseguir uma gratificação imediata, e as forças controladoras do mundo social mediadas pelo assim chamado superego, que é praticamente sinônimo de consciência. A função desse equilíbrio é a de expressar e satisfazer o id de acordo com a realidade e as exigências do superego. Portanto, o equilíbrio entre esses processos será diferente de pessoa para pessoa como conseqüência de suas diferentes experiências do mundo social. Por isso, Freud dava grande ênfase aos desafios apresentados ao princípio do prazer durante os primeiros cinco anos de vida da criança, ou seja, durante as fases oral, anal e genital do desenvolvimento.

Mais tarde, o psicanalista Erik Erikson afirmou que o aprendizado da criança nessas fases tem um efeito duradouro sobre o caráter não simplesmente pelo fato de as áreas correlatas, serem um foco de prazer, mas porque apresentam à criança suas primeiras experiências de conflito entre suas necessidades e os desejos dos outros. Estes estágios envolvem situações sociais significativas, que têm importantes implicações para o desenvolvimento da identidade da criança. Diz ele que, na situação da alimentação, uma relação de confiança ou desconfiança básica se desenvolve entre a criança e quem cuida dela. Depois, quando a criança está sendo ensinada a usar o banheiro, ela pode desenvolver um senso de autonomia ou sucumbir a sensações de vergonha e de dúvidas quanto a si mesma; e, mais tarde ainda, quando passa pelo desenvolvimento sexual, a criança pode desenvolver a iniciativa ou a culpa em relação à positividade, à competitividade e ao sucesso.

Portanto, a maneira como a alimentação, o uso do banheiro e a moral são abordados pela pessoa que cuida da criança irão determinar, em grande parte, a atitude dela com relação ao mundo que a cerca e também quanto a si mesma. Isso também vale para as práticas disciplinares adotadas, e que podem assumir várias formas, não apenas com relação às recompensas e aos castigos escolhidos, mas, também, com relação à maneira como são aplicadas. Recompensas concretas, a privação de privilégios, castigos físicos, elogios e negação de amor são métodos eficientes para se criar um comportamento socialmente conformista. No entanto, eles também dão origem a diferentes tipos de crianças, dependendo de quais métodos são empregados com mais freqüência. Mães que apelam regularmente para os castigos físicos relatam mais problemas de alimentação dos filhos pequenos do que outras que usam esses castigos rara ou ocasionalmente, e as que demonstram um afetuosidade com relação aos filhos têm menos problemas de alimentação do que mães com tendência a se mostrar frias e hostis (Sears *et al.*, 1957). No entanto, os pais que conseguem a disciplina por meio da punição física tendem a criar crianças com pouco amor-próprio (Coopersmith, 1967). As crianças que têm uma consciência muito desenvolvida (e que poderiam ser consideradas como sendo bem controladas pelos outros) tendem a ser disciplinadas pela negação do amor (Sears *et al.*, 1957). Essas crianças podem passar a acreditar que o fato de serem amadas ou dignas de amor é condicional para determinados tipos de comportamento e de sentimentos, o que pode levá-las a reprimir, a negar ou a distorcer os comportamentos e sentimentos que não são encarados de maneira positiva pelos outros, ao contrário de crianças cujos responsáveis demonstram aceitá-las até mesmo quando determinado tipo de comportamento não é aprovado. A diferença, basicamente, é a mesma entre se dizer "não gosto do que você está fazendo" e "não gosto de você". No primeiro caso, a pessoa que cuida da criança a está aceitando apesar de não aprovar seu comportamento; no segundo, a pessoa está dizendo — verbalmente ou não — à criança que tanto ela quanto seu comportamento são ruins.

Erikson (1950) observa que a qualidade e a natureza dos cuidados que a criança recebe por parte dos pais influencia profundamente seu desenvolvimento emocional — sua vulnerabilidade às frustrações e às sensações de raiva, de agressão, de ansiedade, de desesperança e de desamparo que sente em várias situações. Isso também influencia a qualidade da confiança básica que a criança desenvolve com relação aos outros e a si mesma, seu senso de autonomia e a clareza dos limites que são estabelecidos entre ela e os outros, contribuindo para seu amor-próprio. Portanto, essa é a base para o desenvolvimento futuro.

CONDIÇÕES DE DESENVOLVIMENTO

Vários estudos já deram a entender que atitudes democráticas e de aceitação por parte dos pais de fato permitem que ocorra o máximo de desenvolvimento intelectual e emocional nas crianças. Os filhos de pais com essa atitude demonstram um acelerado desenvolvimento intelectual, originalidade, segurança emocional e controle quando comparados com filhos de pais autoritários e cheios de rejeição (Pervin, 1993). No entanto, o fator mais significativo que surge das pesquisas é a importância crítica da percepção que as crianças têm da forma como são avaliadas pelos pais. Quando sentem que essa avaliação é positiva, elas tendem a ter sentimentos positivos com relação a si mesmas e ao corpo; e, quando acham que é negativa, desenvolvem insegurança e sentimentos negativos com relação a si mesmas e ao corpo. Portanto, a visão que uma criança tem do próprio valor é determinada pelo tratamento respeitoso, atencioso e de aceitação que recebe de pessoas significativas em sua vida: "Na verdade, avaliamos a nós mesmos tal como somos avaliados" (Coopersmith, 1967, p. 37).

Crianças com muito amor-próprio são mais positivas, independentes e criativas, tendem a aceitar menos as definições sociais da realidade, a não ser que elas estejam de acordo com suas próprias experiências; elas também tendem a ser mais flexíveis e imaginativas e mais capazes de encontrar soluções originais para os problemas do que as crianças com pouco amor-próprio, que tendem a ser mais submissas e fechadas, além de muito menos independentes (Coopersmith, 1967). Essa pesquisa também confirma que o amor-próprio tem origem no grau de aceitação, de interesse, de afeto e de calor expresso no que concerne à criança, e revela que mães de crianças com muito amor-próprio são mais amorosas e têm relacionamentos mais íntimos com seus filhos do que as mães de crianças com pouco amor-próprio. As demonstrações de atenção e de preocupação por parte do pai também são importantes. Adolescentes que têm relacionamentos mais íntimos com seus pais apresentam um amor-próprio maior do que outros jovens com relações mais distantes e menos pessoais. O interesse demonstrado pelos pais parece ser interpretado pelas crianças como um indício de que elas merecem ser alvo de preocupação, de atenção e de investimento de tempo por parte de pessoas significativas, sendo, como conseqüência, significativas em si.

Outro elemento determinante do amor-próprio relaciona-se com a permissividade e o castigo. Os pais de crianças com muito amor-próprio estabelecem e implementam diretrizes claras de conduta e recompensam o comportamento desejado. Por outro lado, os pais de filhos com pouco amor-próprio fornecem poucas diretrizes às crianças e são ásperos ao tratar com elas, tendendo a usar a força e a negação do amor como punição, em vez de recompensar o comportamento desejado. Ao passo que os pais de crianças com muito amor-próprio estabelecem e implementam um amplo conjunto de regras dentro de limites definidos que não são impostos, reconhecendo os direitos e as opiniões das crianças, os pais de crianças com pouco amor-próprio estabelecem poucos e mal definidos limites, mostrando-se autocráticos, ditatoriais, com muita rejeição e sem aceitar nenhum compromisso no seu método de controle. Essas constatações podem ser resumidas da seguinte maneira:

> A afirmação mais geral sobre a origem do amor-próprio pode ser resumida em três situações: *aceitação* total ou quase total das crianças pelos pais, *limites* claramente definidos e implementados; e *respeito* e aceitação para com as ações individuais que se dêem dentro dos limites definidos.
>
> Coopersmith, 1967, p. 236

O amor-próprio é uma medida pessoal de valor. É a avaliação que você faz e normalmente mantém com relação a si mesmo e, como tal, é uma característica duradoura da personalidade e não uma atitude momentânea ou específica com relação a determinadas situações individuais. Portanto, a sensação de ser ou não merecedor de cuidados e carinhos provavelmente acabará permanecendo durante toda a sua vida. Disso se conclui que, caso você se julgue não merecedor, provavelmente irá cuidar menos de si mesmo, tendo menor capacidade de abordar suas necessidades e maior probabilidade de adoecer como resultado disso. Por esse motivo, o amor-próprio parece ser uma necessidade fundamental de desenvolvimento, essencial para a saúde.

Não resta a menor dúvida de que as pessoas que procuram ajuda psicológica freqüentemente sofrem com a falta de amor-próprio e com sentimentos de inadequação, de incompetência, de inferioridade e de insignificância, que são a base para a tristeza, a depressão e a ansiedade (Coopersmith, 1967). Isso nos leva a outra pergunta: será possível uma pessoa desenvolver o amor-próprio se as suas condições necessárias não estiveram presentes no início da vida? Carl Rogers, apesar de insistir que o potencial para a saúde, para a totalidade, para a integração e para a realização pessoal se encontra dentro da pessoa, afirmava que as condições para facilitar o seu desenvolvimento podem estar em uma relação terapêutica íntima, emocionalmente cálida e aceitadora, livre de ameaças e de avaliações, e na qual o indivíduo tenha a liberdade de ser ele mesmo — em outras palavras, que fornece exatamente as mesmas condições necessárias para promover o amor-próprio na relação entre os pais e a criança: "Posso resumir a hipótese geral numa única frase: se eu puder fornecer um determinado tipo de relação, a outra pessoa irá descobrir nela mesma a capacidade para usar esse relacionamento para o desenvolvimento; como conseqüência, as mudanças e o desenvolvimento pessoal irão ocorrer" (Rogers, 1961, p. 33).

O tipo de relacionamento terapêutico que Rogers procurava fornecer tem três qualidades particularmente significativas, a primeira das quais é a autenticidade do terapeuta. Para conseguir isso, o profissional precisa ter, na medida do possível, consciência dos seus próprios sentimentos e ser capaz de expressá-los sempre que isso for apropriado, em vez de apresentar algum tipo de fachada superficial.

A segunda qualidade necessária no terapeuta é uma consideração positiva e incondicional pela pessoa — a capacidade de valorizar, de respeitar e de cuidar do paciente, independentemente de suas condições, de seu comportamento, de sua atitude e de seu sentimento. A terceira qualidade é a empatia, a capacidade de compreender e de ouvir de verdade, o desejo contínuo de compreender o sentimento e o sentido que a outra pessoa está vivendo.

Rogers afirma que dentro de um relacionamento assim há uma liberdade implícita para explorar o eu, tanto no nível consciente como no inconsciente, e que nessas condições a pessoa passa do medo e da defesa dos sentimentos interiores para a aceitação e a expressão deles, da falta de contato com os sentimentos para uma maior consciência deles, de viver a vida segundo os valores impostos pelos outros para vivê-la de acordo com os valores registrados pelo eu no presente, da desconfiança para a confiança com relação aos aspectos espontâneos do eu tendo uma maior liberdade e escolhendo opções mais responsáveis. Basicamente, a terapia proposta por Rogers fornece uma situação na qual o indivíduo aprende a ficar livre do controle imposto pelos outros.

O conceito de terapia defendido por Rogers aproxima-se bastante da palavra grega original *therapeia,* que significa atenção, assistência, na qual o terapeuta passa a ser o agente que dá atenção a uma pessoa. O simples fato de se mostrar atencioso, interessado, aberto e genuíno é, na opinião de Rogers, terapêutico, provocando mudanças positivas e um desenvolvimento que impele a pessoa rumo à totalidade e à saúde.

Essas mesmas condições e resultados são relevantes para a cura ou a terapia de si mesmo: se você der atenção a si mesmo de maneira aberta e interessada, com respeito, ouvindo cuidadosamente a si próprio sem emitir julgamentos, dando liberdade para explorar seus aspectos conscientes e inconscientes e tentando compreender os sentimentos e os significados pessoais de suas experiências, o desenvolvimento e o avanço rumo à saúde serão facilitados. O exercício seguinte é direcionado para a promoção do desenvolvimento.

EXERCÍCIO CINCO

Imagine que está sentado ou deitado ao sol, sentindo o calor penetrando na pele e eliminando tensões, dores e mal-estar. Imagine essas áreas de tensão, de dor e de desconforto como gelo que se derrete aos raios do sol, gotejando ou escoando para fora do seu corpo, deixando-o com uma sensação de calidez, de parecer "pesado como chumbo e agradavelmente descontraído. Observe todas as áreas onde o gelo parece ser especialmente espesso, sólido e resistente ao calor do sol e fixe sua atenção para dissolver as tensões nesses lugares. Em seguida, imagine o calor do sol dissolvendo suas tensões mentais, suas preocupações e seus conflitos, deixando sua mente vazia. Depois disso, aproveite a luz do sol por algum tempo, relaxando.

Agora, imagine que você é uma semente plantada em algum tipo de meio. Qual é a espécie de sua semente? Que tamanho, forma, cor e textura ela tem? Em que tipo de meio você está plantado? Qual é a cor desse meio? Sua textura é leve ou pesada, rica ou pobre, úmida ou seca? Esse meio lhe fornece as condições adequadas para o crescimento?

Observe agora suas raízes: a quantidade, a cor, o comprimento, a direção de crescimento e a facilidade com que penetram (ou não) no meio. Elas são profundas ou curtas, se espalham ou são localizadas, são fortes ou fracas? Elas encontram algum tipo de obstáculo ao seu desenvolvimento? Em caso positivo, que obstáculos são esses e qual é o efeito deles sobre o crescimento das raízes?

Observe agora como sua semente desenvolve um broto ou vários brotos. Qual é o grau de dificuldade para que isso aconteça? Há muita resistência a ser enfrentada? De que natureza ela é? Quantos brotos apareceram? Observe a cor, a textura e outros detalhes deles. Eles crescem de maneira reta ou distorcida? Com que facilidade eles chegam à superfície e quantos não

conseguem fazer isso? Quantos brotos emergem do meio e de que maneira isso ocorre?

Observe o contexto e as condições nas quais a nova planta começa a crescer e também o processo de crescimento. Esse ambiente supre as necessidades de crescimento da planta? De que maneira a planta cresce? Ela conta com algum tipo de apoio? Em caso positivo, que apoio é essé?

Agora, preste atenção à planta propriamente dita. Observe se ela está ou não florida, se está dando frutos; note também o tamanho, a cor e as condições de cada uma dessas características.

Observe também o tamanho, a cor e as condições das folhas, notando se são saudáveis, doentes ou se estão com parasitas. Observe ainda a cor, a quantidade, a força e as condições da haste, ou das hastes.

Quão saudável é a sua planta? Do que ela necessita para realizar seu potencial de flores e frutos? Essas necessidades estão sendo atendidas? Em caso negativo, como poderiam ser atendidas?

Observe agora a planta terminando seu ciclo de vida, ou seja, murchando e morrendo. O que ela deixa, se é que deixa alguma coisa? Quais são seus sentimentos ao observar esse processo?

Deixe que essa imagem se desfaça. Quando isso tiver acontecido, reserve o tempo que for necessário para anotar sua experiência e todas as coisas aprendidas graças a ela, observando principalmente o que você pode aprender com ela com relação ao que necessita para ser saudável e para desenvolver a totalidade do seu potencial.

Comentário

A semente

A semente é um óvulo vegetal maduro e fertilizado, formado por um embrião e pelo seu estoque de alimento cercados por um invólucro protetor, que tem a capacidade de se desenvolver e se transformar numa planta. Conseqüentemente, ela é a origem da planta e possui suas potencialidades, ou seja, suas capacidades latentes e inerentes de crescimento. Ela pode ser um símbolo muito forte para os potenciais e capacidades latentes de uma pessoa, e seu exame atencioso e detalhado pode revelar o que é necessário para que esses potenciais e essas capacidades se concretizem. Independentemente do tipo de semente imaginada, cada uma tem caráter e potenciais próprios e diferentes necessidades de crescimento, de modo que as condições apropriadas para um tipo de semente podem não ser as melhores para outra.

Todos os tipos de sementes são imaginados no exercício acima, incluindo vários tipos de nozes, caroços e bulbos. Bolotas de carvalho, grãos de milho, sementes de girassol, feijões, sementes de melão, de laranja, de maçã e de agrião também são bastante freqüentes, se bem que a lista das possibilidades seja praticamente interminável. Cada semente deve ser considerada de acordo com seu caráter único e ímpar, como uma espécie de semente e como um exemplo individual daquela variedade particular. Considerando-se o caráter único de cada semente, não é possível considerar um tipo como sendo melhor ou pior do que outro, apesar de existir a possibilidade de se considerar uma semente de uma variedade particular como sendo menos viável, menos robusta ou prolífica do que outras do mesmo tipo ou do que outras de uma variedade diferente. No entanto, certas características são válidas para todas as sementes, principalmente o potencial que elas possuem para o crescimento em geral e para o desenvolvimento de características especiais e um certo grau de proteção dessas qualidades. Como conseqüência disso, o exame dessas características pode resultar em observações e informações úteis quanto às possibilidades de expressão pessoal.

Um homem descreveu uma semente de grão-de-bico, gorda e cheia de alimento, o que ele interpretou como sinal de um grande potencial. Outro homem apresentou a imagem de uma semente muito robusta, plantada num solo úmido e bastante arejado que supria todas as suas necessidades de crescimento, uma indicação (para ele) de que sua capacidade para aproveitar todo o seu potencial dificilmente poderia ser aumentada. Uma mulher se descreveu como uma semente segura e satisfeita, sem nenhuma vontade de desenvolver raízes: "Eu me senti agradavelmente guardada, um pouco fechada em mim mesma, não querendo ter de me espalhar." Como freqüentemente ocorre nos exercícios de visualização, é possível reconhecer nessa resposta que a complacência é uma defesa contra o crescimento e a mudança — nesse caso específico, o crescimento e o desenvolvimento de uma natureza bastante básica, e uma resistência diante de qualquer expressão do potencial pessoal. Além disso, nesse caso, como em muitos outros, o medo surge como a dificuldade subjacente, a mulher descrevendo-se como uma semente "que tinha de olhar sobre os ombros para enxergar quem poderia me ver, me interromper ou me atrapalhar".

Algumas pessoas pulam o estágio da semente, vendo-se imediatamente como plantas. Um homem interpretou isso como típico de sua impetuosidade e de sua impaciência para atingir seus objetivos, mas compreendeu que sem atenção à semente, sua planta "jamais teria chances" de um bom desenvolvimento. De fato, muitas pessoas que imaginam uma planta mas não uma semente compreendem que, fazendo isso, não têm a menor idéia de onde estão vindo, nenhuma idéia de quem e do que realmente são e, portanto, nenhuma idéia da verdadeira natureza do seu potencial.

Alguns imaginam uma semente, mas não têm a menor idéia quanto ao seu tipo até que ela cresça, quando freqüentemente descrevem sua surpresa diante dos resultados. Isso indica que eles estão à procura de uma identidade, buscando descobrir quem e o que realmente são e também que, na medida em que não têm consciência desses fatores, não sabem quão adequadamente suas necessidades estão sendo atendidas. Outras pessoas identificam de maneira errada as suas sementes, e depois descobrem que o bulbo que julgavam ser de uma tulipa é de um gladíolo. Isso pode ser considerado como um engano compreensível por causa da semelhança entre os bulbos e da natureza das plantas, mas nos casos em que as sementes são muito diferentes na aparência e as plantas resultantes muito diferentes na natureza, isso pode causar mais perplexidade, como quando uma pessoa imagina ser um girassol que, depois de crescer, se transforma num carvalho frondoso. Apesar de serem obviamente diferentes, essas plantas também possuem características semelhantes, tais como altura, força, sombra, durabilidade, praticidade e produtividade, apesar das diferentes condições e necessidades para o crescimento.

Por vezes, o produto potencial da semente é muito diferente do que foi imaginado pela pessoa: uma semente de capim ou de trigo se transforma numa flor decorativa ou talvez numa erva daninha, sem nenhuma utilidade prática. Isso pode refletir a confusão básica de uma pessoa no que se refere à própria identidade e à natureza do seu potencial. A confusão muitas vezes ocorre num estágio posterior do crescimento, quando a disparidade entre a identidade atribuída à semente e a planta resultante se evidencia, ou pode ser uma característica do estágio inicial do desenvolvimento, quando essa confusão se manifesta como ansiedade. Muitas vezes, isso provoca incerteza e dúvida, como foi indicado por uma mulher que constantemente se perguntava: "É isso o que realmente sou?", em cada fase do seu desenvolvimento; a primeira alternativa mencionada acima pode dar origem a choques, negações e rejeições. Foi o caso de uma mulher que, convencida que sua semente era um resistente girassol, teve de constatar, depois que era um simples pé de agrião. Ela recusou-se a aceitar isso como sendo um reflexo verdadeiro do seu potencial ou de sua identidade e imaginou a possibilidade de jogar a planta no mar, por considerá-la totalmente inútil. Depois, ela viu que passara grande parte de sua vida "mergulhada" em lágrimas (água salgada), ressentida com a perda de potenciais que nunca tivera, não permitindo ao mesmo tempo o desenvolvimento dos potenciais que tinha. Uma outra mulher, que ficava o tempo todo dizendo que estava "na hora" de saber quem era, acabou se transformando numa flor não identificada, que produziu uma espécie de "campânula".

Em alguns casos, a "semente" pode não ser reconhecida como tal. Um jovem imaginou algo semelhante a uma lágrima ao lado dela que, em vez de raízes, produziu barbatanas, permitindo que a semente tivesse movimentos e, aos poucos, se transformasse num peixe. Isso sugeriu a ele que não estava preso a um determinado lugar, como seria o caso de uma planta, mas que tinha liberdade e velocidade, podendo escapar rapidamente de qualquer situação de perigo.

Os sentimentos e pensamentos evocados por essas imagens de sementes podem ter um significado considerável relacionado com o desenvolvimento e o crescimento físico e emocional da pessoa. Barbara Levine (1991) identifica catalisadores para reações físicas e emocionais, que ela chama de "pensamentos-sementes". Ela os define como pensamentos que ocorrem freqüentemente a uma pessoa e que se originam de suas crenças básicas ou as criam. "Da mesma maneira como o núcleo de uma maçã contém sementes que se transformam em macieiras, você também tem crenças básicas que o moldam" (p. 49). Essas crenças básicas, diz ela, são as idéias e premissas básicas sobre as quais criamos os pensamentos e as ações do dia-a-dia. Portanto, segundo Levine, um pensamento-semente é uma idéia plantada na mente que cresce e se manifesta nessa pessoa. Isso pode ou não ser positivo e ajudar a promover a saúde. Na verdade, os exemplos apresentados acima são ambos potencialmente pouco saudáveis. O problema da mulher no que se refere à ansiedade se traduz numa preocupação com o tempo, que é um importante fator que contribui para o *stress* e para distúrbios associados ao *stress*, a assim chamada "doença da pressa" (Graham, 1990). Do mesmo modo, o homem com a semente "piscosa" prevê perigos, o que sugere ansiedade, nesse caso, do tipo "que flutua livremente", quando uma pessoa é incapaz de relacionar seu estado de tensão a um objeto exterior. Essa ansiedade alerta o ego ou o eu para os perigos de maneira a poder agir, e fazendo isso, mantém a pessoa num estado de prontidão psicológica e física que constitui uma situação perpétua de *stress*, provocando um inevitável desgaste dos recursos pessoais.

O meio de crescimento

Segundo Levine, as atitudes que cercam o pensamento-semente determinam sua potência, exatamente como o solo em torno de uma semente determina a força e a vitalidade de uma planta. Geralmente, o meio no qual a semente é plantada costuma ser interpretado pelas pessoas em termos das atitudes e emoções que as cercaram na primeira fase da vida, quase sempre se relacionando com o que pode ser pensado como a cultura familiar. Através dos seus relatos fica claro que estas experiências são determinantes muito poderosos do desenvolvimento pessoal.

O meio de crescimento pode ser percebido como positivo, como no caso da mulher que descreveu "um meio macio e cálido, que me fornecia tudo sem que eu precisasse pedir", permitindo que ela estabelecesse raízes firmes. Ela se descreveu como tendo sido uma criança delicada, totalmente dependente da família para a sobrevivência e, apesar de não ser mais vulnerável na fase atual, continuava dependendo da família em termos de apoio.

No entanto, tipicamente o meio descrito pela maioria das pessoas não consegue satisfazer as necessidades da semente de alguma maneira, mesmo nos casos em que está fundamentalmente correto. Assim, uma mulher que imaginou sua semente crescendo num bom solo de turfa por baixo de uma camada de calcário achou que esta refletia sua visão de que a vida familiar na última parte da infância não era tão saudável como fora antes, tendo se modificado depois da morte do pai, vitimado por uma longa e grave doença quando ela tinha dez anos. De modo semelhante, outra mulher imaginou o solo bom e nutritivo, no qual sua semente foi plantada, cedendo cada vez mais, deixando suas raízes expostas e inseguras. Foi impossível manter o solo fixo em torno das raízes e, como resultado, a planta murchou e foi incapaz de produzir frutos. Como conseqüência disso, o grande potencial da semente não se concretizou, apesar da boa qualidade do meio inicial de crescimento, que lhe foi tomado.

Em alguns casos, o meio de crescimento é deficiente em um único detalhe. Uma jovem descreveu sua semente plantada num solo fofo e argiloso, com muitos elementos nutritivos, oferecendo pouca resistência ao crescimento das raízes, permitindo o estabelecimento de um amplo sistema de raízes. Ela achou isso bastante coerente com a primeira fase da sua vida; pois fora criada por pais que tinham um casamento feliz e que davam aos filhos muito respeito e amor. Ela ficou surpresa quando, depois, imaginou esse solo como sendo um pouco seco, mas associou isso a um período da adolescência quando passou "por uma fase bastante difícil", rebelando-se contra a autoridade em casa e na escola. Refletindo a respeito de tudo, ela concluiu que tivera "um excesso de vida boa, um excesso de atenção e de amor, e pouca disciplina". Seu solo estava relacionado com essa falta de disciplina e às suas reações quanto a isso, que a deixaram com sentimentos de culpa por causa do comportamento adotado para com sua família.

A aridez ou a falta de umidade no meio de crescimento é uma característica mencionada com bastante freqüência. (Por motivos que serão examinados no Capítulo Nove, isso geralmente está associado aos aspectos emocionais da experiência da pessoa.) Em alguns casos, essa falha é superada com ajuda exterior. Uma mulher imaginou sua semente colocada na areia, onde lançou raízes e se transformou numa tamareira, ajudada por "outros" que a regavam. Os fornecedores da tão necessária umidade por vezes são especificamente mencionados, como no caso da mulher que descreveu sua semente crescendo "num jardim formal muito bem organizado", sempre regado pela mãe.

Às vezes, a falta de umidade no meio de crescimento é superada pela própria semente. Um caroço de maçã, plantado num imenso deserto, foi capaz de obter a água necessária graças a centenas de raízes que se espalhavam por uma área de muitos quilômetros quadrados, alimentando a semente. No entanto, apesar de a semente conseguir sobreviver nessas condições, ela não deu origem a uma planta. Outra mulher que viu sua semente plantada numa duna de areia seca, batida pelos ventos e insegura, imaginou uma maneira de se adaptar à situação. De fato, ela constatou que desenvolvendo raízes largas e profundas, ela não apenas resistia à situação, como também ajudava a fortalecer a própria duna em vez de ser destruída com ela. Graças à amplificação, as raízes também podiam obter e armazenar água para usar em períodos particularmente secos. Essa imagem mostra que, buscando apoio em áreas mais distantes durante sua fase de desenvolvimento, ela conseguiu segurança numa situação árida e insegura, mantendo as coisas coesas em vez de permitir que elas desandassem.

Ao contrário daqueles cujos meios de crescimento são muito secos, alguns imaginam que se encontram num lugar com umidade excessiva. Uma mulher se descreveu como uma semente plantada sozinha no meio de um enorme campo barrento, que lhe causava uma sensação de sufoco e desejo de fugir. Para ela, aquele pântano representava a amargura e os ressentimentos com relação aos pais por causa da falta de atenção deles quando era criança.

Algumas das pessoas que inicialmente acham que suas sementes estão num lugar muito úmido depois descobrem que isso é apropriado para a planta, como no caso do agrião e de várias flores aquáticas. Alguns ficam alarmados ao constatar que estão no mar, por achar que o mar é mortal para todas as plantas; mas, depois descobrem que suas sementes são de um tipo de alga. Na verdade, a água é um meio de crescimento mencionado com bastante freqüência.

É possível que uma semente esteja num ambiente úmido sem estar na água, como foi exemplificado pelo relato de uma jovem que se viu como um caroço dentro de uma laranja úmida e doce, "adorando a experiência", reconhecendo a casca grossa da fruta como uma proteção contra sua insegurança e também como indicação do seu desejo de se proteger contra qualquer tipo de mágoa.

Além da falta ou do excesso de umidade, o meio de crescimento pode ter outras falhas, principalmente a ausência ou o excesso de calor. Quase todas as pessoas dizem que o calor é essencial para o crescimento da semente. Muitos especificam que o meio é frio demais para permitir uma germinação fácil, ao passo que outros dizem que o calor acelerou o crescimento. Em alguns "ambientes estéreis", o calor faz as sementes ou os brotos iniciais murcharem, causando assim uma interrupção no processo de crescimento.

Outra necessidade relacionada com o meio de crescimento é a disponibilidade de elementos nutritivos adequados. Uma mulher disse que seu meio necessitava de uma quantidade maior de fertilizantes. Um homem mais realista, que disse que seu meio necessitava de mais esterco, compreendeu depois que "a droga que preciso enfrentar no trabalho na verdade é necessária para o meu crescimento e desenvolvimento". Isso reflete uma importante característica dessa criação de imagens: ela mostra que as necessidades de crescimento não satisfeitas pela cultura familiar muitas vezes precisam ser atendidas em estágios posteriores do desenvolvimento. As pessoas que imaginam o meio de crescimento como mínimo, por exemplo, no caso dos que descrevem semente crescendo em chumaços de algodão, geralmente compreendem que isso é insuficiente para sustentar um desenvolvimento contínuo. Assim, uma mulher que imaginou sua semente crescendo em algodão umedecido compreendeu que, apesar de sua infância ter sido cálida e confortável, ela também foi superprotegida e não foi preparada para enfrentar de forma adequada os desafios da vida adulta. No entanto, um homem que viu sua semente germinando no nada e só conseguindo sobreviver, em vez de se desenvolver, compreendeu que era um sobrevivente dotado com o potencial necessário para se desenvolver num contexto mais propício.

Raízes

Entre várias outras definições, o *Collins English Dictionary* oferece as seguintes para a palavra "raiz": "órgão de uma planta superior que ancora o restante da planta no chão, absorvendo água e sais minerais do solo"; "a natureza ou parte essencial, fundamental ou primária de algo"; "origem ou derivação, principalmente como fonte de crescimento, vitalidade ou existência"; ou, ainda, "a sensação que uma pessoa tem de pertencer a uma comunidade, um lugar, etc., principalmente onde nasceu ou foi criada". No contexto do atual exercício, as raízes tendem a ser uma indicação do senso de segurança de uma pessoa ou do seu embasamento dentro da cultura ou do meio inicial de crescimento.

As sementes ou plantas podem ser imaginadas sem raízes. Invariavelmente, os que fazem isso dizem ter pouco ou nenhum senso de segurança ou não pertencer a nenhum lugar. Uma mulher, que se imaginou como um ramo cortado dentro de um copo com água, disse que foi informalmente adotada logo após o nascimento em circunstâncias incomuns e que nunca sentira que realmente fazia parte de sua família "adotiva" nem de nenhuma outra. Alguns afirmam que "nem vale a pena mencionar" suas raízes, por serem curtas, fracas, pálidas e insignificantes. Um homem associou a inadequação de suas raízes aos sentimentos que tinha com relação à família, dizendo que, depois do divórcio dos pais, quando ainda era criança, ele perdera o contato com o pai e os avós paternos; seus únicos relacionamentos mais importantes tinham sido com a mãe e a irmã.

Algumas pessoas encontram dificuldade para imaginar a semente desenvolvendo raízes. Uma mulher, que descreveu suas raízes sendo mordiscadas por patos, lembrou-se da disputa com os pais, que brigavam constantemente entre si e com ela. Sensações de ansiedade tendem a ser associadas a raízes pouco profundas ou inadequadas, principalmente quando as plantas são sólidas e de grande porte, como girassóis ou ciprestes; ou, em determinadas circunstâncias, como ventos intensos, pressões ou ataques por parte de animais. As raízes curtas podem ser um sinal de falta de permanência. Isso não é incomum no caso de famílias itinerantes, principalmente as que viajaram por muitos países; essas pessoas descrevem raízes curtas como indicação de que nunca fincaram raízes de verdade em nenhum lugar. Uma mulher que só conseguia imaginar raízes laterais percebeu que isso refletia a crença de que suas raízes se encontravam num outro país e não no solo inglês sob seus pés.

De fato, muitos dos problemas com relação às raízes ocorrem porque as pessoas acham que estão crescendo no lugar errado. Isso é particularmente verdadeiro no caso de árvores, de arbustos de grande porte ou de outras plantas que crescem em jardineiras e outros recipientes, às vezes em ambientes fechados, e não ao ar livre. Geralmente, esses recipientes são sinônimo de segurança, mas, também, de restrição, de prisão e de obstáculo ao crescimento. Um homem se confessou "revoltado" e disse "não ter para onde ir" quando percebeu que suas raízes estavam presas num pesado vaso de cerâmica vermelha, apesar de estar cercado por um imenso espaço livre. Ele sentia a necessidade de "espatifar" o vaso para poder respirar com mais liberdade. Outros que sentiram suas raízes excessivamente confinadas pelos recipientes também registraram a necessidade de explodir ou de escapar através dos buracos existentes na parte inferior dos vasos. Uma estudante reconheceu o grande vaso negro, onde imaginava estar crescendo, como a família que a prendia demais. Ela achou que isso era particularmente válido com relação a um determinado membro da família que, fornecendo-lhe uma gorda mesada, a estava libertando de preocupações financeiras, mas, também, lhe impunha pressões para produzir bons resultados e a obrigava a grandes esforços nos estudos acadêmicos. No entanto, como resultado direto do exercício, ela foi capaz de conversar com a pessoa sobre a questão e depois se sentiu muito aliviada.

Muitas pessoas descrevem raízes presas e confinadas em vasos, mas são incapazes de se livrar desses recipientes. Elas dependem de outros para serem transplantadas, de maneira que a vida delas é controlada pelos outros. Na maioria dos casos em que ocorre um transplante, o crescimento posterior é rápido e satisfatório, mas a confusão causada por transplantes sucessivos pode ser traumática. Muitas pessoas identificam as dificuldades associadas com esse modo de perder as raízes, como quando são mandadas para um internato ou são obrigadas a mudar de escola, de casa ou de bairro, ou, pior ainda, quando são transferidas para outra família.

Além do confinamento e do deslocamento, podem existir outros obstáculos ao crescimento, tanto dentro do meio de crescimento como em torno dele. Um homem descreveu como forçava a passagem através dos obstáculos no solo até aprender a contorná-los; ele reconheceu isso como um reflexo de sua teimosia.

Em comparação com as pessoas que descrevem restrições com relação às suas raízes, muitos dos que se imaginam crescendo na água descobrem um grande sentido de liberdade. Uma mulher, que inicialmente tentou retirar sua semente da água, percebeu que isso não significava nenhum tipo de restrição, permitindo um desenvolvimento "em todas as direções desejadas". Um homem descreveu as vantagens de flutuar na água com raízes livres como "ser capaz de movimentos livres, procurando os lugares com a maior concentração de elementos nutritivos".

A sensação de liberdade também foi enfatizada por uma mulher que imaginou uma semente transportada pelo ar, flutuando sobre um campo antes de pousar no solo, onde criou raízes. No entanto, algumas pessoas imaginam plantas aéreas ou epífitas, que crescem sobre outras plantas ou sobre estruturas sólidas. Apesar de não terem necessariamente uma natureza parasitária, elas, mesmo assim, necessitam da presença dessas outras estruturas, tendendo a depender delas e não tendo nenhuma sensação de liberdade.

As necessidades emergentes

Para a grande maioria das pessoas, o momento em que emergem do meio onde estão crescendo também representa o primeiro contato com o mundo além da família mais próxima. Para alguns, esse momento é traumático, o que se reflete na sua criação de imagens. Um homem, cujos brotos tinham dificuldade para chegar à superfície por causa do solo pesado, admitiu que sofrera grandes pressões na escola e também, mais tarde, durante a adolescência. Em alguns casos, a exposição a um ambiente mais amplo que a família representa um desafio ao conceito que a pessoa tem de si mesma. Assim, uma mulher ruiva que inicialmente achou que era um melão — exótico, cálido, suave e muito doce — ficou chocada ao chegar à superfície e descobrir que era uma cenoura — comum, suja de terra, dura, bem menos doce e, desse modo, facilmente identificável pela cor dos seus cabelos.

Alguns brotos chegam à superfície fracos, mirrados e claramente sem saúde, indicando que suas necessidades não foram satisfeitas e que sua sobrevivência está em risco. O desenvolvimento deles depende da medida em que suas necessidades de crescimento são atendidas pelo ambiente mais amplo. Em alguns casos, os riscos são consideráveis. Um homem descreveu que seu único broto emergiu num lugar extremamente perigoso — um campo de futebol onde estava acontecendo uma partida. Os jogadores pisotearam o pequeno broto, mas, apesar do grande dano, ele continuou crescendo e se transformou num arbusto de caule lenhoso, impedindo que o lugar continuasse sendo usado para os jogos. Ele interpretou sua visualização como uma imagem da vulnerabilidade que sentia quando criança, descrevendo-se como "o avesso do durão", sempre pequeno, sensível, agitado e com grande imaginação. Ele interpretou o surgimento do broto no meio de um campo de futebol como representação da saída da segurança do lar para o "grande mundo"; seu desenvolvimento seria uma indicação da sua persistência e de grande força interior. Amedrontado e magoado por causa de suas primeiras experiências de vida, ele se tornou um adolescente inflexível e inseguro, mas, depois de uma crise no final da adolescência, começou a se transformar numa pessoa totalmente diferente e, como revelou o conjunto de criação de imagens, num tipo totalmente diverso de planta. Do mesmo modo, uma mulher, que disse ter surgido do solo como agrião e ter sido cortada, superou esse retrocesso e transformou-se numa frondosa macieira.

As condições existentes no mundo exterior podem tornar difícil para algumas pessoas o estabelecimento de uma identidade, como no caso de uma mulher que era incapaz de decidir se era um carvalho ou um girassol, pois todos os brotos desenvolvidos pela sua semente definhavam num ambiente de hostilidade. Para fazer uma comparação, uma jovem que se imaginou como uma planta crescendo num solo rico e fértil em meio a um jardim grande e bem cuidado, onde "não tinha liberdade para fazer o que quisesse", viu isso como um reflexo de sua infância muito feliz e protegida, se bem que bastante rígida, durante a qual fora resguardada da dura realidade da vida, a tal ponto que só veio a ouvir palavrões pela primeira vez no final da adolescência.

A planta

À medida que os brotos começam a crescer, muitas das condições para o crescimento da planta são transferidas para o ambiente mais amplo. Portanto, a condição em que a planta se encontra é uma indicação de até que ponto as suas necessidades estão sendo supridas. Uma mulher muito frágil, que sofria de mieloencefalopatia (ME), imaginou-se como um girassol anão (alguém chegou a sugerir que seria uma versão bonsai!). Não dispondo de calor suficiente no solo e no ambiente, compreendeu que, fazendo isso, ela sempre busca um encorajamento junto aos outros em vez de procurá-lo em si mesma. Outros descrevem suas plantas como moles e pouco saudáveis, com folhas caídas ou amareladas. Um homem, que disse que sua planta fora podada no passado, compreendeu que a doença que o afligia — suas mágoas e ressentimentos passados — não tinha sido totalmente erradicada, exigindo um tratamento especial.

Os girassóis parecem ser a melhor e mais comum expressão da força e do potencial da vida humana, pois são vitais, vibrantes, fortes, vigorosos, impressionantes, coloridos, capazes de atingir grandes alturas, de aspecto nobre, independente, imponente, versátil, útil, prolífico e fértil. No entanto, em muitos casos eles podem ser vistos como podados, raquíticos, distorcidos, subnutridos, frios e não produtivos. Mais do que qualquer outra planta, os girassóis também tendem a ser transformados em alguma outra coisa durante o crescimento. Em quase todos os casos em que isso ocorre, a semente ou a planta é descrita como não recebendo o calor necessário.

Uma jovem se viu como um girassol com rosto, braços e pernas dentro de uma grande tina preta cheia de terra de boa qualidade. Inicialmente, ela achou essa criação de imagens engraçada, até que reconheceu que representava sua tendência de nunca se levar muito a sério e de invalidar o seu potencial. Ela compreendeu que a sensação de nunca ser suficientemente boa molda e determina a grande maioria de suas reações, e que a ausência de uma boca no rosto do girassol significa sua dificuldade em dizer aos outros como realmente se sente. Outra mulher se viu como o único girassol em meio a uma porção de tomateiros. Comentou: "Sou uma intrusa; certamente a ovelha negra da família", e atribuiu a altura do girassol ao seu desejo de crescer o suficiente para se afastar da influência da família.

Outras pessoas se imaginaram como plantas crescendo no lugar errado. Um jovem se imaginou como uma dedaleira, mas plantada no interior de uma casa, onde não poderia realizar sua principal função, que é a de atrair as abelhas. Incapaz de crescer bem nessa situação, ela foi transferida para fora, ao lado da casa. De lá, ela tentou caminhar em direção a um bosque, mas não conseguiu fazê-lo porque ainda estava enraizada no contexto familiar do qual queria se livrar.

Alguns reconhecem que a planta imaginada representa uma decepção para os outros. Um homem se viu como uma planta decorativa no beiral de uma janela, e se descreveu com sendo "totalmente inútil", apesar de bonito e atraente, um reflexo do seu desejo de cultivar seus próprios interesses e não os papéis que lhe são impostos pelos outros. Fazendo isso, ele também compreendeu e ficou muito ressentido "por ser exatamente o que meus pais queriam que eu fosse: uma batata", passando a vida lá fora, debaixo da terra, num ambiente escuro, não aproveitando os prazeres possíveis, mas tendo certa utilidade.

Um conflito semelhante transparece na criação de imagens de uma mulher que visualizou o broto de uma tulipa ao lado de hastes de trigo. Estas representavam sua família de agricultores — os verdadeiros alicerces do trigo — e a expectativa criada desde muito cedo, nela, de que se casaria com um rico agricultor. Para irritação de alguns dos seus parentes, ela rejeitara esse sonho, afastando-se da família, o que se refletiu na tulipa que ainda precisava florescer e revelar suas verdadeiras cores.

Uma variação interessante desse tema foi fornecida por um rapaz cujo narciso se transformou num carvalho estéril. Ele viu isso como sinal de que "fizera o que queria" durante quatro anos de felicidade, dedicando-se aos seus interesses profissionais e não aos escolhidos pelos pais, mas, depois, cedeu aos desejos paternos e optou por uma profissão que odeia e considera como "infrutífera". Por outro lado, uma jovem, que deixou de ser um pé de trigo para se transformar numa amendoeira, se sentiu tão orgulhosa e feliz com a independência e tão envolvida em admirar suas flores que sequer notava as coisas que a cercavam. Ela deu a entender que esse egocentrismo e essa preocupação consigo mesma compensam a total falta de atenção por parte dos pais quando era criança, em relação aos quais continua tendo amargo ressentimento.

Se bem que a criação de imagens de algumas pessoas reflita a decepção dos outros com relação a elas, em alguns casos isso serve para refletir a decepção que sentem consigo mesmas. Uma mulher, que se viu como uma ervilha-de-cheiro pequena e bonita, mas insignificante e despercebida num jardim enorme, ficou desapontada com o fato de todas as flores serem azuis e não de cores diferentes. Ela reconheceu que essa imagem representava tanto o seu amor-próprio, que era pouco, quanto o fato de suas verdadeiras qualidades ou potenciais não terem se concretizado. Outra mulher ficou muito desapontada ao se ver como um lírio branco — forte, solitário, frio, com aspecto de cera e um pouco irreal — porque gostaria de se ver como um arbusto com muitos ramos. No entanto, ela reconheceu que o lírio refletia com exatidão a sua frieza e dificuldade de estabelecer relacionamentos com os outros. Como no caso da "mulher-cenoura", que se imaginou primeiro como um melão, isso dá a entender que a primeira imagem é o ideal e que as imagens posteriores são mais realistas.

Em alguns casos, a decepção com a planta impede que a pessoa veja qualquer coisa positiva nela ou que a encare de uma perspectiva diferente. Uma mulher, que considerou o agrião fraco, foi inicialmente incapaz e depois não quis apreciar seus pontos fortes, como a proliferação, a simplicidade e a capacidade de recuperação.

Quase todos acham que a planta reflete com exatidão seu caráter. E assim, as pessoas que se imaginam como plantas cheias de espinhos reconhecem que tendem a ser agressivas e defensivas. Os que se descrevem como ervas daninhas muitas vezes dizem ser resistentes e afirmam precisar dessa característica porque tendem a não ser devidamente apreciados, sentindo-se indesejados nos lugares onde se encontram. Outros reconhecem nas plantas imaginadas uma tendência para sufocar os demais, como no caso de heras e outras trepadeiras.

As incongruências aparentes também podem ser reveladoras, como no caso de uma mulher que se imaginou como uma laranjeira solitária em meio a um laranjal, explicando que "gostava das coisas assim", não tendo nenhuma vontade de permanecer entre os demais. Um homem, que se descreveu como um cacto muito alto situado acima de outras plantas semelhantes, e que explicou isso em termos de sua necessidade de estimulação intelectual e de companhias inteligentes, obviamente se considerava um pouco superior aos demais. Um homem de meia-idade imaginou-se como uma enorme malva roxa, muito robusta, vigorosa, alta, de rápido crescimento e amadurecimento precoce, produzindo muitas flores que atraíam aves de rapina, e depois "se voltou contra as crianças", não gostando delas, antes de "produzir sementes". Ele afirmou que isso resumia com exatidão a visão que tinha de si mesmo e de sua vida.

Muitas pessoas que descreveram um único e forte broto ou caule interpretam isso como uma representação do propósito de vida. Alguns indicam que pode transmitir uma sensação de inflexibilidade, de teimosia e de estreiteza de horizontes. Outros interpretam isso como sinal de independência e autoconfiança, ao contrário dos que acham que os vários apoios, estacas, treliças e coisas do gênero indicam dependência e necessidade de apoio exterior.

Recentes constatações de pesquisas agrícolas são pertinentes a essa questão. Buchan (1991) indica que gerações de jardineiros endossaram a opinião de que o uso prolongado de estacas é necessário para apoiar árvores jovens depois de plantadas. Entretanto, cientistas que trabalham para a Comissão Florestal Britânica constataram que as árvores que tiveram o apoio de estacas são mais fracas e vulneráveis aos ventos, tanto antes quanto depois da retirada dessas estacas. Essa opinião, observa

Buchan, é lógica e convincente, semelhante, basicamente, à idéia de que uma pessoa que esteja se recuperando de uma doença temporária se torna tão dependente da muleta que se mostra mais fraca quando deixa de usá-la do que se nunca a tivesse usado. De um modo bastante semelhante, quando um tronco não é encorajado a se dobrar ao vento quando jovem, ele não se desenvolverá de maneira apropriada, ou seja, ficando mais grosso na base, o que ajuda a estabilidade da árvore em ventos intensos. Ela também não desenvolve um grande sistema de raízes que lhe sirvam como âncora. Os pesquisadores afirmam que, com algumas exceções como os salgueiros, a grande maioria das árvores jovens requer uma estaca na base, e, mesmo assim, por um tempo limitado. Acredita-se que 18 meses seja um período mais do que suficiente em quase todos os casos, a não ser nos mais expostos às intempéries, ou seja, nas regiões litorâneas constantemente fustigadas por tempestades. Buchan conclui: "Pode parecer um dogma insensível, mas, quanto antes se permitir que uma árvore se sustente pelas próprias raízes, melhor... A melhor chance que podemos oferecer às nossas árvores é a chance de se curvar sem maiores problemas em situação de tempestade." Por esse motivo, ela aconselha aos jardineiros "investir tempo para verificar se você, ou melhor, se as suas árvores realmente têm necessidade dessas estacas". Esse conselho aparentemente também pode ser aplicado à variedade imaginativa.

Folhas

Parece banal sugerir que as folhas [*leaves*] podem estar relacionadas com o ato de partir [*leaving*], mas em alguns casos, é isso o que acontece. Um homem descreveu uma planta que apresentou muitas folhas na parte inferior, nascendo dos brotos que apareceram rapidamente acima da superfície do solo. Ele achou que isso seria um reflexo do fato de que, aos doze anos, ele teve de crescer rapidamente, precisando ser mais maduro e assumir mais responsabilidades em sua família sem pai do que seus amigos da mesma faixa etária, que cresceram em famílias "normais". Outro jovem se descreveu como hera crescendo à sombra de uma árvore, mas numa atitude pouco característica dessa planta, crescendo para longe da árvore, as folhas progredindo num formato de seta mas sem nenhum crescimento no caule — apenas uma profusão de folhas com forma de seta, numa única grande configuração, apontando para longe da árvore. Ele achou que o significado evidente disso é que seu caminho futuro está numa direção diferente da do seu lar, mas que ainda não está preparado para partir e abandonar sua segurança.

Crescer até a frutificação

As flores e os frutos de uma planta representam a soma do que ela conseguiu no decorrer de sua vida, e suas sementes contêm uma promessa para o futuro, mesmo depois de sua morte. Quase todas as pessoas imaginam suas plantas com frutos e flores, mas existem exceções. Alguns descrevem suas flores sendo destruídas ainda em botão ou se preocupam com a possibilidade de isto acontecer, como no caso de uma mulher já mencionada, cujo botão de tulipa cresceu ao lado do trigo. Outros consideram o pequeno número de flores como sinal de sucesso insuficiente; um homem, que imaginou apenas três flores na sua planta, considerou que isso era uma indicação de que não se esforçava o suficiente para realizar todo seu potencial; ele chegou a afirmar que, caso fosse mais ambicioso, sua planta seria maravilhosa, com uma grande quantidade de enormes flores exóticas. Uma mulher, cujas flores desabrochavam uma de cada vez, achou que isso significa que ela se abre cada vez para um único assunto; outra mulher, que descreveu uma planta com uma flor semelhante a uma tulipa, que ficava se movimentando em diferentes direções, assim como uma cabeça humana, viu isso como representando sua preocupação excessiva com o público. Um cacho com numerosas flores pequenas refletiu a crença de uma mulher de que, apesar de ter potencial em várias áreas, ela pouco fizera para aproveitar totalmente seus talentos, com uma tendência a iniciar muitas coisas com grande entusiasmo e depois perder o interesse, quando a perseverança se fazia necessária, refletindo falta de autodisciplina, o que ela explicava pela falta de disciplina imposta pelos pais na infância. Outra mulher, que se descreveu emergindo de um "bom ambiente de cultivo", mesmo assim imaginou seu girassol produzindo apenas folhas e flores, mas não sementes.

Essa é uma dificuldade mencionada por muitas pessoas e algumas chegam a ficar perturbadas, como uma mulher que viu suas sementes inférteis ou inexistentes como simbolizando a sua incapacidade de engravidar. Isso era algo particularmente frustrante para ela porque, como explicou, "afinal de contas, uma das melhores coisas num girassol é o fato de que uma única semente plantada resulta em muitas centenas de novas sementes". Certamente, há algo de incongruente e de pouco saudável num girassol que não consegue produzir sementes, mas, no contexto desse exercício de criação de imagens, isso acontece com bastante freqüência. A mulher anteriormente descrita como sofrendo de mieloencefalopatia e com um girassol "bonsai" disse que a flor representava sua incapacidade de produzir sementes e concluiu que, tal como sua planta, ela tinha a necessidade de um encorajamento para se esforçar mais e para obter tudo o que fosse necessário para conseguir a frutificação dos seus potenciais.

Não são apenas os girassóis que deixam de produzir os frutos esperados. Uma mulher mais idosa, que se imaginou como uma prímula noturna incapaz de produzir sementes, atribuiu isso à sua sensação de não ter conseguido nada de valor na vida. Do mesmo modo, um homem que admitiu ser enfadonho e excessivamente metódico, e que aparentava ter uma idade muito mais avançada do que tinha, descreveu-se como um arbusto anônimo com um único caule rígido e muito lenhoso; uma resistente e duradoura planta de interiores, sem flores nem frutas, com folhas que amarelavam e caíam antes de morrer; concluiu ele que esse comportamento indicava uma vida longa e infrutífera.

Por outro lado, algumas pessoas acharam que se "transformaram em sementes" depressa demais. Isso tende a ser verdadeiro no caso de muitos homens que formaram famílias cedo, tendo a impressão de que a juventude passou por eles sem deixar nenhuma marca. Essa visão também encontrou eco no caso de um homem que afirmava "não ter mais frutos para dar, porque já dei todos aos outros".

A morte

Alguns consideram a própria morte "prematura", como no caso de uma mulher que contou como sua tamareira foi cortada no auge da vitalidade e usada pelos outros para suas próprias finalidades; suas folhas foram aproveitadas para cobrir choupanas, metade do tronco foi usado como estaca de sustentação e a outra metade na fabricação de um bote. Durante esse processo, no entanto, uma criança descobriu um pequeno broto, que acabou sendo protegido e incentivado a crescer outra vez. Essa criação de imagem apresenta uma mistura de atitudes e de emoções: ressentimento com relação aos outros depois de uma vida de serviços prestados, mas também a consciência de certa continuidade e de lembranças depois da morte. Um tom emocional bastante diferente é sugerido no caso de um homem cuja macieira floriu e frutificou lindamente e que, por ocasião da morte, teve uma sensação muito positiva por ter prestado serviços e feito coisas boas. De fato, sua macieira morreu deixando um lindo legado, pois acabara de florir. Outro homem achou que sua morte deixaria um grande buraco vazio, o que foi indicado pelo fato de sua árvore, ao cair, criar uma enorme cratera. Muitos descrevem sentimentos e sensações positivas em relação a ter atingido seus objetivos, servindo para alimentar insetos depois de mortos ou desintegrando-se no solo e ajudando a torná-lo mais fértil.

Diversas criações de imagem indicam uma continuidade depois da morte — plantas que se regeneram por meio de suas sementes ou na forma de objetos que resistem por muito tempo. Muitas pessoas não imaginam suas plantas morrendo, mas reciclando-se todos os anos, uma situação muito bem exemplificada pelo caso de uma mulher que foi um galanto, flor que aparece no início da primavera e cujo desaparecimento não a deixou preocupada "porque, afinal, deixei todos com uma grande expectativa com relação ao verão e sabendo que voltaria no ano seguinte para anunciar outra vez o fim do inverno". Algumas imagens transmitem certa sensação de arrependimento e de oportunidades perdidas. Um homem viu três vagens na sua planta depois de ela ter murchado. Ele interpretou isso como algo positivo a que estava se atendo; um potencial que não se concretizara, que necessitara de algo para liberá-lo e para permitir sua frutificação completa. É tentador sugerir que essa imagem é algo que "poderia ter sido" e não algo que "foi".

Algumas das atitudes reveladas na criação de imagem não são muito positivas, podendo ser bastante alarmantes. Um jovem imaginou uma árvore sendo arrastada progressivamente para fora da floresta, deixando as outras árvores para trás e, depois, caindo num abismo e morrendo, sentindo grande ressentimento por ter sido morto de forma precoce, justamente quando estava gozando a vida. Ele reconheceu que esta criação de imagem refletia sua tendência para ficar à margem de vários modos e para distanciar-se dos demais, apesar de se recusar a reconhecer ou a aceitar as possíveis conseqüências dessa sua tendência. Alguns acharam que suas plantas ficaram aliviadas com a possibilidade da morte. O homem que considerava sua planta sem raízes como "não tendo chance alguma", sentiu alívio ao morrer e acabar com o sofrimento. Outro viu sua planta morrer pacificamente, "aliviada depois de uma vida muito movimentada".

No entanto, outros resistem à morte e também a qualquer idéia relacionada a ela. Uma mulher teve dificuldades em aceitar a morte porque sua planta ainda não produzira frutos. Ela achou que isso refletia sua sensação de não ter conseguido coisas importantes na vida e também o medo de não ter aproveitado seus potenciais e de viver arrependida quando mais velha. Outra mulher não quis morrer, mas constatou que suas folhas mortas alimentariam os pássaros e o solo e percebeu que voltaria a crescer após um certo período de incubação. Uma mulher, que imaginou ser uma laranjeira, resistiu à morte, "segurando-se" na vida enquanto isso foi possível. Outra planta recusou-se a morrer — uma samambaia que, a propósito, nunca morre num sentido convencional, reciclando-se de maneira constante por mais de um complexo processo de regeneração. Mesmo assim essa samambaia imaginária acabou caindo, sofrendo um grave ataque cardíaco.

Outras plantas não morrem no sentido comum da palavra; uma, por exemplo, foi encolhendo, "como um vídeo que está sendo rebobinado, até chegar à mesma semente inicial, viva e capaz de voltar a crescer". Outra inverteu seu processo de crescimento de expansão telescópica, até chegar a um "calmo retiro, a um estado a partir do qual pudesse crescer outra vez", refletindo a crença do seu criador na reencarnação. De fato, muitas pessoas acham que sua criação de imagens reflete a crença numa vida posterior ou numa vida depois da morte, ou, também, a falta dessas crenças. Às vezes, o medo da morte e o de morrer também se revelam em imagens negativas e terríveis, como a combustão, mas isso é bastante incomum.

No entanto, a morte imaginada na criação de imagens não se refere necessariamente a uma morte final e real, mas, sim, ao que a psiquiatra Elisabeth Kübler-Ross chama de "pequenas mortes" da existência, as transições e mudanças, as perdas e fracassos, os desapontamentos e retrocessos da vida cotidiana. Isso é exemplificado no caso de uma mulher que estava se adaptando a grandes mudanças em sua vida. Ela imaginou sua planta caindo e morrendo, mas, ao fazer isso, ela soltava uma semente no solo rico e fértil produzido a partir da sua própria decomposição; essa semente imediatamente começou a crescer numa situação melhor e atingiu a realização de todos os seus potenciais. Ela descreveu isso como seu sentimento de sinceridade com relação a si mesma, tendo aprendido com o passado e partindo para um novo início. Como muitas outras pessoas, ela passou a valorizar a sabedoria contida na seguinte observação feita por André Gide:

> É melhor ser odiado por ser o que se é do que ser amado por ser o que não se é.

CAPÍTULO SEIS

Como Elevar o Espírito

Certa vez, um tolo procurou uma fogueira com uma tocha acesa. Se soubesse o que era o fogo, poderia ter preparado seu arroz mais cedo.

De *The Gateless Gate*, J. Murray, 1934

DOENÇA DA ALMA

Abraham Maslow descreveu uma enfermidade que ele chamava de "a psicopatologia da média" — o estado normal de doença ou, literalmente, de doença da alma (do grego *psyche* = alma e *pathos* = sofrimento) resultante de necessidades não atendidas de autenticidade e auto-expressão; necessidades que são espirituais na medida em que se relacionam com a verdadeira essência, o âmago ou o espírito de uma pessoa; ao eu ou alma. Isso, afirmava ele, é "tão 'normal' e tão difundido que geralmente nem o percebemos" (1968, p. 16). Mesmo assim, como afirmou Jourard (1971, p. 31), "Por todos os lados vemos pessoas que venderam sua alma (ou seu eu verdadeiro) em troca de papéis".

Para os antigos gregos, o espírito, alma ou psique era a verdadeira fonte e essência da vida; uma força vital dinâmica, sinônima do eu. A experiência humana era concebida pelos gregos como feita de pares de qualidades opostas, e a alma como o equilíbrio geral ou a harmonia entre elas. Portanto, conservar certo senso de proporção ou um equilíbrio apropriado era de importância central para a visão de mundo deles e para o seu estilo de vida. Quando a proporção ou o equilíbrio se perdia, o mesmo ocorria com a integridade da alma, que se tornava desequilibrada, irracional ou fragmentada (do grego *ratio* = partir em fragmentos), e foram justamente as conseqüências trágicas da irracionalidade humana, da perda do senso de proporção, que o teatro grego mostrou de maneira tão dramática.

Todos os problemas humanos eram vistos como desarmonia, ou doença da alma, e todas as doenças como sintomas dessa psicopatologia subjacente ou dessa doença de alma; elas eram, portanto, fundamentalmente espirituais em suas origens. Como conseqüência disto, o tratamento era direcionado para a cura da alma ou para a psicoterapia, através da restauração do equilíbrio e da harmonia. O estudo da alma, ou psicologia, era, portanto, essencial para a cultura grega.

Essa preocupação com a alma e o seu desenvolvimento era comum a todas as culturas do mundo antigo. O etnopsicólogo Holger Kalweit (1988, p. 21) observou: "se a humanidade tem uma coisa em comum, certamente é a crença na existência de uma alma... Esse conceito pode ser encontrado praticamente sem exceções entre todos os povos e culturas tradicionais, e até mesmo na civilização moderna, se bem que apenas em grupos subculturais." Certamente, a idéia da alma como entidade animadora, separável, sobrevivente, como veículo da existência pessoal do indivíduo, está presente em toda a história ocidental, da Antigüidade aos tempos atuais. Jung disse que a história da psicologia ocidental até o século XVII consiste basicamente na enumeração das doutrinas relacionadas à alma; e, durante esse mesmo período, a medicina foi, em larga escala, a aplicação para a cura desses conhecimentos referentes à alma. Por esse motivo, os agentes da cura tradicionais não faziam nenhuma distinção entre a religião e a medicina.

No entanto, o advento do cristianismo afetou a prática da medicina de maneira bastante dramática. Tudo o que era considerado pagão foi sistematicamente eliminado, inclusive as práticas da medicina. Do Renascimento em diante, a cultura ocidental passou a reconhecer cada vez menos a importância da alma. No século XIX, a ciência se tornara a autoridade máxima na cultura ocidental, e os valores e significados anteriormente fornecidos pelas religiões organizadas foram, aos poucos, sofrendo um processo de erosão. Com a ascensão do materialismo econômico e de uma ciência mecânica, puramente orientada para os objetos, a cultura moderna passou a considerar a psique como um aglomerado de fatores biológicos, fisiológicos e socioculturais, o que fez com que a alma fosse considerada como uma noção primitiva e supersticiosa, sem nenhum conteúdo ou realidade. Como conseqüência, "a crença moderna na primazia das explicações físicas levou a uma psicologia sem psique", ou seja, sem alma. "Quanto a uma moderna psicologia científica que parta do espírito, isto simplesmente não existe" (Jung, 1960, p. 344).

O aparecimento da psicologia sem alma pode ser atribuída, em grande parte, à influência de Sigmund Freud, que, nas suas tentativas de desenvolver uma psicologia coerente com o pensamento científico da época, criou "um modelo de consciência humana que dispensava as aspirações espirituais, dando-lhes, inclusive, uma má reputação" (Jackson, 1992, p. 13). Freud era um inimigo proclamado da religião, considerando-a uma neurose universal obsessiva, uma ilusão que impedia o ser humano de atingir a maturidade e a independência.

Uma tal visão não chega a ser totalmente sem fundamento, uma vez que, como observou o teólogo Paul Tillich (1952), a religião pode reduzir a abertura do ser humano para a realidade e, principalmente, para a realidade que é ele mesmo. Ele reconheceu que, dessa forma, a religião pode proteger e alimentar um estado potencialmente neurótico, apesar de a religião em si não produzir nem apoiar uma autoredução patológica.

O psiquiatra Viktor Frankl (1969) achava que muitas pessoas na sociedade contemporânea vivem num vácuo espiritual e existencial que se origina do enorme abismo entre a necessidade de um significado na vida, por um lado, e, por outro, da falta de qualquer significado percebido. Ele afirmava que, como resultado dessa frustração do seu desejo por significados, muitas pessoas sofrem do que ele chamou de "neurose noógena", para a qual o remédio é a descoberta ou redescoberta do significado da vida. Essa opinião é partilhada por muitos psicoterapeutas e psiquiatras, incluindo R. D. Laing, que considerava muitas doenças mentais um desejo espiritual de significado, que, com bastante freqüência, é mal representado, baldado e incompreendido.

Apesar de as impressões dos clínicos não constituírem uma evidência firme, elas indicam que o significado da vida é uma importante necessidade humana. Irving Yalom, professor americano de psiquiatria, relaciona essa necessidade aos processos perceptivos fundamentais demonstrados pelos psicólogos da *gestalt*, através dos quais os estímulos captados são instantaneamente organizados em padrões ou *gestalts* da maneira descrita no Capítulo Um.

> Assim, quando nos são apresentados pontos aleatórios num papel de parede, nós os organizamos em figuras e áreas; quando deparamos com um círculo que se interrompe, automaticamente o percebemos como completo; quando deparamos com diversos dados comportamentais — por exemplo, um ruído estranho à noite, uma expressão facial incomum, um incidente internacional sem sentido — procuramos dar "sentido" a tudo isso, enquadrando o fato num arcabouço familiar de explicações. E quando qualquer um desses estímulos ou situações não se presta a uma padronização, nós nos sentimos tensos, irritados e insatisfeitos. Essa disforia persiste até que uma compreensão mais completa nos permita enquadrar a situação num padrão maior e reconhecível.
>
> Yalom, 1980, p. 462

Os estudos da psicologia da *gestalt* deixam claro que o ser humano tem necessidade de encontrar um sentido nos acontecimentos e estímulos aleatórios da sua vida do dia-a-dia, tentando impor um significado ou uma coerência a eles. Yalom diz que o homem também aborda sua situação existencial da mesma maneira, procurando padrões, explicações e significados da existência numa tentativa de superar seus sentimentos de mal-estar diante de um mundo indiferente e sem padrões. Portanto, a busca de significado na vida é necessária para aliviar a ansiedade decorrente de se enfrentar uma vida e um mundo sem uma estrutura ordenada e confortante.

Segundo Yalom, o homem também necessita de significado porque isso dá origem ao surgimento dos valores — diretrizes necessárias ou princípios a serem aplicados na vida. Eles não fornecem apenas um esquema para a ação pessoal, mas também tornam possível que os indivíduos vivam em grupos: "As normas sociais se originam de um esquema de significados que tem o consenso do grupo e fornecem a previsibilidade necessária para a coesão e a confiança social. Um sistema partilhado de crenças não diz apenas aos indivíduos o que eles devem fazer, mas também o que os outros provavelmente vão fazer" (1980, p. 464).

O significado, portanto, reduz a incerteza e a ansiedade provocada por ela. No entanto, como Yalom observa, existem diferentes níveis de significado:

> "Qual é o significado da vida?" é uma indagação a respeito do *significado cósmico*, sobre a vida em geral ou, pelo menos, sobre saber se a vida humana se enquadra em algum padrão geral coerente. "Qual é o significado da *minha* vida?" é uma pergunta diferente, referindo-se ao que alguns filósofos chamam de *significado terrestre*. O significado terrestre ("o significado da minha vida") incluiu uma finalidade: quem possui certo sentido de significado sente que a vida tem uma finalidade ou uma função a ser preenchida, uma meta genérica ou várias metas pelas quais a pessoa deve se esforçar.
>
> 1980, p. 423

Tal como foi definido acima, o significado cósmico implica algum plano superior que existe fora da pessoa, referindo-se invariavelmente a alguma ordem mágica ou espiritual do universo, ao passo que o significado terrestre pode ter bases totalmente seculares. Yalom identifica várias atividades seculares que causam nos seres humanos uma sensação de propósito de vida. Elas incluem as seguintes:

Altruísmo	"Transformar o mundo num lugar melhor para se viver", servir aos demais e participar de obras de caridade.
Dedicação a uma causa	A família, o estado, a política, a religião, empreendimentos artísticos ou científicos, e assim por diante.
Criatividade **Hedonismo**	Viver a vida intensamente, procurando o prazer no sentido mais profundo possível.
Realização pessoal	Dedicar-se à realização dos próprios potenciais inatos.
Autotranscendência	Transcender o interesse próprio e tentar alcançar algo que seja maior do que a própria pessoa.

Portanto, o indivíduo pode ter certo sentido pessoal de significado sem um senso cósmico de significado. Yalom indica que uma pessoa que possua um senso de significado cósmico geralmente apresenta um senso correspondente de significado terrestre, na medida em que este consiste em realizar ou se harmonizar com esse significado cósmico. Tradicionalmente, o significado cósmico foi sempre fornecido pelas religiões, que permitiram um vasto número de interpretações da finalidade da vida de cada um.

A CURA DAS ALMAS

A secularização da sociedade tem profundas implicações para a perspectiva ocidental do espírito humano ou alma. A alma foi substituída primeiramente pela mente e depois pelas funções cerebrais, que, para uma cultura materialista, têm uma base física mais tranqüilizadora. Por esse motivo, a psicopatologia passou a ser vista como doença "mental" e seu tratamento, a psicoterapia, passou a fazer parte das ciências "cerebrais". Como conseqüência, os médicos, psiquiatras e psicólogos herdaram o que Frankl (1969a) definiu como "um ministério médico" para o qual não têm formação nem especialização e cujas necessidades, portanto, muitas vezes são incapazes de entender e atender. Coube a eles a tarefa de tentar a reconciliação do espiritual e psíquico com o material e médico — um empreendimento fadado ao fracasso, pois, como Jung observou (1978), a ciência ocidental não prestou nenhuma atenção às aspirações e necessidades espirituais, pelo menos até tempos relativamente recentes. Mesmo assim, é amplamente aceito nos tempos atuais dentro dos meios médicos que até dois terços de todos os pacientes que procuram os consultórios sofrem não de uma patologia física ou orgânica, mas sim do que poderia ser chamado, de maneira abrangente, de "problemas de vida", coisas que em outros tempos teriam sido discutidas com o padre, o pastor ou o rabino.

> Principalmente no decorrer dos últimos cem anos, o que poderíamos chamar de "resposta religiosa" foi perdendo cada vez mais sua força, com as pessoas procurando cada vez mais os manuais científicos numa tentativa de compreender o estranho ambiente físico e mental no qual vivemos... Infelizmente, quando as respostas fornecidas pela religião não nos conseguem satisfazer, a ciência freqüentemente não oferece nenhuma alternativa apropriada.
>
> Evans, 1974, p. 9

É, pois, inevitável que a perda das explicações tradicionais tenha criado para muitas pessoas um vácuo, um vazio, uma falta de sentido, incentivando, assim, uma busca ativa por novas respostas e significados, o que se reflete num crescente fascínio por visões estranhas e alternativas da condição humana, principalmente as fornecidas por diferentes eras e culturas.

No decorrer das três últimas décadas, à proporção que a freqüência nas igrejas e os compromissos religiosos diminuíram, registrou-se um aumento dramático no interesse pelas tradições espirituais da Antiguidade e do Oriente, por todas as formas de xamanismo e curas tradicionais, misticismo, magia, coisas sobrenaturais e ocultas. Enquanto até recentemente o misticismo era visto como sintoma de uma perturbação mental, ele agora é reconhecido como uma expressão de forte anseio e também de desilusão e insatisfação com a verdade científica. De fato, o US Group for the Advancement of Psychiatry chegou à conclusão (relatada em *The Practioner*, 1977) de que "o conforto e a fartura da sociedade de consumo podem criar uma necessidade de satisfação não-material, e os avanços materiais da ciência e da tecnologia podem trazer à tona um desejo por experiências que transcendam o racional".

A busca do significado também levou ao surgimento de numerosos cultos ou semi-religiões, muitas das quais provocaram movimentos da acentuada oposição, principalmente depois da tragédia de Waco, no Texas em 1993, quando 86 seguidores do assim chamado culto do Ramo Davidiano perderam suas vidas. É possível que a fidelidade e fanatismo de algumas pessoas com relação a alguns desses cultos possam ser patológicos; não obstante, é certo que eles representam manifestações periféricas de uma necessidade válida de significado na existência e uma reafirmação de identidade num mundo do qual a humanidade passou a se sentir alienada.

O aumento do interesse pela religião levou comentaristas a declarar que o final do século XX é uma era de renovação religiosa e de nova implementação da fé. Outros, porém, consideram o clima da época como sendo mais terapêutico que religioso, de vez que houve um aumento dramático tanto na quantidade de psicoterapias disponíveis quanto nas pessoas que as procuram. No entanto, qualquer distinção desse tipo é um pouco arbitrária, já que as psicoterapias de diversos tipos em muitos casos tratam dos mesmos males ou doenças tradicionalmente abordados pela religião. "Não apenas o cristianismo com seus símbolos de salvação, mas todas as religiões, inclusive as mais primitivas com seus rituais de magia, são formas de psicoterapia que tratam dos sofrimentos da alma e dos sofrimentos do corpo causados pela alma e curam-nos" (Jung, 1954, volume 16, p. 16). Atualmente, essa "doença da alma" freqüentemente leva muitas pessoas, que em outros tempos procurariam auxílio religioso, a se voltar para conselheiros, psicólogos e psiquiatras.

> Cada vez mais, os psicoterapeutas deparam com virtuais pacientes que não manifestam nenhuma das características objetivas de um problema neurótico, que não se queixam de improdutividade ou fracasso, que não sofrem de sérios conflitos interpessoais, que estão livres de queixas funcionais somáticas, que não estão incapacitados pela ansiedade ou atormentados por obsessões, cujas circunstâncias objetivas de vida estão perto do nível ideal. Essas pessoas que procuram ajuda sofrem de uma falta de queixas. A falta de conflitos, de frustrações e de sintomas traz consigo uma dolorosa percepção da falta — da falta de fé, de compromissos, de significado, da necessidade de procurar valores pessoais ou da necessidade de viver confortavelmente e com um sentido a cada dia, em face da incerteza final.
>
> Schofield, 1964, p. 150

Schofield opina que, para uma quantidade cada vez maior de pessoas racionais, educadas e sensatas, a meta mais importante passa a ser a de encontrar e manter um equilíbrio emocional e psicológico entre a "dor da dúvida" e o "luxo da fé". Por esse motivo, os psicoterapeutas se tornam seus principais aliados no esforço pelo equilíbrio e pela paz mental, e é para eles que muitos estão se voltando na esperança de conseguir o equivalente moderno da salvação — a "saúde mental".

O MÁXIMO DE SAÚDE

Na vanguarda desse movimento pela saúde mental estava Abraham Maslow, para quem a saúde era equivalente à realização pessoal, cujas principais características atingem seu "ponto máximo" numa abertura para as experiências místicas ou espirituais, que ele considerava evidências da capacidade do ser humano de transcender a experiência pessoal, atingindo uma outra realidade ou experiência. Segundo Maslow, o significado e a finalidade da vida humana é a realização ou atualização dos potenciais latentes, e os valores pelos quais se deve viver são os intrínsecos a essa meta e que o indivíduo irá descobrir de maneira intuitiva, desde que confie na sabedoria do seu organismo. "A autêntica personalidade pode ser definida em parte como ser capaz de ouvir estas vozes-impulsos no nosso próprio interior, ou seja, saber o que realmente queremos ou não queremos, para o que estamos preparados e para o que *não* estamos preparados" (1968, p. 191).

As opiniões de Maslow têm muito em comum com as tradições psicológicas orientais, principalmente com o budismo, o hinduísmo e o taoísmo. O psiquiatra Erich Fromm (1951) as identificou como religiões "humanistas", ao contrário do que ele chamou de religiões "autoritárias" da cultura ocidental, nas quais Deus é considerado o poder supremo sobre o homem que, por sua vez, é totalmente impotente. Nessa tradição, Deus também é visto como estando fora do ser humano, o que, especula Fromm, levou o homem a se alienar de si mesmo e dos seus poderes, que são projetados em Deus, deixando-o totalmente dependente de Deus e mau ou pecaminoso na medida em que desobedece às vontades divinas. De fato, segundo a tradição judeu-cristã, a totalidade da raça humana foi punida por causa do pecado original de desobediência cometido por Adão, quando perdeu a graça de Deus e, como conseqüência, o direito de continuar no Paraíso.

Em compensação, as religiões humanistas do Oriente têm como preocupação central o potencial inato de transcendência do ser humano, pois, na medida em que são teístas, Deus não é visto como algo exterior ao homem, mas como algo que reside no interior dele. O homem é visto como uma manifestação de Deus e a ênfase recai sobre a realização de sua própria divindade na sua própria natureza. Portanto, Deus é um símbolo dos poderes pessoais do homem, que se realizam mediante o esforço, e não um símbolo de força e domínio. A meta dessas religiões é a de conseguir o máximo de força, não a maior impotência possível. A virtude é a auto-realização, não a obediência; fé é a convicção baseada nas próprias experiências pessoais e não nas propostas e nos dogmas de outros, e a atmosfera reinante é de alegria, não de tristeza ou culpa. Portanto, as religiões humanistas enfatizam a crença do indivíduo em si mesmo e em suas boas qualidades básicas, ao passo que as religiões autoritárias encorajam a crença de que o homem é basicamente mau ou ruim, o que faz com que as pessoas tenham dificuldades de acreditar ou de confiar em si mesmas e nos seus impulsos.

Jung foi influenciado pelas religiões orientais e, na sua psicologia, o eu pode ser considerado o Deus interior e o indivíduo, na busca da auto-realização, da unidade e da totalidade, o meio através do qual, como ele formulou, "Deus procura sua meta".

As metas, os objetivos e os valores das tradições religiosas orientais também servem de base para a psicologia "humanista" inspirada por Maslow durante a década de 60. Esta se preocupa não apenas com a realização pessoal e com o crescimento pessoal, tidos como objetivos fundamentais, mas também com aspectos da experiência humana como a criatividade, a espontaneidade, a espiritualidade, os valores mais elevados, os processos intuitivos e os estados transcendentes que têm pouco ou nenhum espaço nas abordagens e nas terapias psicológicas predominantes. Posteriormente, ela deu origem ao assim chamado "movimento de potencial humano" e a uma proliferação de psicoterapias "humanistas", principalmente a terapia de Carl Rogers, centralizada na pessoa.

Rogers só reconheceu o aspecto espiritual do seu trabalho bem tarde, e, quando o fez (1980), foi para reconhecer a espiritualidade da mesma maneira de Maslow, ou seja, como resultado da tendência de atualização. Ele também identificou essa tendência como uma importante qualidade no terapeuta e, portanto, como característica intrínseca do relacionamento de cura.

> Acredito que, quando estou mais próximo do meu eu interior intuitivo, quando de alguma forma estou em contato com o desconhecido em mim, quando me encontro talvez num estado ligeiramente alterado de consciência, tudo o que faço parece trazer em si a cura. E quando isso acontece, minha simples *presença* é libertadora e ajuda o outro... parece que meu espírito interior estende a mão e toca o espírito interior da outra pessoa. Nossa relação transcende seus limites e passa a fazer parte de outra coisa maior.
>
> Rogers, 1980, p. 129

Ele disse que esse tipo de fenômeno transcendental também fora percebido dentro da terapia de grupo, modificando as vidas de alguns dos envolvidos, e concluiu: "Nossas experiências em terapia e em grupos evidentemente envolvem o transcendental, o indescritível, o espiritual. Sou forçado a acreditar que, tal como muitos outros, subestimei a importância da dimensão mística e espiritual"(1980, p. 130).

O reconhecimento desse aspecto da psicoterapia levou o professor de psiquiatria Thomas Szasz a defini-lo como "a religião dos formalmente não-religiosos"(1979, p. 9). Se bem que essa possa ser uma opinião com a qual nem todos os psicoterapeutas concordariam — principalmente os de orientação freudiana ou behaviorista — não chega a ser injustificado afirmar, à luz da observação de Maslow, que as abordagens mais humanitárias "fornecem promessas de desenvolvimento com vistas à filosofia de vida, ao sucedâneo da religião, ao sistema de valores, ao programa de vida, que tanta falta faz a essas pessoas"(1968, pp. iii e iv). Na verdade, Szasz considerava tudo isso como transitório, um preparativo para uma psicologia transpessoal, trans-humana, "centralizada no cosmos e não nas necessidades e interesses humanos, indo além das coisas humanas, da identidade, da realização pessoal e coisas do gênero". Não resta a menor dúvida de que durante a década de 70, a psicologia transpessoal se desenvolveu num movimento amplo, enfatizando o estudo científico e empírico da experiência espiritual e dos estados alterados de consciência.

Durante os anos 80, a psicologia transpessoal cresceu na esteira de pesquisas sobre os estados alterados de consciência, sobre as experiências induzidas por drogas e pelas religiões orientais, refletindo o crescente interesse ocidental por esses assuntos e as experiências realizadas nesses campos. A decepção com as respostas limitadas reveladas pela ciência levou muitas pessoas a procurar cada vez mais seu próprio íntimo em busca de respostas para suas questões espirituais. Isso pode ser visto como uma tentativa de readquirir uma perspectiva perdida na cultura ocidental, a da experiência humana. Isso também gerou uma volta a preocupações fundamentais como a natureza da mente e da consciência, que estão cada vez mais sendo abordadas nos campos de investigação científica, incluindo a física, sem dúvida a mais física de todas as ciências. Portanto, nem a visão de Freud nem a do mundo científico conseguiram eliminar o conceito da alma dos pensamentos da população ou das teorias contemporâneas.

Aliás, aconteceu o contrário. A psicóloga Margaret Donaldson (1992) forneceu uma nova estrutura para se examinar a mente humana, na qual a experiência religiosa e mística encontra um nicho como o quarto modo da mente, um modo transcendental, legitimando a espiritualidade, os valores últimos e a autotranscendência como áreas de estudo da psicologia "científica". O fato de que essas preocupações não são apenas legítimas mas também válidas para a ciência ficou muito evidente com a declaração do Terceiro Simpósio Internacional sobre Ciência e Consciência, realizado, apropriadamente, na antiga cidade grega de Olímpia em janeiro de 1993, contando com a participação de uma centena de cientistas vindos de vinte países. Afirmava a declaração que o desenvolvimento dos valores espirituais e a compreensão da consciência são de importância vital para que a humanidade possa sobreviver às crises ecológicas e sociais que estão se abatendo sobre o mundo.

> Achamos que é urgente reconhecer que o problema básico por trás dessas crises é a falta de compreensão de aspectos mais profundos da consciência humana e uma perigosa negação dos valores espirituais. Nos referimos especialmente à constatação de nossa interligação fundamental e da interdependência, e aos profundos valores de cooperação decorrentes dessa constatação. Por esse motivo, nós do Terceiro Simpósio Internacional sobre Ciência e Consciência propomos rigorosos esforços mundiais, por parte de todas as pessoas, principalmente de cientistas, educadores e líderes de todo tipo, para incentivar o desenvolvimento de valores espirituais em nossas vidas. SE NÃO FIZERMOS ISSO, DIFICILMENTE CONSEGUIREMOS SOBREVIVER.
>
> Citação publicada em *Caduceus*, 1993, 20, p. 43.

Portanto, cada vez mais, admite-se que o fracasso em reconhecer e satisfazer as necessidades e os valores espirituais coloca em perigo não apenas a saúde do indivíduo e da sociedade, mas também a totalidade do próprio planeta. A defesa da espiritualidade como chave para a cura está, como conseqüência disso tudo, se tornando cada vez mais freqüente e comum.

PESQUISA SIGNIFICATIVA

As evidências empíricas dessas afirmações, apesar de limitadas, estão aumentando. A relação entre a saúde e a religião tem recebido atenção por parte de profissionais de saúde, epidemiologistas e pesquisadores de saúde pública, se bem que grande parte desses trabalhos sejam recentes (Vaux, 1976; Levin & Markides, 1986, 1987), na medida em que os sociólogos da religião perceberam o potencial para o estudo empírico dos resultados de saúde, e que os profissionais de saúde reconsideram a pertinência das crenças e práticas religiosas para a promoção da saúde e a prevenção de doenças. A relação entre religião e mortalidade do câncer foi tema de numerosos artigos publicados que, de uma maneira geral, concluem que a participação e a afiliação religiosa influenciam o comportamento de saúde, reduzindo os índices de mortalidade pelo câncer. Especificamente, a freqüência de visita às igrejas e o compromisso religioso geral foram identificados como importantes elementos de previsão de mortalidade pelo câncer entre os que professam alguma filiação religiosa (Enstrom, 1975, 1978).

A religião está ligada à saúde principalmente através de recomendações ou proibições quanto aos alimentos ou ao estilo de vida. Por esse motivo, as atitudes e os comportamentos religiosos podem ter diferentes efeitos sobre atividades relacionadas à saúde, que vão do hábito de beber, de fumar e dos contatos sexuais múltiplos à alimentação. A religião não influencia apenas a saúde e os índices de mortalidade por meio de práticas específicas, mas também através de variáveis como a participação em grupos, redes sociais e de apoio. Já se constatou que a religião tem um poderoso efeito sobre a maneira de viver de muitas pessoas, sobre a qualidade de sua vida e sobre a duração do tempo que elas vivem para sentir esta qualidade (Jarvis & Northcott, 1987). Além disso, existem indícios de que a população geral de uma região com uma elevada concentração de participantes religiosos pode usufruir benefícios de saúde resultantes de uma menor exposição ou de uma maior desaprovação social de comportamentos relacionados com a mortalidade pelo câncer. Pesquisas mostram que a religião tem um impacto importante sobre os índices de mortalidade de todos os tipos de tumores malignos, mas principalmente sobre os tipos de câncer no aparelho digestivo e respiratório (Dwyer *et al.*, 1990).

Aventou-se também a hipótese de que a crença religiosa seja um fator muito importante para a diminuição da ansiedade da morte, tanto em indivíduos saudáveis quanto nos que estão em estágios terminais, e que "ela é uma grande força de sustentação, que todos os profissionais do setor precisam... ser capazes de apreciar e implementar para o maior benefício possível dos seus pacientes" (Gibbs & Achterberg-Lawlis, 1978, p. 568). Um relatório publicado pelo Spiritual Care Work Group do International Work Group on Death, Dying and Bereavement (1990) também enfatiza a importância de se respeitar as crenças religiosas do paciente e de ajudá-lo a satisfazer suas necessidades espirituais, mas indica que a dimensão espiritual dos pacientes é por demais negligenciada porque os profissionais da saúde não reconhecem o componente espiritual dos cuidados com a saúde; que a morte e o ato de morrer são acontecimentos espirituais e não apenas físicos, e que a busca pela espiritualidade pode aumentar de intensidade quando uma pessoa se aproxima da morte.

O problema, tanto para os profissionais de saúde quanto para os pesquisadores, consiste em diferenciar de maneira adequada entre a filiação ou crença religiosa e a espiritualidade. Apesar de a primeira geralmente incluir a segunda, o inverso nem sempre é verdadeiro e não se pode partir da premissa de que a crença religiosa e a espiritualidade sejam conceitos equivalentes. Muitas pessoas formalmente não-religiosas são muito espiritualizadas e muitos dos que professam uma crença religiosa são acentuadamente não-espirituais. Tentativas para esclarecer o conceito de espiritualidade levaram ao surgimento de uma definição de bem-estar espiritual e da Escala de Medição do Bem-Estar Espiritual (Poloutzian & Ellison, 1982; Ellison, 1983). Ela incorpora características que Davidson (1972) chamou de dimensão "horizontal" ou "deste mundo" da espiritualidade, incluindo a percepção da satisfação e da finalidade da vida, independentemente de qualquer referência religiosa específica; e características da dimensão "vertical" ou "do outro mundo", incluindo questões religiosas específicas como a percepção do bem-estar com relação a um ser ou entidade superior. Num estudo usando a Escala de Bem-Estar Espiritual, Kaczorowski (1989) demonstrou que, independentemente da idade e do sexo, entre pacientes adultos com câncer existe uma relação inversa entre a ansiedade e o bem-estar espiritual; ou seja, quando este é elevado, aquela é baixa. Isto, conclui a pesquisadora, dá apoio à afirmação de que a espiritualidade reduz a ansiedade.

Outra medida, o TPV ou Teste de Propósito de Vida, foi desenvolvida em 1964 por dois psicólogos, James Crumbaugh e Leonard Maholick, para a avaliação da dimensão "horizontal" da espiritualidade, e tem sido amplamente usada como instrumento de pesquisas. Estudos demonstraram que há uma correlação significativa entre elevados resultados do TPV e fortes crenças religiosas, idealismo e autotranscendência; ou seja, interesses que vão além do bem-estar material e mental do indivíduo; e também que elevados resultados do TPV estão associados a um baixo índice de ansiedade com relação à morte. Os elevados resultados do TPV também foram associados com o envolvimento em grupos organizados, cuja base pode ser religiosa, étnica, política ou comunitária, e em serviços comunitários, atividades esportivas ou de lazer.

De maneira geral, a população de pacientes têm um nível mais baixo de TPV do que a população de não-pacientes, e a pontuação média dos pacientes internados em hospitais é significativamente menor do que a dos pacientes em ambulatórios. Jovens delinqüentes e estudantes que abusam de drogas revelaram baixos índices de TPV, o mesmo ocorrendo com pacientes hospitalizados por causa de alcoolismo crônico ou graves distúrbios mentais. Os indivíduos altamente neuróticos têm baixos índices de TPV, e estudantes sexualmente frustrados ou desajustados apresentam índices menores do que estudantes normais, o mesmo ocorrendo com estudantes que ainda não se decidiram definitivamente por determinada carreira profissional e acadêmica.

As conclusões das pesquisas dão apoio a observações de numerosos clínicos que, como Yalom (1980, p. 431), notaram que "os pacientes que têm um profundo senso de significado em sua vida parecem viver mais intensamente e enfrentam a morte com menos desespero do que os indivíduos cuja vida está vazia de significado". De maneira ampla, elas apóiam as afirmações de Maslow de que há uma correlação mais ou menos linear entre a falta de significado na vida e a psicopatologia; ou seja, quanto menor for a sensação de significado, tanto maior será a intensidade da psicopatologia. Elas também indicam uma associação não apenas entre um senso positivo de significado de vida e intensas crenças religiosas, mas também com valores autotranscendentais, participação em grupos, serviços comunitários, dedicação a alguma causa e a adoção de claras metas de vida; ou seja, as atividades seculares citadas por Yalom como fornecedoras de propósito e significado de vida.

Portanto, no seu conjunto, os resultados dessas pesquisas apóiam a hipótese de que algum senso de sentido ou finalidade de vida, como quer que ele seja conseguido, é um fator importante para o bem-estar pessoal, para a saúde e para a cura; e que "o significado faz com que muitas coisas sejam suportáveis — talvez tudo" (Jung, citado por Yalom, 1980, p. 432).

O exercício seguinte visa a exploração do significado e da finalidade da vida.

EXERCÍCIO SEIS

Imagine que é um fim de tarde quente e que você está sentado, confortável e relaxado, na encosta de uma colina acima de uma cidade. Você fica sentado quando a noite começa a cair, observando as luzes que vão se acendendo na cidade lá embaixo, notando a configuração que compõem esses pontos luminosos. De repente, você se conscientiza de uma presença apaziguante e inofensiva, e de uma figura que intuitivamente reconhece como um sábio eremita que, segundo o folclore local, vive naquela colina.

Ao se aproximar, o eremita diz: "Se você descer à cidade esta noite, encontrará o que está procurando na vida." Depois dessas palavras, ele se afasta sem dar nenhum tipo de explicação e sem lhe dar tempo para fazer perguntas.

Como é que você reage a essa declaração? Quais são seus pensamentos e sentimentos? Você sente vontade de descer para a cidade ou prefere ficar onde está?

Pouco importando quais sejam suas reações iniciais, você se sente impelido a descer para a cidade. Preste atenção nos seus sentimentos ao fazer isso. Procure o lugar, a pessoa ou a situação que mais o atraia. Não vá apenas ao lugar que acha que deve visitar. Siga as indicações do seu coração e veja para onde ele o leva na cidade.

Para onde seus sentimentos o conduzem? O que você encontra nesse lugar? O que acontece quando você chega lá? Como é que você reage? Alguma coisa se modifica? Em caso positivo, o quê? Como é que você se sente? O que faz em seguida?

Se você não conseguir encontrar o que procura, deixe de lado todas as idéias do que poderia encontrar e aceite o que acontecer, observando sempre suas reações e seus sentimentos ao fazer isso.

Volte à consciência normal. Em seguida, tome nota da experiência em todos os detalhes, usando sempre o verbo na primeira pessoa do presente do indicativo, prestando muita atenção ao que aprendeu com essa experiência.

Comentário

Muitas pessoas constataram que esse exercício é muito eficaz para concentrar a atenção na direção (ou na ausência de direção) da vida, levando-as a questionar suas metas e valores. Em alguns casos, ele forneceu um significativo impulso para mudanças, clareou decisões importantes e resolveu conflitos interiores. O exercício também resultou em outras constatações significativas, algumas das quais não estão direta ou aparentemente relacionadas com a questão central do significado da vida. Algumas dessas constatações surgiram em relação ao eremita.

O eremita na colina

Essa figura se apresenta sob vários disfarces. É bastante comum que reflita idéias estereotipadas sobre eremitas reclusos, freqüentemente tendo uma aparência miserável e aspecto de desleixo; às vezes é um anão ou um tipo de duende, com barba e cabelos longos, trajando mantos compridos como um monge ou outra figura religiosa ou ainda no estilo *hippie* dos anos 60. O eremita também pode ser algum sábio da história como Sócrates ou Platão, uma personagem mítica ou fictícia, uma figura de desenho animado ou até mesmo alguma celebridade. Uma mulher chamou o eremita de "bobo", porque o reconheceu com o ator Alec Guinness e, como não conseguiu encontrar coisa alguma na sua cidade imaginária, sentiu-se inclinada a considerar o exercício como absurdo. No entanto, no decorrer da semana seguinte, ela repentinamente compreendeu seu significado quando se lembrou de que o ator aparecera como Obi-Wan Kenobi, o grande sábio no filme *Guerra nas Estrelas*, e que era ele, ou melhor, sua orientação para compreender a "força" — a força vital ou energia que ele dominava como um mestre —, que ela precisava para lhe fornecer um significado na vida, uma compreensão espiritual e não religiosa que ela estivera procurando durante toda sua vida, mas que não conseguira reconhecer até então.

Outra mulher imaginou o eremita tal como é retratado nas cartas do tarô, oferecendo a opção entre segui-lo para viver em reclusão ou continuar pelo caminho da vida, que ele ilumina com sua lanterna. Ela preferiu a segunda alternativa, mas um homem, cuja criação de imagens foi muito parecida, a recusou porque a lanterna não lançava luzes suficientes sobre as questões e os temores escondidos na escuridão. No entanto, esse homem aceitou a oferta de uma maçã e de um pente por parte do eremita, objetos que ele associou aos usados pela Rainha Má na sua tentativa de envenenar Branca de Neve. Ele identificou isso com sua tentativa de acabar com um romance e de "matar" sua namorada. Quando lhe lembraram que o envenenamento é um ato de covardia, ele reconheceu que não podia demonstrar raiva ou agressão a ela nem a outras pessoas de forma direta, e que os sentimentos "nocivos" com os quais não podia confrontá-la se manifestavam em sonhos assustadores, sensações físicas e dores. Portanto, era necessário que fosse capaz de lidar com esses sentimentos para poder ter os relacionamentos "significativos" que tanto desejava.

Para uma quantidade significativa de pessoas, o eremita se assemelha a um avô muito amado ou respeitado, já falecido; para outros, ele tem a aparência de um anjo da guarda. Pode ser também um pássaro ou um animal; e em alguns casos, como no de Obi-Wan Kenobi, o eremita e a "descoberta" são a mesma coisa. Para uma jovem, ele surgiu como uma serpente negra, que ela identificou como símbolo de sua sexualidade e uma imagem constante em sonhos assustadores, em que a serpente a obrigava a se afastar de um grupo de crianças, com relação às quais ela tinha sentimentos muito positivos. No entanto, como explicou, nesse exercício a ameaça da cobra foi reduzida porque seu corpo formava um nó, não podendo, portanto, persegui-la; e também não se posicionava entre ela e as crianças dos seus sonhos, ficando atrás delas. Ela compreendeu que o medo da sexualidade se interpunha entre ela e as crianças que desejava ter e que, como os assuntos estavam entrelaçados, ela precisava resolver o conflito entre sexualidade e criatividade.

As reações com relação ao eremita variam consideravelmente. Algumas pessoas ficam apavoradas por causa dele. Outras se sentem tranqüilas, como no caso de uma jovem que imaginou o eremita como seu avô, que ela não conseguia visualizar desde a morte dele e que, sentiu ela, estaria cuidando dela. Algumas pessoas se recusam a levar o eremita a sério, o que pode ser um reflexo de suas atitudes com relação à própria intuição ou à sabedoria interior, ou ainda a uma abordagem mais genérica em relação à vida. Um homem, que não levou seu eremita a sério, mesmo assim desceu para a cidade porque "não tinha nada melhor para fazer".

Viktor Frankl disse que, quando o tempo livre torna uma pessoa consciente do fato de que não existe coisa alguma que ela *queira* fazer, ela está sofrendo de uma crise de falta de significado, tipicamente caracterizada pelo tédio, pela apatia, pelo vazio, pelo ceticismo e pela falta de objetivos, e por uma sensação da falta de sentido das atividades da vida. Ele afirmou que a depressão, as obsessões, a delinqüência, a promiscuidade e várias formas de vício existem para preencher o "vácuo existencial" criado por esta síndrome de falta de significado, dando origem à neurose existencial ou "noógena", que também se reflete em comportamentos conformistas e submissos na medida em que a pessoa faz o que os outros fazem ou o que lhe dizem para fazer, na falta de uma idéia clara do que realmente quer ou de diretrizes tradicionais quanto ao que deve fazer.

Como Frankl, o psiquiatra Salvador Maddi acha que grande parte da psicopatologia atual tem origem em certa sensação de falta de sentido. Ele identificou o "cruzadismo", que define como a participação compulsiva em atividades por causa do profundo senso de falta de objetivo do indivíduo, como sendo uma forma de doença existencial. Esse cruzadismo é caracterizado por uma intensa inclinação a procurar e se dedicar de maneira quase indiscriminada a uma causa ou questão, quaisquer que sejam o conteúdo ou os perigos desta ou ainda as crenças da pessoa com relação a ela. Nesse exercício, o cruzadismo pode se manifestar através de reações nas quais os conselhos do eremita não são levados a sério, mas são seguidos porque "não existe algo melhor para fazer" ou por um espírito de aventura.

Outros levam a sério as recomendações do eremita, mas se mostram relutantes em obedecê-las ou o fazem com má vontade. Em alguns casos, isso pode ser uma indicação de complacência e de medo com relação a eventuais mudanças. Uma mulher disse que não quis ir para a cidade e que se sentiu muito mal e com ódio quando percebeu que teria de deixar o conforto que tinha na encosta da colina. Outra não quis descer para a cidade por acreditar que tudo o que desejava na vida estava na colina, o que depois constatou não ser verdade quando desceu a encosta. Uma terceira hesitou por não ter certeza se queria ou não encontrar o que estava buscando na vida.

Essa relutância em descobrir o que está sendo procurado freqüentemente se origina de certo medo de decepção ou de fracasso e de atitudes negativas do tipo "nunca vou conseguir o que quero, de maneira que nem adianta tentar". As reações desse tipo representam uma negação do conselho bíblico "Pedi e vos será dado, procurai e achareis, batei na porta e ela se abrirá para vós. Porque todo aquele que pede, recebe. O que procura, acha. A quem bate, se abrirá a porta." (Mateus 7: 7-8.) Isso funciona como uma justificativa para a falta de esforço da pessoa.

Maddi identificou essa incapacidade de acreditar na utilidade ou no valor dos empreendimentos da vida como o "vegetativismo", afirmando que é a forma mais extrema de falta de significado e está muito difundida na cultura contemporânea. Ele diz que, se essa síndrome do "por que se preocupar?" não for controlada, pode levar a um sério estado de apatia e de falta de objetivos, culminando em depressão e indiferença total, o que pode levar a pessoa a colocar um ponto final em sua vida. Ele acha que muitos pacientes psiquiátricos internados sofrem dessa condição. Sinais dessa tendência podem ser encontradas em algumas reações a esse exercício, como na de uma mulher que esperava encontrar amizades na vida, apesar de normalmente não procurar fazer amizades nem agir de maneira amistosa, esperando sempre que os outros a procurassem com demonstrações de afeto, companheirismo e aceitação.

Maddi também identificou uma outra forma de doença existencial, o niilismo, no qual a pessoa frustra as tentativas de descobrir significados, justificando assim a futilidade de tentar encontrar significado nas coisas. Maddi atribui isso ao desespero e afirma que essa situação é muito difundida, não sendo sequer reconhecida como um problema; pelo contrário, às vezes é considerada uma abordagem muito sofisticada em relação à vida. Existem sinais dessa tendência nas reações de alguns indivíduos a esse exercício. Uma pessoa insistia em afirmar que era impossível descer a encosta onde se imaginava sentada, pois não havia caminhos nem faria sentido tentar descer, porque não existia cidade alguma lá embaixo. Várias pessoas descem em direção à cidade mas se dizem incapazes de penetrar na escuridão ou de encontrar alguma coisa além dessa escuridão. Uma mulher justificou sua atitude de nada procurar mencionando o medo que sentia de ser estuprada na escuridão. Um portal que outra mulher localizou na escuridão começou a diminuir de tamanho como no livro *Alice no País das Maravilhas* de Lewis Carroll; e, quando ela tentou atravessá-lo, surgiram grades impedindo totalmente seu avanço. Ela reconheceu nisso sua tendência para ficar sempre diminuindo as possibilidades de descobrir o que procura. Outras pessoas, depois de constatar que o caminho de acesso é repleto de curvas e percursos em ziguezague, de maneira que jamais conseguirão alcançar a cidade, freqüentemente reconhecem que estão se distanciando do que poderia ser encontrado lá e que geralmente costumam colocar obstáculos entre elas mesmas e seus objetivos.

A cidade

Essa tendência para o niilismo também se manifesta nas atitudes com relação à cidade e na maneira como ela é imaginada. Uma mulher afirmou que sabia desde o início que nada iria encontrar na cidade. Outra se imaginou presa dentro de um vilarejo sombrio sem nenhum sinal de vida. As ruas formavam um labirinto e, enquanto caminhava pelas vielas curtas e estreitas, dobrando esquinas e mais esquinas na tentativa de encontrar uma saída, sentiu que jamais iria descobrir algo diferente. Ela não enxergava brechas nem espaço entre os prédios e também não havia gente ou luzes, sendo capaz de ver apenas por causa do reflexo da luz em poças de água que pareciam espalhadas pelas paredes e pelo chão apesar de não chover.

Numa criação de imagens parecida, um homem se viu no cenário miserável e sombrio da Viena do pós-guerra, tal como é mostrado no filme *O Terceiro Homem*. Ele disse que ouvia um violino como que a zombar dele enquanto caminhava interminavelmente à procura do que buscava; quanto mais procurava, mais vibrante se tornava o ritmo da música. Ele se sentiu enganado e muito deprimido por não achar nada. Mais tarde, ele disse que ainda se sente triste com o fim de um relacionamento de três anos e que, sem um rumo definido na vida, sem ninguém que o guie e sem crenças que o motivem, sente um grande vazio espiritual.

Um senso ainda mais profundo de falta de significado vem à luz a partir do relato de uma mulher que se imaginou numa cidade da Transilvânia, repleta de gente aparentemente feliz e festiva. Apesar do bom humor de todos os que a cercavam, ela teve certa sensação de presságio, que descreveu como se "todos estivessem esperando que alguma coisa acontecesse; como se estivessem dando uma última festa antes que o inferno se abatesse sobre eles". Para piorar ainda mais as coisas, ela sempre estava à espera de cruzar com vampiros, convencida de que eles realmente existem e de que ela seria a próxima vítima. Ela se sentiu apavorada e sem saída, acreditando que nada havia depois da cidade além da escuridão. Existem várias características niilistas nesse relato: sentimentos de alienação, de futilidade e desespero; a tendência para encarar as atividades dos outros como desprovidas de significado; e uma forte sensação de que o inferno está prestes a se abater sobre a figura principal, ou seja, a própria mulher. Além disso, essa história enfatiza outra característica do niilista, tal como foi definido por Maddi: a prontidão em duvidar das coisas positivas ao ser humano e de apontar para o "monstro" oculto sob uma fina camada de verniz civilizatório.

Assim como alguns não vêem sentido em procurar, outros o fazem a contragosto, sem muita convicção ou compromisso com relação ao que estão realizando. É quase como se quisessem mas não pudessem acreditar que existe algo que valha a pena procurar. Freqüentemente, elas não se dão muito tempo e tendem a desistir com bastante rapidez. Um exemplo típico dessa tendência é o caso da mulher que concluiu que nada havia para ela nas poucas lojas que viu e resolveu voltar para casa, decepcionada, mas não surpresa. Também ocorrem sinais de apatia e de indiferença, como no relato de uma mulher que entrou numa livraria e pegou o primeiro livro que viu, aparentemente disposta a se contentar com qualquer coisa, contanto que não tivesse de continuar procurando.

Outros se dedicam com entusiasmo à procura, mas, mesmo assim, diminuem todas as possibilidades de alguma descoberta significativa. Uma mulher entrou numa cidade cheia de lojas "atraentes", procurando um cheque em branco para gastar. Ao resolver não fazer isso, preferiu entrar num bar cheio de homens bonitos e, não tendo conseguido encontrar o que procurava, foi a uma maternidade procurando um bebê. Depois de resolver que não queria um bebê, ela se viu numa larga estrada que levava a um destino desconhecido, para onde não foi "por ser uma mulher sozinha na calada da noite".

Essa relutância em olhar além das idéias convencionais do que deve ser procurado e das restrições estereotipadas sobre mulheres "sozinhas" também transparece nas reações da mulher que imaginou encontrar sua família exatamente como era no ano anterior. Ela viu que eles estavam todos vivendo felizes sem a companhia dela e se sentiu muito deprimida ao perceber que, apesar de os familiares terem sido sua finalidade principal na vida, já não o eram, e ela ainda não conseguira encontrar o que procurava. Mesmo assim, apesar dos profundos sentimentos de depressão, ela preferiu ficar com os familiares em vez de procurar um novo objetivo. Do mesmo modo, outra mulher saiu em busca do marido porque não queria ficar só, acreditando que seria incapaz de, sozinha, encontrar o que queria da vida.

Muitas pessoas querem que os outros lhes forneçam metas e objetivos de vida, em vez de buscar pessoalmente essas coisas. Elas podem procurar livros ou manuais, como no caso de uma jovem que se imaginou em ruas antigas do que descreveu como uma "cidade shakespeariana", na qual encontrou um teatro onde estavam representando o que imaginou ser uma peça de Shakespeare. Ela pediu o programa da peça e, quando o examinou, percebeu que as páginas estavam em branco. Quando protestou com o vendedor, este lhe disse: "Tudo o que você precisa saber na vida e tudo o que está procurando se encontra nestas páginas. O resto depende unicamente de você." Inicialmente, isso a deixou apavorada, mas depois ela compreendeu que "nós escrevemos a nossa vida, e nessas páginas em branco eu preciso escrever o meu destino". Mais tarde, ela escreveu: "Somos os únicos responsáveis pelo controle de nossas vidas. Quando as coisas se tornam difíceis, nós é que pegamos nas rédeas. Podemos ter ajuda, mas, nos momentos realmente importantes, só nós mesmos podemos resolver os problemas."

Uma constatação semelhante foi feita por uma mulher que entrou numa biblioteca procurando um livro específico, apenas para descobrir que todas as suas páginas estavam em branco. Apesar de ficar chocada de início, ela reconheceu que não existe livro com regras para a yida, nem respostas fáceis para as perguntas. No entanto, ela ficou mais surpresa ainda quando relatou essa sua experiência em meio a um grupo, e quando um homem lhe disse que tinha um livro assim, que depois ele trouxe para que ela o visse. Esse livro intrigante é um tema do folclore tradicional persa, tal como foi relatado por Idries Shah (1969) na curta introdução para suas páginas em branco, e seu efeito sobre leitores virtuais é difícil de descrever. A sensação é semelhante à dos golpes na cabeça segundo uma maneira própria dos mestres do zen-budismo nas suas tentativas de estimular os discípulos.

Um desafio semelhante à lógica e ao racionalismo foi sentido por um jovem que se imaginou numa cidade estrangeira descendo uma escadaria íngreme em direção a uma praça; os degraus iam ficando cada vez mais altos, até que ele se viu numa espécie de parede vertical, dotada apenas de algumas saliências horizontais onde podia se apoiar. Como a praça continuava se distanciando cada vez mais lá em baixo, ele não conseguia decidir se deveria continuar tentando descer ou se deveria voltar ao ponto de partida, ambas tarefas difíceis. O jovem ficou muito frustrado e chegou a pensar: "Não: as coisas não deveriam ser assim. Disseram que era fácil chegar à cidade. Eu é que devo estar fazendo as coisas da maneira errada." No momento da sua maior frustração, ele se soltou, enfrentando a possibilidade da queda, mas só lhe aconteceu flutuar sobre os telhados, sentindo-se animado, feliz e livre.

Depois, ao escrever sobre isso, ele interpretou a experiência como a resolução de um koan zen — um enigma que não admite nenhuma solução lógica; ou como completar a busca pelo Santo Graal, na qual um discípulo ingênuo encontra um mestre sábio que o incumbe de uma tarefa ou de uma meta impossível. Quanto mais ele se esforça mais difícil se torna a tarefa, até que, no momento de maior confusão, algumas coisa "estala" e ele resolve de maneira espontânea o problema. Ele compreendeu, como resultado do exercício, que não é válida a premissa de que seria capaz de resolver de maneira racional ou lógica o problema de como proceder para descobrir o que está procurando, assim como a idéia de procurar *alguma coisa* que irá preencher tudo o que ele quer da vida. Assim que ele abriu mão dessas crenças e da batalha delas decorrente, ele se viu livre do problema, o que interpretou como significando que deveria desistir das premissas e das abordagens racionais e lógicas, tornando-se totalmente livre. Dessa forma, ele obteve a revelação de uma das frases prediletas de Fritz Perls: "Perca a cabeça e recupere os sentidos."

Como resultado da experiência, ele fez outra importante constatação. Tendo antes se curado de uma infecção de garganta usando a criação de imagens, ele tentou fazer isso novamente, mas percebeu que dessa vez se sentia diferente. Antes, ele sabia que conseguiria, mas dessa vez faltava-lhe a fé e ele só estava estabelecendo uma meta pessoal, dizendo a si mesmo que, como já fizera isso antes, poderia voltar a fazê-lo. Tentou tudo o que fizera antes, mas nada funcionou. Foi então que compreendeu a inutilidade das tentativas; um processo racional "superficial" implica certo grau de dúvida, ao passo que a cura não é uma tentativa: é "simplesmente fazer" e se origina de "um lugar mais profundo... e de um senso peculiar de certeza". Ele concluiu que "é justamente isso que provoca as atitudes e expectativas positivas, deixando que os processos saudáveis surtam efeito" e que "a crença segura e total de que possa ficar bom é idêntica a me curar — e é exatamente a mesma coisa".

Outros fizeram descobertas análogas. Uma mulher que não conseguia encontrar o que estava procurando, apesar de percorrer a cidade inteira de carro, de trem e de ônibus, finalmente descobriu a paz num pequeno parque quando desistiu da busca. Outra mulher imaginou que estava revistando os quiosques vazios de um mercado em Israel. Ela se sentia frustrada, não só por ser incapaz de encontrar alguma coisa, mas também por não poder enxergar o que estava se formando na sua frente. Ao fim e ao cabo, ela desistiu da busca e começou a passear pelas ruas, fazendo então a importante descoberta de que, agindo dessa maneira, tinha uma sensação de calma profunda. Ela interpretou a experiência como sinal que deveria "apenas passear pela vida", enfrentando as situações à medida que elas fossem surgindo, sem se preocupar com tudo o que poderia acontecer. Concluiu que encontrou a paz mental e a confiança necessária para caminhar pela vida sem precisar de nenhum objetivo ou finalidade além do simples fato de estar viva.

Para muitas pessoas, as expectativas a respeito do que são ou deveriam procurar na vida funcionam como uma espécie de venda nos olhos que as impede de enxergar outras possibilidades; como conseqüência disso, quando não encontram o que procuram, elas supõem que fracassaram totalmente, ou que não estavam fazendo as coisas da maneira correta. Uma mulher adotou esta última alternativa poque imaginou duas praias: uma de sua infância e outra onde vive atualmente. Quando lhe disseram que elas poderiam representar o que estava procurando, ela reconheceu que os sentimentos de liberdade e de naturalidade que associa às praias são inteiramente positivos e satisfatórios, mas bastante incoerentes com os que percebe na sua atual situação de vida.

É bastante freqüente que as coisas que uma pessoa julga "certas" e que procura nesse exercício acabem revelando que não o são quando examinadas mais atentamente. Assim, uma jovem achou que a imagem de uma simples loja de artesanato que ela encontrou numa cidade do norte da África não podia estar "certa", significando apenas uma lembrança de férias. Quando lhe perguntaram que sentimentos essa lembrança despertava, ela disse que a simplicidade e a criatividade que associava ao local causavam nela mais sentimentos de realização do que a carreira profissional que escolhera no campo do direito empresarial.

Algumas pessoas, como o tolo da citação que serve como epígrafe deste capítulo, acabam percebendo que já têm o que estão procurando. Um homem, por exemplo, encontrou uma parte de si, da qual se esquecera durante algum tempo; aspectos dos quais ele sabia ter grande necessidade e que lhe faziam muita falta: sua fé em si mesmo e uma atitude animada e positiva com relação à própria vida e aos outros. Um outro homem, que se dizia ateu e se sentia só, andando a esmo pelas ruas de uma cidade que ele acreditava nada lhe tinha a oferecer ficou profundamente chocado ao redescobrir Deus — literalmente, tropeçando nele quando virou uma esquina.

Às vezes, as pessoas têm uma idéia clara do que querem da vida, mas parecem estar procurando nos lugares errados, como no caso de uma mulher que resolveu procurar paz e tranqüilidade num mercado muito agitado e movimentado. No entanto, às vezes o que uma pessoa procura é encontrado num lugar improvável. Como não me considero uma pessoa particularmente materialista, fiquei surpresa ao me imaginar olhando da Corniche Superior para Monte Carlo e mais surpresa ainda ao constatar que estava descendo para a cidade numa Ferrari vermelha, não querendo enfrentar o longo percurso a pé. Entretanto, quando cheguei à cidade não senti o mais remoto interesse pelas riquezas e pelo luxo que o manual de viagens Fodor descreve como um "paraíso de sibaritas". Ignorando totalmente essas coisas, fui até o balneário de Larvotto, onde me sentei sozinha nos rochedos à noite, contemplando o mar sereno e de um azul profundo, sentindo nos seus movimentos o ritmo do universo e querendo fazer parte dele. Eu só tinha consciência dos hotéis e dos prédios de apartamentos atrás de mim por causa das luzes que se refletiam na água. No início, interpretei isso de forma bastante literal como "dar as costas para as luzes brilhantes" e para os valores de uma sociedade detestável em função de sua ganância desmedida quanto a riquezas materiais. Mais tarde, porém, reconheci nisso uma busca mais profunda e significativa por uma "experiência oceânica". Numa criação de imagens parecida, uma mulher que se imaginou numa cidade muito primitiva, repleta de velas acesas, compreendeu que estava buscando a "iluminação".

Muitos acabam descobrindo que sua descoberta, em si, é nada — pelo menos, nada material, ou nada mesmo. Para alguns, a descoberta do nada é extremamente importante. Uma mulher que nada conseguiu encontrar na sua cidade, percebeu que estava caminhando sozinha e se sentindo bem assim. Ela compreendeu então que era justamente isso o que procurava na vida. Outra mulher, que se viu numa cidade extremamente tediosa, "sem nenhum tipo de atrativo", continuou caminhando e acabou chegando a um pequeno bosque cheio de relva e de flores primaveris. Mais tarde, compreendeu o significado dessa criação de imagens: seu casamento tinha acabado — estava morto — e ela queria chegar a novos prados e iniciar uma nova vida, o que acabou fazendo.

O desejo de encontrar a saída de uma cidade que aparentemente nada tem para oferecer é bastante comum e pode ser altamente revelador. Uma jovem se imaginou vagando pelas ruas de sua cidade natal e compreendeu que ela nada tinha a lhe oferecer. No entanto, continuou procurando até ouvir as instruções para os que não haviam encontrado o que procuravam, para que deixassem de lado suas expectativas e idéias preconcebidas, simplesmente aceitando o que acontecesse. Imediatamente, imaginou alguns balões de gás nos quais se segurou e que a levaram para longe dali, provocando sentimentos de satisfação e prazer, e conscientizando-a de que teria de mudar daquele lugar. Outra mulher, que se imaginou no pequeno vilarejo onde nascera, compreendeu seu medo de nunca ser capaz de deixá-lo e de se dedicar a coisas maiores e melhores. Incapaz de encontrar o que procurava, ela começou a caminhar para fora da cidade, mas, por fim, chegou a uma passagem de nível, e não pôde continuar a avançar. Quando estava parada ali, folhas de papel começaram a cair do céu, fazendo com que ela compreendesse que tinha de tomar medidas e atitudes para encontrar o que procurava na vida, mas que não poderia partir enquanto não tivesse os papéis corretos — ou seja, qualificações por escrito. Por outro lado, uma mulher se sentiu calma e tranqüila numa cidade de onde partira muitos anos antes, compreendendo a necessidade de voltar para lá.

Muitas pessoas descobrem novos caminhos e meios para escapar da cidade. Uma mulher imaginou que estava numa cidade deserta do faroeste, com apenas um cavalo solitário amarrado a um poste. Ela teve certa sensação de liberdade ao acariciar o animal e resolveu desamarrá-lo e sair galopando; mais tarde, descreveu o efeito como "impressionante". Ela compreendeu que quer escapar das restrições que lhe são impostas pela sua vida atual, mas que não é capaz de fazer isso sozinha, e precisa de ajuda ou de um meio para escapar.

Ao se ver numa cidade que nada tinha para oferecer, um jovem pulou num enorme buraco na estrada e escorregou para dentro de um vulcão. Ele interpretou isso como a necessidade de buscar um significado da vida "longe das coisas corriqueiras do dia-a-dia". Porém, o elemento claramente perigoso de sua criação de imagens, juntamente com sua impulsividade, pode ser uma indicação do cruzadismo que Maddi identificou como uma reação não-saudável à ausência de significado.

Os temas do desejo de progredir na vida e de deixar de lado algumas de suas características se refletem com bastante freqüência na criação de imagens das pessoas. Uma mulher imaginou que levara os filhos para passear pelas ruas de uma cidade de veraneio e os deixara numa lanchonete enquanto ia a uma biblioteca, onde as pessoas a empurraram agressivamente quando estava procurando no catálogo o livro que queria encontrar. Apesar de não ter conseguido o tal livro, ela interpretou sua criação de imagens como uma indicação do seu novo interesse pela educação como parte de sua busca de significado num momento da vida em que podia deixar a família para se dedicar a outros interesses. O fato de ter sido empurrada por pessoas agressivas fez com que compreendesse que precisava competir com outros para conseguir o que queria.

Outra mulher, que na vida real estava aguardando o resultado de um teste importante para um emprego, se imaginou num recanto bonito, tranqüilo e idílico de uma antiga cidade, onde ficou muito satisfeita, sem nenhuma pressa de passar para a parte mais nova da cidade, cheia de carros e supermercados. Ela interpretou isso como uma representação da iminente transição em sua vida e sua falta de medo como indicação de que novos desafios não a assustariam.

A liberdade é algo que muitos descobrem, mesmo quando não a procuravam conscientemente. Tanto pode ser a liberdade de laços emocionais quanto a de preocupações, principalmente da preocupação específica de que poderão não encontrar o que estão procurando na vida. Outros descrevem certa sensação de alívio das tensões provocadas pela vida urbana e pela realidade do dia-a-dia. Alguns se sentem aliviados quando voltam às tradições e aos valores básicos. Muitos descobrem a paz, a felicidade, a serenidade, a segurança, a amizade, a camaradagem e a comunidade. Alguns descobrem a si mesmos ou constatam que o tempo e o espaço simplesmente existem. Um homem percebeu que lhe sobrava tempo, algo que nunca acontece na sua vida real.

Outros descobrem as pessoas de que necessitam. Um homem, que expressou dificuldades em formar e conservar relacionamentos significativos, encontrou uma linda garota com a qual tinha muito em comum, sentiu-se seguro e quis ficar ao lado dela para sempre. Uma jovem encontrou a mãe, que a abraçou e caminhou pela cidade com ela. Essa descoberta foi particularmente significativa para essa mulher, que sofrera muito com a morte da mãe ocorrida no início da sua adolescência e que era incapaz de visualizar o rosto dela, achando que a tinha perdido completamente. O simples fato de poder "enxergá-la" e de sentir sua proximidade foi extremamente importante num momento de sua vida em que sentia a necessidade de apoio e de companhia.

Às vezes, as pessoas descobrem uma vocação específica, como no caso da mulher que descobriu a importância de trabalhar com as mãos, e de um outra que constatou que tinha o dom da cura. Relativamente poucos encontraram alguma *coisa* concreta, e alguns ficam desapontados e magoados com isso. Uma mulher expressou decepção ao descobrir "apenas" sentimento e não algo que a conduzisse ao encontro de alguma coisa específica. Outra se sentiu decepcionada porque esperava encontrar um guia ou guru que lhe dissesse o que mais desejava conseguir na vida. Ela declarou que "no mínimo esperava encontrar um tesouro".

Por esse motivo, é bastante interessante comparar as reações dela com as de um homem que partiu em busca de um tesouro. Por toda parte, ele encontrou pessoas muito sofisticadas e bem vestidas aparentemente felizes mas tensas por não serem elas mesmas e por estarem se comportando de acordo com as pressões sociais. Ele viu pessoas infelizes dentro dos automóveis, todas aparentemente preocupadas com problemas que não conseguiam resolver. E começou a perceber que essas pessoas nos carros, que iam a lugares determinados, levam consigo seus problemas para onde vão. Por isso, decidiu que não permitiria que os outros o deixassem tenso; que deveria ser ele mesmo e se recusar a "usar máscaras"; e que a vida é curta demais para se preocupar com problemas triviais. De repente, compreendeu que, apesar de não ter encontrado nada, ele descobrira algo de grande valor: sua própria pessoa. Ao fazer isso, constatou a sabedoria do Pequeno Príncipe:

> "Os homens", disse o Pequeno Príncipe, "partem a bordo de trens expressos, mas não sabem o que estão procurando. Eles correm de um lado para outro, ficam cada vez mais agitados... E isso", acrescentou, "não vale a pena... o que eles estão procurando pode ser encontrado numa única rosa ou numa poça d'água... mas os olhos são cegos. É preciso olhar com o coração."
>
> Antoine de Saint Exupéry, *O Pequeno Príncipe*

CAPÍTULO SETE

Como Estimular a Saúde

> E trouxeram um tal Pinch, um vilão faminto de rosto magro,
> Uma mera anatomia, um simples charlatão,
> Um prestidigitador, um adivinho;
> Uma ruína miserável, de olhos fundos e traços angulosos,
> Um verdadeiro morto vivo.
>
> William Shakespeare, *A Comédia dos Erros*, v. 1238

Frankl acreditava que, se uma pessoa não consegue perceber nenhum valor ou significado na sua existência, sua moral acabará por se deteriorar, sua imunidade diminuirá e ela ficará doente com mais facilidade, podendo até mesmo cometer suicídio. Tomando por base essas e outras observações, as quais indicam que os sentimentos de impotência e de falta de esperança podem predispor um indivíduo para a doença, o psicólogo Sidney Jourard apresentou sua teoria da estimulação.

Como definição geral, ele postula que os acontecimentos, relacionamentos ou transações que dão a uma pessoa certo senso de identidade, de valor, esperança e finalidade na vida são "estimulantes", ao passo que as coisas que fazem uma pessoa se sentir inútil, sem valor, sem esperança, com pouca auto-estima, isolada, frustrada, achando que a existência é absurda e destituída de qualquer significado, são "desestimulantes". Ele apresentou a hipótese de que os acontecimentos estimulantes servem para concentrar as forças de bem-estar latentes em todos os organismos, provocando um tipo ideal de organização que tanto serve para preservar o bem-estar quanto para aumentar ao máximo um funcionamento e um comportamento eficazes. Por outro lado, os acontecimentos desestimulantes deixam o organismo vulnerável às sempre presentes forças da doença, enfraquecendo seu modo ideal de organização, o que permite que a doença ocorra. Por esse motivo, ele propõe que a vida do dia-a-dia seja examinada em busca de "acontecimentos desestimulantes" para que se possa identificar os fatores psicológicos que predispõem para a doença e para a redução de eficiência na vida, e que se realize um estudo sério da fé, da confiança, da oração, do efeito placebo e de outros processos que inspiram a saúde e o bem-estar e concentra o poder do ser humano de curar a si mesmo.

Na opinião de Jourard, deve haver alguma coisa no estilo normal de vida que seja periodicamente desestimulante, explicando, assim, a regularidade com que as pessoas sofrem de distúrbios tais como dores de cabeça, resfriados, gripes, diarréias, constipações ou doenças mais sérias. Ele observou que as pessoas que raramente ficam doentes são as que conseguiram encontrar estilos de vida que lhes fornecem objetivos, significado, esperanças e interesses; e que também conseguem satisfazer suas necessidades de afeto, de amor, de sexo, de *status* e de sucesso. Ele disse que, quando as pessoas mais saudáveis começam a achar que seu estilo de vida está monótono, frustrante ou entediante, elas dão atenção a esses sinais de que as coisas não estão boas e mudam o que estão fazendo, inclusive seu estilo de comportamento com relação às outras pessoas. Ele reconhecia que "é difícil e motivo de ansiedade mudar o que se está fazendo, modificar ou reinventar o estilo de interação com os demais; poderosas forças interiores e exteriores tendem a restringir as mudanças, e quase todos acabam se conformando com o estilo de vida que lentamente os está prejudicando. É por isso que as pessoas ficam doentes, e isso geralmente é acompanhado por certa surpresa" (p. 77).

Jourard considerava a doença uma maneira pela qual as pessoas expressam seu protesto contra as "maneiras doentias de viver", que não apóiam o bem-estar; para ele, a doença também seria um alívio temporário das condições desestimulantes de vida que existiam antes do início da situação de moléstia. Ele suspeitava que as pessoas que freqüentemente caem doentes são "vítimas do seu senso de dever" e que cometem um "suicídio altruísta" destruindo lentamente o corpo para preservar os papéis e sistemas sociais dos quais participam regularmente; por conseguinte, os que adoecem psiquicamente são "rebeldes sem coragem nem eficiência"(p. 77). Sendo essa a situação, conclui-se que "se o paciente acha que sua vida comum, que o deixou doente, não pode ser mudada, ele jamais poderá se curar. Por que haveria de fazê-lo? Ou, caso se recupere, ao retomar à vida normal, não demorará muito para que volte a adoecer" (p. 78).

Segundo Jourard, a medicina científica, que dá ênfase à neutralização da doença por meio de drogas e cirurgias, não leva esses fatores em consideração, tampouco a importância do poder de cura do novo comportamento, dos ambientes e do repouso. Ele defende uma acurada investigação dos mecanismos psicofisiológicos envolvidos na saúde e na doença para identificar o que chama de "reflexos de cura" e também para determinar as condições nas quais eles podem ser colocados sob o controle de um terapeuta ou do próprio doente. Com essa finalidade, ele adotou uma nova abordagem do conceito de "espírito", começando a identificar o que pode ser observado e descrito quando as pessoas se referem ao espírito, nelas ou nos outros por meio de frases como "ele é um sujeito espirituoso", "ela não tem presença de espírito", "seu espírito caiu-lhe aos pés" e assim por diante.

Jourard observou que, quando se diz que uma pessoa está com espírito elevado, que está inspirada, ela também pode ser descrita como ativa, expressiva, eficiente no seu comportamento e com moral elevada. Ele sugeriu que, quando uma pessoa diz que está com o espírito elevado ou se sentindo bem, provavelmente há concomitantemente fatores físicos, químicos e neurais para esse estado (uma hipótese já comprovada por pesquisas) e também que existem condições exteriores e passíveis de ser descritas que são necessárias e suficientes para gerar uma reação de "espírito elevado" — por exemplo, ser informado que alguém importante para nós nos ama ou empenhar-se para conquistar metas que nos são caras com grande expectativa de sucesso.

Em sua análise do modo de ser de "espírito elevado", ele empregou uma série de conceitos e termos novos e não tão novos, um dos quais, o "título espiritual" pode se considerado mais ou menos equivalente a "nível espiritual".

A APLICAÇÃO DO NÍVEL ESPIRITUAL

Jourard postulou que o título ou nível espiritual variava entre 0 e 100, observando que no ponto 0 a morte e a dissolução do corpo têm uma probabilidade de 100%, ao passo que o outro extremo, que pode ser visto como o máximo possível da vitalidade, é muito difícil de ser alcançado e só pode ser conservado durante breves momentos, como nas experiências de pico descritas por Maslow. Assim, ao atingir qualquer um dos extremos da escala, a pessoa pode ser considerada como estando "fora do corpo" no sentido normal. Jourard achava que a maioria das pessoas "normais", que levam uma vida respeitável e socialmente padronizada, provavelmente possuem um nível espiritual entre 30 e 60, com uma média de 45. Nesse nível, afirmava ele, o corpo apresenta equilíbrio insatisfatório e não é muito resistente a germes, vírus ou efeitos do *stress*, "que são a conseqüência inevitável do estilo de vida conhecido como 'respeitabilidade' " (p. 82). Por esse motivo, o "comportamento normal", que se enquadra nos papéis comuns de idade, sexo e ocupações, normalmente resulta em doenças.

Quando o título espiritual cai abaixo de um nível capaz de manter o bem-estar — que Jourard localizava em torno de 20 a 30 por cento —, o resultado, afirmava, é o desânimo, a depressão, o tédio, o enfado, as diversas formas de ansiedade ou "estados psicológicos de disforia desse mesmo tipo", juntamente com uma diminuição do rendimento em termos do empenho de uma pessoa, tornando-a, no que tange a seu comportamento, menos elegante, precisa e zelosa. Com o passar do tempo, esse baixo nível espiritual permite que a "doença" se estabeleça, que os micróbios ou vírus se multipliquem, que os efeitos do *stress* tenham curso e que as doenças latentes se manifestem ou se desenvolvam em ritmo "galopante". Sendo essa a situação, como se faz para "levantar" o espírito de uma pessoa e inspirar a saúde?

COMO AUMENTAR O NÍVEL ESPIRITUAL

Inicialmente, Jourard abordou essa questão em relação aos doentes graves ou moribundos. Ele observou que essas pessoas geralmente são afastadas dos ambientes desestimulantes que originaram suas doenças e que, portanto, a mudança ambiental em si pode ter conseqüências estimulantes. Também é muito provável que elas se entreguem aos cuidados de um médico especialista — um processo que ele considerava "notoriamente estimulante" e que "provavelmente terá de ser examinado, investigado, avaliado, diagnosticado e dosado" (p. 83): tudo isso teria um efeito geral estimulante, porque colocaria em atividade o que ele chamava de "síndrome geral da esperança". Isso pode ser caracterizado como um aumento gradativo no nível espiritual, o que, por sua vez, diminui a desorganização no sistema físico, provocando assim um nível mais elevado de bem-estar. À medida que o título espiritual sobe para os níveis normais, o corpo elimina os sintomas durante algum tempo. No entanto, se as forças desestimulantes voltarem, o nível espiritual cairá e os sintomas voltarão a se manifestar. É por esse motivo, pontificava ele, que os novos tratamentos e até mesmo o efeito placebo só têm uma eficiência temporária.

Jourard observou que um prognóstico sombrio é o mais correto quando um paciente não tem esperanças nem motivos para viver, porque seu espírito cai a um nível extremamente baixo. Ele corre o perigo de "entregar o espírito" — ou seja, de perder completamente o espírito e morrer. Mesmo assim, como observou Jourard, a história da medicina está cheia de recuperações "milagrosas" em casos nos quais as doenças eram fatais e já havia destruição de tecido, e esses milagres resultaram numa recuperação da vontade de viver por parte do paciente, a descoberta de que a vida vale a pena e as outras pessoas se importam. Do mesmo modo, pessoas menos doentes podem ter seus sintomas eliminados pelo efeito placebo, no qual tenham fé e confiança. Por esse motivo, ele apresentou a hipótese de que todo tipo de cura é fundamentalmente cura pela fé, na medida em que o paciente tem fé no que está sendo feito para curá-lo. Isso enseja um aumento no nível espiritual, o que é um sinal de que a cura está ocorrendo.

A ENTREGA DO ESPÍRITO

Quando uma pessoa morre, freqüentemente se diz que ela "entregou o espírito", o que reflete a crença bastante comum de que o espírito partiu. Jourard achava que existem muitas maneiras pelas quais o espírito normal de uma pessoa pode ser diminuído, chegando ao ponto da morte. Ele identificava os feitiços como um desses meios, observando que eles provavelmente reduzem o nível espiritual até um estado de dificuldades, permitindo que a entropia atinja um ponto máximo dentro do organismo. Ele também disse que existe uma classe de pessoas desestimulantes que conseguem o seu nível espiritual agindo entre os outros para desmoralizá-los através do enfraquecimento da fé e da confiança que sentem com relação a si mesmos; e que os ambientes sociais podem ser tão destituídos de oportunidades para a satisfação estimulante das necessidades de amor, segurança, estima e satisfação (inclusive sexual), que passam a ser excessivamente desmoralizadores ou desestimulantes.

Jourard afirmava que o espírito de uma pessoa também pode se abater de outras maneiras, principalmente quando ela chega a uma idade em que os outros esperam a sua morte, sendo considerada velha pelos demais.

> Matamos nossos cidadãos... encorajando-os a acreditar que existe apenas uma única identidade, um único papel, uma única forma de ser, um único valor

que possam concretizar, em vez de toda uma série de possíveis "encarnações" a serem vividas no decorrer de uma vida. Quando um campo de sua existência for ultrapassado ou perdido, a pessoa talvez comece a morrer, ou se mate mais depressa — em vez de se reinventar de maneira nova.

Jourard, 1971, p. 95

Portanto, nos termos do raciocínio de Jourard, as pessoas freqüentemente se matam depois da perda de dinheiro, de empregos, de *status*, de beleza, de sexualidade, de um ente querido ou de ilusões porque não conseguem imaginar nem inventar novos objetivos, identidades ou vidas quando as antigas chegaram ao fim natural.

De fato, acredito que a maior parte daquilo que chamamos de doenças mentais ou físicas é evidência de que a maneira como a pessoa estava vivendo até o ponto do seu colapso já havia sido totalmente ultrapassada, e de que chegara o momento para ela parar de viver daquele modo e inventar uma nova maneira, mais propícia a seu bem-estar. No entanto, nossos profissionais de cura e de ajuda compreendem os sinais de que certo estilo de vida durou mais do que devia como sendo *uma doença a ser curada, e não um aviso para parar, refletir e meditar, para sonhar e inventar um novo eu.* As profissões dedicadas à ajuda em geral, na verdade, não ajudam a pessoa a viver, mas a perpetuar uma maneira de viver já ultrapassada.

1971, pp. 98 e 99

Conseqüentemente, na opinião dele,

precisamos aprender a convidar as pessoas a explorar e a pôr em prática uma parte maior de suas possibilidades do que a educação normal parece incentivar, de tal modo que o convite à vida e ao crescimento seja tão fascinante quanto o convite à morte. Na verdade, precisamos de um novo especialista — alguém que ajude as pessoas a encontrar novos projetos quando projetos antigos, os que tornavam a vida digna de ser vivida, perderem seu significado.

1971, pp. 98 e 99

Com essa finalidade, ele defendia o estudo do espírito, afirmando que, "quando começarmos a estudar seriamente o espírito como um fenômeno natural, não só aumentaremos nossa compreensão das leis da natureza, como também alteraremos de forma radical nossa vida pessoal" (p. 90).

Infelizmente, o estudo do espírito, nos termos propostos por Jourard, não teve continuidade depois de sua morte, pouco tempo depois da publicação dos comentários citados acima. Ele não viveu o suficiente para ver pesquisas científicas confirmando ou apoiando muitas das suas afirmações especulativas. No entanto, certas pesquisas no campo da psiconeuroimunologia parecem fazer exatamente isso, demonstrando que pequenas mudanças de estado de espírito provocadas por acontecimentos sem muita importância mas percebidos negativamente alteram a susceptibilidade com relação a resfriados, gripes e infecções, ao passo que mudanças positivas de humor e acontecimentos positivos estão associados à melhoria na função imunológica (Hucklebridge, 1993). Numerosos estudos constataram que a redução da função imunológica está associada a situações de depressão, de falta de esperança, de solidão, de problemas no casamento, de desemprego, de perda do companheiro ou de luto (Tuormaa, 1992); e muitos relataram uma regressão espontânea do câncer depois de mudanças psicológicas ou psicossociais acentuadamente favoráveis (Weinstock, 1984). Descobriu-se que, entre os eventos específicos que ocorreram antes da regressão do câncer, estavam as conversões religiosas, casamentos repentinos, morte de um companheiro há muito odiado, reconciliação com uma mãe há muito odiada, mudanças positivas na carreira profissional e o início ou término de um antigo projeto.

Além disso, como resultado do trabalho realizado por pioneiros como Carl e Stephanie Simonton, Bernie Siegel, Norman Cousins (1981) e Lawrence LeShan, está ocorrendo um reconhecimento cada vez maior dentro da medicina ortodoxa da necessidade de estimular os pacientes em vez de desestimulá-los, bem como da importância terapêutica da esperança e das emoções e atitudes positivas.

Como já foi indicado no capítulo anterior, a importância da espiritualidade para a saúde e para o bem-estar está sendo cada vez mais reconhecida e investigada. Mesmo assim, a investigação do espírito como um fenômeno natural, tal como foi proposta por Jourard, não tem ocorrido de forma ampla dentro da comunidade científica; pior ainda, nos poucos casos em que foi feita, houve certa tendência para rotulá-la de "não-científica".

No campo da cura, houve numerosas tentativas para investigar o espírito ou a força vital, e essas tentativas usaram conceitos "energéticos" bastante semelhantes aos cunhados por Jourard. De fato, as abordagens tradicionais da cura no mundo inteiro, desde os tempos mais antigos, partilham da crença na existência de energias sutis, cuja mobilização e equilíbrio são considerados fundamentais para a saúde. No Ocidente, a maioria dos conceitos de energia, como a energia magnética de Mesmer, o *élan vital* de Bergson, a libido de Freud, a bioenergia ou orgônio de Reich, a força *ódica* de von Reichenbach e o éter da escola teosófica (todos associados de várias maneiras com o desenvolvimento da hipnose, da psicoterapia, das terapias bioenergéticas e da cura espiritual), foi formulada quando a ciência ocidental era concebida exclusivamente em termos objetivos e mecânicos. Como conseqüência disso, a força da vida é considerada como algum tipo de substância que flui pelo organismo, sendo quantificável da maneira imaginada por Jourard.

No entanto, no Oriente, os conceitos de energia — conhecidos como chi, ki, prana, Kundalini ou Shakti — são bem diferentes, mais parecidos com os de civilizações ocidentais pré-científicas como as da Grécia Antiga e do Egito, principalmente com o conceito aristotélico de *entelekhia* ou *enteléquia* — a força vital que direciona a vida do indivíduo. Nesses casos, a energia não é concebida como "alguma coisa" substancial, mas como uma mudança ou um movimento contínuo. Esse conceito serve de base para as tradições da medicina oriental, como a Ayurveda e a Unami na Índia e no Paquistão e também para as práticas da medicina tradicional chinesa e japonesa, como a acupuntura, a acupressão, o shiatsu, o reiki, e variações destes enfoques como a reflexologia. Mais recentemente, o conceito de *enteléquia* foi revivido pelo embriologista alemão Driesch, que adotou o termo para descrever o ímpeto ou impulso que impele o organismo para a auto-realização. Um conceito semelhante da força vital constitui a base da homeopatia, que foi formulada pelo seu fundador, Samuel Hahnemann, usando aproximadamente os mesmos termos da tendência de auto-atualização de Maslow, Rogers e Perls. No entanto, as semelhanças mais impressionantes com os conceitos antigos e orientais de energia são encontradas nas idéias de Jung, para quem a energia psíquica ou espiritual e a energia física eram dois aspectos de uma única e mesma realidade, o mundo da matéria surgindo como imagem espelhada do mundo da psique e vice-versa.

Comum a todas essas visões é o conceito de que toda a matéria, incluindo o corpo humano, a psique e todos os fenômenos, contém energia num determinado estado de vibração, tendo aspectos tanto físicos quanto psíquicos. Essa visão é totalmente coerente com a da física atual (*vide* Graham, 1986, 1990 para uma análise mais detalhada). Por esse motivo, a "medicina da energia" utiliza várias formas de vibrações, como luz, calor, cor, som, pensamento e criação de imagens, para acabar com o desequilíbrio energético na pessoa como um todo, influenciando o organismo num nível "espiritual" mais importante do que os sintomas físicos ou psicológicos da doença.

> Quando entendemos que, em última análise, nosso corpo na verdade é feito unicamente de energia em constante transformação, fica mais fácil compreender como sutis influências energéticas não físicas, como as emoções e os pensamentos, podem ter um efeito direto sobre o nosso funcionamento físico, da mesma maneira como o funcionamento físico pode ter uma influência direta sobre nossas experiências emocionais e mentais.
>
> Schwarz, 1980, p. 21

Infelizmente, não são muitos os que compreendem isso, e mesmo dentro da comunidade científica muitos têm dificuldade em aceitar as implicações das descobertas científicas e, mais ainda, em aceitar que elas foram registradas com uma impressionante semelhança no mundo inteiro desde a Antiguidade. Entretanto, foi exatamente isso o que aconteceu.

Todas essas abordagens têm em comum a premissa fundamental de que "o nível de 'energia' do ser humano, ou seja, seu mundo interior emocional e espiritual, precede e, na verdade, determina tudo o que é vivenciado no nível físico da existência" (Shealy & Myss, 1988, p. 17). Essa visão representa um desafio contra a opinião médica convencional quanto à relação entre a energia e a matéria, entre a mente e o corpo. Por esses motivos, a reação da comunidade médica ortodoxa com relação ao surgimento de um modelo holístico de cuidados com a saúde geralmente caracteriza-se pelo descrédito e pela negação de sua validade.

No entanto, existe uma quantidade cada vez maior de praticantes da medicina, como o cirurgião Bernie Siegel, que reconhecem que "talvez seja necessário um renascimento das técnicas de cura ou um reaprendizado do que nossos ancestrais já sabiam. Se houver um século XXI, ele terá de refletir um novo nível de sabedoria espiritual e de visão intuitiva" (Siegel, 1988, p. xvii). Ele também observa que tanto ele quanto outros pioneiros da medicina realizaram esforços intermináveis para garantir a aceitação da idéia de que a psique e o espírito se manifestam num nível celular, como saúde ou doença física; e que o "espírito" humano é o solo onde a doença pode se enraizar. Tal como Jourard, ele vê a doença como uma mensagem para se modificar o padrão vigente na vida. "Trata-se de um botão para a readaptação... um redirecionador da nossa vida" (1988, p. xviii). Portanto, assim como a mensagem para mudar e crescer vem de dentro, o mesmo ocorre com todas as informações necessárias para uma pessoa se tornar plena ou saudável. Siegel considera que dar atenção a essa voz interior ou intuição é de importância fundamental para a saúde e a cura, e defende a incorporação da intuição na medicina — tanto a intuição do paciente como a dos profissionais de saúde.

MEDICINA INTUITIVA

Para o neurocirurgião Norman Shealy, a integração da medicina tradicional com a sabedoria intuitiva é a base para a criação da saúde; aliás, *Criação da Saúde* é o título de um livro inovador que ele escreveu em parceria com a especialista em diagnósticos intuitivos Caroline Myss sobre as pesquisas que realizaram juntos nesse campo. Myss desenvolveu a tal ponto sua capacidade de perceber a energia ou força vital de uma pessoa, que conseguiu intuir a natureza e a localização exata de doenças físicas dentro do corpo de uma pessoa. Esse diagnóstico intuitivo, que forma a base da obra escrita pelos dois e uma grande parte da prática clínica de Shealy, se revelou correto em 93% dos casos. Segundo Shealy, esse resultado é "realmente espantoso":

> Apesar de geralmente apresentarmos, como médicos, uma exatidão de aproximadamente 80% nas primeiras tentativas de diagnóstico, ficamos frustrados, não conseguindo chegar a nenhum diagnóstico exato no caso de toda uma variedade de doenças. Além disso, muitos dos testes e exames utilizados para os diagnósticos implicam sérios riscos de dano para o paciente.
>
> 1988, p. 67

As façanhas de Myss são espantosas e surpreendentes, não apenas pelo fato de ela não ter nenhuma formação em medicina, mas também porque a única coisa de que necessita para fornecer o diagnóstico é o nome e a data de nascimento do paciente, dados que geralmente lhe são transmitidos pelo telefone.

Ela não precisa de nenhum contato físico com o paciente, que pode estar a centenas de quilômetros de distância. No entanto, Myss está longe de ser a única com essa capacidade. Como Shealy observa, o uso do diagnóstico intuitivo provavelmente é tão antigo quanto a própria medicina, e com quase toda a certeza remonta aos tempos de Hipócrates, um médico intuitivo considerado fundador da medicina ocidental. Os estudos formais sobre o diagnóstico intuitivo, porém, são relativamente recentes; o primeiro do qual Shealy tem conhecimento é o de John Elliotson que, há uns 130 anos, investigou o mesmerismo. É possível que Edgar Cayce seja o mais conhecido e também o mais pesquisado especialista em diagnósticos intuitivos de todos os tempos; por outro lado, o mais influente até hoje é o Dr. Edward Bach, o médico de Harley Street, cujos remédios florais desenvolvidos intuitivamente estão cada vez mais sendo usados com bons efeitos no tratamento holístico da saúde.

Shealy realizou pesquisas de diagnóstico com vários intuitivos e afirma ter encontrado "um índice significativo de exatidão, determinado por uma avaliação computadorizada" dos resultados, no sentido de detectar a natureza e a causa primária de doenças em pacientes. Ele conclui que o diagnóstico intuitivo não é apenas possível como também é altamente bem-sucedido. Um dos intuitivos de maior destaque entre os estudados foi o clínico geral Dr. Robert Leichtman, que teve um índice de acerto de 96% nas suas avaliações de "pacientes". Muitos médicos reconhecem que existe um forte elemento de intuição em todos os diagnósticos, podendo assim ser mais facilmente convencidos pelas alegações feitas com relação ao Dr. Leichtman do que pelos intuitivos sem nenhum tipo de formação médica especializada. No entanto, Leichtman demonstrou a exatidão de seus diagnósticos usando apenas fotografias, nomes e datas de nascimento dos pacientes. Seus conhecimentos médicos e sua educação especializada desempenharam pequeno ou nenhum papel nos diagnósticos. Considerando que a formação ou o conhecimento médico não resultam necessariamente num diagnóstico médico intuitivo exato, surge a questão de saber como o conhecimento e o treinamento médico podem ser informados pela intuição.

Parece que a resposta está na alma; os intuitivos geralmente partem da opinião de que a chave para a compreensão dos processos de saúde e de doença está na consciência ou percepção do espírito humano ou do sistema de energia. Na verdade, segundo Myss, a intuição é a consciência do espírito ou do sistema de energia; é o "ato de sentir a informação" dentro do corpo e em torno dele, e trata-se de uma consciência que todos os indivíduos possuem. Ela insiste que a intuição não é um dom, mas "uma capacidade interna natural que se desenvolve automaticamente dentro de um indivíduo na medida em que ele cresce em respeito por si mesmo e auto-estima. Logicamente, se você não se respeitar, não respeitará a informação que seu sistema intuitivo estiver lhe transmitindo" (1991, p. 7). Portanto, o "segredo" para uma intuição clara é uma auto-estima saudável. Segundo Myss, a maior parte das pessoas têm uma auto-estima pouco saudável na medida em que preferem procurar aprovação nos outros e não em si mesmas. Como conseqüência, elas duvidam de si mesmas e da própria sabedoria e autoridade, dando mais valor à autoridade dos outros. Elas não dão atenção às informações fornecidas pelos seus próprios sentidos, bloqueando, assim, sua intuição.

Portanto, o primeiro passo para o treinamento da intuição consiste em desenvolver uma saudável auto-estima, certo sentimento de valor pessoal. Isso significa tomar de volta o poder pessoal ou a autoridade daqueles a quem essas coisas foram concedidas, o que envolve um exame de como e onde o poder é outorgado, dos que o receberam e dos motivos que levaram a isso. Myss assevera que a pessoa pode chegar a conhecer o quanto seus relacionamentos, a história do seu passado, os papéis atuais e o estilo de vida lhe custam em termos de poder, colocando esses valores em termos percentuais ao longo de um eixo horizontal, mais ou menos como Jourard concebeu a idéia de um título ou nível espiritual. Dessa forma, uma pessoa pode chegar a uma avaliação aproximada de quanto da sua energia está sendo empregada para conseguir a aprovação dos demais e, conseqüentemente, de quando lhe resta em determinado momento.

Já utilizei várias vezes essa medição simples e até hoje não encontrei ninguém que fizesse uma avaliação de seu atual nível de energia, ou que desse uma indicação daquelas características da vida que "determinam o espírito". Quase todo tipo de auto-avaliação, de acordo com esse sistema, fica bem abaixo dos níveis identificados por Jourard como saudáveis. Entre grupos de estudantes universitários de 18 a 24 anos de idade, por exemplo, o nível médio de energia constatado foi de aproximadamente 35%. Individualmente, os clientes em terapia oscilam entre 15 e 60% e, nos dois grupos, alguns identificaram o próprio nível de energia como estando próximo a zero. Muitas dessas pessoas identificaram seus esforços para não decepcionar as expectativas dos pais ou de outras pessoas associadas com seus vários papéis sociais como o principal sorvedouro de suas energias. Nenhuma delas considerara anteriormente esses fatores em termos energéticos; no entanto, depois de fazer isso, foram capazes de reconhecer que sentiam falta de energia, muita fadiga, depressão, descrevendo-se geralmente como "pra baixo". Com a maior parte da energia empregada em outras coisas, realmente resta muito pouco dela para as atividades importantes do aqui e agora. Não causa surpresa constatar que esses indivíduos correm o risco de sofrer um colapso completo e que invariavelmente lhes falta a "presença".

Muitas das características "desestimulantes" na vida das pessoas são conseqüência direta dos "papéis" que outros lhes conferiram. Esses papéis são considerados como diretrizes e manuais para o comportamento pessoal, para atitudes e valores, devendo — supostamente — fornecer um significado na vida. No entanto, em vários estágios da vida, como na adolescência, na meia-idade, na velhice e em outros momentos em que ocorre uma perda ou modificação das funções, esses "papéis" malogram, não funcionam; abatem a pessoa, ao dar-lhe uma orientação que não responde às dúvidas existentes e que, portanto, não fornecem mais o significado que forneciam em outros tempos. Essas crises muitas vezes causam dor e decepção. Como Eric Berne e Sidney Jourard, Myss considera as crises desse tipo como indicações da necessidade de reavaliar e reexaminar esses papéis e também as maneiras de ser às quais eles estão associados; de abandoná-los quando necessário, recuperando assim a energia neles investida. Myss insiste em afirmar que a desorientação é necessária porque se as pessoas não ficarem decepcionadas com as vozes exteriores em sua vida, elas não as deixarão de lado. Continuarão se apegando ao que é familiar no seu mundo mesmo quando isso não funcionar mais, criando a depressão, o desânimo e a doença.

O motivo pelo qual isso é tão prejudicial à saúde está no fato de que manter o passado vivo é uma atividade que costuma consumir muita energia. Em vez de usar a dose diária de energia como se deveria fazer, ou seja, para regenerar o tecido celular saudável, você está direcionando essa preciosa força vital para manter vivas velhas lembranças e não seu corpo atual.

1991, p. 10

Myss afirma que deixar de lado as vozes do passado serve para remover os obstáculos à intuição e libera a energia gasta nesses bloqueios. A retomada da energia do passado modifica eficientemente o epicentro do poder, aumentando ao máximo a energia disponível para o indivíduo aqui e agora. Portanto, a pessoa passa a ter a capacidade de ouvir sua própria sabedoria e também a capacidade de agir em função dela. Nos termos de Jourard, logo, uma mudança do poder pessoal é muito estimulante e contribui para a saúde.

No entanto, muitas pessoas não usam crises desse tipo, nem a dor e o sofrimento provocados por elas, como mensagens para reavaliar e pôr de parte os aspectos da vida que perderam seu sentido ou valor para elas. Elas continuam levando sua vida de acordo com papéis ultrapassados, adquiridos no passado e que não têm nenhuma relevância para o presente. Elas também continuam presas (se prendendo) a papéis antiquados, a comportamentos, atitudes, crenças, sentimentos previstos por esses papéis, aceitando a dor e a mágoa geradas por eles. Agindo dessa maneira, elas se comportam como malabaristas que tentam manter no ar uma quantidade demasiado grande de bolas ao mesmo tempo, mas acabam por derrubá-las no chão.

MALABARISMOS COM SAÚDE

O malabarismo é uma metáfora muito apropriada para a vida. Imagine um excelente malabarista no palco, trabalhando com uma grande quantidade de objetos de formatos, tamanhos e cores variados. Trata-se de uma *performance* habilidosa, que se tornou quase automática como conseqüência de muito treino e ensaio. Certa adaptação física e psicológica muito sutil e sofisticada é necessária para se chegar à seqüência harmoniosa com vistas a fazer com que vários objetos quase pareçam constituir uma unidade. Na verdade, a *performance* envolve a totalidade do ser da pessoa. No nível físico, ela requer equilíbrio, movimentos exatos, coordenação e controle muscular, tudo integrado em processos psicológicos altamente complexos e sofisticados como a percepção, a atenção, a concentração e a motivação. O resultado final parece simples e fácil porque houve muito treino e ensaio.

Mesmo quando tudo foi aprendido, várias outras exigências precisam ser atendidas para que a pessoa tenha um desempenho de sucesso e para que consiga conservar o nível da apresentação. Se o malabarista não satisfez necessidades físicas básicas ou se não cumpriu determinadas funções físicas — se estiver com fome, sede ou cansaço, se estiver com a bexiga cheia, se estiver sentindo dor ou muito calor ou frio — ele não será capaz de ter um bom desempenho. O ato de fazer malabarismo pode servir para desviar a atenção das sensações físicas, pelo menos no início, mas à medida que a tensão e a dor se desenvolverem, será cada vez mais difícil ignorá-las, e isso distrairá o malabarista de sua *performance*. Esses sinais de necessidades insatisfeitas continuarão competindo pela atenção dele até provocarem uma reação. Se elas não forem atendidas, a pessoa pode ficar muito fraca, a ponto de não ser mais capaz de executar a apresentação. De uma forma ou de outra, o número apresentado fracassará.

Do mesmo modo, as necessidades psicológicas também precisam ser atendidas. Se o malabarista estiver preocupado com seu agente ou com um eventual "rombo" na conta bancária, ansioso pelo que os outros possam estar pensando a respeito dele ou com a qualidade de sua *performance,* ficará infeliz, deprimido, irritado; ou com um excesso de confiança e muito *blasé*; em todas estas situações, sua concentração pode diminuir, e é provável que a apresentação não dê certo. As necessidades espirituais também precisam ser levadas em consideração. O malabarista que começar a se perguntar: "Para que estou fazendo isso?" "Que sentido tudo isso poderia ter?", dificilmente continuará, a não ser que encontre uma resposta satisfatória. Portanto, certa falta de sentido ou de finalidade na atividade levará, ao fim e ao cabo, a um colapso na apresentação. É por isso que todas as necessidades físicas, psicológicas e espirituais precisam ser satisfeitas para que uma pessoa tenha sucesso como malabarista.

Entretanto, quando todas essas necessidades são atendidas, o malabarista pode ser capaz de continuar com a *performance* durante um período de tempo considerável com poucas ou nenhuma conseqüência negativa para si mesmo ou para o número apresentado. Mesmo assim, podem ocorrer certas coisas que acabam interferindo com a *performance.* Alguém pode esbarrar nele e prejudicá-lo em seu equilíbrio; ele pode espirrar ou ser picado por um inseto. Essas coisas podem levar a um "tropeço" na *performance* e também à possibilidade de que um ou vários objetos caiam no chão. O malabarista habilidoso pode ser capaz de recompor a postura e continuar com a *performance,* apesar de talvez precisar de um certo tempo para readquirir completamente o controle. Mesmo tendo conseguido isso, ele pode sentir a necessidade de prestar mais atenção durante algum tempo para recuperar totalmente a confiança.

Pode haver momentos em que, apesar de todos os esforços para se readaptar depois de uma crise desse tipo, ele não tem a possibilidade de continuar com o número. Quando deixa cair um ou mais objetos entre os que controla no ar, ele ainda pode ser capaz de continuar com a apresentação, se bem que a natureza dela ter-se-á modificado e as adaptações e ajustes correspondentes se tornarão necessários. No entanto, as implicações da perda de um ou mais objetos pode ter conseqüências devastadoras para os outros, de modo que todos eles comecem a cair em torno do malabarista, resultando num total fracasso da apresentação.

Para que o malabarista retome o controle de seu número depois de um trauma desse tipo, ele precisa ser capaz de localizar os objetos que caíram e que talvez estejam espalhados. Se ele souber exatamente a quantidade, o formato e a cor deles, isso talvez não seja tão difícil, mas ele terá de investir tempo e esforço para os procurar e recuperar. Ele também pode resolver não se dar a esse trabalho, preferindo pegar outro conjunto de objetos e se apresentar com eles. Independentemente de pegar as peças do número anterior ou de começar tudo de novo com outros objetos, ele vai precisar de energia, interesse, concentração e motivação para recomeçar sua *performance* e sustentá-la.

Na vida ocorre o mesmo que se observa no malabarismo. Cada indivíduo é como um malabarista envolvido num ato com vários papéis diferentes, nem todos completamente visíveis o tempo todo; alguns ficam parcialmente ou temporariamente ocultos, e cada um deles é muito diferente dos outros. No entanto, todos dão a impressão de formar uma única entidade.

Quando a vida corre sem percalços, você pode passar com facilidade de um papel para outro, de uma situação para outra, e se preocupará relativamente pouco com a *performance* exigida em cada caso, porque, com o correr do tempo e dos treinamentos ter-se-ão tornado automáticas. Você não precisa refletir sobre essas *performances*, mas simplesmente "desempenhá-las" de maneira quase automática. No entanto, determinados fatos podem deixá-lo abalado, desequilibrado ou perturbado, exigindo adaptações que implicam tempo, energia e atenção. Algumas crises podem ser superadas com sucesso, de modo que suas atividades possam continuar tal como eram antes, mas em alguns casos a sua apresentação se desfaz, resultando num colapso total. Quando isso ocorre, os outros podem aconselhá-lo a fazer um esforço para se "comportar direito", o que na vida nem sempre é tão fácil quanto no malabarismo porque, em larga escala, você não tem consciência dos componentes presentes na sua *performance* anterior.

Se o malabarismo é um modelo da vida, pode-se esperar que, com paciência, persistência e auto-análise, as complexas questões físicas, emocionais e psicológicas sejam simplificadas, colocando-se assim mais ordem na vida; pode-se esperar também que através de um processo semelhante, seja possível decompor esses complexos aos seus menores componentes, para depois voltar a arranjá-los outra vez.

Na cultura ocidental, desde suas mais remotas origens na antiga civilização grega, as complexas questões da vida sempre foram abordadas exatamente dessa maneira, ou seja, intelectualmente, através do pensamento verbal e racional que, caracteristicamente, é reducionista e analítico. No Ocidente se dá um grande valor a esse modo de raciocínio, o que é justificável porque, como demonstram os avanços científicos e tecnológicos, um enorme progresso em termos de conhecimento e compreensão decorre dessa abordagem das questões. No entanto, nem todas as questões se prestam à análise lógica ou racional. Os processos que, pela sua própria natureza, não são verbais, ou seja, a grande maioria dos processos físicos, emocionais e psicológicos, não podem ser abordados pela linguagem verbal. Além disso, os processos dos quais uma pessoa não tem consciência não podem ser abordados dessa maneira.

O malabarismo é um desses processos, sendo não-verbal e, uma vez dominado, quase totalmente automático, de tal maneira, que o malabarista fica em grande parte inconsciente quanto aos elementos que o compõem. Se você tentar, não digo explicar, mas apenas descrever o ato do malabarista, vai constatar que isso não pode ser feito apenas através da análise lógica. Você perceberá que é praticamente impossível iniciar a tarefa sem antes vê-la ou imaginá-la mentalmente ou sem tentar realizá-la pessoalmente. Da mesma forma, é difícil descrever ou explicar tudo o que está envolvido numa valsa ou num passo rápido de dança. Esses atos têm em comum o fato de que todos são primeiramente não-verbais e precisam ser representados verbalmente. Na verdade, esses dois modos de representação, o verbal e o não-verbal, são complementares e com bastante freqüência são ambos necessários para a solução de um problema. Simplesmente não basta ter apenas uma maneira de representar as questões, de forma lógica ou não, porque muitas questões complexas pela sua própria natureza não se prestam somente a uma ou outra abordagem. Portanto, para que o malabarismo tenha algum valor como modelo de vida, você precisa praticá-lo ou, pelo menos, imaginar que está fazendo isso.

Como já dissemos, quase todas as pessoas parecem estar fazendo malabarismo com várias questões da vida; por esse motivo, convidá-las a imaginar diante do olho mental, através da criação de imagens, o que estão usando e quais os resultados conseguidos, pode lhes fornecer novas perspectivas ou informações a respeito das questões presentes em sua vida e da maneira como estão lidando com elas. Uma das grandes vantagens disso é que o malabarismo é uma atividade totalmente absorvente e, como conseqüência, relaxante. Trata-se de uma atividade concentrada no presente, que mantém a pessoa com os pés plantados no aqui e agora e "desligada" do senso usual de pensamento racional. Ela livra a mente de suas tensões e provoca uma sensação de paz e de ordem. Fazendo isso, também deixa que as características mais intuitivas da mente venham à superfície. Nesse sentido, o malabarismo pode ser considerado muito semelhante à meditação.

EXERCÍCIO SETE

Imagine que está fazendo malabarismos. Observe a situação com o máximo possível de detalhes; se está fazendo isso para si mesmo ou para uma platéia ou com alguma finalidade específica, que pode ser o seu divertimento ou o do público ou ainda qualquer outro motivo. Note as roupas que está usando, sua aparência e o que sente com relação a ela. Em seguida, concentre-se nos objetos com os quais está fazendo malabarismo. Observe o tamanho, o formato, as cores e as características distintivas desses objetos, bem como seus sentimentos e pensamentos com relação a eles. Avalie como você está se saindo nos seus malabarismos, notando quais são os objetos mais difíceis de jogar e pegar e os motivos determinantes para essa dificuldade.

Observe todas as suas reações durante o malabarismo, identificando o que poderia ser necessário para melhorar sua *performance*. Tendo feito tudo isso, deixe que todos os objetos caiam no chão, prestando muita atenção ao que sente ao fazer isso.

Agora, reserve certo tempo para anotar todas as suas experiências durante esse exercício e para avaliar o que aprendeu ou o que poderia aprender com ele.

Comentário

O local

As situações nas quais as pessoas se imaginam realizando um número de malabarismo são muitas e variadas, sempre fornecendo alguma indicação de como o indivíduo vê o "palco" onde ocorrem suas *performances* do dia-a-dia. Muitos imaginam estar num estrado ou em algum tipo de plataforma, num teatro ou auditório. É bastante comum as pessoas se imaginarem num circo, o que pode dar a entender que a apresentação é mais passageira ou temporária do que as realizadas em estabelecimentos mais permanentes. Outros se mostram bem mais expostos, realizando seu número em arenas enormes ou anfiteatros ao ar livre ou, em casos menos dramáticos, diante da porta de suas próprias casas. Alguns se apresentam sob a luz de holofotes, ao passo que a apresentação de outros é muito parcamente iluminada. Quase todas as apresentações ocorrem no centro do palco, se bem que, em alguns casos, as pessoas dizem que estão simultaneamente no palco se apresentando e nas coxias observando a *performance.* Uma mulher se imaginou com três anos de idade num palco, usando um "pequeno macacão listrado" com uma gola engomada que lhe beliscava a nuca e um nariz de plástico vermelho no rosto. A criança era incapaz de apresentar um número de malabarismo e, tendo apenas uma única bola à disposição, ficou rolando-a nas mãos o tempo todo, o que provocou gargalhadas num grande público. Seu *alter ego*, que a observava das coxias, queria correr para o palco, agarrá-la e levá-la embora — mas não o fez, permitindo que a criança continuasse com sua tola *performance,* tal como costuma fazer em situações semelhantes na vida real.

Muitos relatam ter feito o malabarismo em situações domésticas, geralmente em sua própria casa, na casa dos pais ou de outros membros da família. Essas apresentações tanto podem ser iluminadas como realizadas no escuro. Alguns se descrevem sozinhos, e essas apresentações também podem ocorrer num palco ou numa arena, numa sala fechada ou ao ar livre. Em alguns casos, o local escolhido sugere um "alto desempenho", como quando a apresentação ocorre no topo de uma montanha.

O público

Muitas pessoas imaginam que estão se apresentando para um público grande ou mesmo enorme. Em alguns casos, elas conseguem enxergar esse público; em outros casos, a platéia não é vista, mas sua presença pode ser sentida. Um homem, exímio jardineiro, descreveu um grande público com rostos indistintos, mas com muitos olhos, feito batatas. Alguns não têm consciência dos espectadores enquanto eles não apresentarem algum tipo de reação. A platéia pode ser bastante específica, formada apenas por crianças ou por colegas profissionais. Um jovem professor, que estava no primeiro ano de sua atividade profissional, imaginou-se apresentando um número de malabarismo diante da classe para a qual dera aulas naquele mesmo dia. Ele descreveu como várias das crianças "tentaram derrubar minhas bolas e estragar a minha apresentação; elas tentavam fazer com que eu perdesse o controle sobre as coisas", ao passo que os outros alunos pareciam se divertir com as dificuldades dele.

Ele também se lembrou de ter pensado: "Nada disso faz sentido. Para que estou fazendo isso?" Em muitos casos, o público é específico, mas pequeno, apenas um grupo familiar ou um conjunto de uma ou mais pessoas importantes. Existem casos em que não há platéia nenhuma, apenas o apresentador solitário.

As roupas

A aparência do malabarista pode ou não chamar a atenção, mas costuma ser importante nos dois casos. Uma pessoa com dificuldades para imaginar ou detalhar a figura do malabarista pode, numa análise mais atenta, revelar ter problemas de identidade ou de autoconsciência, talvez não sabendo quem realmente é, apesar de não apresentar necessariamente uma falta de lucidez quanto às questões da vida que está usando no seu número de malabarismo, ou quanto ao público diante do qual está se apresentando.

Os calçados aparecem com destaque nos relatos de muitas pessoas, talvez indicando que para elas é muito importante ficar com os dois pés plantados no chão, sentindo um equilíbrio estável ou simplesmente uma boa ligação com a terra. Muitas pessoas se vêem vestidas como palhaços, com sapatos enormes e, aparentemente, com pés também muito grandes. São relativamente poucos os que se vêem descalços, mas quando o fazem isso geralmente ocorre num contexto que sugere grande naturalidade e uma sensação de liberdade quanto às restrições convencionais.

O fato de muitas pessoas se virem como figuras ligeiramente desastradas, tolas ou cômicas nas apresentações se evidencia pela quantidade das que se imaginam vestidas de palhaço, de bobo da corte ou de comediantes. Uma mulher ficou muito preocupada com sua aparência porque o macacão amarelo e o chapéu de bobo da corte, com três bicos e sinetas nas extremidades, não combinava com as meias brancas e os sapatos pretos, fazendo com que ela se sentisse pavorosa e como "uma tonta". Ela deixou implícito que poderia estar se sentindo melhor se os elementos do seu vestuário combinassem ou fossem harmoniosos entre si.

Outra mulher descreveu a apresentação do seu número numa competição para a qual passara muito tempo se preparando. Ela investira muito tempo e esforço nos trajes, chegando ao concurso "vestida para arrasar", certa de que todas as atenções se voltariam para ela e não para seus adversários, assim que ela se apresentasse. Ela explicou que todos esperariam uma excelente *performance* dela e sequer se interessariam pelos demais participantes, porque o traje lhes transmitiria a mensagem de que ela era maravilhosa em tudo o que fazia. Quando chegou à competição e exibiu essas roupas impressionantes, foi exatamente isto o que aconteceu: ela atraiu uma enorme platéia. Foi só nesse instante que ela se conscientizou de que direcionara todos os seus esforços para as roupas, sem se preocupar com a *performance* propriamente dita. Ela não apenas ignorava como fazer o que se esperava dela, como também não sabia que objetos iria usar no número, pois as únicas coisas que trouxera consigo eram *marshmallows* cor-de-rosa. E quando finalmente compreendeu que não poderia usá-los para a apresentação, já tinha perdido toda a credibilidade junto ao público, que preferiu se afastar. Nessas alturas, uma pessoa que ela não conhecia apareceu ao seu lado e começou a se apresentar com vários objetos convencionais em cores das quais ela não gostava, descritas por ela como "rosa *marshmallow*", e as tonalidades padronizadas dos suéteres de uma famosa rede nacional de confecções. Essa pessoa desconhecida, uma mulher, se apresentou bastante bem; mas ela, que a essa altura era a única espectadora, pouco sentiu enquanto os objetos escapavam ao seu controle; e nada sentiu quando a apresentação acabou.

Esse relato fascinante enfatiza o dilema de alguém incapaz de estar à altura de sua aparência e que, mesmo assim, é incapaz de sentir prazer ou interesse pelos êxitos mais comuns e simples. Mais significativo talvez, se bem que de maneira mais oblíqua, o câncer com o qual essa mulher lida na sua vida quotidiana se reflete na apresentação "sem graça" da criação de imagens. É possível que tudo isso tenha um significado ainda mais tangencial, na medida em que, como paciente com câncer, ela pode saber que o oncologista Carl Simonton recomenda exercícios de malabarismo como forma de relaxamento para seus pacientes, tendo por várias vezes encorajado os participantes de suas palestras e seminários a fazer isso usando *marshmallows* brancos e cor-de-rosa.

O significado da aparência do malabarista também é enfatizado no relato de outra mulher que se descreveu sozinha numa sala branca sem mais definições de qualquer tipo, usando roupas sem cor nem forma e mantendo bolas sem cor acima de sua cabeça exclusivamente pelo poder da mente, e sem ter nenhum tipo de contato físico com elas. Ela ficou aliviada quando o exercício terminou, porque o havia considerado extremamente entediante. De fato, ela admitiu que achava que toda a sua vida era sem graça e monótona, e que ela tem o costume de analisar todas as coisas do ponto de vista intelectual, "num nível cabeça", sem nenhum tipo de contato real com seus sentimentos.

Os objetos usados pelo malabarista

Outra mulher imaginou que, na sua apresentação, estava usando tijolos que se transformavam em cabeças, e que depois voltavam a ser tijolos. Quando ela deixou cair os tijolos, eles formaram uma parede que a separou do público, fazendo com que se sentisse presa e deprimida. Nesse caso, seria possível dizer que as preocupações "da cabeça" bloqueiam ou atrapalham a relação que uma pessoa poderia ter com os outros.

Se bem que as cabeças sejam mencionadas com bastante freqüência, quase todos imaginam o uso de bolas ou garrafas de madeira do tipo normalmente usado por artistas profissionais. Esses objetos podem ser todos de uma única cor (o vermelho e o laranja são as tonalidades mencionadas mais freqüentemente, com o amarelo vindo logo em seguida). Muitas vezes, os objetos se dividem em duas cores, por exemplo, objetos vermelhos e amarelos.

A quantidade mais comum oscila entre três e sete, mas existem variações muito grandes, podendo chegar a milhares de objetos. Algumas pessoas percebem que estão usando uma quantidade grande demais e que poderiam estar conseguindo melhores resultados se reduzissem o número, o que as leva a descartar alguns deles. Inicialmente, um homem foi incapaz de identificar os objetos que estava usando, mas um exame mais atento revelou que estes incluíam objetos muito grandes como um automóvel e um computador, que ele deixou de lado, por considerá-los fardos excessivos. Da mesmo modo, algumas pessoas resolvem trocar os objetos que estão usando por outros de manejo mais fácil. No entanto, isso nem sempre pode ser feito. Uma mulher que se imaginou fazendo a apresentação com dificuldade, usando um tijolo muito pesado, um sino e uma bola, tentou trocar esses objetos por um conjunto de bolas, o que facilitaria muito as coisas para ela. Por fim, acabou percebendo que não podia mudar de objetos e que precisava continuar com eles. Por isso, colocou-se de pé sobre o tijolo, pendurou o sino no próprio nariz e pegou alguns sacos de feijão para jogar junto com a bola que ela conseguia manter no ar. Ela disse que "subindo em cima" do tijolo — a maior de todas as dificuldades na sua *performance* — ela ganhou estatura e "cresceu" — dando a impressão de ser maior como pessoa. Também achou que acrescentou uma qualidade mais musical à apresentação graças ao sino no nariz, o que lhe deu liberdade para pegar outros objetos. Depois, ela teve a oportunidade de aplicar essa mesma estratégia à vida real. "Subindo em cima" de uma relação difícil, ela foi capaz de mudar de vida e libertar-se para começar uma carreira totalmente nova, lidando eficientemente com sua independência e com as novas liberdades e circunstâncias.

Algumas pessoas conseguem mudar a natureza dos objetos com os quais estão se apresentando. Incapaz de lidar com as muitas laranjas com as quais estava sendo bombardeada enquanto seus amigos assistiam a tudo rindo muito, uma mulher trocou-as por uma quantidade menor de bolas vermelhas, que conseguia controlar. Mais tarde, ela falou que as laranjas representavam as dificuldades emocionais com as quais estava se debatendo na época. Essa associação entre cor e emoção não é mera coincidência. Invariavelmente, a cor tem grande importância em termos de significado, por motivos que serão examinados de maneira mais detalhada nos Capítulos Nove e Dez, devendo sempre ser anotada com muita atenção quando ocorre na criação de imagens. No exercício que estamos considerando aqui, a cor laranja geralmente simboliza as emoções ou sentimentos de uma pessoa. Assim, uma mulher que contou que fez sua apresentação com três laranjas, do mesmo tamanho e de cor comum, achou acertadamente que elas representavam o tédio e a pequenez das coisas em sua vida atual.

Por outro lado, uma mulher se descreveu em meio a uma *performance* "maravilhosa", usando sete bolas de tamanho igual, cada qual com uma cor diferente do arco-íris. Quando se disse que deveria deixá-la cair, ela o fez, mas logo em seguida as retomou com facilidade, e continuou a se apresentar com elas até o final do exercício, quando foram se seguindo umas às outras e caindo em forma de "arco-íris" na palma de sua mão esquerda. Por motivos que examinaremos nos Capítulos Nove e Dez, essa criação de imagens coloridas indica saúde e um fluxo equilibrado de energia. No entanto, essas características estão longe de serem comuns na criação de imagens do malabarismo; na verdade, a grande maioria das pessoas relata algum tipo de dificuldade em se apresentar com o conjunto de objetos imaginados.

Uma jovem imaginou que usava na sua *performance* uma moeda de 50 *pence*, uma medalha de São Cristóvão que comprara para um namorado (e que ele nunca chegara a usar) e sua touca de enfermeira, que lhe foi particularmente difícil de controlar e que acabou caindo ao chão. Quando isso aconteceu, um público que até então ela não notara começou a rir de forma desagradável, talvez num reflexo de suas ansiedades em relação à possibilidade de fracassar no seu curso de enfermagem. Outra mulher disse que usou na sua *performance* um pé de alface, uma cabeça de peixe, um pedaço de queijo, um talão de cheques leve e uma pasta muito pesada de documentos, que ela teve muita dificuldade para manipular e que foi o primeiro objeto a cair, apesar de ela ter-se esforçado para que isso não acontecesse. Identificando esses objetos como representações das maiores preocupações da sua vida, ou seja, o lar, o trabalho e o dinheiro, ela concluiu que precisava distribuir as energias de maneira mais uniforme e procurar um melhor equilíbrio na dieta alimentar. Adotando uma atitude positiva, começou a imaginar um talão de cheques mais pesado e uma pasta mais leve e ficou espantada ao constatar, quando resolveu incluí-la novamente na sua *performance*, que era muito leve e possível de ser controlada. As seringas, as facas e outros objetos cortantes e pontiagudos, capazes de causar dor quando não são tratados com a atenção necessária, também estão entre os itens que as pessoas imaginam em suas apresentações. Enfermeiras podem imaginar seringas entre os objetos que manipulam, indicando talvez a possibilidade de dor ou de dificuldade com relação ao trabalho, o que não chega a ter a mesma intensidade da descrição dos cateteres e materiais para curativos descritos pelos outros. Enquanto algumas pessoas não têm consciência dos objetos que possivelmente causam dor e que eles estão usando por não voltar a atenção a esse fato, outras percebem facilmente que determinados objetos são potencialmente danosos ou perigosos e freqüentemente demonstram certo orgulho pelo fato de ser capazes de lidar com essas coisas difíceis; por vezes, isso ocorre de forma bastante específica — como no caso de uma mulher que sempre pegava uma seringa hipodérmica pela parte lateral de maneira a não se ferir.

Um jovem disse que se sentia muito satisfeito por estar usando na *performance* uma faca, um prato e uma laranja, coisas que exigiam abordagens totalmente diferentes; seu desempenho, aliás, foi tão bom, que o sucesso acabou lhe "subindo à cabeça" quando os objetos se transformaram em chapéus, que ele punha e tirava da cabeça como parte do número. Outros acham que a tarefa é bem mais difícil. Um homem contou que não quis usar e que quase deixou de lado (por causa das bordas cortantes) brinquedos de lata no formato de uma casa e de um carro, coisas que para ele eram símbolos do convencionalismo. Outros se surpreendem ao constatar que são capazes de apresentar um bom número com objetos potencialmente perigosos. Na verdade, muitas vezes eles conseguem lidar melhor com esses objetos do que com outros aparentemente mais inofensivos. Uma mulher ficou surpresa ao constatar que os cubos usados na *performance* sempre caíam com um dos lados na palma de sua mão, sem que as quinas batessem nela; como conseqüência, a sensação que tinha deles era "boa", e não "cortante" como esperara. No entanto, ela disse que ficou insatisfeita com alguns dos cubos, que descreveu como sendo "escorregadios" de modo incômodo, e de controle um pouco imprevisível, apesar de ter a mesma aparência dos demais. Eles lhe "pareciam moles" e claramente reduziam seu prazer em relação a um desempenho com o qual, em termos gerais, estava bastante satisfeita.

Da mesma maneira como alguns objetos que não parecem apresentar dificuldades para o malabarista se acabam revelando problemáticos, pode ocorrer exatamente o contrário com outros objetos. Uma mulher que usou diversos deles na sua *performance*, incluindo vários bules de chá, indicou que esses, inesperadamente, eram os que apresentavam menor dificuldade, porque podiam ser pegos pelos bicos e pelas asas.

Como conseguir domínio sobre as coisas

Para um número significativo de pessoas, conseguir domínio sobre as coisas é uma grande dificuldade. Uma mulher compreendeu que precisava ter mais domínio sobre sua vida quando imaginou cachos de bananas girando sem nenhum controle em torno da cabeça, enquanto ela "passava pelos movimentos sem um bom desempenho e sem tocar as frutas. Novamente, a cor é significativa (*vide* Capítulos Nove e Dez), e reflete a tendência dessa mulher em lidar apenas intelectualmente com as questões de sua vida, num "nível cabeça", sempre sem dar vazão a seus sentimentos.

Outra mulher imaginou várias bolas flutuando na sua frente; eram animadas por força exterior e estavam totalmente fora do seu controle. Por fim, frustrada por não conseguir exercer sobre elas nenhuma influência, fez um esforço enorme e estendeu a mão para tocar numa delas, sentindo grande alegria quando conseguiu "o que queria". Fazendo isso, compreendeu que tinha dificuldade de fazer isso pela parte inferior do corpo, que parecia apresentar muita tensão, o que a impedia de qualquer movimento, e percebeu que era só através de um enorme esforço na parte superior do corpo, que apresentava mais mobilidade que ela conseguia pegar a bola. Ela interpretou isso como indício de que muitas coisas em sua vida estavam fora de controle e que precisava fazer um grande esforço para conseguir certo domínio sobre as coisas e para continuar com o número. Do mesmo modo, outra mulher descreveu "um montão" de pequenas bolas prateadas flutuando em volta dela, fora do seu alcance, sem que pudesse influenciá-las ou afetá-las de algum modo. Enquanto alguns imaginam seus números totalmente fora de controle, outros dizem que perdem o controle. Essa experiência foi muito perturbadora para um homem que relatou ter se apresentado com cinco pratos brancos que, como ele sabia, representavam as principais questões de sua vida; seu desempenho foi muito bom durante algum tempo, até que um prato ficou "fora de sincronia e estragou tudo". Ele viu isso como um reflexo bastante exato de sua vida e de sua crença de que tudo melhoraria se conseguisse "resolver" esse seu problema específico.

No entanto, a resolução do problema pode ser bastante difícil. Uma jovem disse que se preocupou muito por causa de sua incapacidade de voltar a pegar uma de três bolas vermelhas bastante grandes, que lhe escapara da mão. Ela não imaginava como poderia fazer isso, porque suas mãos estavam ocupadas com as outras bolas, e levou muito tempo até perceber que poderia prender a terceira bola como um sanduíche entre as outras duas. Apesar desta solução parecer criativa, está longe de ser a única possível. Ele poderia, por exemplo, prender uma bola debaixo do braço enquanto erguia a terceira. Evidentemente, era importante que não soltasse suas bolas, apesar de não saber o que representavam.

Muitas pessoas precisam fazer esforços consideráveis para conseguir apresentar um número bem-sucedido. Uma mulher descreveu sua grande concentração para lidar com cinco bolas, firmemente determinada a "fazer tudo certo", e acabou compreendendo que essa preocupação em conseguir um desempenho correto era uma das principais fontes de ansiedade e de tensão da sua vida. Outros simplesmente não estão preparados para os esforços necessários para um bom desempenho. Uma mulher, comprara na vida real três bolas amarelas de tênis porque tinha lido sobre os benefícios desse tipo de exercício, mas, ao descobrir que era difícil e que não obtinha sucesso imediato, preferiu esquecê-las no fundo de uma gaveta. Na criação de imagens desse exercício, ela imaginou que foi procurá-las e que, como antes, não foi capaz de realizar o que pretendia, sem nem mesmo se esforçar para isso. Como ela mesma disse, aquilo "não a preocupava". Essa reação é típica dessa mulher que quer fazer muitas coisas consideradas saudáveis e benéficas, mas sem nunca se esforçar, sempre desistindo logo em seguida. Ela justificou sua falta de persistência num programa de exercícios físicos da seguinte maneira: "Tudo parecia ser muito fácil, e seria bom para mim se eu conseguisse fazer aquilo; mas não consegui e cheguei à conclusão de que tudo era mesmo uma grande bobagem. "Geralmente, ela acha que as pessoas que conseguem sucesso numa atividade fazem isso porque tudo é fácil para elas, e não porque trabalham e se esforçam; ela admite que inveja essas pessoas e também se preocupa com a possibilidade de existir algo de errado nela, impedindo-a de ter sucesso. Ela se considera infeliz, não preguiçosa nem indolente. Não causou nenhuma surpresa a constatação de que ela invejava outras pessoas que participavam da oficina e que ela via como pessoas capazes de relaxar e de criar imagens mais facilmente do que ela, admitindo ao mesmo tempo que não chegara a tentar nada seriamente, sempre na esperança de que uma fita gravada com exercícios de relaxamento pudesse facilitar muito as coisas!

De maneira semelhante, uma outra mulher, muito mais jovem, disse que ficou chocada quando lhe pediram que se ocupasse de algo dinâmico, e ela "simplesmente não conseguiu"; como conseqüência disso, acabou dormindo. Depois, a jovem confessou que essa relutância em fazer qualquer coisa por conta própria reflete seu medo do fracasso e sua falta de crença na própria competência.

Mais do que habilidade ou esforço, certa dose de sorte parece estar envolvida no número de algumas pessoas, como no caso do jovem que se imaginou apresentando-se com dois pinos de boliche e dois gatos negros. No entanto, para outro jovem, os gatos tiveram um significado muito diferente. Depois de se apresentar durante algum tempo no escuro, um holofote foi direcionado para ele e o jovem descobriu que estava fazendo malabarismos com dois gatinhos de estimação que sua mãe mandara matar uns dezoito meses antes, sem conversar com ele sobre o assunto. Ele sentiu uma grande tristeza e também o medo de perder completamente os gatos se os soltasse quando foi instruído a fazer isso. De fato, depois do exercício, ele teve uma profunda sensação de luto e de tristeza, que perdurou por vários dias. Como explicou mais tarde, durante o exercício, ele compreendeu que se sentia mais triste com a perda dos gatos do que com qualquer outra coisa em sua vida, inclusive a tentativa de suicídio da mãe e a internação dela num hospital psiquiátrico algumas semanas depois. Como resultado desse exercício, ele se conscientizou dos seus sentimentos com relação à família e da medida em que "reprimira" as emoções enquanto estava crescendo para tentar lidar com o fato de ter uma mãe com problemas mentais. Ele se identificava muito com os gatos, achando que fora manipulado pelos outros exatamente como os animais de estimação. Além disso, compreendeu que, usando-os nesse exercício, ele estava encarando a questão da morte; da morte dos animais, que ele tivera de enfrentar e assimilar, mas também a de sua mãe, que fora uma ameaça sempre presente em sua vida e com a qual ainda precisava lidar. Como nesse caso, questões escondidas por muito tempo e os sentimentos com elas relacionados muitas vezes "vêm à luz" nesse exercício, surgindo na consciência de modo repentino, como se um holofote fosse direcionado para eles — esta, aliás, é a imagem muitas vezes usada para descrever tais situações.

Como manter o controle sobre as coisas

Como fica claro no exemplo acima, para muitos, o ato de deixar de lado os objetos que estão sendo usados pode ser difícil e até mesmo traumático. Uma mulher identificou sua dificuldade de fazer malabarismos como uma incapacidade de soltar as coisas da sua mão esquerda, com a conseqüência de não conseguir manter o conjunto todo em movimento. No início, ela não conseguiu encontrar nenhum significado nessa criação de imagens, mas, quando lhe perguntaram se ela tendia a se agarrar às coisas, ela disse que estava muito perturbada pela incapacidade de conseguir se livrar do que descreveu como um "envolvimento emocional ultrapassado". Apesar de saber que a relação não era mais viável, ela não queria abandoná-la, temendo que fosse sua última oportunidade nesse sentido. Incapaz de esquecer o passado, ela era incapaz de viver no presente, o que deu origem a uma grande depressão e mal-estar, que — como admitiu — foram o principal motivo para que ela participasse da oficina.

Outra mulher disse que se "sentia maravilhosamente bem" fazendo uma apresentação satisfatória e simples com oito pinos brancos de boliche que eram idênticos, mas percebeu que estava olhando em torno, procurando objetos mais interessantes que pudessem ser incluídos em sua *performance*. Ao constatar que não havia nada que desejasse, ela continuou; mais tarde, quando foi instruída para deixar os objetos cair, ela deixou um pino de boliche e continuou com os demais. Intrigada com isso e com sua aparente insatisfação "em relação ao seu destino", refletiu sobre essa criação de imagens durante alguns dias até compreender que os pinos brancos de boliche eram os cigarros que ela tentava deixar há muitos anos. Apesar de ter feito muitas tentativas, nunca teve sucesso. No entanto, ela repetiu o exercício do malabarismo até conseguir imaginar-se deixando de lado todos os pinos; quando isso aconteceu, ela deixou facilmente o hábito do fumo.

É interessante comparar a experiência dessa mulher com a de outra, que foi persuadida a fazer um tratamento de hipnose para abandonar o tabagismo. O processo foi bem-sucedido, mas alguns meses depois ela registrou uma depressão para a qual não havia qualquer explicação lógica e voltou a apelar para os cigarros. Algum tempo depois, ela decidiu que não queria fumar mais e abandonou o hábito com poucas dificuldades, percebendo que sua depressão anterior ocorrera porque uma coisa que ela descreveu como sendo "um importante objeto de cena" para ela lhe fora tirado, sem que ela pudesse fazer uma opção consciente. Como a criação de imagens do malabarismo revela, é muito difícil abrir mão ou desistir das coisas que a pessoa quer ou que sente a necessidade de conservar.

Uma mulher se descreveu exatamente como era dez anos antes, pouco antes do casamento, incluindo no seu número de malabarismo diversos pequenos objetos brancos, apresentando-se para os pais na sala da casa onde morava com eles e sentindo grande pressão para realizar um bom espetáculo, sabendo o tempo todo que isso era essencial. Apesar de a sua platéia parecer bastante indiferente com relação à *performance* dela, que era bastante previsível, ela não pode deixar os objetos cair no chão, onde seriam contaminados pelo contato com o solo. Por esse motivo, ela se sentia totalmente encurralada pela situação, cheia de obrigações, desejando um momento de privacidade longe dos espectadores e o alívio do final da *performance*. Inicialmente incapaz de identificar os objetos usados na apresentação e os motivos pelos quais se sentia obrigada a continuar com ela, essa mulher repetiu o exercício várias vezes nas semanas seguintes; durante esse período, ela conseguiu compreender melhor várias de suas lembranças e sonhos. Ela se lembrou de ter tido dúvidas antes de se casar, sem as expressar claramente, temendo a confusão que isso causaria. Por esse motivo, ela foi em frente com o casamento, que lhe forneceu segurança e amor — os objetos brilhantes, bonitos e leves que estava usando no malabarismo imaginário —, exatamente como seus pais tinham feito e, apesar de não querer abrir mão desses objetos, ela o fez depois, pedindo o divórcio cinco anos mais tarde para poder tornar-se independente e fazer "o que queria". Posteriormente, ao descrever seus sentimentos, ficou claro que ela continuava atormentada pela dúvida e pela culpa, o que, seria possível imaginar, são as conseqüências possíveis de se "estragar" os ideais dos outros, fazendo-os colocar os pés no chão.

Outra pessoa que se mostrou relutante em soltar os objetos foi um jovem que se imaginou usando quatro ovos, que reconheceu como sendo os problemas de sua vida atual em relação aos quais estava ansioso. Ele disse que sentiu que teria de continuar fazendo aquilo para sempre porque, para poder parar, teria de ficar com dois ovos numa mão e tinha medo de quebrá-los. A ansiedade que as pessoas têm nas suas *performances* e que é difícil de ser deixada de lado se reflete no relato de um homem que se viu fazendo malabarismos com uma porção de gerentes bancários em miniatura. Ele não os soltou, preferindo abaixar-se cada vez mais até poder colocá-los delicadamente no chão. Ele revelou que essa dificuldade em deixar de lado as figuras refletia o fato de que tinha de tratá-las com cuidado numa época em que seus negócios estavam em baixa. A possibilidade de que, agindo dessa maneira, ele estaria se "rebaixando" também é sugerida por essa criação de imagens.

Para alguns, deixar de lado os objetos equivale, mais ou menos, a uma "decepção". O homem cuja *performance* "subiu-lhe à cabeça" se sentiu muito irritado quando recebeu instruções para deixar de lado os objetos e, pensando em dizer um palavrão, saiu do palco sem agradecer à platéia. Uma mulher disse que "não se importava" quando lhe pediram para deixar os objetos porque nem sequer começara o número de malabarismo por não ser capaz de levantar um objeto grande semelhante a um tijolo; e disse que, até perceber que não seria capaz de apresentar o número, ela jamais compreendera como sua auto-estima era baixa. Seria impossível que ela sentisse menos auto-estima.

Depois de deixar de lado todos os objetos com os quais estão se apresentando, algumas pessoas acham que são incapazes de retomá-los por uma série de motivos. Uma mulher, que se imaginou usando simultaneamente milhares de coisas, achou que estava tendo um "desempenho maravilhoso", coordenando e equilibrando todos os objetos até ter de deixá-los. Eles caíram numa grande cesta metálica na sua frente, enchendo-a até a borda. Ela sentiu um grande alívio por não precisar continuar com o número de malabarismo e, ao tentar levantar a cesta, percebeu que não podia fazê-lo porque era pesada demais. Por isso, resolveu agradecer ao público e preparou-se para sair do palco quando descobriu que não havia uma porta nem outro tipo de saída, o que interpretou como um símbolo de todas as coisas em sua vida das quais quer se afastar, nunca conseguindo fazê-lo. Outra mulher tentou guardar os objetos que deixara de lado, lançando-os na direção de um balde de plástico; mas, apesar de os frascos de lavanda que estava usando a obedecerem, o mesmo não ocorreu com várias laranjas, que não conseguiu mais localizar. Algumas pessoas não querem se arriscar a perder os objetos, como no caso de uma mulher que tentou conservar todas as suas grandes bolas de pelúcia colocando-as no enorme bolso de sua calça de palhaço.

Um homem que inicialmente se imaginou vestido de palhaço, realizando uma *performance* cheia de confiança com frutas para a família, começou a ver que estava fazendo malabarismos com um arco-íris, passando-o de uma mão a outra; mas, aos observá-lo melhor, percebeu que o arco-íris estava se transformando na figura do Pato Donald e em centenas de doces. O problema de equilibrar todos esses doces foi resolvido quando o Pato Donald começou a engoli-los, e depois tomou a frente e começou a comandar o espetáculo. Quando o homem tentou colocá-lo no chão, o pato se tornou agressivo, discutindo, queixando-se, criticando, e depois roubando o espetáculo, chamando toda a atenção para si mesmo, o que deixou o homem irritado e chateado por ter perdido o lugar à luz dos refletores. Depois de pensar muito sobre essa complexa criação de imagens, o homem acabou identificando uma série de transições que correspondiam a diversas fases da sua vida real, começando com um quadro idílico, atraente e mágico, em que havia crianças com cuja bondade e esperteza ele se identificou inicialmente, antes de elas devorarem todos os docinhos que simbolizavam a vida, desviando a atenção dele e deixando-o com ar triste no fundo do cenário.

As transições ou mudanças de vida freqüentemente são indicadas por uma mudança repentina na criação de imagens. Uma mulher, que inicialmente se viu sobre o convés de um barco atracado na beira de um canal, repentinamente percebeu que ele estava se movimentando com bastante rapidez na direção oposta, enquanto ela fazia uma apresentação com bolas coloridas na proa. Enquanto o barco passava por lugares conhecidos, ela continuou facilmente com seu número, que apresentava equilíbrio e harmonia, mas assim que o barco entrou em águas menos familiares ela começou a perder a segurança e pensou em deixar as bolas quando chegou a uma área totalmente desconhecida, que desviou sua atenção do que estava fazendo. Se bem que na ocasião o significado dessa criação de imagens não lhe fosse claro, no dia seguinte ela compreendeu que era um reflexo bastante exato da sua vida atual, na qual, até então recentemente, ela se sentira limitada e incapaz de qualquer avanço, só para perceber de repente que estava progredindo depressa, com facilidade e desenvoltura numa direção totalmente diversa, envolvendo-se com uma situação completamente nova.

De maneira parecida, um homem que inicialmente se imaginara com um desempenho muito competente como uma personagem com mais estatura do que ele mesmo composta por todos os seus heróis, ídolos e modelos, repentinamente se viu como um bobo da corte pequeno e um tanto ridículo, parado numa esquina, realizando uma apresentação canhestra com vários objetos, com os quais não queria lidar, ao mesmo tempo que se ria muito ironicamente do seu público. Por fim, acabou desistindo da *performance* e sentou-se no chão, triste e desanimado, mas, depois de algum tempo, começou a sorrir e a conversar com os passantes, pegando uma bola na mão e brincando com ela. Essas mudanças representavam o que ele descreveu como uma série de transformações na sua identidade e na sua maneira de encarar o mundo. No início, ele tinha um eu idealizado, se bem que imaturo, tentando tornar-se algo que não era, e fracassando. A segunda figura refletia a sua personalidade numa fase posterior, amarga, cínica e sem ilusões, mas ao mesmo tempo cansada de ironizar as atitudes convencionais, personalidade que, por fim, deixou de lado todas as características do passado e, após um período inicial de tristeza e depressão, descobriu um calor humano verdadeiro nas novas atitudes de simpatia que substituíram sua antiga superficialidade; ele também descobriu um novo interesse pela vida.

Essa criação de imagens indica que pode ser necessário deixar de lado determinadas atitudes, valores, pensamentos, crenças, convicções, emoções e hábitos antes que outras mudanças significativas na *performance* possam ocorrer. Outro homem compreendeu, graças à sua criação de imagens, que tendia a ser inflexível e que, para ser capaz de mudar sua *performance*, teria de ser mais tolerante e aceitar a opinião dos outros. O mais importante foi ele compreender que, para fazer isso, ele teria de se apresentar para uma platéia, em vez de manter uma posição distante e isolada com relação aos demais, como ocorrera na sua criação de imagens e também na sua vida recente. Outras mudanças podem ser necessárias ou desejáveis para que uma *performance* seja melhorada. Um homem, depois de concluir que seu número ficaria melhor com mais cores, remediou a situação imaginando que usava um manto feito de muitas cores.

Quando lhes perguntaram o que precisavam para melhorar sua *performance*, muitas mulheres disseram que necessitavam de uma apreciação maior, de mais apoio, estímulo ou aplausos. Invariavelmente, elas se descreveram usando objetos domésticos como escorredores de pratos, panelas, frigideiras, talheres e, por algum motivo, um maço de salsão. (Recentemente, alguém sugeriu que "*celery*" [salsão] talvez fosse um trocadilho com "*salary*" [salário], um assunto problemático para muitas dessas mulheres.) Uma delas disse que queria ouvir aplausos porque se sentia feliz e satisfeita, e que ansiava por sorrir e expressar tudo o que sentia. Ela interpretou isso como indício do grau em que tendia a ser influenciada pelos outros, até mesmo na expressão dos seus sentimentos mais íntimos. Outra mulher, que se imaginou "resplandecente", vestida de palhaço, com botas verdes, calças vermelhas e blusa cheia de lantejoulas cintilantes numa *performance* de muito sucesso, cujos objetos incluíam, entre outros, o marido e os filhos, um computador e várias estrelas brilhantes, imediatamente respondeu à pergunta sobre o que melhoraria seu desempenho, exclamando: "Holofotes, é claro!"

Outras mulheres disseram que sua *performance* poderia melhorar se tivessem mais confiança. Uma delas se imaginou jogando com três bolas e, ao perceber que seu desempenho era melhor do que imaginara, concluiu que talvez tivesse mais capacidade do que imaginava, o que aumentou-lhe a confiança, não apenas no contexto desse exercício, mas também de maneira mais generalizada. Uma variante dessa situação foi fornecida por uma mulher que insistiu que seu êxito na *performance* seria muito maior se ela fosse mais alta, porque, assim, a *performance* teria um alcance maior!

No entanto, como resultado do exercício, a grande maioria das pessoas reconhece que, para melhorar suas *performances*, precisam fazer mudanças — e isso na maior parte das vezes significa a necessidade de deixar de lado alguma coisa. Por esse motivo, elas passam a apreciar mais a observação feita por Perls, segundo o qual "a capacidade de desistir, de esquecer respostas ultrapassadas, relacionamentos esgotados e tarefas que vão além do nosso potencial, é uma parte essencial da sabedoria de viver".

CAPÍTULO OITO

Prioridades da Saúde

Os vôos espaciais são simplesmente uma forma de escape, uma maneira de fugir de si mesmo, porque é mais fácil ir até Marte ou até a Lua do que penetrar no âmago do próprio ser.

C. G. Jung

Em 1983, o oncologista Carl Simonton declarou que, na sociedade ocidental contemporânea, o câncer, depois da morte, é o modo mais eficiente de solucionar problemas, já que fornece uma maneira socialmente aceitável de se sair de uma situação intolerável; ele disse também que todas as doenças têm uma função semelhante. Simonton observa que as pessoas não são educadas para viver a vida, mas que são formadas sobretudo em estratégias racionais para lidar com problemas, e adoecem quando fracassam, pois são incapazes de solucionar seus problemas de outra forma. Se pudessem fazer isso, afirma ele, elas jamais ficariam doentes. Mesmo assim, na opinião dele, a doença não é uma estratégia consciente, mas, sim, inconsciente, porque, pela sua definição, a doença só aparece quando a pessoa *não tem consciência* de uma solução.

Como conseqüência disso, a doença não é uma criação consciente, mas uma expressão inconsciente de um dilema pessoal. Segundo Jung, ela é uma maneira pela qual a alma expressa uma importante mensagem. Além disso, se, como ele afirmou, o distúrbio físico surge como uma expressão mimética direta da situação psíquica, essa mensagem é bastante exata. Ele insistia em afirmar que o desenvolvimento de sintomas neuróticos não deve ser considerado meramente como o início da doença, mas como um sinal para o exame de si mesmo e para uma reavaliação com a finalidade de se conseguir uma nova e melhor adaptação. Conseqüentemente, ele considerou que os sintomas têm a função positiva de impelir a pessoa a olhar para dentro de si e a examinar-se a si mesma. No entanto, essa visão da doença como sintoma de uma alma sofredora ou, literalmente, de uma *psicopatologia*, que forma a base de todos os enfoques tradicionais da cura, acabou sendo obscurecida, e a atenção exclusiva da medicina científica para os aspectos mecânicos da doença fez com que sua mensagem fosse ignorada. Essa é uma omissão muito séria se, como afirma Siegel (1990, p. 39), "o nosso corpo realmente é sincero no que nos diz" e se, dando ouvidos a ele, podemos começar a usar a doença para dar um novo rumo para nossa vida. Como Simonton e Jung, ele incentiva as pessoas a considerar a doença como uma oportunidade para fazer uma pausa e pensar melhor no que está acontecendo em sua vida, afirmando que todos os que fazem isso invariavelmente reconhecem a doença como uma mensagem que exige mudança.

Uma pessoa capaz de confirmar essas afirmações é a terapeuta nova-iorquina Niro Asistent que, em novembro de 1985, recebeu um resultado positivo num teste de HIV (vírus de imunodeficiência adquirida) e na qual diagnosticaram um complexo relacionado com a Aids (CRA); em maio de 1986, no entanto, ela não apresentava mais nenhum sintoma do CRA e foi constatado que era soro-negativa, tendo continuado assim desde então. Ouvindo sua intuição, ela descobriu a fonte do desequilíbrio que levou ao seu mal-estar e também o que precisava fazer para contribuir para a sua própria cura:

> Minha intuição também me disse que essa doença era o meu "chamado para o despertar". Eu podia escolher entre reagir e responder à mensagem, ou virar para o outro lado e continuar a dormir. Preferi acordar. Toda e qualquer crise, quer seja uma doença, a conseqüência de um vício ou a perda de uma pessoa amada, nos oferece uma oportunidade para acordar. É como um terremoto. O que quero dizer é o seguinte: a vida me golpeou no rosto com tanta força que fui incapaz de escapar da realidade chocante. Minhas reações oscilaram entre o torpor, a raiva e o desespero, chegando, finalmente, a um grande questionamento interior. Enquanto estava questionando minha vida, percebi que tinha passado a maior parte dela dormindo. Eu tinha me esquecido de quem sou e dos motivos pelos quais estou aqui. Eu estava passando pela vida inconscientemente, como um robô sofisticado. Meu diagnóstico serviu como um maravilhoso instrumento capaz de me ajudar a analisar as limitações do meu condicionamento.
>
> Eu nunca tinha questionado meus condicionamentos anteriores e a personalidade que criei, tomando-os como base. Era o momento ideal para examinar essas coisas com muita honestidade, conservando as coisas que me serviam e descartando as que haviam deixado de ser apropriadas. Comecei a assumir a responsabilidade pela minha vida a partir desse novo estado de consciência, substituindo a autopiedade da vítima pela integridade de quem tem controle sobre as coisas.
>
> 1991, pp. 5 e 6

São muitas as pessoas que, como Niro Asistent, aceitam os convites que lhes são feitos pela doença para modificar sua vida e que, depois, reconhecem que nada de melhor lhes poderia ter acontecido. No entanto, como ela mesma observa, há muita gente que, quando passa por uma crise semelhante, não reage ao chamado de despertar que o corpo está enviando; as pessoas só querem que os sintomas desapareçam, e estão dispostas a se submeterem aos tratamentos mais extremados e dispendiosos para alcançar esse objetivo.

Muitas vezes, as pessoas encontram dificuldade para realizar as mudanças, mesmo quando querem fazê-las, por causa da pressão das outras pessoas. Um exemplo freqüentemente citado por pacientes cancerosos é a resistência que encontram na família e junto aos amigos com relação às mudanças recomendadas na dieta alimentar, que geralmente estão num ponto muito baixo na escala das mudanças de vida que podem ter de fazer. Niro Asistent descobriu isso quando começou a viver a vida de acordo com suas próprias necessidades, em vez de ficar constantemente tentando agradar aos outros, como fora acostumada a fazer. Foi aí que muitos amigos e parentes afirmaram não compreender o "comportamento estranho" dela. Como resultado disso, algumas amizades acabaram, mas outras se tornaram mais fortes: "As coisas que eram importantes, como as relações de afeto com minha família e meus amigos, continuaram; e as coisas supérfluas, como meros conhecidos sociais, desapareceram" (p. 58).

Algumas pessoas, apesar de reconhecerem a mensagem que lhe é transmitida pela doença, acabam sucumbindo às pressões dos demais e não tomam as atitudes apropriadas. Muitos preferem continuar com um estilo de vida doentio e, muitas vezes, potencialmente fatal, ou preferem continuar doentes em vez de enfrentar a necessidade de mudança em sua vida. De fato, como observa Carl Simonton, muitas pessoas preferem a morte ao divórcio. Do mesmo modo, o cirurgião Bernie Siegel disse que, quando podem escolher entre uma operação por causa de uma doença séria e uma mudança no estilo de vida, 80% das pessoas preferem a primeira alternativa, porque ela não exige nenhuma atitude por parte delas, transferindo a responsabilidade para os outros e mantendo o *status quo*. Por esse motivo, mesmo depois de uma cirurgia "bem-sucedida", muitas vezes as pessoas não ficam boas, para grande espanto dos cirurgiões especializados em transplantes, cujos pacientes muitas vezes sucumbem a uma recaída da doença cardíaca depois de alguns meses ou desenvolvem casos de câncer numa porcentagem alarmante (Gillman & Gillman, 1993). Além disso, como observa Caroline Myss, há os que continuam doentes apesar de terem tentado todos os tratamentos conhecidos, convencionais e alternativos, e que relatam a volta do câncer ou batalhas intermináveis com várias outras disfunções crônicas, além de sintomas de depressão e exaustão. De fato, a recaída habitual na doença não se limita ao campo físico, como qualquer psicoterapeuta ou psiquiatra sabe muito bem. Isso nos leva a perguntar por que algumas pessoas não se curam.

RELACIONAMENTOS QUE CAUSAM DOR

Procurando dar uma resposta, Myss identificou o que chama de linguagem íntima da mágoa. Esta, afirma ela, talvez seja a primeira forma falada de intimidade aprendida pelo indivíduo. Ela observa que, quando as pessoas começam a se conhecer melhor, seus primeiros atos de confiança geralmente consistem em revelar algo a respeito de si mesmas. O material compartilhado nessa ponte inicial rumo à intimidade, na maioria das vezes, é uma mágica — a lembrança de um sofrimento antigo ou mais recente, sendo que a reação esperada é a de que a outra pessoa irá retribuir essa revelação com alguma lembrança íntima de igual proporção e importância. Essa expectativa é justificada, pois, como as pesquisas revelam (Jourard, 1971), o ato de revelar coisas sobre si mesmo é um fenômeno recíproco baseado na premissa de que qualquer coisa apresentada ao outro está sendo revelada na privacidade, não sendo, portanto, do conhecimento de quem não está presente.

> Depois dessa cerimônia não-oficial de ligação, a suposição imediata por parte dos dois indivíduos é a de que o conteúdo das mágoas partilhadas continuará oculto e, além disso, desse momento em diante, cada um deles irá respeitar os limites e as exigências implícitas nessas mágoas. Se eu compartilhasse com você, por exemplo, o fato de ter ficado completamente traumatizada durante minha infância por causa de cães de grande porte, sua obrigação seria a de prender o seu cachorro sempre que eu aparecesse para uma visita. Esse ato provaria que você me respeita, respeitando as exigências de minha mágoa. E se você me dissesse que associa o seu medo de altura com a lembrança do suicídio de um dos seus pais, minha tarefa seria a de nunca levá-lo a lugares muito altos. Apesar desse tipo de comportamento dar a impressão de ser respeitoso e amoroso, ele ao mesmo tempo não promove a cura, já que mantém vivas as mágoas e nos impede de esquecer o que passou e de levar a vida adiante.
>
> Myss, 1992, p. 8

De fato, como Myss deixa bastante claro, "a linguagem íntima das mágoas funciona como uma cola muito forte. Ela nos liga não apenas ao passado, mas também uns aos outros de uma maneira que pode parecer saudável, mas que, na verdade, é arriscada, pois a mágoa determina um tom e uma finalidade numa relação que eventualmente se transformam no padrão mais marcante para se continuar numa determinada companhia. Muitos casamentos e muitas relações íntimas se formaram por causa de jantares e de mágoas"(1992, pp. 8 e 9). Ela explica a razão dessa ligação profunda em função da necessidade das pessoas de que suas mágoas sejam reconhecidas; de que alguém reconheça que elas passaram por uma experiência que as machucou e que deixou nelas cicatrizes. Isso, afirma ela, é necessário para que a cura possa acontecer. De maneira parecida, Perls observou que, para sarar, é preciso que você saiba que foi magoado.

No entanto, existe uma linha divisória delicada e tênue entre aceitar a mágoa de uma pessoa e incentivá-la. O desafio, tanto para quem sofre quanto para os demais, está em reconhecer a diferença muito sutil entre a necessidade de conversar sobre as mágoas, a fim de curá-las, e em fazer isso para conseguir o controle sobre os demais ou como desculpa para determinado tipo de comportamento. A diferença é a mesma entre uma pessoa que sinceramente deseja se curar e a que quer conservar seus sofrimentos por motivos pessoais e sociais; ou seja, como meio para estabelecer contatos sociais íntimos com outros ou de dispor de uma desculpa para não ter de dizer nem de fazer coisas que exijam atenção. No entanto, a tarefa de se conscientizar do significado funcional das mágoas e de abandoná-las está longe de ser fácil para muitas pessoas. Como Myss observa, isso é "algo muito complicado", porque "a idéia de abandonar as mágoas de modo permanente e de continuar com a própria vida é algo extremamente ameaçador, por mais estranho que isso possa parecer" (p. 9). Algumas pessoas simplesmente ficariam sem nenhum assunto para conversar e sem base para seus relacionamentos mais íntimos. Além disso, a questão se torna ainda mais complexa por causa do problema do perdão.

Myss observa que, apesar de o verdadeiro perdão exigir que as mágoas sejam esquecidas, a grande maioria das pessoas perdoa mentalmente, mas, ao mesmo tempo, conserva ressentimentos com relação aos que provocaram suas mágoas. Elas dizem: "Eu compreendo que ele tenha tido problemas, MAS..." e prosseguem, explicando os motivos pelos quais continuam magoadas. Portanto, do ponto de vista emocional, as pessoas estão ligadas às mágoas, ansiando por uma oportunidade para enfrentar seus agressores com a raiva, a dor e o ódio, e para que eles reconheçam o mal causado. Apesar de tudo o que a mente lhes diz, o coração continua alimentando esse profundo desejo. Por isso, é muito difícil exorcizar a idéia que o indivíduo tem de si mesmo como vítima inocente.

> O perdão exorciza a vítima em nós, e é extremamente difícil liberá-la porque, junto com a libertação da nossa consciência de vítima também desaparecem todas as desculpas dessa vítima. Ao deixar de lado o passado estamos, na verdade, deixando de lado todo um estilo de vida, e muitas coisas de nossa vida atual precisam mudar como conseqüência disso. A realidade é que quase todas as pessoas ficam apavoradas diante desse tipo de mudança de estilo de vida. Ater-se ao passado, por mais difícil que seja, sempre é "o demônio que já conhecemos".
>
> Myss, 1992, p. 10

Além disso, abandonar o papel de vítima significa que deixamos de ter alguém que possa ser responsabilizado. Sem essa possibilidade, não há outra alternativa, a não ser a de assumir a responsabilidade pela nossa própria vida, ou seja, justamente o que muitas pessoas querem evitar.

Para Myss, o que ela descreve como a "jornada da cura" envolve não só descobrir e retrabalhar as mágoas do passado, mas também abandoná-las. Ela insiste em afirmar que, sem esse estágio essencial do abandono, nada é realmente curado; simplesmente se abrem de novo as chagas que nunca param de sangrar. O conselho que ela dá aos outros é o seguinte:

> Tome a decisão corajosa de não deixar que suas mágoas falem por você. Observe seu medo e suas motivações, observe a si mesmo atentamente para descobrir os motivos pelos quais costuma falar por meio de suas mágoas — e, em seguida, force a si mesmo quanto a não fazer isso. Force a si mesmo a deixar de lado o poder de suas mágoas e a criar padrões de interação humana baseados nos seus pontos fortes e não na história de suas mágoas. "Força" é uma palavra muito forte para se usar, mas é justamente de força que você precisa para se libertar e para eliminar do seu espírito o pesadelo do ontem. Esse esforço realmente vale a pena. Eu nunca encontrei uma pessoa realmente livre que prefira continuar vivendo no passado depois de ter conseguido alcançar o presente.
>
> 1992, p. 11

A CURA DA CONDIÇÃO HUMANA

Por mais originais que as observações de Myss possam parecer, na verdade não há nada de novo na sua análise, que é exatamente a mesma oferecida pelo mestre indiano Siddartha Gautama, o Buda, nos seus ensinamentos há mais de dois milênios. Uma das constatações mais penetrantes do Buda foi a sua compreensão do papel desempenhado pelo sofrimento na experiência humana. Ele reconhecia que o sofrimento é uma conseqüência do processo da vida e também que é sentido por causa da mudança ou da impermanência. Portanto, o ser humano sofre devido à percepção que tem de mudanças físicas, mentais e emocionais e de suas conseqüências — doenças, envelhecimento, morte, perda, separação e mudanças nas relações. Ele também reconhecia que as necessidades humanas de segurança e de permanência, que implicam uma resistência à mudança, são igualmente uma manifestação do sofrimento, o mesmo ocorrendo com o profundo medo de perder a identidade ou o sentido do eu. As mudanças geram ansiedade e medo por criar instabilidade e incerteza, e só são toleradas quando não comprometem a identidade. No entanto, independentemente da intolerância do ser humano com relação à mudança, ela é uma condição sempre presente na vida humana. Portanto, a própria existência é causa de todas as tristezas humanas e, como tal, não é exatamente o que as pessoas gostariam que fosse. Por esse motivo, elas se defendem contra as mudanças, agarrando-se às coisas habituais e familiares, que dão origem a um falso sentimento de segurança e a um frágil senso de identidade.

No entanto, o Buda via possibilidades de transformação através da aceitação da mudança. Ele defendia o desenvolvimento da autoconscientização ou introvisão, principalmente pela meditação e pela adoção de um código de conduta que, numa formulação simples, seria o seguinte:

- em primeiro lugar, é preciso ver claramente o que está errado;
- depois, decidir pela cura;
- em seguida, agir;
- você precisa formular em voz alta sua meta de cura;
- sua maneira de viver não pode entrar em conflito com a terapia;
- a terapia terá de prosseguir na "velocidade constante", ou seja, na velocidade crítica que possa ser mantida;
- você precisa pensar incessantemente nisso;
- e aprender como refletir com a mente profunda.

Wilson-Ross, 1973

O mesmo procedimento de cura também pode ser formado de maneira ainda mais sucinta numa simples lista de passos a serem seguidos:

- visão correta;
- vontade correta;
- conduta correta;

- fala correta;
- estilo de vida correto;
- esforço correto;
- atenção correta;
- concentração correta.

Em cada um dos casos, *correto* é o que o indivíduo considera ser assim, e não dogmas nem regras sociais; a pessoa tem de chegar ao que é *correto* por meio de um processo de questionamento de si mesma ou de análise da alma.

A receita de cura recomendada por Myss é semelhante na medida em que ela incentiva as pessoas a abandonar ressentimentos passados e a viver no presente: "A permanência numa condição de ressentimento cria um fenômeno que eu considero como uma espécie de dobra do tempo. O corpo se encontra no tempo atual, mas a energia emocional do espírito continua no passado." Portanto, é preciso trazer de volta essa energia dos traumas de ontem e usá-la aqui e agora.

Isso envolve:

- perdoar o passado;
- esquecer os ressentimentos;
- dar prioridade às necessidades do presente;
- agir em função delas;
- viver totalmente no presente;
- e com espírito de gratidão.

A eficácia dessa receita é confirmada por Niro Asistent. Ela conta como, ao ficar doente, uma vozinha, calma e quase imperceptível, lembrava-lhe de que precisava "aprender a partir do que está acontecendo agora" e a explorar tudo o que conhecia em sua alma. Ela compreendeu que, para fazer isso, precisava examinar o seu passado.

> Com o passar dos dias, fui ficando cada vez mais frustrada com a vida, que considerava muito injusta para comigo. Eu estava prestes a desistir. Estava naquele lugar extremamente perigoso "ou isto ou aquilo". Em algum lugar da minha mente consciente eu acreditava que, pouco importando o que eu fizesse, isso não produziria os resultados prometidos, de modo que não fazia sentido continuar. Na busca por uma resposta, examinei minha infância para ver em que decisão essa crença poderia estar baseada. Então me lembrei.
>
> 1991, p. 38

Ela se lembrou de ter se sentido enganada e traída depois de um incidente no qual seus pais não cumpriram uma promessa que lhe haviam feito quando tinha dez anos. A partir desse instante, ela perdeu a confiança que depositava neles e se tornou uma "vítima", achando que não podia confiar em ninguém e que a vida jamais lhe daria o que merecia, e resolveu nunca dizer a verdade nem sentir amor para evitar novas mágoas. Depois de reconhecer que finalmente era tempo de abandonar o ressentimento e a culpa que cultivara durante mais de trinta anos, bem como as crenças geradas por esses sentimentos, ela compreendeu que esses eram os filtros através dos quais ela percebia a "realidade" e que já não eram mais apropriados para sua vida como pessoa adulta.

Ela acreditava, literalmente, que precisava do amor e da aprovação dos outros para poder sobreviver; e, como nunca questionara a validade dessa crença, acabou se envolvendo numa série de relacionamentos pouco saudáveis. Começou a compreender que essa crença, mais do que qualquer outra coisa, a estava deixando doente, absorvendo a maior parte de sua energia e fazendo com que se sentisse sem esperança, triste e encurralada. E, além disso, ela estava fazendo tudo o que podia para manter vivas essas crenças ultrapassadas:

> Apesar de saber intelectualmente que chegara o momento de examinar a "voz" de cada crença em meu cérebro, eu tinha medo de deixar de lado meus velhos condicionamentos. Eu temia a possibilidade de "desaparecer", caso realmente examinasse quem era e estivesse disposta a abandonar a minha "identidade" no decorrer do processo.
>
> p. 41

A libertação finalmente veio quando estava contando, num calendário, os 492 dias que, se tivesse sorte, ainda lhe restavam para viver. De repente, ela compreendeu que cada momento era precioso e não podia ser desperdiçado, e isso serviu para transformar totalmente a maneira de ela reagir perante a vida. Foi então que compreendeu que, apesar de conhecer muitas coisas sobre seu passado e sobre a personalidade que criara para poder sobreviver, e de ter um conhecimento íntimo dos seus erros, arrependimentos, sonhos, fantasias e reações habituais, ela pouco sabia sobre si mesma e que queria descobrir quem realmente era antes de morrer.

Como conseqüência disso, ela abriu mão das atividades sociais superficiais, que consumiam grande parte do seu tempo e também de sua preocupação em sempre "fazer a coisa certa". De fato, pela primeira vez ela começou a compreender que estava levando uma vida que ia principalmente contra a sua própria natureza, mas fazendo de conta que era assim que queria viver. Começando a viver segundo suas próprias necessidades e segundo o que era "correto" para ela, em vez de tentar agradar os outros como sempre fizera, ela percebeu o que significava se transformar na prioridade de seus cuidados. E começou a bater o pé por si mesma e pelas suas necessidades, apesar de isso não contar com a aprovação dos outros. Como explicou: "Eu estava finalmente aprendendo a estabelecer meus limites... Na verdade, minha incapacidade em estabelecer limites tinha sido um dos principais fatores emocionais que contribuíram para minha doença... E, assim, como parte da minha busca pelo potencial máximo, eu precisava descobrir quais eram meus limites pessoais com relação às pessoas presentes em minha vida" (p. 58).

Antes, ela acreditara que se desse algo a alguém, receberia o mesmo de volta. No entanto, tendo se colocado "no topo da lista", ela constatou que a doação aos outros se tornou um reflexo da doação a si mesma e que, na medida em que deixou de tentar agradar a todos, estava se dando aos outros de coração. Ela compreendeu que só sendo egoísta assim é que ela podia ser realmente altruísta. Por causa disso, Niro começou a expressar seus sentimentos e a modificar suas formas de relacionamento com os outros, ficando motivada por si mesma e não pelos "deveres" impostos pelos outros; também se tornou mais confiante em sua própria autoridade e em sua sabedoria autêntica, começando a impor mudanças no seu estilo de vida. Durante uma sessão de meditação, de um tipo que ela já praticava com regularidade, "aconteceu algo muito estranho. De algum maneira, fui capaz de enxergar o interior do meu corpo; literalmente, vi meu fígado, meu estômago, os intestinos e todos os outros órgãos internos, e eles tinham uma desagradável coloração amarelo-esverdeada. Isso durou apenas alguns momentos, mas o impacto da experiência foi tão forte que fui obrigada a me sentar e a integrar o que tinha visto. Muito chocada com o que vira, comecei intuitivamente a usar a criação mental de imagens para purificar e rejuvenescer meus órgãos internos" (p. 65).

Ela também adotou uma dieta mais saudável, com o objetivo de limpar o corpo das toxinas; começou a fazer exercícios físicos e a meditar regularmente, e foi depois de um passeio de meditação ao longo de uma praia que sentiu o poder de cura de uma "experiência de pico". Nesse estado de consciência total, ela sentiu que formava uma unidade com tudo o que a cercava; teve, também, uma sensação de plenitude e sentiu tal gratidão por ter sentido "o dom da fusão total" que, caso sua vida terminasse naquele instante, ela não teria se importado. Pouco tempo depois, motivada pela intuição, ela se submeteu a outro exame de sangue e o resultado foi soro-negativo. Intuitivamente, ela sabia que sua cura era a conseqüência fisiológica de viver em total harmonia com a essência da própria vida e que descobrira exatamente o que muitos mestres importantes ensinavam desde o início dos tempos, ou seja, que "quando estamos realmente comprometidos com a vida no presente, aceitando nossa própria pessoa e as coisas que nos cercam, milagres podem ocorrer" (p. 75).

Siegel confirma a verdade dessa afirmação, observando que pacientes excepcionais, como Niro, podem conseguir recuperações "milagrosas", sobrevivendo consideravelmente aos prognósticos médicos, sendo pessoas que se tornaram autênticas: "Elas não chegam ao ponto da morte só para constatar que, na verdade, nunca haviam vivido. Às vezes, elas só 'vivem realmente' durante alguns instantes antes de morrer. Mas viveram e estão preparadas para ir embora, por opção. Elas sabem quem são, onde estiveram e os motivos disso" (1990, p. 226).

Achando que esse tipo de experiência não era pessoal, mas parte de um "experimento coletivo do universo", Niro Asistent tomou a decisão de partilhar tudo o que aprendera com os outros. No entanto, apesar de as pessoas se mostrarem curiosas com respeito à sua experiência pessoal de cura, ela percebeu que não estavam dispostas a se comprometer com um processo semelhante, preferindo tomar remédios que servem para neutralizar os sintomas em vez de passar pela experiência incômoda de examinar a própria vida para descobrir a fonte das doenças ou para modificar atitudes e comportamentos. Mesmo assim, ela insiste em dizer que a cura envolve a aceitação de tudo o que somos, incluindo as partes escondidas e reprimidas que existem no nosso interior, as pessoas que temos medo de encarar e coisas como doenças, vícios, raiva, tristeza, medo e negação. Portanto, "na viagem de cura, precisamos percorrer a escuridão para podermos retornar à luz" (p. 111).

Esse é o tema do exercício seguinte.

EXERCÍCIO OITO

Relaxe da maneira que considerar a mais eficiente. Tendo feito isso, imagine que foi escolhido para participar de uma missão de exploração rumo ao fim do universo. Como você reage a essa notícia? Como se prepara para a viagem? Quais os negócios que colocará em ordem? Que telefonemas fará? Que cartas irá escrever? Que mensagens você deixa? Como é que você passa seus últimos dias e suas últimas horas na Terra?

Uma vez a bordo da nave espacial, você descobre que seus equipamentos moderníssimos não apenas captam e transmitem informações referentes ao espaço exterior, mas também sobre o seu próprio espaço interior, seus processos interiores: seus pensamentos, sentimentos, lembranças e sua imaginação. Como você se sente ao deixar a Terra? Como passa o tempo durante a longa viagem espacial? Quais são seus pensamentos e sentimentos?

Com o tempo, você passa a perceber uma pequena luz num dos monitores e abaixo dela uma legenda indicando que esse é o fim do universo. Com a aproximação, a luz vai se tornando cada vez maior até que a espaçonave penetra nela. Quando a nave espacial pára, você é recebido por uma figura. Obviamente, você estava sendo esperado e é bem-vindo. Observando as características da figura e seus pensamentos e sentimentos com relação a ela, você lhe pergunta onde está. Telepaticamente, ela lhe comunica que você está no planeta Agora. Ela pergunta os motivos pelos quais foi até lá e você explica que está numa missão de exploração até o fim do universo. Em seguida, a figura lhe informa que não existe nada além de Agora, que Agora é tudo o que existe e que esta é a mensagem que você deve levar de volta para a Terra. Com muita cortesia, mostram-lhe o caminho de volta para a nave espacial e você recebe instruções para o vôo de volta.

Durante a viagem de volta, você tem bastante tempo para refletir sobre a mensagem e sobre os seus sentimentos. Tendo feito isso, anote suas experiências e tudo o que aprendeu com elas.

Comentário

As reações iniciais à perspectiva de uma viagem ao fim do universo variam muito. Muitos aplaudem a oportunidade com entusiasmo e excitação, descrevendo sentimentos de contentamento, de satisfação, de curiosidade e com expectativas diversas. Bem típica desse tipo de reação foi a de uma mulher que disse ter ficado excitada por ter uma oportunidade que jamais teria na vida real. Outros, porém, ficam tensos diante dessa perspectiva, cheios de medo e de apreensões, alguns com lágrimas rolando pelo rosto. Geralmente, essas pessoas ficam perturbadas pela consciência de tudo o que estão deixando para trás, e não por causa da perspectiva do vôo propriamente dito, apesar de uma mulher ter dito que ficou tão aterrorizada com a perspectiva do vôo que se recusou terminantemente a participar da viagem. Novamente, isso serve para ilustrar a maneira como o medo e a ansiedade restringem as experiências, mesmo na fantasia.

Como seria de se esperar das atitudes iniciais com relação à viagem, as pessoas diferem consideravelmente nos seus sentimentos quanto a deixar a Terra. Alguns, que ficam bastante animados com a perspectiva da aventura, mesmo assim expressam tristeza e preocupação pelos demais. Tipicamente, são mulheres que cuidam de parentes idosos e que se preocupam com a necessidade de organizar um apoio logístico durante sua ausência. Muitas pessoas se mostram relutantes em abandonar os pais, algumas por ter medo que eles possam morrer durante a ausência e outras porque se sentem culpadas ao abandonar justamente as pessoas que tanto investiram nelas quando estavam em fase de crescimento. Outros relutam diante da perspectiva de deixar os filhos para trás, porque perderão a oportunidade de acompanhar o desenvolvimento deles. Um homem sentiu uma profunda tristeza diante da possibilidade de não tornar a ver sua afilhada, porque, perdendo-a, ele estava perdendo algo de sua própria infância, algo de que não queria se desfazer. Muitos se preocupam com a necessidade de abandonar animais de estimação, principalmente cães.

Se bem que a atitude da maioria dessas pessoas possa ser mais bem descrita como uma mistura de excitação e tristeza, existem muitas que não sentem nenhuma excitação, só pavor. Uma mulher ficou muito perturbada com a perspectiva de deixar seus dois cachorros, insistindo que não podia abandoná-los por um único dia sequer e, muito menos, durante todo o tempo necessário para uma missão espacial. No meu caso, fui tomada pela perspectiva de ter de abandonar *tudo*, não só meus familiares e meus bichos. Eu não queria perder a oportunidade de ver as flores desabrochando na primavera e queria ficar com meu cachorro doente, vê-lo se recuperar ou estar ao seu lado quando morresse. Eu queria a oportunidade de criar mais filhotes e vê-los crescendo, e a idéia de não ver mais minha sobrinha foi terrível. Eu não queria nem mesmo abandonar meu emprego! Eu me senti desesperada porque havia tanta coisa que eu queria examinar melhor, tanta coisa que não queria perder, e a perspectiva de não estar presente era como o diagnóstico de uma doença terminal. De fato, vivi cada momento do tempo que me restava na Terra como se fosse uma moribunda.

Em compensação, muitos mal podiam esperar o momento da partida! Alguns manifestaram alívio pela oportunidade de deixar os problemas e as dificuldades para trás. Vários ficaram satisfeitos com a possibilidade de não ter mais de sentir a pressão normal da vida; um homem disse estar contente por deixar "um monte de pressões por parte das mulheres" e muitas mulheres manifestaram satisfação por poder abandonar seus maridos e filhos. Outros estavam interessados em deixar o emprego e, sem exceção, todos os estudantes que participaram da experiência disseram que estavam satisfeitos por abandonar seus cursos; nenhum manifestou arrependimento por ter de interromper uma educação universitária.

Um homem pegou a si mesmo pensando que, como o universo não tem limites, racionalmente ele não poderia chegar a um lugar que não existia. No entanto, depois de reconhecer que estava intelectualizando a questão, reconheceu a necessidade de deixar de lado sua abordagem racional e intelectual da vida, e fez isso com bastante sucesso. Os limites que a mente racional impõe à experiência são sublinhados, entretanto, por uma jovem que estava mergulhando no exercício com bastante satisfação, até que começou a refletir melhor sobre tudo. Ela explicou: "Como não existem outros planetas habitáveis conhecidos no nosso sistema solar, seria preciso percorrer distâncias enormes para encontrar outro planeta nessas condições. As distâncias seriam inimagináveis e qualquer piloto espacial estaria morto antes de chegar ao destino. Essa ponderação me impediu de consentir em viajar."

Independentemente de as pessoas estarem ou não "morrendo" de vontade de viajar, tudo isso foi influenciado, em larga escala, pelas suas premissas a respeito da viagem. Os que a perceberam como algo positivo tendiam a assumir que voltariam à Terra, se bem que muitos, satisfeitos em deixar o planeta por causa de problemas e pressões, muitas vezes não queriam que isso acontecesse. Alguns consideraram a oportunidade como uma viagem de férias, e uma mulher chegou a comentar que era como a partida de uma recente viagem aos Estados Unidos, com a diferença de tudo ser muito mais barato! Outros assumiram que não retornariam e, dentre esses, uma quantidade significativa acreditou estar partindo com destino à própria morte. Apesar de eu mesma ter encarado a experiência como o ato de morrer, não a percebi como um final na morte, mas bem mais como um estado contínuo de inferno, para o qual a morte teria sido uma alternativa preferível; durante o vôo espacial, cheguei a pensar na possibilidade de suicídio. Agora, ao reler minhas anotações para escrever este texto, lembro-me da experiência de Niro Asistent. Ela descreveu a si mesma como que vivendo num "inferno" durante as primeiras semanas depois do diagnóstico, antes de encontrar um livro escrito por Taddeus Golas, intitulado *The Lazy Man's Guide to Enlightenment*, em cuja última página encontrou a frase: "Quando você aprender a amar o inferno, estará no paraíso:"

> Essa frase abriu meus olhos para algo que, intuitivamente, eu já sabia. A necessidade de aceitar o momento tal como ele é e de abraçar a vida do modo como ela se desenvolve.
>
> Naquele instante, senti uma completa harmonia com meu eu e com minha vida durante alguns memoráveis segundos. Naquele instante, fui capaz de aceitar o inferno, já que estava vivendo nele, mas descobri, surpreendentemente, que não era tão fácil assim amar o paraíso.
>
> p. 43

Meu problema era o fato de que eu não queria aceitar o inferno no qual me imaginava e contra o qual eu lutava. Outras pessoas se mostraram muito mais otimistas, aceitando o fato (ou resignando-se a ele) de que iriam morrer e não sentindo necessidade de levar nada na viagem; eu, em compensação, levei comigo uma pesada bagagem — formada por ressentimentos, raivas e mágoas.

Imaginei que passaria o tempo que me restava antes da partida com familiares e animais, geralmente ao ar livre. Escrevi cartas a várias pessoas, mas deixei de escrever a uma determinada pessoa com a qual, percebi, eu não me importava realmente, apesar de ter, até então, despendido com ela muito tempo e energia emocional. Outras pessoas, geralmente mulheres, dizem que deixam mensagens ou bilhetes para os outros, na maior parte das vezes de natureza prática. Uma mulher deixou um bilhete ao filho, recomendando que cuidasse bem de tudo, já que não estaria presente para colocar as coisas no seu devido lugar. Outra deixou, na porta da frente, uma mensagem para os filhos. Algumas deixam instruções, como a mulher que recomendou às filhas que continuassem indo à escola como sempre faziam. A grande maioria das pessoas preferem não deixar nenhuma mensagem; algumas acham isso triste demais, ao passo que outras estão mais interessadas no início da viagem propriamente dita. Uma mulher se surpreendeu com o fato de que, em meio ao seu entusiasmo pela partida iminente, ela nem sequer considerou a possibilidade de se despedir dos pais e da família, ao passo que outra estava tão interessada em se afastar do marido e dos filhos, que "não pôde fazer nada concreto durante os últimos dias". No entanto, na maioria das vezes, as pessoas se preparam para o vôo espacial como se ele fosse uma viagem de férias — pagando contas, notificando o leiteiro de sua ausência, interrompendo a entrega dos jornais e coisas desse tipo. Essas "tarefas" essencialmente domésticas são freqüentemente descritas por mulheres, ao passo que os homens tendem a fazer preparativos mais pessoais; um homem, por exemplo, insistiu em usar um terno leve de linho, como se estivesse indo a uma região tropical, porque queria viajar com conforto, sem uniforme e/ou capacete de astronauta.

Em muitos casos, a viagem é descrita como muito satisfatória e agradável. Várias mulheres expressaram contentamento com relação à simplicidade da vida a bordo da nave espacial e também por não ter a obrigação de desempenhar tarefas domésticas. Obviamente, elas consideraram a viagem como uma mudança repousante depois da vida e das tarefas do dia-a-dia, e em muitos casos ficaram aliviadas ao constatar que não precisavam aprender a usar e a dominar novos e sofisticados equipamentos, nem desenvolver novas habilidades. Mesmo assim, alguns se sentiram tristes ou arrependidos quando embarcaram, mesmo que fosse apenas por poucos instantes, por estarem deixando o mundo para trás. Uma mulher, por exemplo, que imaginou a Terra "flutuando no espaço", disse que a perda da beleza do planeta foi a única coisa desagradável na partida. Outros também relatam que sentem falta do céu, do mar e das cores. Muitos se envolvem com diversas atividades para desviar a atenção de lembranças tristes e de certa sensação de perda. Um homem levou consigo uma pilha de livros para ler durante a viagem e uma mulher disse que dormiu quase o tempo todo para evitar pensar no passado.

Muitas pessoas disseram que passaram o tempo da viagem revendo lembranças agradáveis nos monitores. Esses equipamentos servem para alegrar a viagem de várias maneiras, com quase todos os participantes comentando o colorido das telas dos monitores, que geralmente são vermelhas, alaranjadas ou rosadas e, às vezes, azuis. Alguns disseram que apelaram para outro monitor todas as vezes que apareciam lembranças tristes ou perturbadoras, ou que apelaram para outras estratégias a fim de desviar a atenção, como dormir mais do que o normal. Uma mulher que se imaginava uma pessoa resignada e à espera da morte, e que não queria ficar perturbada lembrando coisas do passado, contou que deixou os monitores da memória desligados e ficou caminhando de um lado para o outro dentro da nave espacial. Um homem se desviou de lembranças desagradáveis tentando melhorar os equipamentos na nave; e uma mulher, que não queria olhar para dentro de si mesma, preferiu ficar o tempo todo olhando pelas janelas.

Um homem tentou fazer exatamente isso e constatou que estava olhando para si mesmo, como se estivesse fora da nave espacial. Isso não significou muito para ele até cerca de uma semana depois, quando se sentiu rejeitado pela família num casamento, no qual, como ele disse, "tive a impressão de ser um estranho observando as coisas lá dentro". Só a partir desse instante foi que ele percebeu o quanto estava distante da família, e começou a examinar mais detalhadamente alguns dos problemas e das mágoas que sofrera nos seus relacionamentos com ela. De fato, muitos relatam que durante essa fase do exercício se conscientizaram de questões, tanto positivas quanto negativas, que antes não reconheciam como sendo importantes. Uma jovem, por exemplo, cuja nave espacial tinha um equipamento de segurança que lhe permitia retornar à Terra se pressionasse um botão, se conscientizou de sua tendência para se distanciar das questões difíceis e escapar delas.

Para muitas pessoas, a importância do exercício está na oportunidade que proporciona para reavaliar e estabelecer prioridades nas questões da vida. Uma mulher se disse capaz de compreender a importância de sua família e dos relacionamentos mais íntimos; e também que ela tinha um problema com relação ao tempo, tendendo a se mostrar ansiosa quanto ao futuro e culpada quanto ao passado, sempre tentando deter e controlar o tempo, em vez de "seguir o curso das coisas". Não fiquei surpresa ao constatar que me senti muito mal durante a viagem, imaginando passar o tempo examinando velhas fotografias e antigas lembranças. Eu me arrependi de muitas coisas que não fiz na vida e também das coisas que não fiz da melhor maneira possível; do que não disse e não fiz para mostrar o apreço e o afeto com relação aos que eu amava e com os quais me importava. Quis ter reservado mais tempo para "observar o crescimento da grama" e menos tempo para coisas que não tinham importância verdadeira. Eu gostaria de ter vivido minha vida mais completamente, com mais plenitude.

Como sempre, custei um pouco para dominar qualquer tipo de equipamento tecnológico; foi só após algum tempo que entendi que podia, não apenas rever as lembranças através dos monitores, mas que também tinha a possibilidade de agir em conjunto com as pessoas por meio das imagens mentais que eu projetava nas telas. No entanto, essa "realidade virtual" me deixou ainda mais deprimida e só a descoberta de que podia conversar com espíritos-guias dessa maneira foi o que manteve minha "sanidade mental". Portanto, foi com grande alívio que vi a luz no monitor que significava, como imaginei, o fim de tudo. Isso, em si, é um comentário intrigante a respeito do poder da criação de imagens. É preciso lembrar que eu estava participando de um exercício imaginário, elaborado por mim mesma, de maneira que eu sabia exatamente o que aconteceria em seguida. No entanto, apesar disso, fiquei totalmente absorvida pela "realidade" imediata da experiência. O mesmo aconteceu com as pessoas que descreveram a aproximação e o ingresso na luz com uma sensação de muita reverência. Uma mulher imaginou que estava no céu e, conseqüentemente, ficou muito irritada quando recebeu a instrução de voltar à Terra.

São poucos os que parecem considerar a figura que os recebe como tendo uma importância muito particular nesse exercício. Quase todos descrevem formas vagamente humanóides ou luzes brancas, se bem que também tenham aparecido duendes e figuras de decalcomania do tipo Lowry. Pode ser que, nesse caso, o meio seja a mensagem. Certamente quase todos parecem ficar afetados pela mensagem, às vezes de maneira muito intensa, apesar de não entender o motivo. Uma mulher admitiu que aprendeu algo de muito importante com a mensagem, apesar de não saber exatamente o que era. Da mesma forma, um jovem descreveu a mensagem como sendo um koan zen e, como tal, causadora de muita perplexidade. De fato, Fritz Perls descreveu esta mensagem, que ele considerava a essência de sua terapia da gestalt e da maioria das tradições orientais de cura, como sendo um koan:

> O koan é o seguinte: nada existe a não ser o aqui e o agora. O agora é o presente, é o fenômeno, é aquilo de que você tem consciência, é o momento no qual você carrega consigo suas assim chamadas lembranças e também suas assim chamadas expectativas. Pouco importa se você se lembra ou prevê; faça-o agora. O passado não existe mais. O futuro ainda não existe. Quando digo "eu fui", não é agora, é o passado. Quando digo "eu quero", é o futuro, ainda não é o agora. Nada pode existir a não ser o agora.
>
> 1976, p. 44

Várias pessoas constatam que continuam se debatendo com esse enigma muito depois de terminado o exercício. Para seu grande espanto, uma jovem percebeu que "tudo parou" para ela, que sua mente ficou totalmente vazia ao ouvi-la. Isso a deixou intrigada durante vários dias até perceber que era tão voltada para o futuro, fazendo esforços para engajar-se numa carreira profissional, que não conseguia gozar o presente, que parecia não existir para ela. Sua incapacidade de viver no presente explicou os motivos pelos quais, no exercício, ela fora incapaz de progredir e chegara a um beco sem saída quando o futuro foi eliminado. Essa consciência deu origem a sentimentos de ressentimento quando percebeu até que ponto sua vida fora sacrificada em função das promessas de futuro.

Outra mulher ficou confusa pela mensagem porque não sabia como distinguir o passado do futuro, e também por não ter a menor idéia do que significava viver no presente. Numa tentativa posterior com o mesmo exercício, ela foi recebida no planeta Agora por um homem de negócios que disse ser o presidente do "Clube Aqui e Agora". Quando ela perguntou o que deveria fazer para ingressar nesse clube, ele lhe respondeu que ingressar não era um problema, mas sim permanecer nele; que todos sempre começam como membros do clube, mas rapidamente se desligam dele. Ele a levou para conhecer outros membros do clube e, como resultado disso, ela compreendeu pela primeira vez a diferença entre viver no presente e não no passado nem no futuro.

Muitos ficam decepcionados com a mensagem, alguns porque esperavam um futuro melhor e outros por "não conseguir reconhecer qualquer coisa nisto". Uma mulher que concordava com esse ponto de vista declarou sua decepção ao ser enviada de volta à Terra "de mãos vazias" e "sem coisa alguma", o que talvez indique que ela dá mais valor a posses materiais e a "coisas" do que à sabedoria e aos conhecimentos abstratos. Algumas pessoas ficaram aparentemente desapontadas com a simplicidade da mensagem. Alguns afirmaram ter pensado: "Bem, faz sentido" ou "Obviamente, trata-se de uma verdade muito simples". Um homem declarou que, apesar de achar o sentimento da mensagem "bom", tudo era excessivamente simples e que todos somos determinados pelo nosso passado, de maneira que não podemos ignorá-lo. No entanto, isso parece o caso de confundir a consciência do passado com a situação de estar dominado por ele. Pois, apesar de o passado não poder ser modificado, seus efeitos sobre o presente podem. Uma mulher disse que ficou irritada porque achava que seu passado era importante demais para ser esquecido, sendo a motivação da sua personalidade no presente. No entanto, considerando isso com mais atenção, ela reconheceu que sua vida presente não era feliz justamente porque ela se apegava muito ao passado, e que precisava cortar os velhos laços, por mais doloroso que o processo pudesse ser.

Outros ficaram irritados ao receber a mensagem. Um homem ficou com raiva porque não se tratava de um conhecimento novo. Ele achou que fora enganado e que estava perdendo tempo. Outro ficou irritado por ter viajado para um lugar bem distante para descobrir algo que já sabia, até perceber que, apesar de já saber daquilo, ele não agia em função da mensagem, nunca a tendo considerado importante. Também senti muita raiva por ter perdido tudo o que me era importante apenas para descobrir algo que eu já conhecia, mas mais ainda por ser enviada de volta a um mundo que não seria o mesmo. Entendi que tudo ter-se-ia modificado e que não seria uma questão de simplesmente retomar as coisas onde eu as havia deixado, mas que precisaria começar tudo de novo — uma idéia que achei horrorosa. Mais tarde, a raiva foi substituída por sentimentos de solidão, de isolamento e de tristeza por todos meus anos perdidos. No entanto, tentei estabelecer uma relação entre a sabedoria que recebera através da mensagem e estes sentimentos e constatações, resolvendo que passaria a viver cada dia tal como ele se apresentasse na minha frente, sempre no agora e procurando aproveitar tudo da melhor maneira possível. Mais tarde, constatei que a experiência me afetara de modo muito profundo, influenciando meu enfoque da vida dos acontecimentos e das pessoas. Porém, relembrando aquela minha primeira viagem espacial, compreendo com arrependimento que perdi muito mais do que ganhei com a experiência, tendo voltado a considerar a vida como algo perfeitamente normal. De fato, é muito fácil deixar o "Clube do Aqui e Agora".

Outra mulher, que inicialmente se sentiu uma tola ao ser enviada de volta para a Terra depois de ter sentido muita angústia antes de a deixar, mesmo assim se sentiu muito "iluminada" pela mensagem. "Tudo isso surgiu como uma revelação completa", escreveu ela mais tarde, ao perceber que até então não usufruíra devidamente o presente, achando-o perfeitamente normal e usando-o apenas como uma base segura para mexer com o passado ou para especular sobre o futuro. Desde então, todos os dias ela diz a si mesma que existe apenas o aqui e o agora, e que "a vida não é apenas uma passagem só de ida em direção à morte. Ela tem uma finalidade. Eu posso ficar segura e feliz no meu conhecimento disto".

Outra mulher, entretanto, que se sentira no "céu" por estar longe das realidades de sua vida quotidiana e que não queria voltar, ficou irritada quando recebeu instruções para isso. Sua raiva acabou sendo substituída pelo ressentimento, que dominou a viagem de regresso, enquanto ela compreendia como queria se afastar de todos os aspectos de sua vida que ela considerava uma armadilha. Ela reconheceu que essa era a fonte de sua doença e admitiu que, voltando a ela, acabaria ficando ainda mais seriamente doente. No entanto, ela considerava as mudanças como impossíveis e não enxergava nenhuma alternativa ao que considerava um destino inevitável. Ao mesmo tempo que reconhecia seu estilo de vida doentio, ela não conseguia ver que estava optando por mantê-lo assim, atendo-se às coisas que tanto desprezava. Várias outras pessoas asseguraram a ela que tinham se sentido exatamente assim a respeito de suas vidas, até que doenças sérias as forçaram a mudar e a viver no presente. Uma dessas pessoas, uma jovem que com consciência e sucesso tentou enterrar o passado e ignorar o futuro para gozar a vida no presente depois do diagnóstico de um tumor cerebral, questionou os benefícios de se viver no presente para todos os que se sentem deprimidos por ele.

Um exame mais atento revela invariavelmente que as pessoas deprimidas não estão realmente vivendo no presente, mas que estão sendo "puxadas para baixo" pelos acontecimentos do passado, por culpas e arrependimentos, ou por ansiedades, temores e preocupações em relação ao futuro. Muitas delas vacilam entre ficar ruminando o passado e sofrer agonias pelo futuro, nunca "pousando" no presente. Como ocorre em alguns dos exemplos citados acima, tais pessoas não têm o conceito do "agora" e, conseqüentemente, não compreendem o que significa viver no presente ou o que é "presença". Por esse motivo, a mensagem desse exercício não chega a ser captada por elas. Considerando que elas não podem ser transferidas intelectualmente para o presente, é preciso tentar fazer com que vivam mais intensamente o presente. Um dos meios que facilitam esse processo é o exercício da "garimpagem do ouro", incluído no Apêndice II, no final deste livro. Esse exercício, que desenvolve um procedimento recomendado por Brian Roet (1988), também é muito útil para se tentar mudar as atitudes de negativas para positivas. No entanto, ele é recomendado como complemento para o exercício deste capítulo, principalmente porque concentra a atenção no agora, não sendo possível que o garimpeiro procure o ouro em qualquer outro lugar que não seja aquele onde se encontra no momento. Por isso, ele reforça este exercício, fornecendo mais informações sobre a melhor maneira de se viver no presente, sublinhando um sábio conselho de Oscar Wilde:

> Não desperdice o ouro dos seus dias dando ouvidos ao tédio, tentando evitar o fracasso inevitável ou entregando sua vida ao que é vulgar e comum. Essas são as metas doentias, os falsos ideais da nossa época. Viva! Viva a vida maravilhosa que existe dentro de você.
>
> *O Retrato de Dorian Gray*

CAPÍTULO NOVE

Forças que Curam

Como a vida de um homem pode seguir seu curso
Se ele não a deixa fluir?
Os que fluem tal como flui a vida
Sabem que não precisam de nenhuma outra força:
Eles não se desgastam, nada temem,
Não precisam de emendas nem reparos.

Lao Tzu, *O Caminho da Vida*

A capacidade de perdoar o passado e de acabar com a mania de culpar ou nutrir ressentimentos com relação a pessoas e acontecimentos é algo absolutamente necessário para que se possa viver plenamente no presente.

> O perdão é o ato de afastar o próprio espírito dos traumas de ontem. Depois de um verdadeiro ato de perdão, o que ocorre é que você é capaz de ter a lembrança de um acontecimento, mas essa lembrança é vazia. Ele deixa de ter qualquer tipo de poder sobre o seu eu emocional, psicológico ou físico no presente. Seu espírito volta ao tempo presente e seu corpo reage com uma sensação elétrica de energia e libertação.
>
> Myss, 1992, p. 10

Portanto, segundo Myss, quando você dá, você também recebe. Perdoar ou esquecer o passado é essencial para o processo da cura, porque libera energia para o presente. No entanto, isso dá margem a outra questão: o que significa energia nesse contexto ou em qualquer outro?

IDÉIAS ENERGÉTICAS

No pensamento científico ocidental do século XVII até o início do século XX, energia era sinônimo de trabalho; um conceito geralmente exemplificado com referências a alavancas e aplicado a máquinas. Esse conceito também foi aplicado ao corpo humano, que o filósofo Descartes (1643-1727) via como uma máquina governada por princípios mecânicos. Como conseqüência disso, o movimento dos ossos, dos músculos, do sangue e de outros fluidos do corpo podia ser compreendido em termos de várias forças.

Como decorrência desse modelo mecânico, conclui-se que é preciso energia ou trabalho para tensionar os músculos e que, quanto maior a tensão, maior será a quantidade de energia gasta. Como muitas tensões musculares são resultantes de processos mentais — ansiedades, preocupações, pensamentos obsessivos, determinação e assim por diante —, o pensamento pode ser considerado um ato que usa energia. Essa situação pode ser ainda mais ampliada porque pessoas tensas e ansiosas "com muitas coisas na mente" muitas vezes não conseguem relaxar o suficiente para dormir e relatam que a mente delas "nunca pára de funcionar". Um resultado da fadiga inevitável é que as atividades subseqüentes exigem mais esforço e mais gasto de energia; é justamente por esse motivo que as atividades parecem um trabalho muito mais difícil quando estamos cansados. Dessa forma gera-se a espiral tensão/fadiga que consiste no grande dilema dos que sofrem de insônia. Tais pessoas freqüentemente se descrevem como totalmente "esgotados", o que não deixa de ser justificável, porque as pessoas tensas gastam uma quantidade muito maior do neurotransmissor envolvido na ação dos nervos. Na verdade, elas estão com "baixo nível de combustível". Disso tudo, chega-se à conclusão de que as tensões criadas por fatos do passado e por questões não resolvidas, às quais os pensamentos e os sentimentos da pessoa continuam presos, de maneira consciente ou não, impõem uma constante demanda de energia, reduzindo a quantidade disponível para as atividades do dia-a-dia. Dentro dessa formulação de energia, pode-se concluir que desapegar-se de qualquer coisa antiga causa a liberação da energia envolvida. Portanto, desapegar-se do passado aliviará a tensão conservada lá e fornecerá doses adicionais de energia aproveitável no momento presente.

Essa visão mecânica da energia continua dominando o pensamento habitual. No entanto, a concepção moderna do universo, proposta por Albert Einstein e por outros físicos do início deste século, derrubou o conceito mais antigo de energia. Segundo essa nova visão física, todos os fenômenos são padrões dinâmicos de atividade, de movimento ou de mudança, precisando ser compreendidos em termos de vibração, pulsação, fluxo, ritmo, sincronia, ressonância e sempre com relação ao tempo. De fato, os físicos modernos e os místicos antigos descrevem o universo de maneira muito semelhante, como uma dança de energia, e todos os fenômenos como uma manifestação dessa atividade. Todas as abordagens tradicionais da cura têm como base esse conceito místico da realidade (em grego, *energeia* significa atividade), a saúde sendo considerada um fluxo equilibrado de energia e a doença o resultado da estagnação ou da perturbação dos fluxos de energia. Aliás, Niro Asistent interpreta da seguinte maneira essa concepção de saúde e doença:

> A energia é o milagre de se estar vivo neste exato momento, neste segundo, e também de poder usar essa energia em qualquer direção que escolhermos. Podemos direcioná-la para a raiva, mas também podemos canalizá-la para o

amor. A energia é exatamente a mesma; podemos usá-la como quisermos. É uma opção nossa. Quando usamos a energia para resistir, toda nossa vida se enquadra num padrão de resistência e a energia deixa de fluir. Como a energia é contida, posteriormente ela acaba formando um pântano fétido e estagnado. Repetindo: somos nós que optamos por essa situação infeliz, geralmente de maneira inconsciente. Ninguém nos impõe isso. Nós controlamos nossa energia dizendo "não" à vida. Mas quando estamos dispostos a dizer "sim", nossa energia pode ser liberada; e, para dizer este "sim", é preciso acordar.

1991, p. 103

Segundo essa formulação, um apego exagerado ao passado equivale a uma recusa a viver completamente no presente. Essa resistência consome energia que, como conseqüência, não está à disposição na vida quotidiana, reduzindo consideravelmente a vitalidade. Portanto, o relaxamento ou o desapego são necessários para que o fluxo natural da energia seja restaurado, tal como na visão mais mecânica. No entanto, os aspectos dinâmicos desse processo têm concepções muito diferentes nas duas abordagens.

As tradições místicas do mundo antigo têm em comum o conceito da distribuição de energia pelo corpo humano através de vários importantes centros de poder ou vórtices, localizados ao longo da coluna vertebral. Esses centros são descritos como rodas pulsantes e tridimensionais, que rodam ritmicamente do centro para fora, como as girândolas dos fogos de artifício, aparecendo aos videntes como cones, trombetas ou flores concêntricas e que, segundo a direção do movimento, atraem energia para dentro do corpo ou a expulsam, deixando-o vitalizado ou esgotado.

Os hindus localizavam as sete grandes rodas ou chakras na base da espinha, nas gônadas, no plexo solar, no coração, na garganta, entre as sobrancelhas e no alto da cabeça, além de uma grande quantidade de chakras menores espalhados pela superfície de um corpo mais sutil, através dos quais a energia é transformada no seu equivalente físico. Conhecido em várias tradições como corpo vital, corpo astral ou etérico, duplo, Ka, *doppelganger*, *linga sharirah* ou perispírito, ele geralmente é visto como idêntico ao espírito e como capaz de sobreviver à morte física.

O SISTEMA DOS CHAKRAS

Segundo a sabedoria antiga, a energia em forma de luz é atraída para dentro do corpo físico através do seu equivalente não material, que funciona como um prisma, decompondo-a em sete fluxos correspondentes às faixas de freqüência do espectro luminoso, cada uma das quais é atraída, pelo princípio da ressonância, a um chakra diferente, cujas vibrações são dessa mesma freqüência. Essas vibrações vão se tornando cada vez mais densas, mais pesadas e de freqüência mais baixa ao longo da espinha, até chegar à base, onde elas se fundem com as energias da terra, representadas na cultura hindu como uma serpente enrodilhada, ou Kundalini, e na tradição chinesa como um dragão. O movimento espiral ascendente dessas energias em torno do eixo central da coluna vertebral é representado pelo caduceu, o símbolo tradicional das artes de cura e emblema da medicina ocidental moderna.

Acredita-se que os chakras, que podem ser considerados como transmissores ou transformadores de energia, vibram numa freqüência característica enquanto distribuem energia pelo corpo. Os padrões de energia em torno de cada chakra, apesar de se modificarem constantemente, têm a predominância de determinada cor cujas vibrações correspondem à sua freqüência básica, e essas cores básicas raramente mudam. A cor predominante de um chakra indica quão bem suas energias estão sendo transformadas e transmitidas em determinado momento, refletindo, portanto, a experiência presente.

Cada chakra também está associado a uma nota musical, a uma forma simbólica e a determinados elementos com a mesma freqüência característica de vibrações. Algumas tradições também associam planetas aos chakras, indicando assim que cada chakra é sensível às influências planetárias e fornecendo uma substituição física para a astrologia. No entanto, mais recentemente, os chakras foram identificados com a localização e o funcionamento dos principais plexos nervosos do corpo, cada um dos quais está ligado a uma das glândulas do sistema endócrino, ou seja, as gônadas, o fígado, as supra-renais, o timo, a tireóide, a pineal e a pituitária. Como conseqüência disso, acredita-se que o menor desequilíbrio de energia em qualquer um dos chakras influencia a glândula correspondente, dando origem a flutuações nos hormônios que são secretados diretamente no fluxo sanguíneo, criando mudanças imediatas de humor, aparência, tensão, respiração, digestão, intuição e inteligência, afetando, assim, a totalidade do organismo. No entanto, a ação correta e equilibrada desses sete chakras da espinha dorsal se expressa numa situação de saúde perfeita e absoluta em todos os níveis do indivíduo.

Segundo esse sistema, o ser humano tem uma natureza sétupla. A principal função dos dois primeiros chakras é a recepção e a distribuição das energias físicas, que se combinam para fornecer ao indivíduo força física, vitalidade e a vontade de viver. Os três chakras seguintes estão ligados às energias psicológicas e, conseqüentemente, mais com a personalidade do que com o físico, ao passo que os dois últimos chakras estão associados às energias espirituais, que são expressão da relação do indivíduo com seu espírito ou alma. Além disso, os chakras não funcionam de maneira isolada, mas como um sistema integrado. Quando um deles começa a funcionar de maneira errada, o mesmo acontece com os demais, de vez que tentam compensar a transmissão reduzida de energia num dos centros através de esforços redobrados. Coordenando assim o bem-estar físico, psicológico e espiritual, e também a integridade do corpo, da mente e do espírito, o sistema dos chakras fornece o impulso necessário para o fluxo regulado e equilibrado de energia através do organismo todo, e isso equivale a saúde.

A aura

No entanto, o fluxo de energia não fica confinado ao corpo, como normalmente se imagina. Segundo a concepção antiga, o corpo emite uma energia radiante que se relaciona especificamente com a localização e a intensidade da energia interior, revelando, portanto, algo a respeito do seu estado de funcionamento. Essa emanação difusa, conhecida como "aura", representa a soma total da energia emitida pelos chakras e envolve o corpo a certa distância de sua superfície. Normalmente ela é invisível, mas pode ser identificada pelos videntes que, desde os tempos mais remotos, a descreveram como sendo grande, de forma ovalada, brilhante, composta por uma massa de fibras finas ou raios luminosos, disposta em sete faixas, cada qual correspondendo ao funcionamento de um chakra. A aura revela o bem-estar físico, psicológico e espiritual da pessoa. Quando os chakras estão funcionando normalmente, cada um deles se "abre" girando no sentido horário e captando energia do campo energético universal para ser distribuída pelo corpo. Cessada a transmissão de energia, a cor que emana de cada chakra deve ser muito pálida e esmaecida. No entanto, quando o chakra gira no sentido anti-horário, ele permanece fechado para as energias vindas de fora e que, como conseqüência, não são distribuídas dentro do corpo, manifestando-se como manchas ou borrões mais escuros e mais densos de cor na aura. O espaço existente entre o corpo e a primeira emanação colorida da aura é conhecido como "ovum". Ele não é "vazio", sendo mais denso e, portanto, a parte mais facilmente visível do campo energético; mas, como é incolor, ou de uma fraca tonalidade branco/dourada, parece inexistente.

A primeira camada da aura, a faixa da saúde, emana do chakra de base e reflete a vitalidade geral do corpo físico. Tradicionalmente, ela é descrita na literatura metafísica como vermelha. *A segunda camada da aura*, também conhecida como faixa emocional ou astral, emana do segundo chakra, refletindo as atividades físicas e sexuais, bem como os "sentimentos mais entranhados", e sua coloração é a laranja. *A terceira camada da aura*, a faixa mental, emana do chakra do plexo solar e reflete as funções mentais baseadas no intelecto e no poder pessoal. Ela é amarela e lustrosa ou brilhante numa pessoa mentalmente viva. *A quarta camada da aura*, ou faixa do coração, emana do chakra do coração, é de coloração verde e reflete a inspiração em todas as suas formas. *A quinta camada da aura*, ou faixa casual, emana do chakra da garganta, é azul e reflete a auto-expressão e o karma da alma — seu progresso no decorrer de sucessivas encarnações. *A sexta camada da aura*, ou faixa espiritual, é azul-escura e emana do sexto chakra, refletindo o desenvolvimento espiritual e a consciência intuitiva do indivíduo. Finalmente, *a sétima camada da aura*, ou faixa cósmica, reflete o princípio da alma ou a consciência cósmica da pessoa. Sua coloração é púrpura.

Cada faixa irradia diferentes cores de intensidade variável que revelam aos que as podem discernir o estado de saúde do indivíduo, seu caráter, suas disposições e tendências emocionais, além de habilidades, atitudes, problemas passados e desenvolvimento espiritual. Por esses motivos, a aura pode ser usada para a obtenção de diagnósticos e, ao longo da história, videntes e sensitivos relataram utilizá-la como base para cura. Além disso, um estudo realizado com médicos ocidentais ortodoxos (Karagulla, 1967) revelou que muitos deles fazem diagnósticos através do campo de energia que percebem em torno dos seus pacientes ou de vórtices energéticos ligados ao sistema endócrino; aliás, um dos médicos que faz isto, John Pierrakos, realizou pesquisas amplas e profundas sobre o fenômeno.

No entanto, apesar de a força vital da aura ser tão evidente para muitos profissionais da cura, só recentemente é que ela se tornou tema de modernas pesquisas científicas. O pesquisador Michael Watson (1988) afirma que o motivo disso está no fato de que suas energias extremamente sutis são encontradas apenas na matéria viva, só podendo reagir e ser detectadas por organismos vivos. Quando a matéria está viva e a força vital encontra seu equivalente, ocorre uma reação que é detectada pelo ser humano. Essa reação forma a base para os diagnósticos dos agentes de cura e também dos hidióscopos que usam varas para encontrar lençóis de água. No entanto, a detecção não pode ocorrer sem uma reação e, como observa Watson, se uma força não pode ser detectada por instrumentos físicos no mundo científico ortodoxo, acredita-se que ela que não tem nenhuma realidade física.

O sistema aura-chakras e a saúde

Nos Estados Unidos, foram realizadas investigações sérias a respeito de agentes de cura e de clarividentes com Jack Schwarz e Rosalind Bruyere, que percebem as energias dos chakras e da aura, utilizando-as para diagnósticos e tratamentos. Essas pesquisas parecem confirmar as observações feitas pelos antigos. Constatou-se que perturbações na distribuição da energia do chakra da base correspondem à falta de energia física e a "estados doentios" generalizados, dores crônicas na parte inferior da coluna, problemas com o nervo ciático, varizes e problemas no reto, incluindo tumores e o câncer. Bloqueios de energia no segundo chakra ou "hara" geralmente resultam numa redução das atividades físicas e sexuais, porque a região pélvica é a principal fonte de vitalidade no corpo. Desequilíbrios energéticos nesse chakra resultam comumente em disfunções femininas, como problemas menstruais, esterilidade, infecção vaginal, cistos no ovário, endometrite, tumores e câncer nos órgãos femininos; e também em distúrbios masculinos como a impotência e problemas com a próstata. Tanto em homens como em mulheres, dores pélvicas e na parte inferior da coluna, dificuldades e doenças sexuais, hérnias de disco, problemas e infecções urinárias e da bexiga, bem como a perda freqüente de fluidos sexuais ocorrem com bastante freqüência quando esse chakra é instável.

As disfunções físicas mais comuns originadas por perturbações no fluxo energético do terceiro chakra, situado no plexo solar, incluem artrite, úlceras e problemas estomacais associados, má digestão, indigestão crônica ou aguda, distúrbios alimentares tais como a anorexia e a bulimia nervosa, náusea, anormalidades no apetite, problemas do cólon e dos intestinos, incluindo câncer, pancreatite e câncer pancreático, diabete, problemas nos rins e no fígado, hepatite, disfunções da vesícula e das glândulas supra-renais, bem como gripes fortes. Quando o quarto chakra, o do coração, se mostra instável, podem ocorrer anormalidades cardíacas ou circulatórias, que comumente resultam em ataques cardíacos, crescimento indevido dos músculos do coração, enfarte, bloqueio das artérias, asma, alergias, problemas pulmonares, incluindo o câncer, dificuldades bronquiais, pneumonia, má circulação, problemas nos ombros e na parte superior da coluna.

As pessoas com desequilíbrio no quinto chakra, o da garganta, tendem a ter problemas e alergias de pele como resultado da eliminação insatisfatória das toxinas do corpo, e também a problemas de tireóide, infecções de garganta, perda da voz, laringite, amigdalite, câncer na garganta e na boca, problemas com dentes e gengivas, desalinhamento dos maxilares, coluna curva, torcicolo, dores de cabeça de tensão que se originam na base da nuca, e glândulas inchadas. O sexto chakra, também conhecido como "terceiro olho", exerce uma forte influência sobre o funcionamento equilibrado do sistema endócrino, sobre a visão, o sono, a lucidez nas operações do raciocínio e os níveis gerais de energia. A instabilidade nesse chakra se reflete em fadiga e cansaço, enxaquecas e dores de cabeça devido à tensão, irritabilidade, ansiedade, nervosismo e depressão, colapso nervoso, doenças psicóticas, como a esquizofrenia, irregularidades do sono, coma, distúrbios neurológicos, como a cegueira e a surdez, epilepsia e derrames cerebrais, dificuldade no aprendizado, tumores cerebrais, bem como coágulos sanguíneos no cérebro. A instabilidade no sétimo chakra, o da coroa, pode resultar em distúrbios do sistema nervoso, paralisia, problemas ósseos e doenças debilitantes como a esclerose múltipla.

Portanto, se forem considerados em conjunto, os sistemas dos chakras e da aura fornecem uma explicação ampla e coerente da distribuição e do funcionamento das energias sutis dentro e em torno do corpo, bem como um arcabouço de integração para o que podemos considerar como sutis terapias energéticas, como as tradicionalmente praticadas na Índia, no Tibete, na China, no Japão, entre os indígenas nativos da América do Norte, os aborígenes australianos e os kahunas do Havaí, incluindo a acupuntura, a acupressão ou shiatsu, e também práticas mais recentes, como a reflexologia, a terapia craniossacral, a radiônica e a terapia da polaridade (temas debatidos com mais detalhes em Graham, 1990).

A homeopatia, desenvolvida durante o século passado pelo médico alemão Sammuel Hahnemann, também tem uma base conceitual semelhante. Ele acreditava que há determinados padrões vibracionais básicos de mal-estar ou desequilíbrio, que ele chamava de miasmas, originando-se na aura e influenciando todas as energias sutis de um organismo. Na sua tentativa de restaurar o equilíbrio, o organismo produz os sintomas e sinais de doença, que não são a doença *per se*, mas apenas uma indicação da amplitude do desequilíbrio fundamental e de quão profundamente o organismo está sendo afetado por ele. Esses sinais e sintomas, portanto, podem ser usados para determinar os tratamentos apropriados para restaurar o equilíbrio e a saúde. A homeopatia emprega o princípio da ressonância, aplicando tratamentos que sujeitam o organismo a uma perturbação periódica da mesma freqüência na qual o corpo apresenta maiores oscilações ou vibrações. Assim, ela restaura o equilíbrio dos campos energéticos sutis do organismo, associando vários remédios naturais de diferentes caracteres vibracionais com as desarmonias do corpo.

Uma abordagem terapêutica semelhante foi desenvolvida durante a década de 30 pelo conhecido bacteriologista britânico Edward Bach, conhecido também como o médico de Harley Street, identificando várias plantas que, afirmava ele, ativam todas as camadas da aura humana e que podem ser usadas para tratar de doenças na fase inicial, antes que se manifestem no corpo. Semelhante abordagem não chegou a ser novidade, sendo uma característica de muitos sistemas tradicionais de cura, como o praticado no Tibete. Como Hahnemann, ele considerava a doença como um mero sintoma de um mal-estar muito mais profundo. Ele insistia:

> As doenças jamais serão curadas ou eliminadas pelos atuais métodos materialistas, pelo simples motivo de que na sua origem as doenças não são materiais. O que conhecemos como doença é apenas o último resultado produzido pelo corpo, o produto final de forças profundas e de longa atuação; e, mesmo quando o tratamento material sozinho aparentemente consegue sucesso, isso nada mais é do que um alívio temporário até que a verdadeira causa seja eliminada.
>
> 1931, p. 6

Bach achava que a causa "real" da doença era o conflito psicológico entre a alma ou o espírito e a mente, que se manifesta numa distorção dos comprimentos de ondas no campo energético do corpo, desacelerando suas vibrações e provocando "estados de espírito" negativos. Ela afirmava que a esses estados de espírito correspondem 38 remédios florais, cada qual com a mesma freqüência de vibração da qualidade da alma ou das características psicológicas envolvidas, mas num ritmo natural e sem distorção. Portanto, cada remédio floral de Bach tem uma afinidade com determinada qualidade espiritual, sendo capaz de influenciar e restaurar a harmonia nela através de suas próprias vibrações harmoniosas. Os remédios, operando em sutis níveis energéticos através do princípio da ressonância, funcionam assim como um catalisador para a reintegração ou a cura. Em cada caso, Bach escolhia o universo mental do paciente como guia para os remédios necessários, por acreditar que a mente consegue mostrar o início e a causa da doença de maneira mais definida que o corpo.

De fato, em todos os sistemas tradicionais de cura, a doença é considerada como tendo uma origem fundamentalmente espiritual, como um desequilíbrio ou uma desarmonia na energia da alma, que se manifesta como conflito ou problema no nível psicológico e só mais tarde se apresenta na forma de sintomas de doenças físicas no corpo. Portanto, essas abordagens da cura se ocupam da doença primeiro no nível espiritual e psicológico, e o diagnóstico tende a enfatizar mais essas energias do que o lado físico.

O diagnóstico áurico é particularmente útil nesse sentido porque, como observa a médica e agente de cura Barbara Brennan, "a aura realmente é o 'elo perdido' entre a biologia, a medicina física e a psicoterapia. Ela é o 'local' onde se encontram todas as emoções, pensamentos, lembranças e padrões de comportamento" (1988, p. 89), refletindo a atividade dos chakras que representam os padrões psicológicos que se originam na vida de um indivíduo ao longo do desenvolvimento.

Ela observa que quase todas as pessoas reagem a experiências desagradáveis bloqueando seus sentimentos. Isso afeta os chakras, restringindo uma grande parte do seu fluxo de energia e inibindo um funcionamento psicológico plenamente equilibrado. Assim, quando uma criança é rejeitada muitas vezes ao tentar dar amor aos outros, ela provavelmente deixará de tentar fazer isso, bloqueando ou reprimindo assim os sentimentos interiores de amor que serviam de base para suas ações anteriores. Para fazer isso, a criança precisa sustar ou desacelerar o fluxo de energia que passa pelo chakra do coração, afetando seu funcionamento. Este chakra pode ficar "bloqueado" com a energia estagnada, além de movimentar-se irregularmente ou no sentido anti-horário, ficando desfigurado ou distorcido e provocando por fim o desenvolvimento de um problema físico. O mesmo processo se aplica a todos os chakras. Além disso, esse processo não dá origem a doenças somente, mas também à realidade do indivíduo.

> Como os chakras não são apenas os responsáveis pela metabolização de energia, mas também equipamentos sensíveis a ela, eles servem para nos informar de tudo a respeito do mundo que nos cerca. Se "fechamos" os chakras, impedimos a entrada de informações. *Portanto, quando fazemos nossos chakras fluírem no sentido anti-horário, enviamos nossa energia para o mundo, sentimos o que é a energia que enviamos e dizemos que isso é o mundo. A isso chama-se de projeção na psicologia.*
>
> 1988, p. 72 (itálico no original)

Além de tudo isso, Barbara Brennan também afirma que, como a realidade imaginada e projetada para o mundo pelo indivíduo está relacionada a uma "imagem" do mundo baseada em experiências e pensamentos da infância, as questões recorrentes na vida do indivíduo e seus problemas atuais podem ser determinados examinando-se o funcionamento dos chakras.

Disfunção dos chakras e distúrbios psicológicos

Barbara Brennan e John Pierrakos estabeleceram relações entre a disfunção dos chakras e os distúrbios psicológicos, afirmando que conseguem diagnosticar as necessidades psicológicas de um indivíduo dessa maneira. De um modo geral, a análise deles concorda com relatos tradicionais e mais contemporâneos, cujos pontos em comum são resumidos em seguida.

Quando o chakra de base está funcionando normalmente, a pessoa tem os pés plantados no aqui e agora da realidade física, com vigor e vitalidade, ou "presença", bem como grande vontade de viver. Essa pessoa se sente segura e estabilizada. No entanto, quando esse chakra está bloqueado, a pessoa tem falta de vitalidade e de força física, não conseguindo deixar uma forte impressão no mundo físico. Essa pessoa não tem "presença", se sente insegura e ameaçada no mundo, pode não se sentir "em casa" em lugar nenhum, sem participação em coisa alguma, só e sem nenhum tipo de apoio. A pesquisa realizada por Motoyama (citada por Young, 1990) revela que uma predominância de energia nesse chakra pode levar a agressões violentas. Mostra também que acidentes que causam danos repentinos no cóccix, a bomba de energia da coluna vertebral, podem causar uma libertação descontrolada de energia, que, por sua vez, pode contribuir para determinados tipos de psicose.

O funcionamento normal do segundo chakra (do sacro) está relacionado com o ato de dar e de receber prazer físico e sexual, com a capacidade para o orgasmo e com os "sentimentos mais entranhados" e emoções fortes. No entanto, quando esse centro está em disfunção, isso provoca problemas sexuais, sentimentos de inadequação sexual, impotência, frigidez, sentimentos de pouca auto-estima e de ansiedade generalizada. Myss também identifica esse chakra com a "paixão" pelo dinheiro e pelo poder, indicando que, quando ele não funciona direito, as preocupações de uma pessoa em relação ao dinheiro, às posses materiais e ao poder podem criar desequilíbrios em todas as formas de relação com o mundo material. Motoyama indicou que a abertura desse chakra está associada à intuição espontânea, aos fenômenos psicocinéticos incontrolados, como a assim chamada atividade *poltergeist*, ao desenvolvimento da percepção extra-sensorial e de experiência fora do corpo.

O terceiro chakra (do plexo solar) normalmente funciona para dar à pessoa mais poderes mentais e emocionais. Quando ele está instável, o indivíduo pode sentir rápidas oscilações de humor, bem como uma tendência para a depressão e a raiva resultante da constatação de ser controlado pelos outros, uma tendência a oprimir os demais e a criticá-los e a ter medo de todos os tipos de fracasso. A disfunção energética desse chakra muitas vezes resulta em distúrbios de estresse caracterizados pela produção excessiva de adrenalina, úlceras, distúrbios nervosos ou fadiga crônica. Quando bloqueado, os sentimentos e pensamentos não são muito claros, a capacidade de tomar decisões diminui e a pessoa pode ter medo de assumir a responsabilidade pela própria vida, pelos pensamentos, sentimentos, atitudes e ações pessoais. Uma pessoa assim pode sentir-se intimidada ou receosa de críticas. Segundo Motoyama, a clarividência e a telepatia mental podem acompanhar a abertura desse chakra.

Quanto mais aberto estiver o quarto chakra (do coração), tanto maior será a capacidade que a pessoa tem para amar. Quando funciona de maneira eficiente, a pessoas sente amor por si mesma e também amor pela família, pelos amigos, filhos, animais, pela natureza e por todas as criaturas do planeta. No entanto, quando esse chakra está em disfunção, o indivíduo pode se mostrar excessivamente excitável e extrovertido, bem como ter grandes ambições quanto à fama. Quando está bloqueado, as outras pessoas podem ser vistas como obstáculos para a conquista de metas e a realização dos desejos mais íntimos, e é possível que aflorem ressentimentos ou tristezas com relações aos demais que, aparentemente, estão recebendo mais amor e atenção. Um "coração partido" pode resultar de um excesso de tristeza e de dores. A abertura desse chakra muitas vezes é associada com o desenvolvimento das capacidades de cura.

O quinto chakra (da garganta) normalmente funciona para facilitar a expressão pessoal ou a individualidade, a força de vontade e a criatividade. Quando esse chakra está aberto, a pessoa pode comunicar pensamentos, sentimentos, necessidades, atitudes e opiniões, mas, quando este centro não está funcionando da maneira correta, a auto-expressão pode ser afetada de forma adversa, contribuindo para a criação de dificuldades interpessoais. Como observa Myss (1988, p. 110), "a incapacidade de comunicar seus sentimentos, suas idéias, tristezas, raivas ou alegrias equivale a encher o coração e a garganta de concreto. Esse bloqueio aborta o processo de crescimento e dá origem a padrões destrutivos de comportamento... que, com toda a certeza, acabam contaminando qualquer relacionamento mais íntimo". A desonestidade e as mentiras também podem resultar de uma auto-expressão inadequada e outros padrões de comportamento negativo podem se desenvolver, como temor da auto-afirmação, a aceitação de papéis de vítima e uma tendência para as fofocas. Motoyama identificou a abertura desse chakra com a clariaudição e a consciência do passado, do presente e do futuro.

O funcionamento normal do sexto chakra ou "terceiro olho" está associado à clareza dos pensamentos e da imaginação, à introvisão e à intuição. Um movimento anti-horário nesse chakra está associado com conceitos mentais e imagens sobre a realidade que são confusos ou negativos. Quando esse centro está bloqueado a criatividade deixa a desejar, porque a imaginação é restrita, e a capacidade de solucionar problemas também fica limitada. Outros padrões de comportamento associados com a energia bloqueada nesse chakra incluem a resistência aos exames de consciência e à introspecção, a supressão das capacidades intuitivas, raciocínios rígidos, falta de abertura para novas idéias ou para idéias apresentadas pelos demais; falta de disposição para aprender a partir das experiências da vida e uma falta de autoconsciência. Segundo Motoyama, a abertura desse chakra permite a percepção da realidade não-física e das entidades espirituais.

Quando ativado, o chakra da coroa aguça os sentidos físicos e mentais, promovendo a saúde ou a plenitude do ser. Isso propicia um foco claro de atenção e de consciência. Quando esse chakra está aberto, a pessoa vive num estado de ser que vai além do mundo físico, criando uma sensação de plenitude, paz, fé e um sentido de significado ou de finalidade para a existência. No entanto, quando está bloqueado, a pessoa fica fechada para a experiência espiritual e tem pouca ou nenhuma compreensão com relação às experiências espirituais dos outros. Essa pessoa provavelmente vai achar a vida sem sentido, tendo sentimentos e pensamentos negativos, sem fé em si mesma, temendo o autodesenvolvimento e o conhecimento.

Segundo os sistemas tradicionais e os médiuns de nossos dias, como Schwarz, o funcionamento dos chakras pode ser avaliado e influenciado através da criação de imagens. O exercício proposto em seguida facilita esse processo.

EXERCÍCIO NOVE

Imagine uma noite clara e enluarada, e que você está sentado com as costas apoiadas num pilar firmemente preso ao solo. A parte superior desse pilar está na mesma altura da sua cabeça e o ponto no qual ele penetra no chão está no mesmo nível da base da sua espinha dorsal. Ao longo do pilar, em pontos que correspondem ao topo da sua cabeça, ao centro de suas sobrancelhas, ao centro da garganta, ao meio da caixa torácica, um pouco acima e um pouco abaixo do umbigo e ao centro da região púbica, estão sete rodas de fogos de artifício, ligadas entre si por um pavio de papel.

Observe com que rapidez e eficiência elas entram em ação, a direção e o caráter dos seus movimentos e também suas cores predominantes. Observe as emissões dessas rodas, seu caráter e seus padrões de distribuição.

Tendo feito isso, observe todo o conjunto de rodas luminosas, dando atenção principalmente à direção e ao caráter dos seus movimentos, suas cores predominantes e também o caráter e a distribuição das suas emissões. Observe o pequeno lago formado no solo pelas emissões, prestando atenção a todas as suas características, principalmente sua amplitude e sua cor (ou cores).

Depois de fazer isso, deixe que essa imagem desapareça e anote todas as observações feitas durante essa experiência.

Comentário

Um exercício muito parecido com esse foi incluído no meu livro *The Magic Shop* (Graham, 1992), onde friso que normalmente não forneço nenhuma introdução a esse exercício nos meus seminários para evitar os efeitos da expectativa. A grande maioria das pessoas que participam desse exercício tem pouco ou nenhum conhecimento anterior a respeito dos chakras e da aura, e até os mais informados geralmente não estão suficientemente familiarizados com seus detalhes e sutilezas a ponto de estabelecer relações entre sua própria criação de imagens e as características físicas, psicológicas e espirituais atribuídas aos chakras nas teorias tradicionais. Mesmo assim, a correspondência é impressionante; geralmente é suficiente para persuadir todos os que se mostram céticos com relação à sua validade.

Poucas pessoas têm dificuldades para visualizar as rodas que, invariavelmente, são percebidas no interior do corpo e não fora dele; muitos as sentem fisicamente, relatando sensações de calor, comichões, vibrações e pulsações nas áreas correspondentes do corpo. Um homem sentiu um calor tal que, no final do exercício, estava com o corpo quente e transpirando muito. É bastante comum que os participantes comecem a se movimentar de maneira sincrônica com as rodas, e movimentos circulares ou oscilantes podem ser percebidos pelos observadores. Num caso, porém, um homem relatou que a girândola da base não estava presa ao pilar, não estando portanto em alinhamento com as demais, mas caída no chão ao seu lado. Conseqüentemente, essa roda não estava integrada no seu corpo ou com o "esquema geral das coisas". Depois de um exame mais atento, ele constatou que não era uma girândola mas uma roda de roleta e, independentemente de qualquer coisa que ele tentasse fazer para influenciá-la, a bolinha continuava girando sozinha o tempo todo. Ele associou essa imagem aos jogos de azar, ao acaso, aos riscos, à imprevisibilidade e à falta de confiança, que acabou relacionando com sua própria falta de segurança e com o fato de não se sentir em casa em lugar nenhum. Certamente, essa interpretação parece coerente com sua experiência de vida, de vez que já identificara antes o trauma emocional causado pelo fato de ter sido criado por uma mãe suicida e mentalmente doente.

No entanto, com bastante freqüência, as pessoas imaginam que uma ou mais rodas estão faltando ou que são difíceis de serem vistas com todos os pormenores. Muitas mulheres contam que a roda da garganta está ausente. Uma mulher disse que continuava se sentindo "sufocada" por algumas das constatações derivadas dos exercícios anteriores de criação de imagens, e que também estava com amigdalite. Um homem, que não viu a roda na altura da garganta por ocasião de sua primeira tentativa de fazer esse exercício, conseguiu imaginar uma roda muito lenta na tentativa seguinte, feita três meses depois. Durante o período entre as duas tentativas, ele sofreu de febre glandular, de um caso sério de laringite, de vários problemas de garganta, incluindo uma perda intermitente da voz, e de certa perda de confiança. Ele continuou muito ansioso com relação à garganta e principalmente à sua voz, que de repente sumia ou se tornava quase inaudível, causando irritação nos outros e embaraço para ele. O homem também disse que, de uma maneira mais generalizada, ele se sentia ansioso por causa de sua incapacidade de "erguer a voz" para defender suas opiniões.

Às vezes, falta a roda do coração, como ocorreu no caso de uma mulher que explicou ter "perdido o coração" quando o marido morreu um ano antes; e outra mulher "sem coração" que se descreveu como uma pessoa incapaz de dar ou receber amor identificou isso como um dos principais fatores no desenvolvimento de sua grave doença atual, um câncer de mama com muitas metástases. Uma médica, clínica geral, que teve dificuldades para imaginar essa roda, admitiu depois que não se dedicava com todo o coração ao trabalho; e um homem, também incapaz de visualizar a roda do coração, atribuiu esse fato ao seu hábito de fumar, arraigado há mais de trinta anos.

Bem mais freqüente é que todas as rodas estejam presentes, mas que algumas não funcionem perfeitamente. É bastante comum que a roda da base seja descrita como que a balançar, instável ou "mal presa no lugar". Uma mulher, que descreveu sua roda balançando a ponto de quase se soltar do pino, posteriormente identificou problemas de insegurança e de esterilidade. A roda superior também pode balançar bastante, se bem que movimentos incomuns sejam comumente encontrados em todas elas, mas principalmente na garganta, dando a entender que muitas pessoas têm dificuldades em se expressar de maneira autêntica.

O tamanho e o movimento das rodas

Quase todos constatam que suas rodas apresentam variado tamanho e velocidade, com cada uma delas tornando-se progressivamente maior e mais lenta. Isso é bastante intrigante porque, segundo a sabedoria tradicional, as vibrações de cada chakra vão ficando cada vez mais densas, pesadas e de freqüência mais baixa na medida em que descem pela coluna vertebral. No entanto, algumas das rodas são imaginadas com movimentos muito lentos, quase ou totalmente imóveis, qualquer que seja o ponto de sua localização. Um homem contou que suas rodas variavam muito em tamanho, passando de bolas de futebol a bolinhas de pingue-pongue; ele também disse que metade da roda da base estava presa ao chão. Por outro lado, uma ou mais rodas podem dar a impressão de movimentos extremamente rápidos. Geralmente isso ocorre com a roda do plexo solar, logo acima do umbigo, e isso tende a ser associado a elevados níveis de estresse. É comum as pessoas contarem que essa roda "queima completamente", e depois acharem que a metáfora é muito apropriada ao estilo de vida que levam. Uma mulher cuja roda do plexo solar se consumiu assim disse que era muito ansiosa, hipertensa e também disse que estava tratando uma situação de colesterol elevado. Outra mulher, depois de descrever que as fagulhas dessa roda e das outras inferiores caíam no chão formando um círculo de fogo, reportou que até então tinha grande quantidade de energia física e mental, mas que depois começou a achar que esses seus estoques estavam chegando ao fim. Outra mulher viu suas rodas perdendo progressivamente "o vapor", e disse que todo o seu sistema estava ficando mais lento.

A direção e a qualidade do movimento tendem a variar bastante de pessoa para pessoa e também de uma roda para outra num mesmo indivíduo. Em alguns casos, todas as rodas se movimentam harmoniosamente na mesma direção. No entanto, é bem mais típico que uma ou mais se movimentem no sentido anti-horário. Isso condiz com as observações de Barbara Brennan, segundo a qual quase todas as pessoas têm três ou quatro chakras girando no sentido anti-horário a qualquer momento. Novamente, a roda da garganta ocupa uma posição de destaque nessa categoria. É bastante típico que os indivíduos com movimentos anti-horários na roda do plexo solar achem que, de alguma maneira, estão perdendo o controle. Um homem, que descreveu um movimento particularmente forte desse tipo, mais tarde contou que recentemente ficara com a pontuação máxima num teste de estresse e recebera dos médicos a advertência de que seus níveis de estresse estavam perigosamente elevados. Por outro lado, uma mulher com um movimento anti-horário lento na roda do coração revelou ter um câncer de mama e também um problema de deficiência imunológica. Em alguns casos, o movimento das rodas é caótico, com todas se movimentando em direções diferentes e com "fagulhas voando para todos os lados". Fagulhas podem voar com grande facilidade quando as rodas em questão são associadas a fortes paixões e emoções. Isso é particularmente verdadeiro no caso da roda da base, cujo excesso de atividade pode estar associado à crueldade, violência, sadismo e desvios sexuais. Uma supercarga no *hara* está associada à hiperatividade, ao excesso de reações, aos exageros alimentares e a problemas digestivos. Quando o excesso de atividade ocorre na roda do plexo solar, a mente está constantemente "em ação", o que resulta em estresse. Esse também pode resultar de um excesso de atividade na roda do coração, podendo inclusive ser letal; por outro lado, o excesso de atividade na roda da garganta pode se manifestar em problemas de tireóide.

A cor das rodas

A transmissão da luz das rodas varia muito. Quase todas as pessoas descrevem fagulhas de luz colorida que, na maior parte das vezes, correspondem às cores tradicionalmente associadas aos chakras, se bem que em muitos casos a cor possa estar deslocada; por exemplo, o amarelo aparecendo na roda das sobrancelhas no caso de uma mulher que admitiu certa tendência para intelectualizar todas as coisas, ou no caso do homem com "raiva no coração" e um "fogo" vermelho na roda cardíaca.

Quando o vermelho aparece fora do seu contexto, isso geralmente indica agressão ou irritação, de maneira que, quando essa cor aparece na roda do hara, isso pode estar indicando paixões fortes e problemas estomacais. Quando ela ocorre no plexo solar, a pessoa pode "ter sangue nos olhos", sendo raivosa ou agressiva, ao passo que na roda do coração pode indicar um amor passional ou uma magia profunda — um coração sangrando. A tonalidade vermelha na roda da garganta pode indicar sentimentos de irritação ou glândulas inflamadas e doenças mentais quando ocorre no terceiro olho.

O laranja é uma indicação de atividade, e raramente ocorre fora das rodas inferiores. Portanto, essa tonalidade na roda da base sugere uma vida sexual bastante ativa; uma mente agitada é o diagnóstico quando ela ocorre no plexo solar. A energia amarela indica a racionalidade e em alguns casos ela substitui todas as demais cores. Quando isso ocorre, é indício de uma tendência a ser analítico com relação a todos os assuntos. Portanto, quando o amarelo ocorre na roda da base, a sexualidade tende a ser governada pela mente, no hara, indica que as "impressões" e as paixões se encontram sob controle racional e que a intuição está sendo reprimida. Do mesmo modo, quando o amarelo ocorre na roda do coração, isso indica o controle intelectual das emoções — por outras palavras, a cabeça comandando o coração. Quando o amarelo surge na garganta isso muitas vezes é sinal da necessidade de demonstrar constantemente a esperteza, ao passo que no terceiro olho indica um equilíbrio entre as energias intuitivas e intelectuais, o que equivale a uma boa compreensão das coisas. Uma mulher, que viu o amarelo em todas as suas rodas, depois admitiu um forte controle voluntário e intelectual sobre as emoções e a sexualidade, que causava uma "enorme confusão" em todas as suas relações interpessoais.

Muitas pessoas não apresentam o verde no centro do coração, indicando insuficiências nesse setor. Freqüentemente, isso se deve a um excesso de sensibilidade e indica uma reação de defesa diante de sofrimento emocional. Uma tonalidade verde-escura nessa roda indica possessividade e inveja, o que também é sugerido numa frase popular a respeito da coloração dos olhos. Sempre que o verde ocorre em outras rodas isso indica sensibilidade. Portanto, quando surge na roda do chakra da base, isso mostra que o coração da pessoa está concentrado na sua vida sexual. O verde no hara indica vulnerabilidade emocional e também uma digestão sensível. Se o verde não aparece na roda do plexo solar isso indica uma abordagem analítica, distanciada e não-emotiva com relação à vida. Do mesmo modo, um pouco de verde na roda do chakra da garganta é desejável, caso contrário a pessoa comunica pouca empatia e calor humano. No entanto, um excesso de verde nesse local é sinal de um excesso de bondade e da possibilidade de exploração pelos outros. Quando o verde aparece no terceiro olho, isso indica generosidade de espírito.

O azul-celeste sempre sugere certa dose de frieza nos lugares onde aparece. Portanto, essa tonalidade na roda do chakra da base indica uma atitude fria com relação ao sexo, e no hara é um sinal de má saúde e de problemas de apetite. No plexo solar, essa cor indica uma cabeça boa e fria, bem como certo distanciamento intelectual, ao passo que no coração é indício de atitudes de desprezo e de dificuldades na formação de relacionamentos. Quando o azul aparece no terceiro olho, isso é sinal de capacidade de cura. O azul-escuro ou índigo é uma indicação de imparcialidade sempre que aparece, ao passo que o violeta ou púrpura reflete uma qualidade artística ou estética. As emissões claras e "fluidas" de luz parecem estar associadas a rodas com bom funcionamento, e emissões douradas e prateadas em qualquer roda parecem ser uma característica de um sistema harmoniosamente equilibrado. Todas as rodas podem vibrar de maneira tão harmoniosa em conjunto, que se observa uma luz branca, pura e brilhante. Um jovem imaginou todas as suas rodas se movimentando em harmonia na mesma direção e emitindo uma luz branca e brilhante que formava uma espécie de camada, que, por sua vez, o circundava numa distância de uns dois metros, na altura do chakra básico; ele ficou espantado quando tudo isso lhe "subiu" ao topo da cabeça e se transferiu para o infinito, de maneira que ele mesmo "se transformou numa coluna de luz".

De um modo geral, as cores observadas na camada em torno da roda do chakra da base tendem a corresponder a anomalias nos chakras correlatos, o que reflete novamente a relação entre o funcionamento dos chakras e a aparência da aura. Portanto, uma pessoa que imagine um lago de luz azul brilhante tipicamente descreve "problemas" em relação à roda do chakra da garganta, ao passo que o indivíduo que descreve quantidades significativas de vermelho geralmente relata dificuldades no chakra situado na base da coluna.

Algumas pessoas relatam que determinadas rodas não luzem, ou que falham e acabam se apagando; como elas não emitem luz, geralmente são descritas como negras. Uma mulher imaginou a roda do chakra da base como negra e depois contou que não tem vitalidade alguma. De fato, quando as cores escuras, principalmente o preto, aparecem nas rodas, isto é um indício bastante seguro de energia bloqueada e de disfunções. A cor marrom indica energia estagnada e impura, ao passo que o preto ou o cinza são sinais de energia deprimida e de negatividade. A cor marrom geralmente ocorre em relação à roda no chakra da base, podendo indicar certa falta de realização quanto à sexualidade. No hara, essa tonalidade é sinal de má digestão, bem como falta de vitalidade física e emocional. A cor marrom no plexo solar pode ser sinal de um distanciamento mental com relação aos outros e de depressão; quando a cor ocorre na roda do chakra do coração, isso muitas vezes indica luto, grande tristeza e susceptibilidade a doenças cardíacas. A cor marrom na garganta indica certa tendência a evitar a comunicação com os outros e também problemas de garganta; quando essa tonalidade aparece no terceiro olho, isso significa certa tendência para se afastar do mundo exterior.

Substâncias densas, espessas e pegajosas como barro, lama, cola ou piche são descritas com bastante freqüência, o mesmo ocorrendo com a fumaça e o vapor denso e rodas que produzem "borbotões" de óleo preto que pingam na camada que cerca a pessoa, formando manchas. A imobilização resultante da energia estagnada é transmitida satisfatoriamente pelos indivíduos que se descrevem "atolados na lama" que cerca a roda do chakra da base. Muitos descrevem óleo ou graxa escorrendo das rodas, principalmente da do chakra da base, que, caracteristicamente nesses casos, é muito lenta e considerada responsável pela formação de uma camada negra e pegajosa. Em determinado caso, uma mulher descreveu os reflexos semelhantes a um arco-íris nesse óleo pegajoso como sendo as únicas cores visíveis. E quando lhe sugeriram que isso poderia estar relacionado com o fato dela refletir as necessidades e expectativas dos outros, ela reconheceu que era exatamente isso o que acontecia em sua vida. Como muitos outros que imaginam suas rodas irradiando energia negra e nociva, ela não queria contaminar os outros nem "fazer com que atolassem" no que considerava sua própria "negatividade".

Um exemplo ainda mais patente do "negativismo" foi fornecido por uma mulher muito deprimida depois do diagnóstico de um câncer generalizado. Ela visualizou suas três rodas superiores como totalmente imóveis e de cor negra, sem a roda do chakra do coração e com as três inferiores sem brilho, mas soltando grandes rolos de fumaça asfixiante e vertendo piche, de maneira que ela se imaginou sentada no meio de uma grande poça de piche, cercada por detritos e pontas de cigarro. Ela contou que se sentia culpada pelos efeitos nocivos das substâncias que produzia e admitiu que sua depressão e negativismo tinham colocado seriamente em perigo o casamento e as relações familiares, que, como ela, estavam "num péssimo estado". Ela interpretou a falta da roda do chakra do coração como indicação de sua antiga dificuldade em dar ou receber amor e a fumaça asfixiante como um sinal de que estava sendo consumida por pensamentos, sentimentos e atitudes negativos.

Essa mulher reconheceu que sua criação de imagens refletia com grande exatidão seu estado tanto físico quanto psicológico. De fato, geralmente existe uma concordância muito importante entre o relato que uma pessoa faz de suas condições físicas e mentais e o que pode ser intuído a partir de sua criação de imagens, desde que se tenha conhecimentos a respeito dos ensinamentos tradicionais da energia sutil. Quando são informadas sobre esses ensinamentos, as pessoas geralmente ficam muito impressionadas com o fato de as imagens que produziram neste exercício coincidirem com as características tradicionalmente atribuídas aos chakras e à aura, e também com o funcionamento físico e psicológico delas mesmas.

Isso traz à tona a questão de se saber quão útil é para as pessoas o fato de poderem ter acesso a informações referentes a elas mesmas dessa maneira; um caso extremo foi o da mulher mencionada acima, cuja consciência do seu estado desesperador poderia dar origem a depressão e desespero ainda mais profundos. Certamente, existe a possibilidade de uma tal reação ocorrer. Em última análise, tudo é uma questão de a pessoa aceitar a validade de sua intuição e decidir agir ou não em função dela. É perfeitamente possível influenciar os processos mentais e físicos através da criação de imagens (ver mais detalhes no Capítulo Dez). De fato, muitas das práticas tradicionais estão direcionadas para a influência da função dos chakras dessa maneira e existem indicações de que mudanças na criação de imagens, como o aumento ou a diminuição da velocidade de determinadas rodas, bem como a mudança da cor ou da direção de movimento, podem ter efeitos benéficos. Todos os indivíduos que fazem isso invariavelmente reportam mudanças positivas na sua criação de imagens e nas suas condições mentais e físicas correspondentes.

Uma jovem, por exemplo, depois de perceber que todas as rodas dos seus chakras eram muito lentas e estavam sem coordenação na sua primeira tentativa de realizar esse exercício, começou a praticar ioga todos os dias. Ao repetir o exercício notou que todas as rodas estavam se movimentando em harmonia e na mesma direção, emitindo luz branca e dourada. Um homem que notou certa mudança na direção do movimento da roda do chakra do terceiro olho após um período de três meses atribuiu isso a uma intuição maior adquirida como resultado do uso de criações de imagens para o desenvolvimento da autoconsciência. Do mesmo modo, outro homem descreveu uma mudança de direção e uma maior facilidade de movimentos na roda da garganta depois de concentrar a atenção nisso durante exercícios que estimulavam a imaginação, e observou uma melhoria correspondente num sério problema de garganta e também no seu nível de autoconfiança. Esses são exemplos bastante típicos das mudanças de saúde que podem ser causadas pelo cultivo da criação de imagens positivas. Como observou o grande John Lennon, parece que muito pode ser obtido na vida se "simplesmente ficarmos observando o movimento constante das rodas".

CAPÍTULO DEZ

Tratamento Energético

Quando a nuvem se dissipa, aparece a glória do arco-íris.
Shelley

As teorias psicológicas da cura mais obviamente coerentes com os conceitos de saúde e de doença apresentados no modelo tradicional de "energia" são derivados do trabalho do psicanalista austríaco Wilhelm Reich, que desenvolveu várias maneiras de concentrar a energia e eliminar os obstáculos ao seu fluxo natural; tudo isso passou a ser conhecido como bioenergética.

MEDICINA PSICOSSOMÁTICA

Reich estudou com Freud e, quando jovem, fez importantes contribuições para o desenvolvimento da psicanálise. Todas as suas idéias têm como base a teoria freudiana da energia psíquica, que Reich concebia como a força vital que sustenta o ser. Ele afirmava que é isso que se movimenta quando uma pessoa se move. Portanto, sua moção é sempre e-moção, algo que constantemente se acumula como tensão muscular ou elétrica e que é naturalmente liberado em várias formas como fluido, som, movimento, sensação ou sentimento. No entanto, quando a expressão dessa energia é inibida, produzem-se respostas neuróticas indicadas fisicamente em padrões característicos de expressão facial e posturas musculares ou em "armaduras musculares" que, com o passar do tempo, causam um desequilíbrio crônico em tecidos e órgãos, permitindo o estabelecimento de infecções ou de distúrbios funcionais. Portanto, na opinião de Reich, o próprio caráter é um distúrbio — certo enrijecimento da realidade humana fluida num padrão de comportamento fixo e limitante, tanto mental quanto físico, com o corpo se restringindo a expressar a rigidez da mente e desenvolvendo uma armadura de caráter como defesa contra as terríveis incertezas da vida e contra a dor. Ele considerava o neurótico literalmente como um indivíduo inflexível, tenso e inibido, que se defende contra a expressão espontânea da emoção, abafando-a, criando assim tensões em várias partes do corpo que o deixam predisposto a um colapso. Como conseqüência disso, para que a neurose seja eliminada e o mal-estar seja evitado, o fluxo natural da energia precisa ser restabelecido. Reich defendia o uso de métodos físicos, afirmando que, como os problemas emocionais têm manifestações físicas, eles podem ser abordados através do corpo. Na sua opinião, a manipulação de partes do corpo nas quais a energia está bloqueada libera a emoção estagnada nesses pontos. Conseqüentemente, o relaxamento da energia bloqueada em qualquer parte do corpo muitas vezes é acompanhado da lembrança do trauma que levou inicialmente à contração ou ao sintoma neurótico. Por esse motivo, os sintomas neuróticos podem ser abordados ao mesmo tempo nas suas manifestações psíquicas e somáticas. Reconhecendo que as reações emocionais e psicológicas se refletem no corpo e vice-versa, Reich estabeleceu a base para a psicologia somática e para os tratamentos psicossomáticos, literalmente endereçados à psique, à mente ou à alma, através do corpo.

Por isso, a terapia reichiana é direcionada para a "análise do caráter" ou para a identificação dos padrões característicos de tensão muscular no corpo e também para a normalização do funcionamento físico e psicológico através da libertação da energia estagnada mediante o restabelecimento do seu fluxo normal. Reich conseguia isso pressionando, beliscando ou estendendo manualmente os músculos tensos que impedem a expressão emocional, principalmente os músculos respiratórios, que ele considerava essenciais para manter um fluxo uniforme de energia. Ele insistia que o primeiro passo para superar a tensão nervosa está em aprender a respirar profundamente, usando o estômago e o plexo solar e não apenas o peito, incluindo assim exercícios de respiração profunda como parte integrante da terapia. Além dos exercícios respiratórios, Reich também manipulava os músculos num procedimento freqüentemente doloroso para o paciente. Ele atacava a armadura muscular ou as atitudes do paciente de maneira física, provocando acentuadas contrações na musculatura com a finalidade de conscientizar o paciente de contrações que já tinham se tornado crônicas.

Ele constatou que, através da respiração profunda, muitos dos seus pacientes se sentiam vitalizados e vivos, relatando uma sensação mística de plenitude ou de harmonia com a natureza, que alguns identificavam como Deus. Por esse motivo, ele passou a acreditar que descobrira a força ativa que está presente na totalidade do universo e que é responsável pelo desejo humano de uma união mística ou orgiástica com Deus. Ele concebia essa força vital — que preferiu chamar de orgônio — não simplesmente como uma energia biológica ou bioenergia, mas sim como uma energia dotada de uma qualidade espiritual.

Reich detestava as descrições místicas ou metafísicas da realidade; apesar disso, o sistema por ele desenvolvido pode ser considerado místico e dotado de uma impressionante semelhança com o sistema dos chakras. Reich descreve sete anéis de tensão ou de estrutura de caráter, resultantes da armadura muscular em ângulos perpendiculares ao eixo principal do corpo nos seguintes níveis:

Segmentos de armadura	*Estrutura de caráter*
olhos, testa, couro cabeludo	ocular
boca, queixo, maxilar	oral
pescoço, ombros	cervical
tórax, coração, pulmões, braços	torácica
diafragma	diafragmática
abdômen, região pélvica, parte inferior da coluna	abdominal
região pélvica, órgãos sexuais, pernas	pélvica

Esses sete anéis correspondem, mais ou menos, às áreas tradicionais dos chakras, e vários comentaristas, como John Pierrakos, Barbara Brennan e o psicoterapeuta David Boadella, interpretaram as principais estruturas de caráter da teoria de Reich como sendo principalmente perturbações funcionais desses centros de energia.

Muitas formas diferentes de terapia bioenergética se originaram a partir da tradição reichiana com a meta comum de relaxar o corpo e libertar a energia presa em várias tensões, e as conclusões de Reich formaram a base para muitas outras psicoterapias, principalmente a terapia da gestalt. Princípios e práticas semelhantes servem de base para a *análise bioenergética*, desenvolvida por Alexander Lowen, um discípulo de Reich, como meio para a integração de funções físicas e psicológicas. Ela enfatiza a respiração, o relaxamento e o estabelecimento das estruturas de caráter, sublinhando a importância de um posicionamento particular que promova o fluxo harmonioso das energias através do contato positivo estabelecido com o solo, permitindo, assim, tanto literal quanto metaforicamente, um contato com a realidade e o desenvolvimento de um sentido de identidade individual.

Muitas outras terapias, como a terapia biodinâmica e a integração estrutural; métodos com a finalidade de melhorar o funcionamento do organismo aumentando a consciência das atitudes de postura, principalmente os desenvolvidos por F. M. Alexander e Moshe Feldenkrais; e sistemas de exercícios como a Hatha ioga, o t'ai chi e o aikidô são todas claramente tentativas físicas de promover o fluxo de energia numa pessoa. Um meio menos óbvio, mas não menos físico, de conseguir isso, é através da luz e das cores.

TRATAMENTO ILUMINADO

Segundo a sabedoria tradicional, a energia na forma de luz sustenta a vida e todas as funções e processos do organismo humano. Portanto, a iluminação é sinônimo de plenitude, de santidade e de saúde, e a distribuição eficiente da luz pelos chakras é essencial para um funcionamento saudável. Tradicionalmente, o chakra das sobrancelhas ou do terceiro olho é considerado como sendo de importância particular para a regulação da energia luminosa. Essa compreensão intuitiva de suas funções no mundo antigo pode sublinhar o ensinamento de Cristo de que "se o teu olho é bom, todo o teu corpo estará na luz" (Mateus 6: 22). Até tempos mais ou menos recentes, a concepção ortodoxa da ciência ocidental afirmava que a função da luz está relacionada principalmente com a visão. De fato, foi somente no início dos anos 70 que se reconheceram as funções não-visuais da luz, quando se estabeleceu que esta, depois de penetrar nos olhos, não chega apenas ao córtex occipital através do nervo ótico, mas afeta a totalidade do cérebro e do corpo. Isso acontece pela influência sobre o hipotálamo, que é um dos principais centros de controle no cérebro e responsável pelas funções mais importantes de sustentação da vida, pelo sistema nervoso autônomo e pelas glândulas endócrinas. Ele também inicia a reação de *stress* do corpo e afeta diretamente o sistema imunológico. No entanto, o funcionamento do hipotálamo depende de maneira crucial da glândula pineal no centro do cérebro, uma pequena estrutura do tamanho de uma ervilha e com a forma de um cone, que funciona como uma espécie de fotômetro do corpo. Regulada por mudanças na luz ambiental e no campo eletromagnético do planeta captadas através dos olhos e do hipotálamo, ela integra e transmite informações sobre o tempo total de luz diurna para cada célula do corpo através do hormônio melatonina, permitindo a orquestração das funções internas, a sincronização com a natureza e a manutenção do relógio biológico do corpo de acordo com variações diárias, de estação do ano e anuais. Por esse motivo, seria possível dizer que a glândula pineal, trabalhando com o hipotálamo, "estabelece a base para a... harmonia entre o lado de dentro e o de fora do nosso ser" (Liberman, 1992, p. 22).

Ela também forma a base para o recentemente descoberto campo da fototerapia, que usa a luz no tratamento de doenças. Como observa um dos principais pesquisadores desse campo, o fotobiólogo John Ott (1991), os povos antigos e até mesmo civilizações inteiras adoravam o sol pelo seu poder de cura, usando a totalidade do espectro luminoso para o tratamento de problemas físicos e mentais. Essa prática, conhecida como "helioterapia", é atualmente considerada perigosa à saúde pelas modernas pesquisas médicas, tendo sido substituída por muitas abordagens artificiais, como a rádio e a quimioterapia. No entanto, a brilhante luz branca de espectro completo está atualmente sendo usada no tratamento de vários tipos de câncer, dos SAD (distúrbios afetivos sazonais)* ou da assim chamada "depressão de inverno", de depressões generalizadas, de anorexia e bulimia nervosa, insônia, males decorrentes da mudança brusca de fuso horário, trabalho em turnos, dependência de álcool e de drogas e também para reduzir os níveis gerais de medicamentos (Liberman, 1992). A luz branca também substituiu as transfusões de sangue como tratamento para bebês que nascem com icterícia neonatal potencialmente fatal. No entanto, apesar do uso crescente da luz branca e intensa nos tratamentos, está se constatando que as luzes coloridas podem ser mais eficientes (Oren, Brainard *et al.*, 1991). Isso não chega a ser surpreendente: "Como a luz desempenha um papel muito importante na estimulação e na regulação dos processos fisiológicos do corpo, e como a cor nada mais é do que nossa percepção da luz de diferentes comprimentos de onda, não seria lógico

* Em inglês, *Seasonal Affective Disorder* (N.T.).

que as cores pudessem criar efeitos fisiológicos diferentes e também psicológicos em nós?" (Liberman, 1991, p. 41).

A cor vermelha, que tem o maior comprimento de onda e, portanto, o índice de vibração mais pesado e mais lento, tradicionalmente é associada ao funcionamento do chakra de base. Como conseqüência, essa é uma vibração cálida, dinâmica e sensual, associada ao calor, tanto ao calor físico como o fogo quanto a emoções "acaloradas", e expressa-se por inflamações e febre. O laranja e o amarelo também são cores estimulantes. O laranja estimula todos os apetites e a atividade física, sendo antidepressivo nos seus efeitos, ao passo que o amarelo estimula a atividade mental. O laranja pode ajudar na assimilação e na digestão dos alimentos e no equilíbrio dos fluidos do corpo, ao passo que o amarelo pode melhorar as funções cerebrais, a visão e condições associadas à artrite.

O verde está associado ao coração e tradicionalmente é considerado a cor do amor e do equilíbrio. Ele pode ser usado para estimular o sistema imunológico ou para regulá-lo no caso de enfermidades auto-imunológicas, principalmente da artrite reumatóide. O azul está tradicionalmente associado à comunicação e aos sons, com a calma e a frieza. Por esses motivos, acredita-se que tenha um efeito sedativo e antiinflamatório, podendo ser aplicado em casos de febre, infecções, inflamações, irritação, problemas de pele e queimaduras. O violeta, ou púrpura, que combina o vermelho e o azul num equilíbrio perfeito, é tradicionalmente a cor da espiritualidade. Acredita-se que ele fortaleça o sistema nervoso e que alivie tensões na cabeça e na garganta.

As modernas pesquisas apóiam essas noções intuitivas a respeito do uso terapêutico das cores, mostrando que elas têm efeitos físicos acentuados. Vários estudos já confirmaram experimentalmente que o vermelho estimula o sistema nervoso central, aumenta a pressão sangüínea, acelera a respiração e os batimentos cardíacos. A luz vermelha aumenta a força física e a atividade elétrica nos músculos dos braços e pode ser utilizada para melhorar as *performances* atléticas (Liberman, 1991). Estudos realizados pelo psicólogo clínico Alexander Schauss também demonstraram que o rosa da goma de mascar causa um efeito físico, relaxando os músculos, o que reduz a incidência do comportamento violento e agressivo, sendo por esse motivo usado em muitos reformatórios e penitenciárias, em unidades para adolescentes, em centros para terapia familiar e em ambientes empresariais. Por outro lado, existem indícios de que o amarelo deve ser evitado nesses contextos por ter um elevado efeito estimulador, e observou-se uma relação entre a incidência de crimes violentos de rua e o uso de iluminação urbana amarela com lâmpadas de sódio. Mesmo assim, as cores mais estimulantes também têm propriedades terapêuticas comprovadas. A luz vermelha é muito eficaz no tratamento de câncer e de dores de cabeça do tipo enxaqueca (Liberman, 1991, p. 2) e o amarelo pode melhorar o desempenho dos que têm dificuldades no aprendizado. Mais recentemente, pesquisas demonstraram que óculos de lentes coloridas podem ser altamente eficientes no tratamento de dificuldades no aprendizado, principalmente a dislexia, e também têm utilidade em relação à epilepsia e à enxaqueca. A eficácia das lentes coloridas como auxílio à leitura foi descoberta por Helen Irlen, uma psicóloga norte-americana, mas foi encarada com ceticismo até que investigações realizadas pelo Conselho de Pesquisas Médicas da Inglaterra confirmaram suas afirmações. Em junho de 1993, um novo instrumento de ótica, o Colorímetro Intuitivo, foi colocado à disposição dos oftalmologistas britânicos para que eles determinem que cor — rosa, amarelo, verde ou azul — é a mais indicada para pessoas que normalmente vêem o texto embaralhado ou com letras na ordem errada. John Bald, especialista em alfabetização, descreveu o uso de lentes coloridas como "o mais importante progresso no tratamento das dificuldades de leitura" (Brace, 1993, p. 10).

Outra nova técnica desenvolvida nos Estados Unidos como resultado das pesquisas pioneiras realizadas nas duas últimas décadas é a terapia fotodinâmica ou PDT,* baseada na descoberta de que determinadas substâncias fotossensíveis, injetadas por via intravenosa, não apenas se acumulam nas células cancerígenas, como também identificam seletivamente essas células sob a luz ultravioleta e depois as destroem exclusivamente quando ativadas pela luz vermelha, cujos comprimentos de onda, mais longos, permitem uma penetração mais profunda nos tecidos do que a luz de outras cores. Como conseqüência, a PDT pode ser usada tanto para o diagnóstico quanto para o tratamento. O Dr. Thomas Dougherty, responsável pelo desenvolvimento da PDT, relata (1989, 1990) que numa experiência realizada no mundo inteiro, mais de três mil participantes com uma ampla variedade de tumores malignos foram tratados com sucesso por essa técnica, que atualmente está sendo comparada aos tratamentos convencionais de câncer.

A luz azul tem qualidades de cura ainda mais acentuadas e numerosas aplicações dentro da medicina ortodoxa. Ela é amplamente usada na cura de tecidos danificados e para impedir a formação de tecidos de cicatrização, bem como no tratamento do câncer, de tumores não-malignos e de problemas da pele e dos pulmões. Foi comprovado que luz azul é mais eficiente que a luz branca no tratamento da icterícia neonatal, tendo sido usada com sucesso na redução das dores causadas pela artrite reumatóide (McDonald, 1982). Em 1990, por ocasião da conferência anual da Sociedade Norte-Americana para o Progresso da Ciência, pesquisadores também anunciaram o uso bem-sucedido da luz azul no tratamento de uma ampla gama de condições psicológicas, incluindo vícios, distúrbios alimentares, impotência e depressão.

De fato, vários estudos confirmam a sabedoria antiga quanto aos efeitos da cor sobre as emoções e as funções psicológicas. A compreensão desses efeitos foi conseguida por pesquisas relativamente recentes com os hormônios melatonina e serotonina, ambos produzidos pela glândula pineal. O primeiro é conhecido como o caminho químico de importância crucial pelo qual os animais reagem à luz, sincronizando o funcionamento do corpo com as variações diurnas, lunares e de estação do ano; por outro lado, a serotonina é um neurotransmissor muito importante no cérebro, cuja ação já foi associada a perturbações mentais, principalmente a esquizofrenia e os estados alucinógenos.

A serotonina é produzida durante o dia e tem um efeito estimulador, ao passo

* Em inglês, *Photodinamic Therapy* (N.T.).

que a produção da melotonina aumenta quando está escuro, tendo um efeito geralmente depressivo, que se inverte quando clareia e sua produção diminui. Ela está associada ao sono e, possivelmente, também aos sonhos. Como indica Roney-Dougal (1989), seu principal local de ação parece ser o hipotálamo, que é a parte do cérebro envolvida na mediação dos vários hormônios e na regulação das emoções. No entanto, as flutuações na produção de melatonina em reação à luz influenciam todas as células do corpo, principalmente nos processos de reprodução que se mostram particularmente sensíveis a essas variações. Foram medidos níveis muito elevados de melatonina em mulheres com problemas de ovulação e com anorexia nervosa — casos em que uma das principais características é a amenorréia ou ausência de menstruação, em homens com baixa contagem de espermatozóides e em pessoas que sofrem de SAD, que geralmente ocorre durante os meses de inverno. De fato, a depressão, de uma maneira geral, parece estar intimamente ligada aos níveis de melatonina e apresenta rápida melhora diante da luz solar natural ou da terapia luminosa usando lâmpadas de espectro completo.

CROMOTERAPIA

Essas descobertas fornecem apoio às teorias de Rudolph Steiner, que defendia o uso da cor no tratamento de várias doenças, e do Dr. Max Luscher, um ex-professor de psicologia na Universidade de Basiléia, que afirmava que as preferências por determinadas cores são indicadoras tanto de desequilíbrios glandulares quanto de estados de espírito e podem ser usadas como base para diagnósticos físicos e psicológicos. Sua teoria, que forma a base do Teste Luscher de Cores, é que o significado da cor para os seres humanos se originou nos primeiros tempos de sua existência, quando o comportamento era governado pela noite e pelo dia. Ele afirmava que a luz azul-escura e amarela desses períodos é associada com diferenças no ritmo do metabolismo e das secreções glandulares necessárias para o sono e o repouso noturnos e para a caça e a alimentação diurnas; ele também achava que outras reações automáticas estão associadas a cores diferentes. Sua teoria é bastante coerente com o sistema dos chakras e com os princípios da medicina energética dele derivados. De fato, como observa Liberman, o profundo efeito exercido pelas cores sobre a vida provavelmente foi reconhecido pelos primeiros seres humanos cuja existência era determinada pelo dia e pela noite, pela claridade e pela escuridão. Todas as coisas vivas são vitalizadas pelas brilhantes tonalidades vermelhas, laranjas e amarelas da luz diurna e acalmadas e rejuvenescidas pelos azuis, índigos e violetas da noite, e essa observação provavelmente serviu de base para o uso da cor no tratamento de problemas físicos e psicológicos.

CROMOCONSCIÊNCIA

A consciência dos efeitos sutis das cores e suas utilizações na autocura e na promoção do desenvolvimento pessoal é chamada de cromoconsciência. Sua meta, segundo Bek e Holden (1989), é a de criar um arco-íris de cores, cada uma delas tão forte, clara, etérea e radiante quanto as demais. "Essa afinação do arco-íris ou do espectro vitaliza os chakras e os impele para um nível saudável" (White, 1989, p. 14). Durante a cura, as cores dos chakras se alteram na medida em que eles se tornam mais equilibrados no funcionamento, e essas mudanças se refletem na criação de imagens.

A cromoterapia tem como base a compreensão desses princípios. Os cromoterapeutas podem trabalhar com a aura, sentindo o desequilíbrio de forma intuitiva ou clarividente, ou ainda passando as mãos sobre o corpo e observando as mudanças de vibração associadas às várias partes do corpo. A luz colorida pode então ser projetada para o chakra em questão através de várias lâmpadas ou filtros, ou o terapeuta pode conscientemente direcionar determinadas vibrações de cor para o chakra através da visualização da cor. A falta de equilíbrio nos chakras também pode ser detectada através da criação de imagens pela pessoa e, por esse motivo, as cores associadas aos exercícios de criação de imagem sempre devem ser anotadas, principalmente as que aparecem com bastante freqüência, podendo ser sinais de alguma disfunção num chakra específico. Portanto, a compreensão do significado da cor na criação de imagens pode ser usada para identificar e resolver problemas de desequilíbrio nos chakras, sendo por isso um meio importante para a cura de si mesmo.

Uma abordagem da cura de si mesmo pelas cores é a respiração da cor, durante a qual uma pessoa imagina estar inalando ar de determinada cor e direcionando-o para um chakra particular. Essa é uma prática amplamente adotada em muitas tradições, tanto antigas quanto modernas. Outra abordagem é a criação de imagem em cores. O pesquisador e cromoterapeuta Theo Gimbel, discípulo de Rudolph Steiner, defende essa abordagem, afirmando que o poder das imagens é ampliado pela criação de imagens em cores, ou seja, "quando a imagem apóia a cor e a cor apóia as imagens" (citação em Branson, 1988, p. 10). No entanto, as tradições budistas enfatizam a importância da identificação com os chakras mediante a concentração da atenção neles e a sensação subseqüente, em vez de pensar neles. Barbara Brennan também faz essa distinção, observando que a cura pelas cores não é questão de pensar numa cor, mas de senti-la e, portanto, de direcionar as sensações e não o pensamento da cor para o chakra. Isso se deve ao fato de que, em termos energéticos, o pensamento é uma vibração de cor amarela, de maneira que, independentemente da cor que você imagine, estará sempre criando o amarelo. Portanto, "para produzir o azul, você precisa de preferência 'ser' azul, o que quer que isso possa significar para você. Por outras palavras, você precisa sentir em si mesmo o que é estar num estado de azul" (1988, p. 237). Isso envolve a consciência de como você se sente quando usa roupas azuis ou quando está sentado sob uma luz azul e de tudo o que o azul significa para você, qual a aparência, a sensação, o som do azul. Para desenvolver a cromoconsciência, é preciso que você explore sua relação com cada cor desta maneira. O exercício apresentado em seguida tem como finalidade facilitar a cromoconsciência e a permitir que os indivíduos encontrem e expressem suas "verdadeiras cores".

EXERCÍCIO DEZ

Há variações deste exercício, e recomendamos que você as tente na seguinte ordem:

10a Sentado ou deitado confortavelmente, os olhos fechados, concentre a atenção no osso púbico. Espere certo tempo para se conscientizar das sensações nessa área. Enquanto estiver fazendo isso, forme a imagem de um chapéu. Não tente forçar nem impedir a imagem; simplesmente deixe que ela venha à tona. Observe as cores do chapéu e as reações que tiver com relação a ele. Em seguida, imagine que está colocando esse chapéu na cabeça, atentando para as suas reações enquanto faz isso e enquanto o usa. Observe como é o seu comportamento, o que você sente e pensa enquanto usa o chapéu. Tendo feito isso, repita o procedimento com relação a cada uma das seguintes regiões do corpo: abaixo do umbigo, acima do umbigo, centro do peito, centro da garganta, centro da testa, topo da cabeça.

10b Concentre a atenção no osso púbico e nas sensações dessa área. Enquanto fizer isso, forme a imagem de um chapéu vermelho com toda a intensidade que puder e observe as reações que você tem. Coloque-o na cabeça e use-o. Observe para onde vai e o que você faz enquanto o está usando e note também seus sentimentos e pensamentos durante o processo.

Tendo feito isso, concentre a atenção na região situada cerca de cinco centímetros abaixo do umbigo, atento às sensações no local e, enquanto faz isso, forme a imagem de um chapéu laranja, observando todas as suas reações, tal como já foi recomendado antes.

Depois, seguindo o mesmo procedimento, imagine um chapéu amarelo se formando em associação com uma área situada cerca de cinco centímetros acima do umbigo; um chapéu verde em associação com o centro do peito; um chapéu azul-celeste em associação com o centro da garganta; um chapéu azul-escuro em associação com o centro das sobrancelhas e, finalmente, um chapéu violeta em associação com o topo da cabeça. Imagine que usa cada chapéu, sempre observando seu comportamento, seus sentimentos e pensamentos enquanto faz isso.

10c Imagine sete chapéus, cada um com uma cor do espectro do arco-íris (vermelho, laranja, amarelo, verde, azul-celeste, azul-escuro e violeta). Observe suas características específicas e descubra qual é o que mais o atrai. Em ordem de preferência, experimente cada um deles, observando suas reações enquanto faz isso. Depois, imagine que está usando o chapéu em algum lugar, observando seu comportamento e todos os sentimentos e pensamentos.

Depois de cada um dos exercícios, anote cuidadosamente todas as suas experiências.

Comentário

Os pontos centrais de cada um dos exercícios acima descritos são ligeiramente diferentes. O primeiro ressalta a maneira como os chakras estão funcionando no momento e, portanto, que energias estão sendo expressas em cada centro. O segundo destaca as características que poderiam ser expressas caso as energias em cada uma das áreas fossem usadas de forma mais apropriada e eficiente. O terceiro, finalmente, identifica as energias com um fluxo maior em determinado momento e as que estão bloqueadas ou que apresentam menos atividade. Essas últimas podem ser estimuladas pelo segundo exercício.

Na maior parte das vezes, a cor, o estilo e a função dos chapéus imaginados no primeiro exercício (10a) correspondem aos dados tradicionalmente associados aos chakras. O chakra de base, tipicamente, costuma ser associado a chapéus vermelhos, descritos como esportivos, atraentes, espertos ou sofisticados. É bastante freqüente pessoas se imaginarem usando chapéus vermelhos quando se dedicam a atividades físicas, principalmente quando participam de eventos esportivos ou assistem a eles, sentindo-se sempre fortes, exuberantes e animados ao fazer isso. Invariavelmente, as atividades de "chapéu vermelho" são sociais e estão associadas ao *status*. As mulheres, com bastante freqüência, se imaginam usando chapéus vermelhos — por vezes descritos como os usados no seriado de televisão *Dinastia* — quando participam de funções sociais ou casamentos sofisticados, de chás com a família real britânica, quando assistem a importantes corridas de cavalos, quando freqüentam coquetéis e outros eventos sociais de "alta classe". Os chapéus vermelhos, portanto, parecem associados a uma consciência de *status*, o que também é indicado no seu uso tradicional com trajes cerimoniais. De maneira mais genérica, isso tende a refletir o que Myss chama de "características tribais" das energias do chakra de base, pelas quais a pessoa se relaciona com as próprias origens raciais, étnicas, nacionais, culturais, sociais e familiares, ou seja, suas "raízes". A segurança nesses relacionamentos também pode ser indicada, como no caso de uma mulher que descreveu que estava de mãos dadas com amigos numa fila enorme enquanto andava de patins com um chapéu vermelho na cabeça. No entanto, certa frieza nessa cálida energia associada aos chapéus vermelhos transparece no caso daqueles que descrevem práticas de patinação no gelo, esquiar, andar de trenó ou batalhas com bolas de neve. De fato, algumas pessoas chegam a descrever certo desejo de se afastar dessa energia vermelha notadamente física, que sentem como opressiva e claustrofóbica.

Os chapéus laranja, de maneira geral, estão associados a atividades que exigem muita energia, como atletismo, brincadeiras, divertimento, risos e infância, características normalmente refletidas em relação a jogos e festas infantis, circos, palhaços, atividades esportivas e danças. Um homem se imaginou como um garoto de boné laranja pulando com um pedaço de madeira com uma mola adaptada na parte inferior, ao passo que outro se viu dançando freneticamente. O aspecto de "divertimento" ou prazer da energia do segundo chakra se reflete também na criação de imagens de uma mulher com uma laranja (fruta) presa à cabeça por um elástico, ou de um homem que se descreveu com um grande chapéu sem forma que lhe deu vontade de rir muito, sem nenhum motivo especial, até que o tal objeto lhe caísse da cabeça.

Os chapéus amarelos tendem a ser grandes e caros, com abas largas — sombreiros mexicanos, chapéus no estilo napoleônico e de camponeses chineses. O elemento intelectual desse chakra se reflete na quantidade significativa de homens e mulheres que se imaginaram usando barrete, ao passo que as questões de poder, de controle e de direção talvez sejam indicadas pelos vários "chapéus de pilotos", principalmente no caso de um homem que descreveu o seu como sendo "uma espécie de volante", e em vários chapéus usados enquanto se controla o trânsito. Nesse contexto, o chapéu minúsculo descrito por uma mulher não parece indicar coisas muito positivas.

Os chapéus verdes tendem a refletir a vida ao ar livre. Chapéus no estilo Robin Hood são muito comuns, o mesmo ocorrendo com chapéus impermeáveis, bonés de montaria, chapéus típicos de pescadores e barqueiros. Bem menos comum é o chapéu de folhas "sobrepostas como as escamas de um peixe", descrito por uma mulher. As ocasiões em que os chapéus verdes são usados também tendem a refletir atividades em geral e caça no campo. Modelos mais sofisticados podem ser usados na participação numa feira ou numa quermesse, ou ainda numa festa de jardim ou numa tarde nas corridas de cavalos. Por vezes aparecem boinas militares, o que talvez possa indicar que a energia no centro do coração está um pouco controlada ou "regimentada".

Os chapéus de tonalidade azul-claro ou celeste transmitem aos seus usuários uma sensação de "frieza" ou de "controle". Muitas vezes, isso se associa à água fria; chapéus desse tipo podem ser usados em passeios de barco. Também é freqüente a associação com a neve e o gelo, sendo que os bonés de esquiadores aparecem muito neste contexto. Um homem que se imaginou com a cabeça balançando muito, com movimentos repentinos, como se estivesse soluçando, associou isso ao movimento imprevisível da roda do chakra da garganta no exercício anterior. Esse mesmo homem também se imaginou pulando com um pedaço de pau a que fora adaptada uma mola quando visualizou a área do segundo chakra, sugerindo uma correspondência entre o seu modo pessoal de expressão e seus sentimentos e paixões mais profundos. O estilo normal de expressão desse chakra muitas vezes se reflete no estilo do chapéu a ele associado. Com bastante freqüência, são descritos chapéus de abas largas contra o sol do deserto, junto com turbantes com a mesma finalidade. Um homem interpretou seu turbante como indicação da tendência de sempre se manter "oculto por baixo de algo enrolado", ao passo que uma mulher preferiu interpretar seu turbante como uma possibilidade de impor suas qualidades mais masculinas.

Não resta a menor dúvida de que o uso de um chapéu azul pode ser uma experiência de libertação para as pessoas que normalmente não expressam as energias do centro da garganta, como no exemplo dado pela jovem que se imaginou desaparecendo debaixo de um enorme chapéu turquesa e se tornando invisível. Muitos se sentem atraídos por chapéus azuis, como a mulher que relatou uma atração irresistível por um deles, depois de ter usado praticamente apenas chapéus de cor preta e creme durante quase três décadas, e também como o jovem que se imaginou capaz de dançar com total descontração numa discoteca usando um chapéu azul. De maneira semelhante, um homem tímido, inibido e com dificuldades para falar imaginou-se com um comportamento cavalheiresco, usando um grande tricórnio no estilo Cavalier.

Quando usam chapéus azuis, muitos homens se expressam de maneiras que eles mesmos fazem questão de descrever como "tolas", o que sem dúvida é um reflexo dos efeitos inibidores da pressão social sobre eles para ser sempre sérios e sensatos, em vez de adotar atitudes frívolas. É interessante notar que a palavra tolo [em inglês; *silly*] vem de um antigo termo inglês que significa "feliz". Isso pode ser um indício de que o papel masculino impede convencionalmente as expressões de felicidade — e de muito mais. Um homem que se imaginou usando uma boina azul de enfermeiro e com um estetoscópio pendurado no pescoço disse que "ajudava pessoas e fazia outras coisas tolas como essa". No entanto, os chapéus azuis podem liberar outros comportamentos masculinos socialmente controlados, como é exemplificado pelo caso de um homem que se viu esbravejando com palavras rudes e preconceituosas contra mulheres da janela do ônibus que estava dirigindo. As mulheres de chapéus azuis também podem se libertar de estereótipos sociais de comportamento feminino. Uma mulher, por exemplo, que se imaginou com um barrete azul semelhante ao usado nas cerimônias norte-americanas de colação de grau, reconheceu isso como uma indicação de que normalmente não consegue expressar a totalidade de suas energias intelectuais. Outra mulher constatou que, usando um chapéu azul, conseguia se impor mais, e uma jovem, que se descreveu como uma pessoa geralmente séria, ansiosa e bastante calma, imaginou que estava usando um chapéu azul num divertido chá organizado pelo chapeleiro maluco (personagem de *Alice no País das Maravilhas*), durante o qual se divertiu muito, jogando pedaços de bolo nos outros participantes.

Muitos registram dificuldades para se imaginar usando chapéus de cor azul-escura, o que talvez seja bastante estranho se considerarmos que muitos grupos profissionais normalmente incluem esses chapéus nos seus uniformes — policiais, motoristas, pilotos, marinheiros, atendentes em estacionamentos, bombeiros e enfermeiras sendo apenas os exemplos mais óbvios. Estes grupos compartilham de uma mesma ética no sentido de servir os outros, o que é intrigante, inclusive porque em muitas tradições o despertar do chakra das sobrancelhas ou do "terceiro olho" está associado com serviços prestados a Deus e/ou aos outros seres humanos. No entanto, esses chapéus bastante comuns parecem não ter uma grande freqüência nesse exercício. Pelo contrário, os chapéus descritos tendem a ser muito idiossincráticos. De que outra maneira seria possível descrever um chapéu na forma de um pagode chinês que se vai tornando cada vez mais elaborado à proporção que aumenta de tamanho? Uma mulher disse que estava usando um chapéu de sultão, partindo num tapete voador para "ver o que acontecia em outros lugares". Uma amplitude de visão semelhante é indicada na criação de imagens de um homem que se viu usando um turbante com uma enorme jóia no centro, que lhe permitia ver todos os acontecimentos distantes e futuros.

Os chapéus de coloração violeta tendem a ser altos e costumam, ser triangulares ou cônicos. Foram descritos vários exemplos como mitras de bispos, chapéus de magos e de feiticeiras, coberturas de cabeça como as usadas por faraós e rainhas do antigo Egito, como Cleópatra e Nefertite, chapéus medievais femininos e mantilhas usadas sobre grandes pentes presos aos cabelos no estilo espanhol. Por meio do uso de chapéus desse tipo, as pessoas se sentem mais altas e "acima das coisas", como no caso da mulher que se descreveu como "a Dama de Shallot", usando uma comprida cobertura cônica violeta envolta em longos véus cor de malva, instalada no alto de uma torre, de onde observava um torneio de cavalheiros. A sensação de poder, de transcendência e de consciência superior também são relatadas, bem como qualidades espirituais, o que pode se refletir em mitras episcopais, mantilhas e outras formas de coberturas de cabeça associadas a temas clericais ou religiosos. Algumas pessoas descreveram sensações de êxtase, principalmente um homem que se imaginou como piloto de um avião para um única pessoa, e uma mulher que se imaginou flutuando e usando um chapéu com uma enorme aba ondulante.

Em muitos casos, o estilo do chapéu parece refletir o tipo do chakra associado. Por vezes, todos os chapéus são de um único tipo: cartolas ou chapéus-coco, ambos indicando formalidade e rigidez; bonés de estudantes, que são mais moles mas que, mesmo assim, implicam controle e uniformidade; modelos "trilby", mais casuais mas ainda preparados com antecedência; até mesmo bonés esportivos de beisebol ou de esqui, que são muito casuais mas que geralmente estão associados a uma certa disciplina. Também podem ser chapéus mais infantis e divertidos, chapéus funcionais para serem usados no dia-a-dia e modelos flexíveis e sem formato definido.

Aparentemente, o tamanho do chapéu reflete a eficiência do chakra. Os modelos de abas largas tendem a uma maior exibição e a uma maior expressividade do que os de tamanho menor. Com bastante freqüência são descritos chapéus com formato de "caixa", o que indica que as energias associadas estejam mais contidas do que expressas. A freqüente referência a minúsculos chapéus do tamanho de "uma caixinha para pílulas" também levanta questões quanto ao funcionamento saudável dos chakras correlatos. Uma tentativa de associação parece ser indicada neste caso, mas nada chega a ser muito conclusivo. Os chapéus que fazem parte de uniformes também indicam uma expressão mais controlada e rígida. Um homem, cujos chapéus eram todos partes de diferentes uniformes, admitiu "interpretar" uma série de papéis e só ser capaz de se expressar livremente quando sob a ação de bebidas alcoólicas. Aliás, essa foi uma característica marcante de sua criação de imagens, ao descrever que ficou "embriagado" tomando limonada ao brincar de interpretar numa festa de crianças.

Em alguns casos, as cores tradicionalmente associadas aos chakras são deslocadas, indicando que energias que não estão sendo apropriadamente utilizadas num centro estão sendo, necessariamente, expressas em outros pontos. Um homem que descreveu um boné de listras amarelas e verdes em associação com o chakra da base se sentiu muito pouco confortável usando-o entre outras pessoas num bar. Ao repetir o exercício algum tempo depois, constatou que o boné de listras tinha sido substituído por um chapéu azul-escuro de *cowboy*. Ele o usou ao entrar num bar, onde, entre muitos outros homens usando chapéus escuros parecidos, encontrou uma figura "exótica", descontraída e bem-humorada, que o aconselhou a "permanecer vivo, a se tornar mais real". Outro homem imaginou um chapéu-coco vermelho em associação com o chakra do coração, e um outro modelo, de coloração verde, no chakra da base.

Um jovem, que associou o chakra do plexo solar a um chapéu azul, sentiu que estava flutuando e teve muito medo de que "eles" pudessem deixá-lo cair, o que certamente provocaria sua morte. Depois, ele compreendeu que "eles" eram seus pais, que nem sempre estavam "presentes" para atender às suas necessidades, o que explicava seus sentimentos de insegurança e de medo expressos nesse centro; ele também entendeu que precisava ficar independente deles para poder assumir o controle sobre sua própria vida. Uma mulher, que imaginou ter cabelos ruivos flamejantes no centro do coração, reconheceu a raiva "intensa e quente" que sentia em relação a pessoas importantes de sua vida.

Em alguns casos, os chapéus imaginados não têm as cores habituais do arco-íris, mas são negros, castanhos, cinzentos ou brancos. Quando o branco aparece, ele geralmente indica um funcionamento saudável do chakra e atividades positivas, que podem se refletir nas imagens que o acompanham, tais como dançar com uma cartola branca, feito Fred Astaire. Por outro lado, o negro indica negativismo e energias não expressas. Ao se concentrar no chakra da garganta, um homem imaginou que estava usando um chapéu escuro de feltro num funeral, durante o qual era incapaz de chorar, apesar de querer fazer isso. Ele acabou compreendendo que não expressou sua dor profunda por ocasião da morte de um parente próximo muitos anos antes, e que continuava carregando esse fardo consigo. Do mesmo modo, uma mulher que associou esse centro a uma imagem "fantasmagórica" de si mesma numa congregação religiosa, usando um longo traje negro, percebeu que vivia no passado, chorando ainda pela perda de um relacionamento íntimo que nunca conseguira superar ou esquecer. Uma mulher que, ao se concentrar no chakra da base, formou uma imagem de si mesma usando um chapéu-coco preto e trajes semelhantes aos de Charlie Chaplin numa "festa maluca", admitiu depois certa tendência para banalizar e negar os sentimentos associados a esse chakra. Os chapéus com abas ou detalhes em negro também podem indicar a presença de problemas e podem ter uma correspondência com a criação de imagens da borboleta (ver Capítulo Um e apêndices). Uma mulher disse que o fez vermelho com pingente negro associado ao chakra da base a impedia "de ir a qualquer lugar". Outra mulher disse que se sentia bem usando o chapéu escuro que associou ao chakra da base no exercício 10a, mas muito pouco confortável e insegura quanto à própria sexualidade quando usou o chapéu vermelho que imaginou no exercício 10b.

Os chapéus castanhos indicam energias bloqueadas ou estagnadas, o que fica muito claro na criação de imagens de um homem que, em relação ao chakra do plexo solar, imaginou que estava observando um grupo de pessoas discutindo em torno de um esgoto a céu aberto. Mais tarde, ele relatou, textualmente, que "sempre acho a vida uma m..., mas nunca faço nada para alterar essa situação". Graças a essa visualização, ele compreendeu que, sendo "aberto" e falando constantemente sobre seu "passado de m...", ele na verdade estava preservando-o em vez de encerrar definitivamente a questão. Algum tempo mais tarde, ao se concentrar no segundo chakra, ele se imaginou de pé, usando um chapéu castanho, olhando para campos recentemente estercados, o que sugere que a "m..." do seu passado estaria sendo espalhada por todos os recantos de sua vida emocional. Os chapéus cinzentos indicam que o chakra em questão não está funcionando com toda a eficiência que seria necessária. Uma mulher que descreveu um chapéu cinzento com relação ao segundo chakra relatou ter problemas de retenção de fluidos, ao passo que um homem, depois de associar este chakra com uma imagem dele mesmo parado em meio à chuva usando um chapéu cinza, relatou ter dificuldades opostas.

Em alguns casos, pode acontecer a uma pessoa visualizar apenas um único chapéu ou descrever todos eles como tendo a mesma coloração. Quando o amarelo é predominante, como no caso de uma mulher que imaginou apenas um enorme sombreiro, isso pode ser indício de excentricidade. Alguns imaginam que experimentam os chapéus, mas não os usam em ocasião alguma, muitas vezes por não ter a confiança necessária. Isso pode sugerir pessoas conscientes de seus potenciais e dispostas a explorá-los, mas que relutam em revelá-los aos outros. Muitas mulheres manifestaram preocupação quanto aos trajes a serem usados com cada chapéu, indicando ansiedade quanto aos papéis e imagens que julgavam ter de transmitir.

Alguns se recusam a usar chapéus que, na sua opinião, não lhes ficam bem ou que comprometem a idéia que eles têm de si mesmos. Várias pessoas não querem usar chapéu, principalmente o tipo móvel, por achar que ficarão com uma aparência ridícula. Esse excesso de preocupação com a aparência é claramente repressivo, impedindo o desenvolvimento e a expressão até mesmo no nível da fantasia. Outros se recusam a usar qualquer tipo de chapéu. Uma mulher fez isso apesar de se sentir atraída por um modelo azul porque continuava se rebelando contra a autoridade da escola apesar de já se terem passado quase trinta anos. Isso mostra que ela está presa a atitudes infantis e ultrapassadas, que continuam afetando de maneira adversa sua auto-expressão no presente. Outra jovem, que admitiu que achava o exercício difícil porque jamais usara um chapéu, também serve para indicar a maneira como pessoas resistem a novas experiências, até mesmo no nível da fantasia. Do mesmo modo, uma mulher que relatou dificuldades iniciais com o exercício porque "jamais sonharia sequer em usar um chapéu", indicando assim uma autoconcepção bastante rígida, relutância quanto a mudanças e uma tendência para controlar a fantasia, resolveu o problema "permitindo" que seus longos cabelos se transformassem em vários penteados diferentes.

Quase todos ficam intrigados com as diferentes reações que apresentam com relação aos exercícios e às informações que obtêm a partir deles. A utilidade desses exercícios em incentivar a consciência de si mesmo talvez encontre seu melhor exemplo no caso de um homem que alegou que cada chapéu lhe proporcionou uma perspectiva totalmente nova da realidade; dessa forma, ele obteve novas maneiras de ver e de pensar sobre si mesmo e sobre seu mundo. Nesse sentido, pode-se considerar que os exercícios têm uma função análoga à daqueles descritos pelo psicólogo Edward de Bono no seu livro *Six Thinking Hats* (1990), cuja finalidade, segundo o autor, é a de permitir que as pessoas *mudem* sua maneira de pensar e também a forma de agir, tornando-a mais eficiente. De fato, a semelhança entre os exercícios apresentados aqui e os propostos por de Bono é fruto de mera coincidência. No desenvolvimento dos meus exercícios, tomei por base a experiência de uma mulher que ficou imaginando chapéus ao concentrar sua atenção nas áreas dos chakras mencionadas num exercício anterior. As valiosas constatações que ela conseguiu através desta visualização me incentivaram a desenvolver o tema de maneira mais sistemática e a "testá-lo" em outras pessoas. As diferentes variações sobre o mesmo tema são resultado dessas experiências. No entanto, a mulher cujas visualizações espontâneas deram início aos exercícios ficou muito surpresa ao encontrar o livro de Edward de Bono numa biblioteca cerca de uma semana depois, e mais espantada ainda quando o leu e descobriu a semelhança entre a sua criação de imagens e a recomendada no texto.

De Bono propõe a criação de imagens recorrendo-se a seis tipos de chapéu para formas diferentes de pensamento:

- *um chapéu branco,* para o raciocínio neutro, objetivo, baseado nos fatos;
- *um chapéu vermelho*, para tipos de raciocínio que permitam o exame dos sentimentos, emoções, palpites e intuições da própria pessoa e de outros;
- *um chapéu negro*, para pensamentos especificamente associados a uma avaliação negativa — indicando o que está errado, incorreto ou equivocado, identificando riscos, perigos e desvantagens;
- *um chapéu amarelo,* para pensamentos positivos, construtivos e otimistas, que investiguem e explorem e que encontrem apoio lógico para valores e benefícios, produzindo propostas e sugestões concretas e "fazendo as coisas acontecerem";
- *um chapéu verde*, para o pensamento criativo, adaptável e maleável, capaz de gerar novos conceitos e maneiras de perceber as coisas; e
- *um chapéu azul,* para o pensamento controlado, organizado e disciplinado do tipo usado para resumos, visões panorâmicas e conclusões.

Considerando-se tudo isso, pode-se concluir que a mensagem fundamental dos exercícios recomendados por de Bono e dos demais exercícios apresentados neste capítulo resume-se numa frase bastante conhecida: "Se a carapuça lhe serve, use-a."

CAPÍTULO ONZE

Soluções Saudáveis

Como ocorre com qualquer trabalho de imaginação, descobri diariamente novos significados nessa estranha tapeçaria.

Brian Keenan, *An Evil Cradling*

O psicolingüista Gregory Bateson descreveu suas investigações científicas como a busca pelo "padrão que interliga". O padrão que interliga os vários componentes examinados nos capítulos anteriores deste livro, formando uma pessoa ou um todo unificado, foi apresentado como um quebra-cabeça e chamado de quebra-cabeça de cura porque a formação de padrões completos e amplos é a condição para a plenitude ou saúde. O progresso em direção à saúde ou à plenitude constitui o crescimento. É só interligando as peças do quebra-cabeça que ele cresce e se torna completo. Qualquer padrão incompleto representa um problema não resolvido que, se não o for, criará estagnação e regressão em vez de crescimento, como você deve saber, se já passou pela experiência de deixar de lado um quebra-cabeça antes de terminá-lo. Ele continua representando um problema, não uma solução.

Fritz Perls (1973) considerava a neurose um dos vários sintomas de estagnação no processo de crescimento. Os outros incluem a necessidade de lidar com o mundo de um modo geral, os desvios do caráter, a redução do potencial humano, a falta de responsabilidade (capacidade de resposta) e, "mais importante que tudo, as lacunas numa personalidade" (p. 9). Ele afirmava que a personalidade neurótica é caracterizada por uma grande quantidade de lacunas ou problemas não-resolvidos, que a pessoa é incapaz de administrar ou dos quais não tem consciência. No entanto, apesar de essas lacunas serem a principal característica da personalidade neurótica, Perls achava que ninguém é pleno ou completo.

> Acredito que todos têm lacunas. Onde deveria haver alguma coisa, não há nada. Muitos não têm alma. Outros não têm os órgãos genitais. Alguns não têm coração; a totalidade da energia é direcionada para o cálculo, para o pensamento. Outros ainda não têm pernas sobre as quais possam se apoiar. Muitas pessoas não têm olhos. Elas projetam os olhos, que se tornam uma extensão do mundo exterior; e sempre vivem como se estivessem sendo olhadas e examinadas. A

pessoa sente que os olhos do mundo estão pousados nela; ela se transforma numa pessoa-espelho que sempre quer saber como ela parece aos outros. Ela desiste dos próprios olhos e quer que o mundo enxergue por ela... Quase ninguém tem orelhas. As pessoas esperam que as orelhas estejam lá fora; falam e esperam que alguém ouça. Mas quem ouve?... A parte mais importante que falta é um centro. Sem um centro, tudo vai para a periferia, e não existe um lugar a partir do qual se possa trabalhar, a partir do qual se possa lidar com o mundo. Sem um centro, você não está alerta.

1976, pp. 39-40

Segundo Perls, essas lacunas surgem por causa da exigência de que o indivíduo seja aquilo que não é; portanto, para realizar um ideal e não o próprio eu. E quando isso acontece, diz Perls, a pessoa apresentou desequilíbrio energético. Alguns dos seus potenciais são alienados, reprimidos ou projetados. "Outras características são adotadas como comportamentos falsos, exigindo esforços sem iniciativa, exaustão sem satisfação" (1973, p. 10); ao fim e ao cabo, essa divisão entre a existência biológica e a social leva a mais e mais conflitos e a um aumento na quantidade de "buracos". Pode até levar a um vazio completo. E assim, "lá onde algumas pessoas têm um eu, quase todas têm um vazio, porque estão ocupadas projetando-se como se fossem isso ou aquilo. Temos novamente um exemplo da maldição do ideal. A maldição de que você não deve ser aquilo que realmente é" (Perls, 1976, p. 20).

Para completar o padrão e tornar-se pleno e completo, é preciso que as lacunas na personalidade sejam preenchidas. Perls (1977) insiste em dizer que nem a importância nem a dificuldade dessa tarefa devem ser subestimadas. Podem existir centenas de "buracos" para serem tapados, e como na verdade eles são "pontos cegos", o indivíduo não tem sequer consciência do que lhe está faltando; ele não sabe onde os buracos estão localizados e as maneiras pelas quais eles normalmente são evitados, se bem que, quando está nas proximidades dessas lacunas o indivíduo tende a se tornar confuso ou nervoso. No entanto, como observa Perls, deficiências são sempre visíveis, podendo até chegar a ser óbvias para os demais. Normalmente, elas são projetadas para o mundo exterior, mas na psicoterapia elas são projetadas no terapeuta que, em princípio pelo menos, apresenta para a pessoa uma oportunidade de descobrir as partes que faltam nela e que ela alienou e entregou ao mundo, frustrando-a cada vez mais até que ela se encontre frente a frente com as próprias características que está evitando. Dessa maneira, a pessoa é obrigada a novamente tomar posse das partes deixadas de lado de sua personalidade, das suas possibilidades e potenciais. Portanto, a terapia cria uma oportunidade e uma situação na qual o crescimento é possível. Mesmo assim, Perls faz questão de enfatizar que aquilo que uma pessoa espera do terapeuta, ela mesma pode obter de maneira igualmente positiva:

> Tudo o que uma pessoa abandona pode ser recuperado, e a maneira da recuperação é a compreensão, a brincadeira, a fusão com essas partes abandonadas... Mas a pessoa precisa descobrir isso enxergando por si mesma, ouvindo por si mesma, descobrindo por si mesma, se esforçando por si mesma, tornan-

do-se ambidestra em vez de fechada, e assim por diante. O mais importante é ouvir. Ouvir, compreender, manter-se aberto — é tudo exatamente a mesma coisa.

1976, pp. 40-41

Os exercícios apresentados nos capítulos anteriores facilitam um processo gradativo através do qual você pode descobrir e completar o seu padrão, que é único e ímpar. Isso tudo pode ser considerado como uma espécie de psicoterapia do tipo "faça você mesmo" ou de autocura, porque, como observa Myss (1991, p. 83), "A plenificação é a oportunidade para compreender e completar — literalmente e no sentido figurado — as feridas abertas da sua vida". O processo é análogo à finalização de um quebra-cabeça.

O QUEBRA-CABEÇA DA CURA: AUTOCURA ATRAVÉS DA CONSCIÊNCIA DE SI MESMO

Enquanto o desenho apresentado na tampa da caixa de um quebra-cabeça geralmente é uma versão confiável da versão final, sendo, portanto, um guia bastante útil para se chegar à solução, no caso do ser humano isso não acontece. Em vez disso, são outras pessoas que fornecem "uma espécie de *kit* de identidade, pelo qual podemos montar uma imagem de *nós mesmos*" (Laing, 1972, p. 87). Essa é a base para o conceito que temos de nós mesmos, para nossa auto-imagem ou identidade, "a história que nos contamos sobre o eu que somos" (Laing, 1972, p. 93). No entanto, a imagem projetada pelos outros pode ser um péssimo guia para a identidade pessoal, tendo pouca ou nenhuma relação com o indivíduo. Além disso, é possível que existam tantos *kits* de identidade quantas são as pessoas que os cercam. No entanto, esses *kits* muitas vezes são incoerentes entre si ou mutuamente exclusivos, contraditórios ou paradoxais. Como conseqüência dessa situação, o uso de definições fornecidas pelos outros pode causar grandes equívocos e confusões, como foi observado por R. D. Laing (1977, pp. 26-27):

> Pois, pelo que me é dado lembrar, nunca acreditei que *sou* o que os outros diziam que eu era. Pelo menos, isso ficou claro como um cristal para mim. Ou seja, o que ou quem eu possa ser não deve ser confundido com os nomes que as pessoas me dão nem com as maneiras como elas me *descrevem*. Eu não sou o meu nome.
>
> Quem ou o que sou, segundo a concepção deles, não é necessariamente *eu*, segundo a minha concepção.
>
> Eu talvez seja *o que* elas estão descrevendo, mas não a descrição que elas fazem de mim. Eu sou o território, e o que elas dizem que eu sou é o mapa que elas têm de mim.
>
> E o nome que dou a mim mesmo talvez seja o mapa que entendo de mim. O que (ou onde) é o território?

O desafio apresentado pelo quebra-cabeça da cura é justamente o de encontrar *pessoalmente* a resposta para essa pergunta, pois, como declarou Laing (1972, p. 95), "a identidade do eu pode ser definida pela própria pessoa". Esta autodefinição não é uma questão de declarar em palavras ou descrever em conceitos racionais, mas de determinar através da experiência. É o autoconhecimento ou autoconscientização que nasce da exploração do território real e não do estudo de um mapa ou de uma imagem. Perls (1976, p. 17) tem poucas dúvidas de que "a conscientização pode ser curativa em si e por si mesma", principalmente porque abre uma pessoa para a intuição, ou seja, para a sabedoria do organismo que, quando não é atrapalhado por interferências externas, atua de maneira homeostática para regular a integridade e o equilíbrio do sistema todo, o que equivale à saúde — ao contrário da patologia, resultante da intromissão externa nesse autocontrole sutil. Portanto, a autoconscientização pode ser comparada ao processo de tentar completar um quebra-cabeça sem olhar a imagem impressa na tampa da caixa. Quase todas as pessoas são capazes de se auto-examinar e de avaliar seu estado de saúde ou de plenitude física e psicológica. Se elas optam ou não por isso, é uma outra questão, da mesma maneira que é uma questão de opção ou de preferência que as pessoas resolvam montar um quebra-cabeça sentindo prazer com isso. Aliás, o prazer sentido tenderá a determinar a capacidade do indivíduo de encontrar soluções para os quebra-cabeças, bem mais do que qualquer capacidade inerente, se bem os déficits de percepção e a falta de sensibilidade tendam a limitar a eficiência.

Mais atenção às características pessoais evidentes aumentará a familiaridade com a "disposição do terreno". Ela também exporá os "pontos cegos" ou lacunas que existem, e a localização delas com relação a características conhecidas pode fornecer pistas quanto à sua natureza. No entanto, o reconhecimento das características do eu que, sabe-se, estão "no seu devido lugar" — características que se tem "em mente" e das quais temos consciência — em si não chega a ser uma base suficiente para a solução do quebra-cabeça. É necessário "abrir a caixa" que contém as peças faltantes e identificar o conteúdo oculto do inconsciente. Como observa o psiquiatra Roberto Assagioli (1991, p. 25), "para nos conhecermos não basta fazer um inventário dos elementos que formam nosso ser consciente. Temos de realizar também uma ampla exploração das vastas regiões do inconsciente". Como Perls e Laing, ele acredita que essa busca pode ser feita pela própria pessoa, mas acha que é uma tarefa longa e árdua, para a qual nem todos estão preparados.

> Mas entre o ponto de partida na planície da nossa consciência comum e o pico brilhante da Auto-Realização existem fases intermediárias, planaltos de várias e diferentes altitudes, nos quais podemos repousar ou nos instalar, caso a falta de força ou de vontade nos leve a optar por uma interrupção da escalada.
>
> 1991, p. 128

Métodos para resolver o quebra-cabeça

No entanto, apesar de reconhecer que esse processo pode ser muito lento, ele indica que há a possibilidade de ele ser consideravelmente acelerado pela ação consciente e pelo uso de técnicas ativas apropriadas. Como já se disse, uma maneira aleatória de "mergulhar" no inconsciente — como se pegássemos ao acaso as peças do quebra-cabeça na caixa — dificilmente dará resultados rápidos. Recomenda-se uma abordagem mais sistemática e controlada. Assagioli recomenda um exame objetivo e crítico de todos os conteúdos do inconsciente. Isso significa encará-los ou confrontar com eles, o que equivale a virar para cima todas as peças do quebra-cabeça removidas da caixa para revelar suas características ocultas. Desta maneira, surgem numerosas imagens em diferentes graus de complexidade e de finalização; e é estabelecendo relações entre estes itens, transformando-os em conjuntos significativos, que se encontra a solução para o padrão geral ou quebra-cabeça.

A utilização da imaginação ativa através de exercícios orientados de criação de imagens, tais como os apresentados nos capítulos anteriores, serve para revelar características até então ocultas do inconsciente. A imaginação é o veículo pelo qual o conteúdo inconsciente se torna conhecido. Pode-se pensar nisso como uma maneira de expor na mente vários conceitos e questões de forma a obter uma nova perspectiva deles. O meio através do qual isso se realiza é essencialmente não-racional, na medida em que não envolve raciocínio ou pensamentos lógicos sobre as questões, mas toma por base a capacidade de criação de imagens ou de "enxergar com o olho da mente". Em si, essas constatações do conteúdo do inconsciente pessoal não significam muito mais do que um fascinante caleidoscópio, como um sonho. De fato, a criação de imagens orientada pode ser comparada a um sonho acordado, e os sonhos, segundo Perls, fornecem excelente oportunidade para se descobrir lacunas na personalidade. No entanto, processos lógicos ou racionais precisam ser empregados para impor certa estrutura significativa às imagens oníricas, da mesma forma como processos visuais e lógicos precisam ser combinados para se encontrar a solução de um quebra-cabeça.

Não é raro que várias imagens apareçam juntas, associadas na forma de complexos, mais ou menos da mesma maneira como as peças de um quebra-cabeça freqüentemente saem da caixa já interligadas. Apesar de ser aparentemente relacionadas e de "se encaixarem", um exame mais atento muitas vezes revela que isto não é verdade e que as peças estão simplesmente "enganchadas". Esses complexos precisam ser desmontados ou decompostos nos seus elementos para que possam se encaixar de modo apropriado no padrão geral e permitir o crescimento e o desenvolvimento. O mesmo também é válido para o quebra-cabeça da cura. Perls (1976, p. 42) observa que as pessoas invariavelmente descobrem que as áreas onde aparentemente estão encalhadas não são reais, mas apenas ilusórias. O problema surge quando continuam acreditando na realidade destas áreas e tentam construir suas vidas em torno e em função delas. Inevitavelmente, elas descobrem que "não podem continuar" nem progredir. Muitas pessoas, porém, preferem um impasse desse tipo à percepção de como estão estagnadas, porque isso conserva o *status quo* e evita a mudança. No entanto, a percepção consciente é evidentemente necessária para o progresso. Sem ela, essas pessoas carregarão consigo uma grande quantidade de problemas não-resolvidos que sempre estarão fazendo exigências.

Freud preocupava-se principalmente em identificar esses complexos e também os seus efeitos inibidores sobre o desenvolvimento e o crescimento psicológico. Ele dizia que o poder desses complexos está principalmente no fato de serem inconscientes, não podendo portanto ser reconhecidos como realmente são. Dizia ele que quando são revelados, compreendidos e decompostos nos seus vários elementos através da psicanálise, eles deixam de ser problemáticos. De maneira parecida, Assagioli (1991) defende a desintegração de complexos potencialmente nocivos e prejudiciais através dos métodos da objetificação, da análise crítica e da discriminação.

> Isso equivale a dizer que precisamos nos valer de uma observação fria e impessoal, como se se tratasse de meros fenômenos naturais, ocorrendo fora de nós. Devemos criar uma "distância psicológica" entre nós mesmos e eles, mantendo essas imagens e complexos a certa distância, e depois considerar calmamente a origem deles, sua natureza e — sua estupidez!
>
> 1991, p. 127

Por outras palavras, é preciso analisar essas dificuldades de forma objetiva e distanciada, exatamente como lidaríamos com as peças de um quebra-cabeça, permitindo assim que os componentes sejam usados de maneira mais apropriada. Depois, os mesmos métodos podem ser aplicados a todas as outras características emergentes, e só então, afirma Assagioli, pode ter início a construção da verdadeira personalidade.

Apesar de Assagioli estar correto em sublinhar a importância de conseguir se distanciar e avaliar objetivamente as imagens que emergem do inconsciente e de estabelecer ligações e relações lógicas entre elas, o uso exclusivo desses métodos não é saudável, uma vez que as questões não estarão sendo abordadas pela pessoa total e plena. A identificação como intelecto e as explicações excluem o corpo, ou seja, a totalidade do organismo. Portanto, apesar de as imagens poderem ser razoavelmente compreendidas, elas não se relacionam completamente com o organismo total. Além disto, os enfoques e abordagens intelectuais podem ser mais destrutivos do que construtivos. Alvin Toffler (1984, p. xi) observa que a dissecação — a redução dos problemas aos seus menores componentes possíveis — é uma das habilidades mais desenvolvidas na civilização ocidental contemporânea: "Sabemos fazer isso muito bem. Tão bem, que muitas vezes nos esquecemos de juntar as peças novamente."

Seria possível aplicar essa crítica às várias abordagens da psicoterapia, principalmente da psicanálise. A terapia da gestalt, inspirada por Perls, diverge da maior parte das demais psicoterapias por não concentrar-se na análise *per se*, preferindo abordar tanto a diferenciação quanto a integração. Por si só, a diferenciação leva à polarização e à divisão, ao passo que a integração das diferentes características leva à completude. Por esse motivo, o método empregado por Perls para lidar com as imagens oníricas e paraoníricas é bastante próprio e específico. Ele afirmava:

> Todas as diferentes partes do sonho são fragmentos da nossa personalidade. E como nossa meta é a de transformar cada um de nós numa pessoa plena, o que significa uma pessoa unificada e sem quaisquer conflitos, o que precisamos

fazer é juntar os diversos fragmentos. Precisamos voltar a possuir essas partes projetadas e fragmentadas da nossa personalidade.

1976, pp. 71-72

Essa reassimilação ou reinclusão de características que foram projetadas para fora da pessoa é conseguida projetando-se a si mesmo completamente nas imagens produzidas.

Em vez de analisar e dissecar ainda mais o sonho, queremos trazê-lo de volta à vida. E a melhor maneira de fazer isso consiste em reviver o sonho como se ele estivesse acontecendo agora. Em vez de contar o sonho como se fosse uma história do passado, encene-o no presente, de modo que ele se torne uma parte de você, de modo que você se envolva realmente com ele. Se você compreender o que pode fazer com os sonhos, você será capaz de fazer muitas coisas por si mesmo.

1976, pp. 73-74

Perls recomendava que, ao trabalhar sozinho com imagens de sonhos, o sonho primeiro deve ser escrito, incluindo aí todos os detalhes possíveis. Em seguida, para trabalhar com cada detalhe, você precisa *transformar-se* nele.

Anote todas as personagens, todos os objetos, todos os estados de espírito e depois trabalhe nessas coisas *transformando-se* nelas. Seja histriônico e realmente transforme-se em cada um dos diferentes itens. Torne-se cada uma dessas coisas... use sua capacidade mágica. Transforme-se naquele sapo pavoroso e em tudo o que tiver aparecido — a coisa morta, a coisa viva, o demônio — e deixe de pensar. Perca a cabeça e recobre os sentidos. Cada pequeno pedaço é uma peça do quebra-cabeça, e juntos eles irão formar um todo muito maior — uma personalidade mais forte, mais feliz, mais completamente *real.*

1976, p. 4

Basicamente, a transformação nas imagens envolve a identificação com elas, descrevendo-as na primeira pessoa do presente do indicativo, ou seja, traduzindo todos os itens de "eles" em "eus". Essa identificação com as características da criação de imagens serve efetivamente para inverter a tendência de projetá-las para fora e ajuda a promover a posse e a responsabilidade em relação a elas. Perls afirma que, se uma pessoa compreende algum aspecto de suas visualizações, cada vez que se identifica com ele dessa maneira, sua vitalidade e seu potencial aumentam. Isso ocorre porque a energia que estava sendo dissipada pela projeção é recuperada.

No entanto, essa compreensão não é simplesmente de ordem intelectual. Como Perls afirma, ela não ocorre porque se pensa *sobre* as imagens, mas porque elas são sentidas; ou seja, por causa da identificação com os sentimentos, as sensações, as impressões e percepções físicas e emocionais que elas provocam. De fato, Perls diz que cada um desses itens, características e partes deve se encontrar com os demais, e que deve-se promover um diálogo entre as forças opostas para possibilitar a apreciação das diferenças e a integração dos opostos. Ele afirmava que cada pequeno esforço de trabalho empreendido pelo indivíduo irá resultar na "assimilação de alguma coisa".

ORDEM A PARTIR DO CAOS

A assimilação das características projetadas do eu através da identificação com elas aos poucos vai colocando ordem no conteúdo caótico do inconsciente. Perls identificava o princípio de organização responsável pela criação da ordem como a formação de um padrão de figura/fundo. Exatamente como quem monta um quebra-cabeça procura primeiro as características do padrão geral que se destacam como formatos e imagens mais facilmente reconhecíveis, o interesse e a atenção do indivíduo, segundo Perls, são atraídos para as características do eu que correspondem às suas necessidades mais facilmente identificáveis. Essas necessidades vêm à tona como a realidade dominante. Por outras palavras, a necessidade mais dominante de uma pessoa faz a realidade ter a aparência que tem.

> Leve a edição de domingo do *Herald Tribune* para uma grande família e observe a diversidade dos interesses. O pai procura dicas financeiras nas páginas de negócios, ao passo que a mãe está interessada nas ofertas em liquidação. Alec procura explicações para coisas que não entendeu na escola, ao passo que Jack fica entusiasmado com uma partida de futebol. Tia Jenny gosta de ler os obituários e os gêmeos brigam pela página de histórias em quadrinhos.
>
> 1977, p. 51

Perls observa que o fato mais importante no que diz respeito à formação da figura/fundo é que, quando uma necessidade realmente está satisfeita, a situação se modifica. A realidade torna-se diferente da que existia quando a situação não estava acabada. Imediatamente após o término de uma tarefa, ela se desloca para o fundo, permitindo que outra, que atualmente passou a ser a mais importante, venha para o primeiro plano. A situação que assume a precedência sobre as outras é a mais urgente no momento. Isso, indica ele, é o princípio da auto-regulação organísmica e caracteriza um funcionamento saudável. Portanto, a saúde ou integração envolve uma identificação com todas as funções vitais.

> Se você compreende a situação em que se encontra e deixa que a situação na qual se encontra controle suas ações, você aprende a lidar com a vida.
>
> Perls, 1976, p. 20

Portanto, segundo Perls, o princípio fundamental da saúde consiste em "dar ouvidos à situação".

Não resta a menor dúvida de que as estratégias esboçadas acima são muito apropriadas no contexto de um jogo de quebra-cabeça e intuitivamente se aplicam bem à vida do dia-a-dia. No entanto, surge a questão de saber se esse modelo de "bom senso" encontra um apoio mais geral no pensamento científico. A resposta é positiva. Em 1977, o cientista russo Ilya Prigogine recebeu o Prêmio Nobel pelo seu trabalho com a termodinâmica de sistemas de não-equilíbrio. Insatisfeito com a costumeira tentativa científica de desmontar as coisas, Prigogine preocupava-se muito mais em remontar as peças e em explicar como a ordem e a organização podem surgir de forma espontânea a partir do caos e de uma aparente desordem. Sua teoria da transformação diz que todos os sistemas contêm subsistemas que estão em contínua flutuação. As pequenas flutuações exercem relativamente poucos efeitos sobre a integridade estrutural do todo, mas uma única flutuação ou uma combinação delas pode ser suficientemente poderosa para "perturbar" ou abalar a organização preexistente do sistema. Nesse ponto, os elementos do padrão antigo podem entrar em contato de novas maneiras, estabelecendo novas relações, de tal modo que as partes se reorganizam formando um todo totalmente novo ou causando uma desintegração completa.

Como conseqüência, a natureza tem potencial para criar novas formas permitindo uma reformulação do antigo, e essa capacidade é a chave para o crescimento. Em larga escala, a estabilidade do sistema é determinada pelo seu estado de equilíbrio. Quando ele está quase ou totalmente equilibrado, as pequenas flutuações podem ser facilmente assimiladas, causando poucos efeitos ou mudanças no sistema. Nesses sistemas, são necessárias flutuações muito substanciais para se provocar uma mudança significativa. Por outro lado, os sistemas desequilibrados são muito sensíveis às influências externas e pequenas oscilações podem provocar resultados substanciais e dramáticos, uma vez que estas pequenas perturbações ou flutuações são amplificadas em ondas capazes de quebrar as estruturas. A teoria de Prigogine não considera apenas numerosos processos físicos no nível macro e micro, mas também "lança luzes sobre todos os tipos de processos de mudança 'qualitativa' ou 'revolucionária'" (Toffler, 1984, p. xvii), incluindo realidades de ordem social, econômica ou política. Ela tem muito a ver com os processos de saúde e de cura porque, dentro do arcabouço da teoria da transformação, o mal-estar, seja ele físico ou psicológico, é claramente uma perturbação de maior ou menor magnitude. Trata-se, portanto, de um meio através do qual o sistema pode, nos termos da teoria proposta por Prigogine, "escapar" para um nível mais elevado de organização ou integração e, conseqüentemente, mais saúde e plenitude.

Os princípios da teoria da transformação já estão sendo adotados em muitas metodologias complementares de cuidados com a saúde, principalmente em terapias sutis de energia como a homeopatia e os remédios florais de Bach, mas também na medicina mais ortodoxa. A imunização, por exemplo, envolve a indução de uma doença em grau menor suficiente apenas para estimular o corpo para a produção de anticorpos protetores, "produzindo, assim, uma evolução em rumo à complexidade biológica pela perturbação intencional do sistema imunológico" (Dossey, 1982, p. 89). Além disso, se nunca ocorresse a perturbação da integração do corpo, ele não teria defesas, porque os mecanismos necessários de proteção não se desenvolveriam. Portanto, não há a menor dúvida de que a perturbação ou o mal-estar e a saúde são complementares. No entanto, a medicina ortodoxa freqüentemente se diz contra a perturbação e não a favor dela, enfrentando as ameaças exteriores à saúde com uma ampla gama de medicamentos. Não chega a surpreender que, do ponto de vista da teoria da transformação, os tratamentos com antibióticos, contra bactérias e vírus, muitas vezes se mostram contraproducentes, não apenas impedindo o desenvolvimento do sistema imunológico — negando a possibilidade de mudança —, mas também contribuindo para o desenvolvimento de linhagens mais resistentes de vírus e bactérias.

A mesma crítica pode ser feita à medicina ortodoxa com relação ao seu tratamento de distúrbios psicológicos. Também aqui a ênfase recai sobre a necessidade de evitar problemas pelo uso de drogas antidepressivas ou por cirurgias que eliminam lembranças, emoções ou processos de pensamento difíceis. Curiosamente, a terapia eletroconvulsiva (TEC), que pode se mostrar eficiente no tratamento de algumas enfermidades psicológicas, por motivos que ainda não foram compreendidos pelos médicos, talvez o faça porque impõe um grande choque ou perturbação sobre o cérebro, permitindo que ele se organize de maneira mais coerente, e não mediante a eliminação de pensamentos, lembranças e sentimentos, como se especulou muitas vezes.

O princípio central da teoria da transformação, de que a ordem e a organização podem surgir de maneira espontânea a partir da desordem e do caos através de um processo de auto-organização, apóia a opinião apresentada por Laing (1960) de que a doença mental ou "des-ordem" freqüentemente é resultado da reintegração do eu pessoal e não da sua desintegração. Isso também explica os efeitos alegados pela psicoterapia. Ferguson (1982) especula que o fato de reviver um incidente num estado de muita atenção voltada para dentro perturba o padrão dessa lembrança específica e deflagra a reorganização de um novo padrão ou estrutura. Isso também pode explicar o poder transformador de processos como o relaxamento, a meditação, a hipnose, a criação de imagens orientada, os sistemas de cura antigos e orientais e os enfoques psicológicos que facilitam o confronto com os problemas como meio para solucioná-los, em vez de se opor a eles.

Todas essas diferentes abordagens terapêuticas têm no seu âmago o princípio de que tudo está em fluxo ou em processo. Por esse motivo, nunca existe apenas *uma* solução, mas uma série delas; nunca um único quebra-cabeça para completar, mas uma seqüência deles, sempre tendendo a se tornar mais complexos, mais desafiadores, mais ricos e compensadores. Paradoxalmente, a última peça de um quebra-cabeça acaba sendo a mais perturbadora para o todo, porque, após um breve intervalo, o quebra-cabeça provavelmente será desmontado e guardado para que a pessoa possa se dedicar a outro. Brian Keenan descreve esse processo no prefácio do seu livro *An Evil Cradling*:

> Eu me sinto como um cruzamento entre Humpty Dumpty e Rip Van Winkle — caí do muro e, subitamente desperto, encontro todas as peças de mim na minha frente.
>
> Há mais peças do que havia quando comecei.

Nem todos os cavalos do Rei e nem todos os homens do Rei são capazes de montar Humpty outra vez.

O mesmo ocorre na vida. O exercício seguinte dá uma indicação de "trabalho em progresso" — as peças do atual padrão que estão nos seus devidos lugares, com relações estabelecidas entre elas e com os espaços ou áreas não-terminadas que exigem uma maior atenção. Ele também fornece, com relação aos exercícios dos dois capítulos anteriores, uma ajuda para se saber se o padrão está ou não sendo montado segundo "suas verdadeiras cores".

EXERCÍCIO ONZE

Relaxe da maneira que lhe for mais agradável e depois imagine que está olhando para o avesso de uma tapeçaria na qual está trabalhando. Observe o tamanho, a escala e o formato; os materiais que está usando; a textura deles, suas qualidades e cores; verifique também se o trabalho está limpo e com bom acabamento, ou se está cheio de nós e emaranhado.

Observe até que ponto a tapeçaria está terminada; verifique se existem partes completas ou se estão faltando e também se apenas vagas tentativas foram feitas aqui e ali. Veja também se existe uma imagem geral ou um padrão que possa ser reconhecido como tal.

Observe quaisquer sentimentos, sensações, impressões, lembranças e pensamentos que ela lhe provocar.

Agora, observe o outro lado da tapeçaria, tendo consciência, ao fazer isso, de que ela representa sua vida. Observe todas as suas reações a essa conscientização. Qual é a primeira impressão que você tem da tapeçaria e qual é a avaliação geral que você faz dela?

Observe as imagens, os desenhos e padrões. Eles são como você os imaginou ou como pretendia que fossem?

Que cores foram usadas e quais são as predominantes? Como é que você se sente com relação a elas?

Falta muito para que a tapeçaria esteja terminada? Que características precisam sem completadas e onde se encontram elas? Que materiais e cores deveriam ser usados?

Há alguma coisa que você gostaria de mudar, alguma característica que você queira desmanchar, remover ou refazer? Como pode conseguir isso? Você tem os instrumentos necessários à disposição? Ou, em caso negativo, sabe onde encontrá-los?

Você sabe como gostaria de terminar a tapeçaria ou, se não quiser fazer isso, o que gostaria de ver no lugar dela?

Depois de ter abordado todas essas questões, retorne à consciência comum e anote todas as suas experiências.

Comentário

A maioria das pessoas imagina tapeçarias muito grandes, que chegam a ser maiores do que elas. Por vezes, elas descrevem que se sentem sufocadas pelo tamanho e pela escala das mesmas. Em um caso, a tapeçaria foi descrita como estendendo-se do teto ao piso e de parede a parede de uma imensa igreja, e grandes tapeçarias que recobrem a parede inteira também costumam ser imaginadas. Geralmente, elas são verticais e estão apoiadas em molduras semelhantes a um bastidor ou a um tear; às vezes estão suspensas por fios ou apoiadas de alguma outra maneira. Algumas permitem acesso de todos os lados, mas outras estão muito próximas às paredes ou encostadas nelas, o que costuma dificultar o trabalho. Uma mulher disse que se sentia envolvida pela sua tapeçaria, e outros descrevem sensações de prisão e claustrofobia. Uma jovem, que a imaginou tão próxima que estava quase deixando marcas no seu rosto, com um cheiro de coisa antiga e de mofo, ocupando todo o espaço à sua frente, se sentiu agitada por causa dela. Às vezes, a tapeçaria é vista na posição horizontal, deitada sobre um tear ou uma mesa. Uma mulher disse ter olhado para baixo em direção a uma enorme tapeçaria, que a princípio julgou ser um tapete, até perceber que, na verdade, era uma tapeçaria de parede e não precisava estar no chão. Ela interpretou isso como indicação de que, apesar de geralmente ter uma tendência para olhar para si mesma de cima para baixo "com muito desprezo", ela possui todas as condições para ser independente e para "ficar de pé por conta própria".

É bastante comum que as tapeçarias sejam enquadradas em molduras ou teares. Um homem disse que achou que sua tapeçaria poderia ter sido maior, caso não tivesse de se adaptar às paredes de uma sala de teto baixo. Esse comentário lembra um verso do cantor e compositor Paul Simon, segundo o qual "o teto de um é o chão de outro", e talvez indique pouca aspiração imposta pela própria pessoa ou pelos demais. Algumas tapeçarias não parecem limitadas pelo espaço físico. Muitas delas são circulares e algumas têm a capacidade de crescer e de se expandir de maneira indefinida. Um homem descreveu um holograma de forma circular em cujas extremidades pareciam existir vórtices que se espiralavam rumo ao infinito, tornando-se progressivamente mais complexos. Apesar de serem multicoloridos, suas cores predominantes eram o vermelho e o amarelo, duas tonalidades associadas à hiperatividade em exercícios anteriores em que tinham predominado, e também o preto, relacionado aos "buracos negros" de sua vida.

A aparência do avesso da tapeçaria varia muito. Algumas são muito limpas e bem acabadas, com os vários fios cuidadosamente amarrados e seguros. Outras podem ser limpas e bem acabadas, mas os fios podem ser curtos demais, não permitindo que se dêem nós, o que pode indicar insegurança ou o fato de a pessoa não se sentir "amarrada" ou, antes, "arraigada" de alguma maneira. Um homem descreveu o avesso de sua tapeçaria como um "caos organizado", muito bem acabado com "esmero profissional", ao passo que outros descreveram confusões completas. E quanto mais longos são os fios dos materiais usados, tanto mais eles tendem a ficar confusos e emaranhados. Uma mulher que imaginou longos fios cheios de nós na parte posterior de sua tapeçaria resolveu desfazer esses nós porque a aparência do trabalho deixava muito a desejar, e pensou na possibilidade de penteá-los para conseguir uma aparência mais organizada. Ela gostou do efeito criado e também de fazer isso, mas — o que talvez seja o mais importante — reconheceu que desde o início da criação de imagens orientada, passara a "pentear" seu mundo interior, obtendo bons resultados com isso.

Com bastante freqüência, o avesso da tapeçaria é muito diferente da sua parte frontal, o que pode surpreender e até mesmo chocar o criador. O avesso parece representar a pessoa interior ou particular; a pessoa tal como ela mesma sabe que é; ao passo que a versão frontal representa a fachada pública, a imagem ou persona exibida ao mundo. Muitas vezes, muito mais esforço foi despendido na parte frontal do que no avesso, de maneira que a aparência externa acaba sendo a mais completa. No entanto, uma tal fachada costuma ser superficial e tênue, sem muita substância e sem muito apoio "por trás da cena". Uma mulher, apesar de não ter uma imagem muito clara do que havia por trás, conseguiu reconhecer a superficialidade de sua "fachada" pelo fato de que os fios usados eram curtos demais para serem presos ao tecido subjacente, e decidiu que precisava mudar seu eu exterior para conformá-lo melhor ao eu interior. Ela compreendeu que a imagem projetada pelo seu estilo de vida altamente social e materialista não fornecia nenhuma indicação dos seus interesses mais profundos e mais espirituais, fornecendo pouca expressão para eles. Neste sentido, a visualização foi uma representação bastante apropriada da situação de vida pela qual estava passando.

No entanto, em muitos casos, o trabalho feito por trás da cena reflete-se na parte frontal da tapeçaria e as pessoas se mostram muito conscientes da relação existente entre estas duas áreas. Isso transpareceu no relato de um homem que indicou saber que existia um cavalo do outro lado da tapeçaria porque, todas as vezes que enfiava a agulha no material, o animal se empinava como se suas rédeas estivessem sendo puxadas. Essa visualização sugere claramente a consciência de que as coisas que aparecem em público são influenciadas, se bem que não necessariamente controladas, pelo que acontece atrás da cena. De fato, quando esse mesmo homem examinou a parte frontal de sua tapeçaria, ele viu vários cavalos dourados de raça pura galopando, aparentemente descontrolados, sem poderem ser contidos pela moldura. Inicialmente, ele negou que essa cena frenética fosse criação dele, mas depois reconheceu que todos os pontos que tentava fazer contribuíam para aumentar o caos. Num exercício anterior, este mesmo homem reconhecera somente após um certo tempo que suas tentativas de "manter os outros atentos" através do que considerava ser um comportamento hilariante ou impulsivo eram, na verdade, muito perturbadoras para todos. Um exame mais detalhado da tapeçaria revelou que a aparente selvageria dos cavalos era provocada pelo fato de eles estarem fugindo apavorados de cenas pouco nítidas de carnificina mostradas em vermelho na parte direita da imagem. Mais tarde, refletindo sobre essa visualização, ele lembrou que em exercícios anteriores a cor vermelha geralmente era associada com mulheres e com o feminino, e que essa energia vermelha feminina era um tema persistente nas suas visualizações. A tapeçaria e sua profissão quase estereotipicamente masculina sugerem a possibilidade de ele estar fugindo do seu lado feminino, talvez a ponto de soltar totalmente as rédeas das suas fortes características racionais e intelectuais, chegando a produzir idéias descontroladas e aparentemente "selvagens", e um comportamento impulsivo e precipitado que parecia caracterizar sua infância e juventude. Certamente, suas visualizações sempre "selvagens" e maravilhosas revelaram ser interminavelmente fascinantes, muito estimuladoras e memoráveis para os participantes dos outros grupos dos quais ele participou.

Muitos compreendem desde o início que a tarefa com que estão envolvidos representa a rica tapeçaria da vida, mas isso não acontece com outros que tentam modificá-la — sem sucesso — ao compreender tudo o que ela revela sobre suas pessoas. Em alguns casos, as pessoas parecem embaraçadas com as próprias "afrontas", por darem a si mesmas atributos e potenciais mais positivos do que normalmente reconhecem ou empregam. Assim, um homem quis mudar sua imagem quase completa de um rei medieval coroado cercado de animais heráldicos numa floresta, e uma mulher teve vontade de mudar a imagem de um grande dragão.

Alguns encontram dificuldades em viver à altura da imagem que projetam. Uma mulher viu um elegante vaso de cristal repleto de flores azul-escuras. Apesar de gostar da imagem, ela a deixava nervosa, porque não sabia como fazer para terminar o vaso de forma realista, de forma que se assemelhasse a um recipiente transparente sem prejudicar as flores no seu interior; quanto mais ela refletia sobre o problema, tanto mais ficava tomada de ansiedade. Nesse caso, a preocupação com as aparências mostra que a pessoa quer tornar visíveis para os outros as verdadeiras cores de seu eu interior, mas encontra dificuldades em conseguir isto. Outra mulher ficou um pouco surpresa ao descobrir que o perfil em negro da rainha Vitória, que estava elaborando num canto do avesso de sua tapeçaria, apareceu na parte frontal com um colorido rosto de frente, não dando nenhum sinal de ser uma pessoa tensa, nervosa e às vezes muito deprimida, que ela às vezes tinha consciência de que era. No entanto, o longo convívio com essa mulher pouco contribuiu para acabar com a impressão descontraída, alegre e simpática que ela normalmente causa nos demais.

Alguns ficam desapontados e aborrecidos com a parte frontal do trabalho. Uma mulher admitiu que se sentira muito desapontada porque as cores e texturas ricas e profundas com as quais trabalhava "no avesso das cenas" pareciam opacas e sem vibração na parte frontal, e toda a imagem parecia estar achatada "precisando de mais relevo". Ela reconheceu a tapeçaria como uma representação bastante exata do seu fracasso em mostrar suas verdadeiras cores e como indicação da necessidade de reformar sua fachada ou imagem, tornando-se mais leve, mais brilhante e mais vibrante. Outra mulher, que não tinha nenhuma idéia de uma imagem específica enquanto trabalhava individualmente em blocos pouco ligados entre si, nas tonalidades vermelho, castanho e creme, disse ter ficado "absolutamente chocada" ao ver na parte da frente da sua tapeçaria a imagem de um enorme e antigo ônibus, sem passageiros nem motorista, com grandes rodas cromadas e brilhantes. Apesar de, a princípio, dizer que aquela imagem nada lhe dizia, ela acabou reconhecendo que tudo tinha muita coerência com uma criação de imagens anterior, que mostrava uma grande quantidade de energia não utilizada e também a necessidade de que alguém ficasse no volante.

No entanto, é possível que as pessoas fiquem muito satisfeitas com as imagens na parte frontal de suas tapeçarias. Isso ocorreu com uma jovem que imaginou estar tecendo a imagem de uma dançarina espanhola, da qual terminara apenas a parte superior da cabeça e a parte inferior das saias. Isso foi muito intrigante porque corresponde com bastante exatidão não apenas a uma criação de imagens anterior dos chakras, mas também aos efeitos físicos de uma antiga disfunção da pituitária. Por esse motivo, ela ficou espantada ao virar a tapeçaria e ver apenas as manchas coloridas da saia azul da espanhola rodopiando em círculos e interpretou isso como um reflexo exato das sensações de grande vitalidade, energia e vivacidade que sentira ao combinar o trabalho de criação de imagens com a prática do shiatsu. Outra pessoa ficou satisfeita com sua tapeçaria, que mostrava uma vista aérea de um labirinto circular, cercado por medalhões mostrando cenas de sua vida. A princípio, ela achou que essas cenas estavam completas, mas depois percebeu que algumas continuavam sendo elaboradas e que outras precisavam de um acabamento melhor. Ele achou que o labirinto representava o caminho a percorrer na vida e ficou intrigado com o aspecto geral da imagem.

A mulher descrita anteriormente, que percebeu que sua tapeçaria estava livre e não no chão, como um tapete, tal como pensara inicialmente, ficou satisfeita com suas cores, seus padrões e seu acabamento, informando que aquilo resolvera várias questões importantes em sua vida. No entanto, quase todas as tapeçarias são incompletas e invariavelmente enfatizam as áreas da vida da pessoa que mais necessitam de atenção. Uma mulher imaginou um jardim em tons de amarelo, dourado e castanho que, apesar de ser "absolutamente lindo", precisava de algo azul. Por isso, resolveu acrescentar alguns pés de lupino (uma espécie de tremoço), uma flor de que gostava muito. Mesmo assim, a borda continuou incompleta e ela não sabia como fazer para terminá-la. Apesar de não saber como fazer para acabar essas partes da sua tapeçaria, disse que estava "se sentindo bem com relação a elas". Tendo completado os exercícios anteriores sobre as cores, ela compreendeu que os lupinos azuis representavam sua necessidade de permitir que a auto-expressão florescesse. Outra mulher percebeu que seu grande e poderoso tigre chinês não tinha uma das patas, estando, por isso, desequilibrado e inseguro.

Várias partes da tapeçaria podem estar incompletas, sem terem características individuais. A tapeçaria de uma mulher apareceu como uma paisagem rural em três partes, que ela identificava com o passado, o presente e o futuro. A primeira parte, representando o passado, era trabalhada com grossos fios de lã, de aparência sedosa quando vistos de frente. A parte do meio estava trabalhada com fios de seda, indicando uma qualidade melhor na sua vida atual do que no passado; e ela era capaz de ver a terceira parte, ainda incompleta, seu futuro, como uma paisagem verde e ondulante, muito satisfatória. A tapeçaria de outra mulher estava parcialmente incompleta de um lado, tanto na frente quanto no verso. O lado esquerdo, quando visto de frente, parecia ser mais velho, mais monótono e parecia incompatível com o lado direito, apesar de o tema abordado ser, em linhas gerais, o mesmo. Ela associou o monte de feno do lado esquerdo com o passado. Depois de perceber que não conseguiria reconciliá-lo com uma grande árvore no primeiro plano do lado direito, resolveu reduzir o tamanho dos dois elementos e os transferiu para o fundo, onde se tornaram meros detalhes de uma paisagem mais ampla, dando-lhe assim uma área maior para trabalhar no primeiro plano e mais possibilidades no espaço recém-criado.

Essa tapeçaria parece exemplificar muito bem o enfoque positivo e criativo que essa mulher deu à sua vida depois do seu então recente divórcio.

Menos positiva, mas igualmente exata, é a criação de imagens de uma jovem, cuja enorme tapeçaria estava pendurada numa igreja tão escura que nenhuma de suas cores brilhantes podia ser reconhecida. Na parte frontal, mostrava-se o rosto e o pescoço dela em cores normais mas pouco brilhantes, e o conjunto todo era de péssima qualidade, com muitos buracos e áreas não terminadas, o que tornava o retrato desagradável. Ela afirmou que se tratava de um reflexo bastante exato de sua recente vida infeliz e dos numerosos problemas por ela enfrentados. No entanto, como a tapeçaria reflete com exatidão as áreas que necessitam de atenção na vida de uma pessoa, ela pode revelar as mudanças necessárias e a maneira pela qual é possível consegui-las. Assim, uma mulher, cuja tapeçaria mostrou um jardim bem mais colorido do que pensara estar fazendo, mas com um canto de "trechos verdes e escuros misturados", percebeu que isso tinha relação com a confusão de seus sentimentos, e com sua perturbação depois da morte recente do marido, e que ela queria dar mais colorido à sua vida emocional e conseguir, dessa maneira, mais vitalidade. Ela foi capaz de fazer isso reformando a tapeçaria com muita imaginação, o que a ajudou a "catalogar e superar" seus sentimentos durante o "trecho ruim" de sua vida.

Trabalhando na sua tapeçaria, outra mulher conseguiu resolver alguns dos antigos problemas da sua vida. Ao tentar este exercício pela primeira vez, ela não fora capaz de compreender o significado da criação de imagens que lhe provocara bastante ansiedade: duas mulheres inexpressivas à beira do mar, e que, apesar de não estarem nadando, olhavam uma para a outra, sem se fitarem: uma olhava para as montanhas distantes, ao fundo, e a outra para o oceano, no primeiro plano. Apesar de não ter consciência do significado dessas imagens, ela sentiu a necessidade de trabalhar novamente o mar numa tonalidade que descreveu como um "verde calmo". Um pouco abalada pela experiência, ela ficou ainda mais perturbada mais tarde no mesmo dia, quando folheou uma revista comprada por uma amiga e encontrou exatamente a paisagem que havia imaginado. Essa paisagem, da qual incluiu uma cópia no seu relato sobre o exercício, mostra duas mulheres asiáticas de perfil, uma vestida com um sari vermelho, olhando, ao lado da outra, as montanhas aparentemente cobertas de neve, e a outra, com trajes dourados, olhando para o mar azul no primeiro plano. De maneira um tanto incongruente, havia uma estreita lua crescente no alto do céu azul-claro.

Quando procurou rever essa imagem à luz da criação de imagens que produzira em exercícios anteriores, ela compreendeu que, em grande parte, ela evocava uma sensação predominante de flutuar no mar, como se isso fizesse parte dela mesma. Ela se lembrou de que, num recente sonho persistente, tivera uma experiência semelhante de ser empurrada para perto e para longe do litoral na medida em que sua respiração se transformava nos movimentos da maré. Numa tentativa de esclarecer o significado dessas imagens que lhe eram apresentadas com tanta força, ela começou a se identificar com cada característica da tapeçaria e, ao fazer isso, se conscientizou de necessidades profundas e não resolvidas. Ao mesmo tempo que sentia querer se segurar no passado, representado pelas montanhas seguras e sólidas, ela também reconhecia que elas ocultavam dolorosas lembranças que teriam de ser enfrentadas e resolvidas. Também desejava intensamente novas e excitantes experiências "oceânicas", apesar de considerá-las arriscadas e assustadoras, com medo de que, caso abandonasse as montanhas, ficaria "completamente à deriva no mar", podendo, inclusive, se afogar. Por esse motivo, ela se sentia dividida quanto às duas direções, exatamente como pelas marés nos seus sonhos, oscilando indecisa entre um passado doloroso mas familiar e um futuro desconhecido e perturbador. Nesse processo, o presente ficou completamente ignorado. Ela compreendeu que faltavam a ela as qualidades positivas associadas ao chakra do coração e que precisava desenvolver sua capacidade de aceitação, de perdão e de amor incondicional, adquirir compreensão, abertura, consciência e equilíbrio, o que explica a sensação da necessidade de incluir o verde no mar mostrado na sua tapeçaria.

Algum tempo depois, comentando suas experiências, ela escreveu: "Os exercícios de relaxamento e de criação de imagens modificaram minha vida e continuam a fazer isso. Ao reconhecer os laços que me prendem ao passado e a necessidade de mudança, tomei consciência do que deveria trabalhar dentro de mim mesma. Num nível completamente prático... meus planos foram abandonados... Como resultado dos exercícios, eu me tornei muito mais consciente das coisas que têm e das que não têm importância na vida." Ela passou a compreender que a segurança e a independência podem ser compatíveis e reconciliadas dentro dela e que sua preocupação com os acontecimentos do passado poderia se tornar uma ajuda positiva para a autodescoberta e a autocura aqui e agora: "um lugar onde", admitiu, "até recentemente costumava passar pouco tempo."

As possibilidades transformadoras do exercício da tapeçaria também são enfatizadas no relato de um homem que afirmou que tudo se mostrou muito significativo, permitindo que ele se "reestruturasse". Ao examinar a parte da frente da tapeçaria, a princípio ele viu uma despreocupada criança vestida de vermelho, brincando com uma bola também vermelha. Depois, percebeu uma construção assustadora no alto de uma colina ao fundo e também que um rio que passava por um vale não estava completo. Repentinamente, um enorme lobo negro e assustador apareceu logo atrás da criança. O animal parecia deslocado, como se um painel tivesse sido superposto à parte frontal da imagem e não incluído no tecido subjacente. Ele disse que, depois do exercício, se sentiu "ligeiramente perturbado" pela presença do lobo durante o restante do dia e pelo pensamento de que ele mesmo fora o responsável pelo aparecimento do animal. No entanto, o lobo rapidamente desapareceu, mas durante as semanas seguintes ele continuou refletindo sobre a tapeçaria e trabalhando nela, imaginando como poderia modificá-la, e, lentamente, foi transformando-a num padrão mais positivo e mais significativo. Essa transformação fica clara nos desenhos que ilustram seu relato pessoal. A Figura 1 mostra a tapeçaria original, que ele interpreta da seguinte maneira:

> A criança sou eu. Ela é simpática, despreocupada e feliz; uma imagem muito positiva, mas vulnerável, o que explica a ameaça do lobo. O vermelho é uma cor muito vibrante, sugerindo vida e vitalidade. A construção sombria é um lugar perigoso como a *Caverna do Terror* e o labirinto de Teseu, contendo grandes perigos a serem superados.

Figura 1

Figura 2

Na Figura 2 existe um caminho que leva colina acima até a entrada da construção, e dos dois lados desse caminho se vêem armas e peças de armadura. O rio está cheio e flui pela paisagem, separando a criança do lobo que já não a ameaça, tendo voltado à floresta distante. O significado dessas características é bastante claro para ele.

À medida que a criança sobe pela colina, ela se torna mais forte, mais bem preparada e protegida contra os perigos do labirinto. Quando finalmente chega à frente da porta, a criança já se tornou um lutador com muita experiência. Da criança até a construção estão todos os seus aspectos, indicando um aumento de força.

As duas coisas são necessárias: o duro protege o suave, e o suave dá vida ao que é duro.

Algumas semanas depois, esse homem fez um passeio por um bosque e sentou-se no topo de uma colina, de onde ficou observando as pessoas passando. Ao fazer isso, constatou que se sentia como um animal selvagem — mais tímido que predatório, "como um verdadeiro lobo", e que o lobo da tapeçaria era um aspecto "selvagem" da sua personalidade, e não um monstro. Essa constatação fez com que ele se lembrasse do romance *O Lobo da Estepe* de Hermann Hesse, no qual a alma da personagem principal fica dividida entre a de um homem e a de um lobo. Dessa forma, "possuindo" seu lobo, ele se colocou em contato com sua alma, uma ligação que completou a tapeçaria, tornando-a plena e também curando a divisão que existia dentro dele. Portanto, a colocação do lobo no seu devido lugar resolveu o quebra-cabeça da cura, permitindo que o "lobo-homem" apreciasse, como tantos outros fizeram, que essa não é uma solução final, mas, sim, um novo início: e também que compreendesse — parafraseando Carl Rogers — que quando você aceita a si mesmo como é, você começa a se modificar.

APÊNDICE I

Relaxamento Progressivo Ampliado pela Criação de Imagens

Encontre um lugar onde possa se sentar ou se deitar com razoável conforto. Lembre-se de que, se esse conforto for excessivo, você poderá acabar adormecendo, ao passo que, se o lugar for impróprio demais ou frio demais, você provavelmente não conseguirá manter a motivação para atingir o relaxamento. Feito isso, simplesmente conscientize-se da localização do seu corpo com relação às coisas que o cercam. Em seguida, feche os olhos ou, se isso não for possível por problemas físicos, cirurgias ou o uso de lentes de contato, concentre sua atenção num ponto fixo ou num objeto no seu campo de visão (pode ser uma marca na parede, no teto ou no assoalho).

Depois, transfira gradativamente sua atenção das coisas que o cercam para o limite entre o seu corpo e as superfícies próximas. Ao fazer isso, observe se o contato é desconfortável ou doloroso, e mude sua posição a fim de obter o máximo de conforto com o mínimo de dor. É possível que você sinta a necessidade de tirar as roupas que o limitem, sapatos, jóias ou óculos. Em qualquer momento durante o exercício, caso você sinta necessidade de mudar sua posição para diminuir o desconforto ou a dor, faça isso.

Quando estiver na posição mais confortável possível, transfira a atenção para os sentimentos. Como é que você se sente? Tolo ou culpado por estar perdendo tempo com esse exercício?

Qual o seu nível de consciência de si mesmo? Você se preocupa com a possibilidade de ser visto por outras pessoas ou, caso esteja fazendo este exercício acompanhado, você se preocupa com a proximidade delas, com o som emitido por elas e o cheiro do corpo dessas pessoas? Você se preocupa com a possibilidade de adormecer e de roncar por não ser capaz de "concentrar-se" durante o exercício? Suas reações podem refletir algumas das ansiedades básicas da sua vida, tendo relação com as tensões que encontrará ao prosseguir com esse exercício. Se, durante qualquer parte da tarefa, pensamentos, sentimentos, lembranças ou impressões chegarem à sua mente, faça uma anotação mental deles, pois podem ter significados semelhantes.

Agora, concentre a atenção na ponta dos dedos dos pés. Sem mudar a posição geral dos pés, dobre os dedos para baixo, até onde for possível, observando ao mesmo tempo o efeito que esse movimento tem sobre o restante dos pés e das pernas. Repita o movimento duas ou três vezes, ou quantas vezes for necessário para que você se torne consciente de todas as implicações dele para o restante do seu corpo. Em seguida, flexione os dedos para cima o mais que puder, e permaneça assim até conseguir sentir seus efeitos não apenas nos pés e nas pernas, mas também no outro extremo do corpo. Depois, simplesmente relaxe. Repita esse exercício mais três vezes.

Agora, gire cada pé 360 graus, primeiro numa direção, depois na outra, observando todas as dificuldades, os estalos ou outros ruídos e todas as sensações decorrentes desse movimento. Depois, relaxe e, durante alguns instantes, simplesmente tome consciência da sensação nos pés e nas pernas.

É muito importante reconhecer a sensação de relaxamento em oposição à da tensão, e, também, como eles são alcançados. Os exercícios são mantidos com o objetivo de aumentar a consciência de como a tensão muscular ocorre num determinado grupo de músculos e dos efeitos dela sobre outras partes do corpo. Isso pode ressaltar tensões e dores habituais e acarretar a conscientização de situações em que elas tipicamente ocorrem. Conseqüentemente, os movimentos têm implicações para o sistema mente/corpo como um todo, e também para o fenômeno da dor "deslocada"; portanto, por meio desses exercícios, torna-se possível compreender como o dedão do pé, por exemplo, pode afetar as dores em outras partes do corpo.

Em seguida, concentre sua atenção nas coxas e pressione-as firmemente para baixo, contra a cadeira ou o assoalho, observando os efeitos que essa ação tem sobre o resto do seu corpo. Solte-se quando tiver identificado o ponto mais distante de influência. Depois, repita o exercício umas três vezes.

Em seguida, sem mudar a posição geral das pernas, junte as partes internas das coxas e mantenha-as assim, novamente observando os efeitos desse movimento sobre o resto do seu corpo antes de relaxar. Repita isso três vezes.

Agora, volte a atenção para as nádegas e pressione-as para baixo, tanto quanto lhe for possível, contra a superfície próxima. Ao fazer isso, pergunte a si mesmo que situações da vida você tende a enfrentar dessa maneira, ou em que situações uma ação dessas lhe parece familiar. Depois, relaxe. Repita o exercício três vezes, observando todos os efeitos no restante do corpo. Em seguida, contraia as nádegas e mantenha-se assim até ter consciência de todos os efeitos no resto do corpo, antes de relaxar. Repita três vezes.

Quando tiver feito tudo isso, deixe que as pernas e os pés relaxem completamente e reserve alguns segundos para tomar consciência das sensações no interior deles. Caso você encontre um pouco de tensão, trabalhe com ela, tensionando e relaxando os músculos correlatos, fazendo com que o relaxamento chegue aos membros inferiores.

Feito isso, fixe a atenção na parte inferior das costas. Sem mudar de posição, pressione as costas contra a superfície adjacente e mantenha essa posição, observando todos os efeitos no restante do corpo. Isso é particularmente importante, já que a parte inferior das costas é um dos principais pontos de *stress* no qual as tensões físicas costumam se manifestar. Depois, relaxe e repita o exercício três vezes. Ao fazer isso, pergunte a si mesmo se você geralmente sente que está encurralado, com as costas na parede, ou se se sente tranqüilo.

Agora, dobre o corpo para a frente, tanto quanto for possível, fazendo isso até conseguir sentir todos os seus efeitos pelo restante do corpo. Antes de relaxar, pergunte a si mesmo se alguém já disse que você é um tanto "atirado" nas suas maneiras ou se você se irrita facilmente e, em caso positivo, por que motivo isso acontece. Agora, alterne os dois movimentos, como se fosse uma dançarina do ventre. Continue por alguns instantes antes de relaxar.

Concentre sua atenção no estômago. Encolha-o o máximo que puder e mantenha-se nessa posição até poder identificar os efeitos que esse movimento tem sobre o restante do corpo. Ao fazer isso, pergunte a si mesmo o que você pode estar "segurando", e depois relaxe. Repita três vezes e, em seguida, deixe o estômago relaxar completamente. Reserve alguns momentos para ter essa sensação e deixar que ela se espalhe pela parte inferior do corpo.

Quando tiver feito isso, fixe sua atenção no peito. Observe os batimentos cardíacos. Eles são fracos e regulares ou fortes e irregulares? Parecem estar muito acelerados? Atente para a respiração. Ela é suave, profunda, regular, irregular, difícil ou fácil?

Agora, imagine que tem tatuada no peito uma borboleta grande, exótica e colorida, que acaba de sair do casulo. Inspire profundamente e, ao mesmo tempo, imagine que a borboleta está estendendo ao máximo as asas. Quando você perceber que a borboleta dá a impressão de estar prestes a voar, solte o ar dos pulmões e observe como isso o afeta. Repita esse exercício cinco vezes.

Ainda prestando atenção na respiração, erga os ombros e observe o que isso causa na borboleta. Deixe-os cair novamente, e observe. Empurre os ombros para trás e note o efeito sobre a borboleta. Depois, inversamente, movimente os ombros para a frente e mantenha-os nessa posição por algum tempo antes de fazê-los voltar à posição anterior.

Ainda prestando atenção nos ombros, erga-os até as orelhas e mantenha-os nessa posição, observando os efeitos sobre as partes superiores do corpo, antes de permitir que voltem à posição anterior. Repita três vezes. Erga um ombro de cada vez e, enquanto fizer isso, pergunte a si mesmo se alguma vez alguém disse que você é irritadiço. Em caso positivo, qual dos ombros parece arcar com a tensão que se forma? Gire cada ombro 360 graus e, depois, faça isso ao mesmo tempo com os dois ombros, observando os efeitos sobre o pescoço, o peito, as costas e as outras partes do corpo.

Depois, concentre a atenção na mão direita, passando pelo braço correspondente. Imagine que você está segurando nessa mão uma antiga moeda de ouro, o único exemplar existente e, conseqüentemente, de valor incalculável. Segure-a com bastante força para que não haja perigo dela cair da mão e, ao fazer isso, observe os efeitos desse movimento não apenas na mão, no antebraço, no braço e no ombro, mas também no pescoço, no maxilar e em outras partes do corpo. Acompanhe os efeitos desse movimento até onde for possível e, tendo chegado ao mais distante ponto de influência, pergunte a si mesmo o que você está segurando na vida. A que você se agarra? Depois, quando o exercício começar a ficar doloroso demais, passe a moeda cuidadosamente para a mão esquerda, novamente segurando-a com força para que não haja perigo de perdê-la. Feche a mão com força e, à medida que observa o efeito até as partes mais distantes, pergunte-se qual das suas mãos tem mais força. Depois, pergunte a si mesmo se você tende a segurar ou a agarrar as coisas com esse lado do seu corpo e procure identificar que coisas são essas.

Depois de responder a essas perguntas, jogue a moeda da mão esquerda para a direita e depois jogue-a fora, deixando que os dedos das mãos se soltem e relaxem ao fazer isso e, também, que os braços caiam naturalmente para os lados do corpo. Pergunte a si mesmo sobre aquilo de que você já se desapegou na sua vida e do que ainda precisa se desapegar; deixe que essas coisas sumam e, com elas, a tensão.

Agora, imagine que o chão está começando a se erguer. Resista tanto quanto for possível, estendendo os dedos e as palmas das mãos e pressionando-os para baixo. O chão continua se erguendo, o que o obriga a usar seus braços. Se o chão prosseguir nesse movimento, você acabará sendo pressionado contra o teto, por isso é preciso pressionar para baixo com todas as suas forças. Mesmo assim, o chão continua se erguendo até que, justamente quando você tem a impressão de que não pode resistir mais ele cede, cai, e suas mãos e braços acompanham esse movimento. Deixe que os braços relaxem ao lado do corpo e reserve alguns segundos para ter essa sensação e também para perceber como ela se espalha pelo corpo.

Feito isso, concentre sua atenção no pescoço. Gire a cabeça 180 graus para a direita, mantendo essa posição durante alguns segundos; em seguida, 180 graus para a esquerda, de novo mantendo a posição. Depois, gire totalmente a cabeça, observando a tensão, as dores ou quaisquer outras sensações. Conscientize-se também do peso da cabeça e do esforço despendido para mantê-la erguida. Em seguida, deixe que ela penda naturalmente para a frente.

Fixe a atenção na nuca e na base do crânio. Tente mexer o couro cabeludo e as orelhas (caso tenha essa capacidade).

Erga as sobrancelhas e fique nessa posição, observando os efeitos desse movimento no restante da cabeça e do rosto. Depois, relaxe as sobrancelhas. Puxe-as para baixo em direção ao queixo e fique assim. Sinta os efeitos desses movimentos na cabeça e no pescoço. Relaxe.

Desvie a atenção para o nariz, abra as narinas tanto quanto for possível. Há coisas que o incomodam muito? Feche as narinas e, ao fazer isso, pergunte a si mesmo se há coisas em relação às quais você tende a torcer o nariz. Estique o lábio superior para baixo e permaneça assim. Você normalmente tenta manter-se "durão"?

Junte firmemente os lábios. Mantendo-os nessa posição, observe os efeitos disso sobre o resto do rosto e, então, pergunte a si mesmo se você costuma ficar calado ou ser lacônico em certas situações.

Agora, aperte os dentes o mais que puder. Você sente que anda cerrando os dentes para a vida? Ou será que você tende a morder pedaços maiores do que consegue mastigar? Você costuma "engolir" o que gostaria de dizer ou diz as coisas de forma agressiva para as pessoas? Observe os efeitos dessa ação sobre os músculos do rosto, da cabeça, do pescoço e do peito. Você costuma sentir dor em algumas dessas áreas?

Em seguida, movimente o maxilar de um lado para o outro. Observe quais os efeitos desse movimento nas têmporas e em outras partes do rosto. Pergunte a si mesmo se a sua vida é difícil e tensa.

Deixe a boca aberta. É impossível ficar totalmente descontraído com a boca fechada, pois é preciso pressionar os músculos dos maxilares para conseguiu fechá-la. Como é que você se sente quando está de boca aberta?

Em seguida, inspire pelo nariz e solte o ar pela boca aberta, observando a sensação e o efeito desse exercício sobre o resto do corpo. Continue respirando dessa maneira durante alguns momentos e depois concentre sua atenção, novamente, nos pés. Examine todo o seu corpo de baixo para cima, observando qualquer ponto de tensão, de desconforto ou de dor e relaxe, tensionando e soltando os músculos da região. Se a tensão, o mal-estar ou a dor persistirem, reflita sobre isso. Agir assim é importante, porque precisa ser trabalhado até que o relaxamento total possa ser atingido.

Conte de um a cinco na seguinte seqüência: 1 — libere a tensão dos pés e das pernas; 2 — libere a tensão da parte inferior das costas e do estômago; 3 — libere a tensão dos braços, dos ombros e do peito; 4 — libere a tensão da cabeça; e 5 — libere a tensão do maxilar.

Passe alguns momentos conscientizando-se das sensações em todo o seu corpo. Se estiverem relaxados, seus membros devem transmitir uma agradável sensação de peso e calor.

Agora, imagine a si mesmo numa situação agradável, em que você se sinta relaxado, confortável e seguro. Observe se está só, com outras pessoas ou animais, e se essas figuras são ou não conhecidas suas. Preste atenção nas imagens, nos sons, no cheiro e nas sensações que esse lugar provoca, e também no modo como você se sente dentro dele. Observe todos os detalhes da cena o mais intensamente possível e sinta prazer por estar lá.

Passe algum tempo explorando a situação e familiarizando-se com ela. Depois, faça a si mesmo as seguintes perguntas:

- Que grau de facilidade ou de dificuldade você encontrou para esse exercício de imaginação?
- Que aspectos dessa situação imaginária você considera particularmente repousantes ou agradáveis?
- De que detalhes da vida do dia-a-dia você está se afastando nessa situação? Se isso não for claro para você, compare a situação imaginária com as situações que geralmente ocorrem na sua vida quotidiana.
- O que esse exercício de imaginação pode lhe revelar a respeito das fontes de *stress* na sua vida?

Quando tiver respondido a essas perguntas, lembre-se de que esse lugar imaginário está sempre à sua disposição, podendo ser visitado sempre que você quiser. Afinal, você o traz dentro de si e pode visitá-lo quando desejar.

Prepare-se para abrir os olhos e para retornar à consciência do ambiente que o cerca. Faça isso e reserve alguns momentos para se orientar novamente, antes de anotar os detalhes mais significativos de sua experiência, inclusive as respostas às quatro perguntas formuladas acima.

APÊNDICE II

Garimpar Ouro

Reserve algum tempo para relaxar da maneira que mais lhe agradar. Em seguida, imagine que está num lugar ao ar livre num dia maravilhoso e que encontrou um regato pouco profundo e, ao lado dele, aparentemente esquecidos ou abandonados, vários equipamentos usados para garimpar ouro: uma grande batéia, peneiras, pás, sacolas de couro, frascos de vidro, um pequeno conjunto de pesos para balança, pano de polir, um diário e uma caneta.

Pegando os equipamentos que julgar mais necessários, vá para o meio do regato e comece a procurar ouro, observando atentamente tudo o que ficar na batéia e revirando a areia com muito cuidado. Quando achar que encontrou ouro, retire-o da batéia, lave-o, seque-o cuidadosamente e guarde-o, colocando as pepitas maiores numa das sacolas de couro e as menores nos frascos de vidro. Continue procurando ouro até ter a certeza de que não há mais metal precioso naquele lugar. Em seguida, volte à margem e pese cuidadosamente o ouro encontrado, anotando a quantidade total no diário.

Tendo feito isso, reserve algum tempo para descobrir uma relação entre essas pepitas de ouro e a sua vida atual. Anote todas as observações que fizer.

Recomenda-se que este exercício seja repetido diariamente, de preferência à noite, antes de dormir, quando os acontecimentos do dia podem ser revistos e você pode manter um diário das suas descobertas. Com um pouco de prática, você deverá constatar uma melhora na sua capacidade de encontrar, reconhecer, apreciar e extrair o "ouro" dos acontecimentos da sua vida.

Bibliografia

Abse, D. W., van der Castle, R.L., Buxton, R. L., Demars, W. D., Brown, J. P. & Kisrschner, L. G. (1974) "Personality and behavioural characteristics of lung cancer patients". *Journal of Psychosomatic Research*, 18, pp. 101-113.

Achterberg, J., Simonton, S. M. & Simonton, O. C. (1977) "Psychology of the exceptional cancer patient: A description of patients who outlive predicted life expectancies". *Psychoterapy: theory, research and practice*, 14,4 Inverno, pp. 416-422.

Adams, C. & Laurikietis, R. (1976) *The Gender Trap. Book I, Education and Work.* Londres: Virago.

Argyle, M. & Henderson, M. (1985) *The Anatomy of Relationships*. Harmondsworth: Penguin.

Asistent, N. M. com Duffy, P. (1991) *Why I Survive AIDS.* Nova York: Simon & Schuster.

Assagioli, R. "Psychosynthesis". Em *The New Age: an anthology of essential writings*, org. W. Bloom, pp. 124-134. Londres: Rider.

Bach, E. (1931) *Heal Thyself: an explanation of the real cause and cure of disease*. Safron Walden; C. W. Daniel & Co. Ltd. [*Os Remédios Florais do Dr. Bach*, publicado pela Editora Pensamento, São Paulo, 1982.]

Bahnson, C. B. & Bahnson, M. B. (1966) "Role of the Ego defences: denial and repression in the etiology of malignant neoplasm". *Annals of the New York Academy of Science*, pp. 827-845, 145 (3).

Bahnson, C. B. (1975) "Emotional personality characteristics of cancer patients". Em *Oncologial Medicine*, org. A. Sutnick. University Park Press.

Bahnson, C. B. (1980) "Stress and cancer". *Psychosomatics*, 21, pp. 75-81.

Bancom, D. & Danker-Brown, P. (1979) "Influence of sex roles in the development of learned helplessness". *Journal of Consulting and Clinical Psychology*, 4 47, pp. 928-936.

Bandura, A. (1977) "Self-efficiency: towards a unifying theory of behavioural change". *Psychological Review*, 84, pp. 191-215.

Beattie, G. (1979), "That's no way to treat a lady". *Bulletin of British Psychological Society*, 32, pp. 97-99.

Beattie, G. (1980) "Separating the men from the boys". *Bulletin of the British Psychological Society*, 33, pp. 51-53.

Bek, L. & Holden, R. (1989) "Colour consciousness". *Caduceus*, Primavera, pp. 12-13.

Berke, J. H. (1979) *I Haven't Had To Go Mad Here: the psychotic's journey from dependence to autonomy*. Harmondsworth: Penguin.

Berne, E. (1974) *What Do You Do After You Say Hello? The psychology of human destiny*. Inglaterra: André Deutsch Ltd.

Bowlby, J. (1951) *Maternal Care and Mental Health*. Genebra: Organização Mundial da Saúde.

Brace, A. (1993) "Experts hail cure for child dyslexia". *The Mail on Sunday*, 27 de junho, p. 10.

Branson, l. (1988) "Chromotherapy: Nature's healing rainbow". *Attitudes*, Número 9, Primavera, pp. 4-7.

Broverman, J. K., Broverman, D. M., Clarkson, F. E., Rosenkrantz, P. S & Vogel, S. R. (1970) "Sex role stereotypes and clinical judgments of mental health". *Journal of Consulting and Clinical Psychology*, nº 34, pp. 1-7.

Brown, G. & Harris, T. (1978) *The Social Origins of Depression*. Londres: Tavistock.

Buchan, N. (1991) "Standing on their own roots", *Observer*, domingo, 3 de março.

Calhoun, L. G., Cheney, T. & Dawes, A. S. (1974) "Locus of control, self-reported depression and perceived causes of depression". *Journal of Consulting and Clinical Psychology*, 4, 42, p. 735.

Capra, F. (1988) *Uncommon Wisdom: conversations with remarkable people*. Londres: Rider. [*Sabedoria Incomum*, publicado pela Editora Cultrix, São Paulo, 1980.]

Chesler, P. (1974) *Women and Madness*. Londres: Allen Lane.

Cohen, J. (1982) "Psychological androgyny — stressful life events". *Journal of Personality and Social Psychology*, 43, pp. 145-153.

Colee, J. (1990) "A doctor writes", *Observer*, domingo, 30 de dezembro, p. 50.

Colee, J. (1991) "A doctor writes", *Observer*, domingo, 20 de janeiro, p. 58.

Coopersmith, S. (1967) *The Antecedents of Self-Esteem*. San Francisco e Londres: W. H. Freeman Co.

Cousins, N. (1981) *Anatomy of an illness as perceived by the patient: Reflections on healing and regeneration*. Nova York e Londres: Bantam.

Coward, R. (1991) "Are you really going mental?" *Observer*, domingo, 22 de novembro, p. 56.

Crumbaugh, J. & Maholick, L. (1964) "An experimental study in existentialism: The approach to Frankl's concept of noogenic neurosis". *Journal of Clinical Psychology*, 20, pp. 200-207.

Davidson, J. D. (1972) Religious belief as an independent variable. *Jounnal for the Scientific Study of Religion*, 11, pp. 67-75.

De Bono, E. (1990) *Six Thinking Hats*. Harmondsworth: Penguin.

De Fleur, M. L. (1964) "Occupational roles as portrayed on television". *Public Opinion Quarterly*, 28, pp. 57-74.

Derogatis, L., Abeloff, M. & Melistratos, N. (1979) "Psychological coping, mechanisms and survival time in metastatic breast cancer". *Journal of the American Medical Association*, 242, pp. 1504-1508.

Deutsch, F. (1975) "Effects of sex of subject and story characters on pre-schoolers', perceptions of affective responses and intrapersonal behaviour in story sequences". *Developmental Psychology*, 114, pp. 112-115.

Dohrman, A. (1975) "A gender profile of children's education TV". *Journal of Communication*, 24, p. 4.

Donaldson, M. (1992) *Human Minds: an exploration*. Harmondsworth: Penguin.

Dossey, L. (1982) *Space, Time and Medicine*. Boulder e Londres: Shambhala.

Dougherty, T. J. (1980) "Photosensitization of malignant tumours". *Adjuncts To Cancer Therapy*, org. S. Economon, Filadélfia: Lea & Febiger.

Dougherty, T. J. (1989) "Photoradiation therapy — new approaches". *Seminars in Surgical Oncology*, pp. 6-16.

Drury, N. (1991) *The Elements of Shamanism*. Shaftesbury, Dorset: Element Books.

Duck, S. (org. com Silver, R. C.) (1990) *Personal Relationships and Social Support*. Londres: Sage.

Dwyer, J. W., Clarke, L. L. & Miller, M. K. (1990) "The effect of religious concentration and affiliation on county cancer mortality rates". *Journal of Health and Social Behaviour*, vol. 31, junho, pp. 185-202.

Ellison, C. W. & Firestone, I. J. (1974) "Development of interpersonal trust as a function of self-esteem, target status and target style". *Journal of Personality and Social Psychology*, 29, pp. 655-663.

Ellison, C. W. (1983) "Spiritual well-being: conceptualization and measurement". *Journal of Psychology and Theology*, 11(4), pp. 330-340.

Enstrom, J. E. (1975) "Cancer mortality among Mormons". *Cancer,* 36, pp. 825-841.

Enstrom, J. E. (1978) "Cancer and total mortality among active Mormons". *Cancer*, 42, pp. 1943-1951.

Erikson, E. (1950) "Growth and crises of the 'healthy personality'. Em *Symposium on the Healthy Personality Volume 2: Problems of Infancy and Childhood,* org. M. J. E. Senn, Nova York: Josiah Macy Jnr. Foundation.

Evans, C. (1974) *Cults of Unreason.* Londres: Routledge & Kegan Paul.

Eysenck, H. J. (1985) "Personality, cancer and cardiovascular disease: a causal analysis". *Personality and Individual Differences*, 5, pp. 535-557.

Eysenck, H. J. (1988) "Personality, stress and cancer: prediction and prophylaxis". *British Journal of Medical Psychology*, 61. pp. 57-75.

Frankl, V. E. (1969) *The Will to Meaning: foundations and applications of Logotherapy*. Londres: Souvenir Press.

Frankl, V. E. (1969a) *The Doctor and the Soul.* Londres: Souvenir Press.

Freud, S. (1915) *Repression*. Penguin Freud Library Volume 2, Harmondsworth: Penguin.

Freud, S. (1933) *New Introductory Lectures on Psychoanalysis.* Penguin Freud Library Volume 2. Harmondsworth: Penguin.

Fromm, E. (1941) *Escape From Freedom.* Nova York: Rhinehart.

Fromm, E. (1947) *Man For Himself.* Nova York: Rhinehart.

Fromm, E. (1951) *Psychoanalysis and Religion*. Londres: Gollancz.

Fromm, E. (1980) *Greatness and Limitations of Freud's Thought.* Londres: Cape.

Gallegos, E. S. (1983) "Animal imagery, the chakra system and psychotherapy". *The Journal of Transpersonal Psychology,* vol. 15, nº 2, pp. 125-136.

Gallegos, E. S. (1990) *The Personal Totem Pole: Animal imagery, the chakras and psychotherapy*, 2ª edição, Santa Fé: Moon Bear Press.

Ganster, D. C. & Victor, B. (1988) "The impact of social support on mental and physical health". *British Journal of Medical Psychology*, 61, pp. 17-36.

Gibbs, H. W. & Achterberg-Lawlis, J. (1978) "Spiritual values and death anxiety: implications for counselling with terminal cancer patients". *Journal of Counselling Psychology,* 25, nº 6, pp. 563-569.

Gillman, P. & Gillman, L. (1993) "Heart attack". *The Sunday Times Review*, 30 de maio, pp. 1-2.

Goldberg, J. G. (1989) "Psychosis of the body, cancer of the mind: the isomorphic relation between cancer and schizophrenia", *Psychological Abstracts,* vol. 14, parte 1, pp. 21-36.

Gove, W. K. & Tudor, J. (1972) "The relationship between sex roles, marital status and mental illness". *Social Forces*, 51, p. 34.

Graham, H. (1990) *Time, Energy and The Psychology of Healing.* Londres: Jessica Kingsley.

Graham, H. (1992) *The Magic Shop: an imaginative guide to self healing*. Londres: Rider.

Greer, S & Morris, T. (1975) "Psychological atributes of women who develop breast cancer: a controlled study". *Journal of Psychosomatic Research,* 19, pp. 147-53.

Greer, S. & Watson, M. (1987) "Mental adjustment to cancer, its measurement and prognostic significance". *Cancer Surveys,* 6, pp. 439-453.

Grossarth-Maticek, Bastiaans, J. & Kanazir, D. T. (1985) "Psychosocial factors as strong predictors of mortality from cancer, ischaemic heart disease and stroke: The Yugoslav prospective study". *Journal of Psychosomatic Research,* 29, pp. 167-176.

Hamachek, D. E. (1982) *Encounters With Others: interpersonal relationships and you.* Nova York CBS College Publishing: Holt Rhinehart Winston.

Hancock, C. R. (1963) "Lady and woman". *American Speech*, 38, pp. 234-235.

Harlow, H. F. (1961) "The development of affectional patterns in infant monkeys". Em *Determinants of Infant Behaviour,* vol. 2, org. B. F. Foss. Londres: Methuen.

Hewitt, L. (1986) "Woman and drugs". Trabalho apresentado no congresso anual da *Standing Conference on Drug Abuse*, York University.

Hochheimer, W. (1969) *The Psychotherapy of C. G. Jung.* Tradução de Hildegard Nagel, Nova York: G. P. Putnam's Sons para a C. G. Jung Foundation for Analytical Psychology.

Hucklebridge, F. (1993) *Psychoneuroimmunology.* Seminário apresentado para The Biology Society, Keele University, 3 de fevereiro.

Jackson, R. (1992) "Psychotherapy: Beyond a phoney love". *Leading Edge* 6, pp. 14-15.

Jarvis, G. K. & Northcott, H. C. (1987) "Religion and differences in morbidity and mortality". *Social Science and Medicine,* 25, pp. 813-824.

Jourard, S. (1971) *The Transparent Self.* Nova York: Van Nostrand & Co.

Jung, C. G. (1953) *Two Essays on Analytical Psychology*, vol. 7, The Collected Works of C. G. Jung, Princeton: Princetown University Press (Bollingen Series XX), Londres: Routledge & Kegan Paul.

Jung, C. G. (1954) *The Archetypes and the Collective Unconscious,* vol. 9, The Collected Works of C. G. Jung.

Jung, C. G. (1955) *Mysterium Coniunctionis,* vol. 14, The Collected Works of C. G. Jung.

Jung, C. G. (1960) *The Structure and Dynamics of the Unconscious,* vol. 8, The Collected Works of C. G. Jung.

Jung, C. G. (1972) *Memories, Dreams, Reflections.* Tradução de R. & C. Winston, Glasgow Collins: Fontana.

Jung, C. G. (1978) *Psychology and the East*. Londres: Routledge & Kegan Paul.

Kaczorowski, J. M. (1989) "Spiritual well-being and anxiety in adults diagnosed with cancer". *Hospice Journal*, vol. 5, partes 3 e 4, pp. 105-116.

Kalweit, H. (1988) *Dreamtime and Inner Space: The world of the shaman.* Tradução de W. Wunsche, Londres e Boston: Shambhala.

Karagulla, S. (1967) *Breakthrough to Creativity.* Santa Mônica, Los Angeles, Califórnia: C. A. De Vorss.

Keenan, B. (1993) *An Evil Cradling*. Londres: Arrow.

Kempe, R. S. & Kempe, H. (1978) *Child Abuse*. Londres: Fontana.

Klaus, M. H., Jerauld, R., Kreger, N., McAlpine, W. Steffa, M. & Kennel, J. H. (1972) "Maternal attachment — importance of the first post-partum days". *New England Journal of Medicine,* 286, pp. 460-463.

Krishnamurti, J. (1971) *Your are the World.* Nova York: Harper & Row.

Laing, R. D. (1960) *The Divided Self.* Londres: Tavistock.

Laing, R. D. (1972) *Self and Others.* Harmondsworth: Penguin.

Laing, R. D. (1976) *The Facts of Life*. Harmondsworth: Penguin.

Laing, R. D. (1978) *The Politics of the Family*. Harmondsworth: Penguin.

Lakoff, R. (1975) *Language and Woman's Place*. Nova York: Harper Colophon Books.

LeShan, L. (1959) "Psychological states as factors in the development of malignant disease: a critical review". *Journal of National Cancer Institute,* 22, pp. 1-18.

LeShan, L. (1966) "An emotional life-history pattern associated with neoplastic disease". *Annals of the New York Academy of Science,* 125, pp. 780-793.

Le Shan, L. (1989) *Cancer As A Turning Point: A handbook for people with cancer, their families and health professionals.* Bath: Gateway Books.

Levin, J. S. & Markides, K. S. (1986) "Religious attendance and subjective health". *Journal for the Scientific Study of Religion,* 25, pp. 31 a 40.

Levin, J. S. & Schiller, P. L. (1987) "Is there a religious factor in health?" *Journal of Religion and Health*, 26, pp. 9-36.

Levine, B. H. (1991) *Your Body Believes Every Word You Say: The language of body/mind connection*. Boulder Creek, CA: Aslam Publishing.

Levy, S. M. (1984) "The expression of affect and its biological correlates: mediating mechanisms of behaviour and disease". In *Emotions in Health and Illness: applications to clinical practice*, orgs. C. Van Dyke, L. Temoshok & L. S. Zegans. Nova York: Grune and Stratton.

Liberman, J. (1991) *Light: Medicine of the Future*. Santa Fé: Bear & Co.

Liberman, J. (1992) "Light medicine of the future". *Caduceus*, Verão, pp. 22-25.

Lidz, T. (1975) *The Origin and Treatment of Schizophrenic Disorders*. Londres: Hutchinson & Co. Ltd.

Llewelyn, S. (1981) "Psychology and women: an examination of mental health problems". *Bulletin of The British Psychological Society*, 34, pp. 60 a 63.

Maddi, S. (1967) "The existential neurosis". *Journal of Abnormal Psychology*, 72, pp. 311 a 325.

Mahler, M. (1968) *On Human Symbiosis and the Vicissitudes of Individuation*, vol. I. *Infantile Psychosis*. Nova York: International Universities Press.

Maslow, A. H. (1968) *Towards a Psychology of Being*, 2ª edição. Nova York: Van Nostrand.

Meares, A. (1977) "Atavistic regression as a factor in the remission of cancer". *Medical Journal of Australia*, 2, pp. 132-133.

Meyer, J. & Sobieszek, B. (1972) "Effects of child's sex on adult interpretations of its behaviour", *Developmental Psychology*, 6, vol. 208, pp. 42-48.

Moberg, D. O. & Brusik, P. M. (1978) "Spiritual well-being: a neglected subject in quality of life research". *Social Indicators Research*, 5, pp. 303-323.

Moos, R. H. (1964) "Personality factors associated with rheumatoid arthritis: review". *Journal of Chronic Disorders*, 17, p. 41.

Moos, R. H. & Solomon, G. F. (1965) "Psychological comparisons between women with rheumatoid arthritis and their non-arthritic sisters I: Personality test and interview rating data". *Psychosomatic Medicine*, 27, p. 135.

Myss, C. M. (1991a) "Business and intuition". *Leading Edge*, outono, 5, pp. 7-8.

Myss, C. M. (1991b) "Intuition as a pre-requisite for 21st century medicine: integrating subtle energy and consciousness". Texto apresentado na *Energy and Medicine: the first networking conference*, Londres, novembro-dezembro.

Myss, C. M. (1991c) "Redefining the healing process". Em W. Bloom (org.), *The New Age: an anthology of essential writings*. Londres: Rider.

Myss, C. M. (1992) "The intimate language of wounds: why people don't heal". *Energy and Medicine Networking Journal*, pp. 7-11. Collated Londres: S. K. McNeill.

McDonald, S. F. (1982) "Effects of visible light waves on arthritis pain: a controlled study". *International Journal of Biosocial Research*, 3, nº 2, pp. 49-54.

Newton, B. W. (1980) "The use of hypnosis in the treatment of cancer patients: A five year report". Apresentado no Annual Science Programme of the American Society of Clinical Hypnosis, Mineápolis.

Oren, D. A. & Brainard, G. C. (1991) "Treatment of Seasonal Affective Disorder with green and red light". *American Journal of Psychiatry*, 148: 4 de abril.

Ott, J. (1991) Prefacio a Liberman, J. *Light: Medicine of the Future*, pp. vv-xvii. Santa Fe: Bear & Co.

Palontzian, R. F. & Ellison, C. W. (1982) "Loneliness, spiritual well-being and quality of life". Em L. A. Peplan & D. Perlman (orgs.), *Loneliness: a sourcebook of current theory, research and therapy*, pp. 224-237. Nova York: Wiley Interscience.

Perls, F. S. (1972) *In an Out the Garbage Pail*, Nova York: Bantam.

Perls, F. S. (1973) Prefácio a Perls, F. S., Hefferline, R. F. & Goodman, P. *Gestalt Therapy: Excitement and Growth in the Human Personality*. Harmondsworth: Penguin.

Perls, F. S. (1976a) *Gestalt Therapy Verbatim*. Nova York: Real People Press, Bantam.

Perls, F. S. (1976) *The Gestalt Approach and Eye Witness to Therapy.* Nova York: Bantam.

Perls, F. S. (1977) "Theory and technique of personality integration". Em *Gestalt Is*, org. J. O. Stevens. Nova York: Bantam, pp. 44-69.

Pervin, L.A. (1993) *Personality: Theory and Research*, 6ª edição, Nova York: John Wiley & Sons.

Piaget, J. (1930) *The Child's Concept of Physical Causality.* Londres: Kegan Paul.

Popay, J. (1992) Women's Health Matters, org. H. Roberts, Londres: Routledge, relatado em A. Karpf, "Sick and tired of being tired", *The Guardian*, sexta-feira, 29 de maio.

Putney, S. & Putney, G. J. (1974) *The Adjusted American: Normal Neuroses in the Individual and Society.* Nova York: Harper & Row.

Rheingold, H. L. & Cook, K. V. (1975) "The content of boys', and girls' rooms as an index of parents' behaviour". *Child Development*, 46, pp. 459-463.

Roet, B., (1986) *Hypnosis: A gateway to better health.* Londres: J. M. Dent & Co.

Roet, B., (1988) Palestra feita no Dia Mundial da Saúde, Holistic Health Centre, Farnham, abril.

Rogers, C. M. (1961) *On Becoming a Person: a therapist's view of psychotherapy.* Londres: Constable.

Rogers, C. R. (1980) *A Way of Being.* Boston: Houghton Mifflin.

Rogers, C. R. & Sanford, R. C. (1989) "Client-centred psychotherapy". Em H. I. Kaplan e B. J. Saddock (orgs.), *Comprehensive Textbook of Psychiatry*, Baltimore: Williams & Wilkins, pp. 1842 a 1851.

Roney-Dougal, S. M. (1989) "The psychophysiology of the yogic chakra system". *Caduceus*, nº 8, pp. 8-11.

Roos, P. E. & Cohen, L. H. (1987) "Sex roles and social support as moderators of life stress adjustment". *Journal of Personality and Social Research*, 52, pp. 576- 585.

Roos, P. E. & Cohen, L. H. (1987) "Sex roles and stressful life events". *Journal of Personality and Social Psychology*, 32, pp. 145-153.

Rutter. M. (1981) *Maternal Deprivation Reassessed.* Harmondsworth: Penguin.

Sarason, I. G., Sarason, B. R. & Pierce, G. R. (1988) "Social support, personality and health", em *Topics in Health Psychology*, orgs. S. Maes, C. D. Spielberger, P. B. Defares & I. G. Sarason. Nova York: Wiley & Sons, pp. 245 a 255.

Sarason, I. G., Sarason, B. R. & Pierce, G. R. (1990) *Social Support: A Transactional View.* Nova York: Wiley.

Scarlett, C. (1987) "Helping poets help the aged". *Pedigree Digest*, vol. 14, nº 1, pp. 5 e 11.

Schofield, W. (1964) *Psychotherapy: the purchase of friendship*, Englewood Cliffs, Nova Jérsei: Prentice Hall.

Schmale, A. & Iker, S. H. (1966) "The effect of hopelessness and the development of cancer: I. Identification of uterine cervical cancer in women with atypical cytology", *Psychosomatic Medicine*, 28, pp. 714 a 721.

Schmale, A. & Ike, S. H. (1971) "Hopelessness as a predictor of cervical cancer". *Social Science and Medicine*, 5, pp. 95-100.

Schwarz, J. (1978) *Voluntary Controls: exercises for creative meditation and for activating the potential of the chakras.* Nova York: E. P. Dutton.

Schwarz, J. (1980) *Human Energy Systems.* Hillsdale, Nova Jérsei: Erlbaum.

Seavey, C. A., Katz, P. A. & Zalk, S. R. (1975) "Baby X: the effect of gender labels on adults responses to infants". *Sex Roles*, 1, pp. 103-109.

Shah, I. (1969) *The Book of the Book.* Londres: The Octagon Press.

Shaw, J. (1982) "Psychological androgyny and stressful life events". *Journal of Personality and Social Psychology*, 4, 43, pp. 145-153.

Shealy, C. N. & Myss, C. M. (1988) *The Creation of Health: merging traditional medicine with intuitive diagnosis.* USA: Still Point. [*Medicina Intuitiva — Reações emocionais, psicológicas* *e espirituais que propiciam a saúde e a cura.* Publicado pela Editora Cultrix. São Paulo, 1997.]

Shrauger. J. S. (1972) "Self-esteem and reactions to being observer by others". *Journal of Personality and Social Psychology,* 23, pp. 192-200.

Shotter, J. (1975) *Images of Man in Psychological Research.* Londres: Methuen.

Shuvall, J. T., Antonovsky, A. & Davies, A. M. (1973) "Illness: a mechanism for coping with failure". *Social Science and Medicine,* 7, pp. 259-265.

Siegel, B. S. (1988) Prefácio para C. N. Shealy e C. M. Myss, *The Creation of Health: merging traditional medicine with intuitive diagnosis*, p. xvii. USA: Still Point.

Siegel, B. S. (1990) *Peace, Love and Healing: Bodymind communication and the path to self-healing.* Londres: Rider.

Sigall, H. & Gould, R. (1977) "The effects of self-esteem and evaluation demandingness on effort expenditure". *Journal of Personality and Social Psychology*, 35, pp. 12-20.

Simonton, O. C. & Simonton, S. S. (1975) "Belief systems and the management of the emotional aspects of malignancy". *Journal of Transpersonal Psychology*, vol. 8, pp. 29-47.

Simonton, O. C., Matthews-Simonton, S. & Creighton, J. (1978) *Getting Well Again.* Nova York: Bantam.

Simonton, O. C. (1983) "On the suffering of patients, families and care givers". Palestra na *Meet The Pioneers: Understanding, preventing and controlling the effects of cancer*, Conference of the Association for New Approaches to Cancer. Londres, 14 de junho.

Simonton, O. C. (1988) em conversa com F. Capra, tal como está relatado em Capra, F., *Uncommon Wisdom: conversations with remarkable people.* Londres: Rider.

Sluckin, W., Herbert, M. & Sluckin, A. (1983) *Maternal Bonding.* Oxford: Blackwell.

Snyder, C. R. & Smith, T. W. (1982) Symptoms of self-handicapping strategies (manuscrito não publicado), citado em S. Duck, *Human Relationships*, 2ª edição. Londres e Nova York: Sage.

Solomon, G. F. (1969) "Emotions, stress, the CNS and immunity". Segunda conferência sobre os aspectos psicofisiológicos do câncer, *Annals of the New York Academy of Sciences*, pp. 335-342.

Solomon, G. & Temoshok, L. (1987) "An intensive psychoimmunologic study of long surviving persons with AIDS". *Annals of The New York Academy of Sciences,* vol. 498, pp. 647-655.

Spiritual Care Work Group of the International Work Group on Death, Dying and Bereavement (1990) "Assumptions and principles of spiritual care". *Death Studies*, 14, pp. 75-81. Hemisphere Publishing Co.

Stussy, S. (1992) *The Look*, BBC_2, 11 de outubro.

Szasz, T. S. (1979) *The Myth of Psychotherapy: mental healing as religion, rhetoric and repression.* Oxford: Oxford University Press.

Temoshok, L. (1985) "Biopsychosocial studies on cutaneous malignant melanoma: psychosocial factors associated with prognostic indicators, progression, psychophysiology and tumor-host response". *Social Science and Medicine,* vol. 20, pp. 833-840.

Temoshok, L. & Heller, B. W. (1985) "Stress and Type C versus epidemiological risk factors in melanoma", mesma indicação acima.

Tillich, P. (1952) *The Courage To Be.* Londres: Fontana.

Toffler, A. (1984) "Science and change", prefácio para Prigogine, I & Stengers, I. *Order Out Of Chaos: man's new dialogue with Nature.* Inglaterra: Fontana.

Tuormaa, T. E. (1992) "Psycho-Neuro-Immunology: A Review". *Holistic Health Research Network Newsletter,* 7 de fevereiro, pp. 8 e 9.

Vaux, K. (1976) "Religion and health", *Preventive Medicine,* 5, pp. 522-536.

Vaux, K. (1984) *Health an Medicine in the Reformed Tradition.* Nova York: Crossroad.

Wallston, K. A. & Wallston, B. S. (1982) "Who is responsible for your health?: the construct of health locus of control". Em G. Sanders & J. Suls (orgs.), *Social Psychology of Health an Illness.* Hillsdale, Nova Jérsei: Erlbaum, pp. 160-170.

Watson, M., Greer, S., Pruyn, J. & Van den Borne, B. (1990) "Locus of control and adjustement to cancer". *Psychological Reports*, 66, pp. 39-48.

Watson, M. (1988) "Vital force and electricity". *Caduceus,* Outono, pp. 24-26.

Weinstock, C. (1984) "Psychophysiological aspects of cancer". *Medical Hypotheses,* 15, pp. 369-383.

White, R. (1989) "Rainbows of health". *Caduceus*, Primavera, p. 14.

Whyte, A. M. (1987) "Pets in prisons". *Pedigree Digest*, vol. 13, nº 4, pp. 10-11.

Will, J. A., Self, P. A & Datan, N. (1976) "Maternal behaviour and perceived sex of infant". *American Journal of Orthopsychiatry*, 49, pp. 135-139.

Wilson, A. & Bek, L. (1981) *What Colour Are You? The way to health through colour.* Wellingborough, Northants: Aquarian Press.

Wilson-Ross, N. (1973) *Hinduism, Buddhism, Zen.* Londres: Faber & Faber.

Yalom, I. D. (1980) *Existential Psychotherapy.* Nova York: Basic Books.

Young, J. (1990) "Meridians, chakras and psychic abilities: The work of Dr. Hiroshi Motoyama". *Caduceus*, 10, pp. 9-13.

Zajonc, R. B. (1968) "Attitudinal effects of mere exposure". *Journal of Personality and Social Psychology* (suplementos com monografias de 1 a 29).

AS PALAVRAS CURAM

O Poder da Prece e a Prática da Medicina

Larry Dossey, M.D.

Devolvendo um lugar na ciência da medicina à arte espiritual da cura, *As Palavras Curam* mostra o caminho para uma "medicina que, além de mais eficaz, é mais humana".

Como muitas pessoas que se sentem obrigadas a fazer uma escolha entre o racional e o intuitivo, entre o intelectual e o emocional, entre o analítico e o espiritual, Larry Dossey se diplomou em medicina com a convicção de que a oração era pouco mais que uma superstição. Depois de clinicar durante muitos anos, ficou surpreso ao descobrir a evidência científica do poder de cura da oração. Sua visão de mundo "acadêmica, científica" se transformou e Dossey embarcou numa jornada de dez anos de pesquisa sobre o relacionamento entre a oração e a cura.

As Palavras Curam é um livro provocante, corajoso; é o resultado da busca de Dossey que, ao repensar sua própria vida espiritual, descobriu o que funciona melhor para os pacientes. Citando estudos convincentes e casos clínicos fascinantes, Dossey mostra como a prece complementa, embora não substitua, uma boa medicina. Ele descreve, por meio de experiências de laboratório, como a oração age e como a física moderna pode ser compatível com esse tipo de ação. Dossey investiga ainda quais os métodos de oração que contêm o maior potencial de cura e como o nosso temperamento inato e a nossa personalidade influenciam o estilo das preces. Voltando-se tanto para os pacientes como para os médicos, ele apresenta uma evidência convincente de que a *crença* ou confiança no tratamento aumenta a sua eficácia.

Intuitivo e inspirador, o livro do dr. Larry Dossey defende uma corajosa reintegração entre ciência e espiritualidade.

* * *

Do mesmo autor, a Editora Cultrix publicou *Reencontro com a Alma - Uma Investigação Científica e Espiritual*.

EDITORA CULTRIX

TÉCNICAS MODERNAS DE RELAXAMENTO

Sandra Horn

Combater o *stress* é parte importante do cuidado preventivo e profilático da saúde e, nesse sentido, há muita coisa que as pessoas podem fazer por si mesmas.

Sandra Horn esclarece neste livro o vago e ainda complicado significado da palavra *stress*, explicando alguns dos seus efeitos psicológicos e fisiológicos conhecidos, além de ensinar técnicas modernas para superá-lo, incluindo o relaxamento, o treinamento autógeno, a meditação transcendental e técnicas afins, insistindo sempre na eficiência dos processos de auto-ajuda.

A autora é psicóloga clínica na unidade de reabilitação do Hospital Odstock de Salisbury, Inglaterra. Também está filiada à Sociedade Britânica de Psicologia e é membro da divisão clínica dessa sociedade.

EDITORA CULTRIX

Shiatsu

Um Guia Completo

Chris Jarmey e *Gabriel Mojay*

Este é o manual e o livro de referência mais completo do *Shiatsu*, indispensável para o principiante, o estudioso e o praticante dessa terapia cada vez mais difundida, e para todos os que se interessam seriamente pelo trabalho com o corpo. Começando com uma breve história do Shiatsu, seus autores detêm-se mais particularmente na explicação dos seguintes temas:

- o conceito do Ki, a energia que unifica e anima
- os pontos essenciais do *Shiatsu* realizado com competência
- o uso correto das mãos, dos dedos, dos antebraços, dos joelhos, dos pés e da respiração na prática do *Shiatsu*
- os meridianos conforme são usados por essa técnica
- as técnicas básicas de tratamento
- a terapia do *Shiatsu* e a medicina oriental tradicional
- as várias formas de diagnóstico tradicional oriental
- os cinco elementos e o Hara, centro vital do corpo humano.

Ricamente ilustrado e apresentando um exame aprofundado do tema tanto no contexto geral como no espiritual, *Shiatsu* é um guia indispensável para todos os que quiserem gozar de boa saúde física, mental e espiritual.

EDITORA PENSAMENTO